KARL PILKINGTON

EIN IDIOT REIST WEITER

Buch

Nach *Ein Idiot unterwegs* erlebt Karl Pilkington neue Reiseabenteuer und Peinlichkeiten, tritt in Ländern wie Japan, Spanien, Kenia und Sibirien erneut in jedes Fettnäpfen und teilt seine Erfahrungen auf gewohnt trockenhumorvolle Weise mit seinen Lesern.
Wieder haben seine Kumpels Ricky Gervais und Stephen Merchant ganz besondere Aufgaben und Ziele für ihn vorbereitet: Karl soll die ultimative »Bucket List« abarbeiten. Darauf stehen 100 Dinge, die man erlebt haben muss, bevor man stirbt. Dass Reisemuffel Karl von all diesen Dingen rein gar nichts hält, ist nicht weiter überraschend. Warum zur Hölle sollte sich irgendjemand von wilden Stieren durch Pamplona jagen lassen wollen? Oder sich im »Tornado Valley« im Mittleren Westen der USA auf die Suche nach einem Wirbelsturm begeben? Einen Eisberg berühren? Dem Papst die Hand schütteln? Mit den Massai leben? Darauf kann Karl gut und gerne verzichten. Natürlich finden Ricky und Stephen trotzdem Mittel und Wege, Karl zu einem weiteren Abenteuer zu überreden und sich den Herausforderungen zu stellen. Nach zwei Jahren als Globetrotter hat Karl Pilkington einiges zu sagen zum Thema Reisen – offen, zum Schreien komisch und auf merkwürdige Weise inspirierend …

Autor

Karl Pilkington ist Guinness-Buch-Rekordhalter für den meistgeklickten Podcast aller Zeiten und hat in Großbritannien fünf Bücher auf die Bestsellerliste gebracht: *The World According to Karl Pilkington, Happyslapped by a Jellyfish* und *Karlology* (drei bizarre Werke, die ihresgleichen suchen) sowie *Ein Idiot unterwegs,* britischer Nummer-1-Bestseller und zugleich sein erster Titel, der auf Deutsch erschienen ist. Auch die Fortsetzung *Ein Idiot reist weiter* erreichte mit Platz 2 die Spitze der Sunday-Times-Bestsellerliste. Pilkingtons schräge Sicht der Dinge erschüttert inzwischen auch die Zwerchfelle deutscher TV-Zuschauer.

KARL PILKINGTON

EIN IDIOT REIST WEITER

ABENTEUER UND FETTNÄPFCHEN AUS ALLER WELT

Deutsch
von Leena Flegler

blanvalet

Die Originalausgabe erschien 2013 unter dem Titel
The Further Adventures of an Idiot Abroad
bei Canongate Books, Edinburgh.

MIX
Papier aus verantwortungsvollen Quellen
FSC® C014496
FSC www.fsc.org

Verlagsgruppe Random House FSC® N001967

1. Auflage

Umschlaggestaltung: www.buerosued.de
Umschlagmotiv: © Freddie Claire; www.buerosued.de (Hintergrund)
AF · Herstellung: wag
Satz: Uhl + Massopust, Aalen
Druck und Bindung: GGP Media GmbH, Pößneck
Printed in Germany
ISBN 978-3-7341-0286-8

www.blanvalet.de

Einleitung

Ursprünglich sollte dieses Buch genau wie das erste in Form eines Tagebuchs erscheinen. Als ich aber an Tag eins meiner Reise anfangen wollte zu schreiben, bin ich in meinem Hotelzimmer in Thailand mit brennenden Augen und einem komplett tauben Schädel aufgewacht, und das war einzig und allein meine Schuld: Ich hatte angenommen, dieses Säckchen auf meinem Kopfkissen wäre irgendein Mentholzeug, das man sich auf den Kissenbezug legt, damit man nachts besser Luft kriegt. Später hab ich dann herausgefunden, dass es irgend so ein Sportgel war, mit dem man sich bei Muskelkater die Beine einreibt. Da war mir klar, dass ich gerade nicht in der Verfassung war, ein neues Tagebuch in Angriff zu nehmen.

Im Nachhinein hat sich herausgestellt, dass dies nicht die schlechteste Entscheidung war. Während ich auf Reisen bin, kann ich mich nur selten für das begeistern, was um mich herum passiert. Ich bin mit meinen Gedanken sonst wo, fühle mich nie richtig wohl – kein Wunder bei all der Fliegerei und Kotzerei und diesen ganzen bescheuerten Sachen, die ich in Rickys und Steves Auftrag machen muss. Dementsprechend war es gar nicht so verkehrt, dieses Buch erst zu schreiben, nachdem ich wieder sicher zu Hause und ein wenig besser gelaunt war. Mir ist klar geworden, dass Heimkommen beim Verreisen überhaupt der beste Aspekt ist.

Die Idee für diese neuerlichen Reisen entstand bei einer Sitzung in Rickys und Steves Büro. Sie hatten mich darum gebeten, mir sieben Dinge auszudenken, die ich im Leben unbedingt noch tun wollte.

Eine ganz ähnliche Unterhaltung hatten wir schon einmal ein paar Jahre zuvor geführt, damals, als es darum ging, die Podcasts zu meinen Reisetagebüchern zu produzieren. Da hatte Ricky mich gefragt, was ich noch alles bis an mein Lebensende in die Tat umsetzen wollte, und ich hatte spontan geantwortet: einer Ente in den Arsch treten. Dieses Bedürfnis habe ich immer, wenn ich irgendwo Enten sehe, die am Ufer eines Tümpels sitzen.

Für die erste Staffel von »Ein Idiot unterwegs« hatten Ricky und Steve mich einmal um die ganze Welt gejagt, um sieben Weltwunder zu besichtigen. Sie hatten wohl gehofft, das würde meinen Horizont erweitern. Diesmal sah es eher so aus, als würden sie meinen Horizont kolossal einengen wollen.

»Komm schon – irgendwas? Wovon du immer schon geträumt hast? Wie wär's mit einem Fallschirmsprung?«, fragte Steve. »Das will doch jeder einmal machen.«

»Ich aber nicht. Nein, bloß kein Fallschirmsprung.«

»Bungee-Jumping vielleicht?«

»Im Leben nicht! Vergiss die ganze Sache einfach.«

Sobald irgendetwas gefährlich zu werden drohte, hab ich schon immer lieber den Rückzug angetreten. Ein paar hirnlose Aktionen hab ich natürlich auch schon gebracht – Würstchen in den Toaster stecken beispielsweise oder aus dem Badezimmerfenster klettern, weil ich die Zeitung austragen wollte, obwohl meine Mum den Haustürschlüssel versteckt hatte, um an einem ziemlich scheußlichen Wintertag zu verhindern, dass ich mich draußen herumtrieb. Allerdings sind mir solche Aktionen damals nie gefährlich vorgekommen. Außerdem waren sie immer Mittel zu einem ganz bestimmten Zweck.

»Okay«, sagte Ricky, »wie wär's damit: Wir erstellen eine Liste, und du darfst dir aussuchen, was davon du machen willst?«

Irgendwie klang das so, als hätte ich auf diese Weise selbst die Zügel in der Hand, also stimmte ich zu.

In diesem Buch stehen nun also all die Dinge, die ich mir ausgesucht habe – sowie die Aufgaben, die Ricky und Steve mir unterdessen noch zusätzlich erteilt haben. Das war von Anfang an wohl ganz genau so vorgesehen. Doch als ich mich zu guter Letzt hinsetzte, um dieses Buch zu schreiben, stellte ich fest, dass ich schon nach der ersten und noch vor der zweiten Staffel der Fernsehserie, dem Weihnachtsspecial mit Warwick Davis und bei all dem übrigen wahllosen Käse, den ich so nebenbei im Leben angestellt hatte, über 60 Prozent dieser sogenannten »Bucket List« abhaken konnte, der Liste aller Dinge, die man vor seinem Tod noch machen will. Damit dürfte ich womöglich irgendeinen Rekord aufgestellt haben. Daher beschloss ich am Ende, einfach über alles zu schreiben und meinen Senf auch zu der einen oder anderen Sache dazuzugeben, die auf dieser Liste sonst noch stand. Die meisten der Punkte auf der Liste haben mich noch nie gereizt, wie zum Beispiel:

#67 Im Flugzeug Sex haben

In den sogenannten Mile High Club werden Leute aufgenommen, die Sex auf einer Flugzeugtoilette haben. Ich nehme mal an, dass das auch der Grund ist, warum sich vor den Klos jedes Mal Schlangen gebildet haben, sobald ich während eines Flugs mal austreten muss. Ich wünschte mir, sie würden dort das gleiche System einführen wie auf irgendeinem Amt: Man zieht eine Nummer, und der Pilot ruft sie dann aus, wenn man an der Reihe ist. Das muss außerdem doch auch viel sicherer sein, als die Leute auf dem Gang herumstehen zu lassen.

Das ist jetzt reine Spekulation, aber ich nehme an, dass diese Mile-High-Leute es wahrscheinlich nur auf der Hinreise miteinander treiben, weil man nach zwei Wochen gemeinsamem Urlaub normalerweise die Nase voll vom anderen hat und sich stattdessen lieber einen Film aus dem Bordprogramm ansieht. Außerdem sind bei der Rückreise die Klos verstopft, weil sämtliche Fluggäste von dem merkwürdigen Essen im Ausland Verdauungsbeschwerden haben. Als ich aus Indien wiederkam, hätte auf dem Klo unter Garantie niemand ein romantisches Stelldichein haben wollen – bei dem Zustand, in dem ich es verlassen habe.

So also sieht dieses Buch aus. Mich nach drei Jahren des Reisens hinzusetzen und alles aufzuschreiben rundet das Ganze wohl ziemlich gut ab.

Hier aber erst einmal die Originalliste der einhundert Dinge, aus denen ich wählen durfte. Wie man sieht, stand »Einer Ente in den Arsch treten« gar nicht erst drauf.

100 Dinge, die man im Leben getan haben sollte

1. In einem Kampfjet mitfliegen
2. Auf die Sydney Harbour Bridge klettern
3. Allein auf einer einsamen Insel übernachten
4. Einen Formel-1-Wagen fahren
5. Mit dem Rocky Mountaineer durch Kanada fahren
6. In einem Hubschrauber über den Grand Canyon fliegen
7. Elefanten in freier Wildbahn beobachten
8. Die Antarktis bereisen
9. Den Mount Everest besteigen
10. Ins Weltall fliegen
11. Auf einem Kamel zu den Pyramiden reiten
12. Mit der Transsibirischen Eisenbahn fahren
13. Den Sonnenuntergang am Ayers Rock erleben
14. Einen kleinen Tragflächenspaziergang auf einem Doppeldecker machen
15. Den Kilimandscharo besteigen
16. Berggorillas in ihrem natürlichen Lebensraum begegnen
17. In Las Vegas ein Casino besuchen
18. Auf Borneo Orang-Utans beobachten
19. Einen Eisbären auf dem Eis entdecken
20. Mit Delfinen schwimmen
21. Ins Guinness-Buch der Rekorde aufgenommen werden
22. Ein Sumoturnier besuchen
23. Ein Bier auf dem Oktoberfest trinken
24. In Spanien an der Tomatina teilnehmen
25. Irgendein Land per Fahrrad durchqueren
26. Lernen, ein Musikinstrument zu spielen
27. In einem Spukhaus übernachten
28. Jemanden mit dem gleichen Namen treffen
29. Die höchsten Achterbahnen der Welt fahren
30. Tauchen am Great Barrier Reef
31. Bungee-Jumping
32. An einem Berghang Gleitschirmfliegen
33. Eisklettern
34. Aus einem Flugzeug hüpfen und Fallschirmspringen
35. Basejumping
36. Den Dalai Lama treffen
37. Den eigenen Stammbaum erforschen
38. Heißluftballon fahren
39. Einen Raketenrucksack ausprobieren
40. Den Start einer Raumfähre miterleben
41. Ein großes Vorbild treffen
42. Eine Etappe der Tour de France bewältigen
43. Nordlichter sehen
44. Einen Gletscher sehen, bevor sie alle geschmolzen sind
45. Eine Kampfsportart lernen
46. Sich ein ganz neues Styling verpassen lassen
47. Eine Fremdsprache lernen
48. In einem Cadillac über die Route 66 fahren

100 Dinge, die man im Leben getan haben sollte

49. Einen verhassten Job kündigen
50. Eine Woche lang vegetarisch essen
51. Am Nord- oder Südpol stehen
52. Jeden einzelnen US-Bundesstaat besuchen
53. An einem Flashmob teilnehmen
54. Die sieben Weltwunder besichtigen
55. Die Galapagosinseln besuchen
56. In einem Iglu übernachten
57. 24 Stunden im Dschungel überleben
58. Die Datumsgrenze überqueren
59. Ein Flugzeug steuern
60. In der Tornado Alley einem Tornado hinterherjagen
61. Sich ein Tattoo und/oder Piercing stechen lassen
62. Irgendwas erfinden
63. Auf etwas reiten, was größer ist als ein Pferd
64. Ein Haus bauen
65. Um Mitternacht nackt schwimmen gehen
66. Einen Marathon laufen
67. Im Flugzeug Sex haben
68. Komparse in einem Film sein
69. An einer Demo teilnehmen
70. In Pamplona bei einem Stierlauf mitmachen
71. Auf dem Nil paddeln gehen
72. Die eigenen Gene weitervererben
73. Einen Roman schreiben
74. Den Salto Ángel in Venezuela besichtigen
75. Den Inka-Pfad hinauf nach Machu Picchu wandern
76. Den Fuji besteigen
77. Unterm Sternenhimmel schlafen
78. In einer Gondel durch Venedig schippern
79. Mit Königin Elizabeth II. zu Mittag essen
80. Die Chinesische Mauer ablaufen
81. Ehrenamtlich tätig werden
82. An einer Full Moon Party teilnehmen
83. Den Mount Rushmore besichtigen
84. In Afrika an einer Safari teilnehmen
85. Die Steinstatuen der Osterinsel besichtigen
86. Einen Eisberg berühren
87. Dem Papst die Hand schütteln
88. Einen aktiven Vulkan besteigen
89. Das Burning-Man-Festival in Nevada besuchen
90. An einer japanischen Teezeremonie teilnehmen
91. Im Toten Meer schwimmen
92. Von einer Klippe ins Meer springen
93. Durch den Ärmelkanal schwimmen
94. An einem Feuerlauf teilnehmen
95. Hundeschlitten fahren
96. Den Nationalfeiertag in den USA feiern
97. Wale beobachten
98. Massai besuchen
99. Die Gnuwanderungen in der Masai Mara beobachten
100. Mit Stammesangehörigen jagen gehen

KAPITEL 1

#3 Allein auf einer einsamen Insel übernachten

VANUATU
Trauminseln
Arschsurfen
Fahnenträger
Karl
Nambas:
Baströckchen
Prinz Philip
Lianensprung
Auckland
NEUSEELAND
TASMANISCHE SEE
PAZIFISCHER OZEAN
Geschrei von haarigem Glatzkopf
Wilson?
Queenstown

RICKY: Wir haben dir hier eine Art Top 100 zusammengestellt – Elemente aus diversen Bucket Lists, die wir zusammengetragen haben. Offenbar die beliebtesten Dinge, die Menschen machen wollen, bevor sie den Löffel abgeben. Irgendwas, was dich hier anspricht?

STEPHEN: Von welchen dieser Dinge aus so einer klassischen Bucket List hast du schon mal gehört?

KARL: Gleitschirmfliegen und Bungee-Jumping – solche bescheuerten Sachen eben.

RICKY: Warum denn bescheuert?

KARL: Das ist es doch nicht wert – für bestimmte Sachen riskier ich nicht mein Leben!

RICKY: Na ja, die Straße überqueren kann auch gefährlich sein …

KARL: Ja, klar, aber das kann ich. Da weiß ich einigermaßen, wie's geht. Ich mach mich ungern von anderen abhängig.

STEPHEN: Was glaubst du – warum machen die Leute so was dann?

KARL: Weil's Idioten sind. So was machen doch normalerweise nur diese gegelten, dauergewellten Typen, Australier und so.

RICKY: Kann es sein, dass du neidisch bist, weil die Haare haben?

KARL: Ach was. Ich glaub nur, dass das solche Leute sind, die keine anderen Probleme haben.

STEPHEN: Also, du wirst es ja sehen – aus einem Flugzeug zu hüpfen steht hier auf der Liste, genau wie Bungee-Jumping, aber wie gesagt, es sind einhundert Sachen.

RICKY: Übernachte doch auf einer einsamen Insel!

STEPHEN: Du kannst Menschen doch nicht ausstehen. So musst du dich mit niemandem rumschlagen.

RICKY: Auf so einer Insel scheint die Sonne, es ist niemand sonst da, du läufst einfach nackig herum …
KARL: Nie im Leben!
RICKY: Warum denn nicht? Sieht doch keiner.
KARL: Trotzdem. Das würd ich niemals machen. Robinson Crusoe ist ja wohl auch nicht mit blankem Schniedel rumgelaufen, oder? Du denkst, da ist keiner, und auf einmal kommt so ein Touristenboot um die Ecke, und ich steh da in meiner ganzen Pracht? Außerdem ist da überall Sand, und im Sand will man nicht nackt sein.
RICKY (lacht)
KARL: Aber ich darf doch was mitnehmen …
STEPHEN: Was willst du denn mitnehmen? Eimer und Schäufelchen?
KARL: Zum Beispiel. Dann hab ich wenigstens was zu tun.
STEPHEN UND RICKY (lachen)
KARL: Ihr seid doch nicht ganz sauber, oder?
RICKY: Ach was. Was, wenn du auf dieser Insel wärst, und auf einmal käme ich um die Ecke?
KARL: Ja, das wär echt ein Albtraum.
STEPHEN: Wenn du dich dafür entscheidest, schicken wir dich nach Vanuatu. Das liegt im Südpazifik. Wunderschöne Inseln, tolles Wetter – es ist ja nicht so, als wollten wir dich auf die Isle of Sheppey schicken. Also, einverstanden?
KARL: Und ich darf alles mitnehmen, was ich will?
RICKY: Was würdest du denn mitnehmen?
KARL: Nur so viel, dass ich mich über Nacht beschäftigen kann.
RICKY: Und das wäre?
KARL: Eine Tüte Revels?
RICKY: Einen DVD-Spieler?

KARL: Aber da gibt's doch keinen Strom, oder?
RICKY: Du könntest ja auch Batterien mitnehmen. Was für einen Film würdest du dir denn angucken?
KARL: *Cast Away – Verschollen.*
STEPHEN: Und was für ein Buch würdest du mitnehmen?
KARL: Vielleicht ein Kreuzworträtselheft?
RICKY: Super Idee! Da ist er auf einer einsamen Insel, einer Trauminsel – und er guckt sich einen Film mit Tom Hanks an und löst Kreuzworträtsel. Das ist echt der Kracher. In Ordnung, eine Nacht auf einer einsamen Insel. Wird gemacht.

Wie viel kann man aus dem Fernsehen lernen? Ich hab zum Beispiel gelernt, dass Essig ein prima Fleckenmittel ist. Das haben sie zumindest bei Kim und Aggie in *How Clean is Your House* behauptet.

Vor einiger Zeit erzählten mal drei britische Backpacker, die sich im malaysischen Dschungel verirrt hatten, sie hätten nur überlebt, weil sie sich noch an die Tipps aus der Survivalsendung mit Ray Mears erinnern konnten, und dass sie sich jetzt jede einzelne Ray-Mears-Folge angucken würden, nur für den Fall, dass sie noch einmal in so eine Situation geraten. Man sollte eigentlich annehmen, dass das, was sie durchgemacht hatten, ihnen endgültig den Spaß an so einer Sendung verdorben hätte, weil sie das doch bloß wieder an ihre Nahtoderfahrung erinnert. Das wäre ja fast, als würde David Carradine »Fifty Shades of Grey« lesen.

Was die drei Backpacker rettete, war der gute Rat, einem fließenden Gewässer immer stromabwärts zu folgen, bis es irgendwann die Küste erreicht. Wie gut, dass diese Touristen Ray Mears geguckt hatten und nicht Bruce Parry – sonst würden sie wahrscheinlich immer noch im Dschungel herumirren und wären dabei komplett zugedröhnt, weil sie irgendeine giftige Kröte abgeschleckt hätten. Was mich wiederum an Bear Grylls und seine Survivaltipps erinnert. Bear ist wirklich noch ein ganzes Stück extremer als Ray Mears. Wenn man beispielsweise zu Bear sagt: »Ich hab so einen Hunger – ich könnt glatt einen räudigen Klepper verputzen«, dann würde er vermutlich erwidern: »Zu spät, hab ich schon aufgefuttert.« In einer seiner Sendungen war er mal von Kopf bis Fuß mit Blut und Innereien besudelt, nachdem er ein Kamel gehäutet hatte – und dann erklärte er allen Ernstes, dass der Kadaver sich hervorragend als improvisierter Schlafsack eignen würde. Ich bin wirklich nicht zimperlich, aber wie gut schläft man wohl im Innern eines Kamels? Ein Kamel ist doch wohl das letzte Tier, das sich als Bett eignet – allein schon angefangen bei den Höckern. Wenn Bear auf dem Heimweg in London den letzten Bus verpassen würde, zumindest hab ich so den Verdacht, dann würde er wahrscheinlich in den Zoo einbrechen, einer Giraffe den Hals umdrehen und sich eine Hängematte daraus basteln und, da er schon mal dabei ist, auch gleich noch ein paar Koalas abmurksen und sich ein Paar Pantoffeln daraus schustern, statt sich einfach ein Taxi zu rufen. Sei's drum. Wenn irgendwer je in die missliche Lage geraten sollte, ein Kamel umgebracht zu haben, um darin zu schlafen, und sich dabei die Klamotten besudelt hat: Essig hilft.

Ich war noch nie in der Situation, echte Überlebenstechniken anwenden zu müssen. Einmal haben mein Bruder und seine Kumpels unser Haus in Beschlag genommen, als Mum und Dad im Urlaub waren, und als ich nachts von der Arbeit kam, lagen ein Typ und eine Frau in meinem Bett, zwei weitere Fremde lagen im Bett meiner Eltern und ein paar andere auf der Wohnzimmercouch, sodass ich am Ende im Auto übernachtete. Das war so ungefähr das Härteste, was mir in dieser Hinsicht bislang widerfahren ist. Deswegen hab ich mir von der Liste auch die Nacht auf einer einsamen Insel ausgesucht. Ich dachte, das wäre eine ganz nette Herausforderung für mich, und außerdem vermute ich, dass von all den Dingen auf der Liste die Insel wohl die meisten Leute reizen würde. Ich hatte dabei die Bounty-Werbung vor Augen. Für alle, die den Clip noch nie gesehen haben: Er handelt von einer Frau an einem wirklich sehenswerten, fast schon paradiesischen Strand. Keiner dieser Strände, an denen unsereins seinen Urlaub verbringt – mit angeschwemmtem Seetang, Plastikflaschen und toten Quallen überall oder Eseln, die überall hinkacken, und krakeelenden Möwen. Einfach der perfekte Strand vor kristallklarem blauem Wasser. Eine Kokosnuss fällt von der Palme und schlägt auf, und heraus schlüpft ein Bounty, also ein mit Kokosraspeln gefüllter Schokoriegel. Ehrlich gestanden bezweifle ich, dass diese Frau an so einem heißen Tag einen Schokoriegel essen wollte. Wahrscheinlich wäre ihr ein Magnum lieber gewesen. Aber mal ganz abgesehen davon vermute ich, dass die meisten Menschen, die den Werbespot kennen, exakt das gleiche Bild vor Augen hätten, wenn sie sich für diesen Punkt von der Hundert-Dinge-Liste entscheiden müssten.

Unser Regisseur Luke erlaubte mir, ein paar Sachen einzupacken, die für meine Nacht auf der einsamen Insel womöglich praktisch sein konnten. Am Ende entschied ich mich für ein Feuerzeug, eine Rolle Klebeband, ein Teppichmesser, ein Kreuzworträtselheft, ein ordentliches Stück Zwirn, Kekse, Klopapier und eine kleine Schaufel.

Ich sollte auf einer Insel im Inselstaat Vanuatu im Südpazifik übernachten. Von dem hatte ich ehrlich gesagt noch nie gehört, und als ich meinen Freunden davon erzählte, wussten die genauso wenig damit anzufangen. Vor meiner allerersten Reise hatte Suzanne mir einen Globus geschenkt, damit ich kleine Fähnchen an all die Orte pinnen könnte, die ich besuchen würde, aber auf diesem Globus war Vanuatu nicht mal eingezeichnet.

Dann erfuhr ich, dass es keine Direktverbindung nach Vanuatu gab – irgendein chilenischer Vulkan hatte eine Aschewolke ausgespuckt, die jetzt Probleme machte –, sodass wir letztlich erst nach Sydney und von dort aus weiter nach Neuseeland flogen, wo wir erst einmal übernachteten. Ich hätte gedacht, dass wir früh am nächsten Morgen den Anschlussflug nehmen würden. Falsch gedacht. Als ich aufwachte, hatte Stephen mir eine Nachricht auf der Mailbox hinterlassen.

STEPHEN: Hi, Karl! Ich vermute mal, dass du gerade in Queenstown aufwachst und dir überlegst, was in aller Welt hier vor sich geht. Pass auf: Ricky und ich haben uns unterhalten, und wir sind uns einig, dass es bescheuert wäre, den ganzen weiten Weg bis zu der einsamen Insel zurückzulegen und unterwegs keinen Zwischenstopp in Neuseeland einzulegen und eine Sache von der Liste abzuhaken, die sozusagen der Klassiker unter den hundert Dingen ist: Bungee-Jumping! Und bevor du jetzt anfängst zu schreien und zu kreischen: »Nein, das mach ich nicht!«, denk erst mal drüber nach. Wir haben ein paar Jungs organisiert, ein paar Adrenalinjunkies, du weißt schon, die sich damit auskennen und denen Sicherheit echt wichtig ist. Ich weiß, du hast darauf keine Lust, aber ich finde, du solltest dir das Ganze zumindest einmal angucken und dir ein eigenes Bild machen. Aber entscheide dich nicht vorschnell. Ricky und ich würden das echt gern von dir sehen, und ich bin mir sicher, dass deine Zuschauer es auch echt gerne sehen würden. Also geh ganz unvoreingenommen da ran, okay? Du weißt: Wenn man sich ein Pflaster in einem Ruck abzieht, ist es viel weniger schmerzhaft. Und das hier wird überhaupt nicht wehtun, im Gegenteil. Enttäusch uns nicht, Kumpel! Viel Spaß! Tschüss!

Das ist mir echt übel aufgestoßen. Er war so weit weg wie nie zuvor in seinem Leben, und trotzdem schaffte er es, mich zur Weißglut zu treiben. Ich hatte es den beiden gleich eingangs klargemacht, dass ich zu genau so einer Sache nicht bereit wäre. Ich weiß noch, wie sie mich in ihr Büro zitiert und mir von dieser Hundert-Dinge-Liste erzählt hatten und Stephen das Bungee-Jumping erwähnte und ich sofort sagte: »Wenn ihr mich mit solchen Sachen überraschen wollt, dann verschwendet ihr gerade eure Zeit. So was mache ich nicht.« Wenn es in einem Wimpernschlag vorbei ist – wozu soll das dann gut sein? Ich mag auch diese Luftschlangenkanonen nicht. Man braucht länger, um hinterher alles wieder sauber zu machen, als der ganze Spaß insgesamt dauert. Mit Konfetti ist es genau das Gleiche.

Regisseur Luke tat sein Bestes und betonte noch mal, was Stephen auch schon gesagt hatte: dass Sicherheit an erster Stelle stehe und dass diese »Typen«, die mich mitnahmen, so was ständig machten und mir helfen würden, meine Angst zu überwinden. Was mich noch mehr ärgerte. Ich muss meine Angst nicht überwinden. Mein Gehirn sagt mir einfach – und das ist gut so –, dass es schlichtweg keine gute Idee ist, aus großer Höhe von irgendeinem Felsvorsprung zu springen. Das beweist doch nur, dass mein Gehirn seinen Job anständig macht. Ich weiß, dass mein Gehirn nicht sonderlich interessiert an Mathe ist oder an Politik, und das nervt mich manchmal. Andererseits bringt so etwas mich nicht in Gefahr. Insofern finde ich nicht, dass es sich hierbei um eine »Angst« handelt, die überwunden werden müsste. Ich hab mal von der sogenannten Koumpounophobie gehört – das ist die Angst vor jeder Art von Knöpfen. Irgendeine Frau aus einer Fernsehsendung litt so schwer daran, dass sie sich nicht einmal *Jim Knopf* ansehen konnte. Die Kindersendung ähnelte für sie einem Horrorfilm, und sie konnte nicht mal ab- oder umschalten, weil auf der Fernbedienung nur umso mehr Knöpfchen waren. Also, wenn das mal keine Angst ist, die man überwinden muss!

#32 An einem Berghang Gleitschirmfliegen

#34 Aus einem Flugzeug hüpfen und Fallschirmspringen

#35 Basejumping

#92 Von einer Klippe ins Meer springen

Ich bin mir sicher, dass nur deswegen kaum noch James-Bond-Filme produziert werden, weil die Stunts, die er früher immer gemacht hat, heutzutage niemanden mehr hinterm Ofen hervorlocken, nachdem so etwas neuerdings ja an jedem regnerischen Donnerstagnachmittag im Zuge irgendeines Teambuilding-Workshops stattfindet. Sogar der schwitzige Pete aus der EDV zwängt für einen Tandemsprung mit seinem Abteilungsleiter seinen Fettarsch in einen Overall. Aber auch der medizinische Fortschritt ist schuld: Würden Menschen derlei Risiken eingehen, wenn sie wüssten, dass kein Arzt der Welt ihren gebrochenen Arm oder das gebrochene Bein wieder richten könnte? Wenn ich in der Notaufnahme arbeiten würde, dann könnte jeder, der sich bei einer der oben genannten Tätigkeiten verletzt hat, sich erst mal ganz hinten in der Warteschlange einreihen, und ich würde mich zuallererst um die Leute mit echten Unfällen kümmern.

Luke und ich diskutierten immer noch darüber, warum ich mich so vehement dagegen wehrte, als es plötzlich mehrmals hupte. Als ich einen Blick nach draußen warf, saßen da zwei junge Typen in einem Wohnmobil und riefen nach mir. Ich ging hinaus auf den Balkon.

TYPEN: Deine Kumpels Ricky und Steve haben uns angerufen. Wir sollen uns heute ein bisschen um dich kümmern und dir ein paar Aspekte von Queenstown, der Hauptstadt des Abenteuers, näherbringen.
KARL: Ach ja? Wie ich gerade schon gesagt hab: Bungee-Jumping? Nicht mit mir.
TYPEN: Das wissen wir schon, aber hey, echt jetzt, das wird echt cool, also Augen zu und durch! Und jetzt komm, wir zeigen dir ein bisschen die Gegend, Mann. Die ist echt sehenswert, Bro, also mach, dass du runterkommst.

Die beiden hießen Sam und Kyle. Sie standen vor ihrem Wohnmobil, das über und über mit Graffiti bemalt war, und sahen zu mir hoch. Sie machten einen ganz sympathischen Eindruck, aber wenn ich auf irgendetwas allergisch reagiere, dann auf Leute, die mich wider Willen in irgendeine Sache hineinquatschen wollen. Je mehr sie quatschen, umso heftiger wehrt sich mein Gehirn. Ich hab schon häufiger versucht, meinem Gehirn neue Sachen beizubringen, aber es vergisst diese Sachen dann ganz einfach wieder. Gleichzeitig kann ich mich immer noch an irgendwelche Postleitzahlen von anno dazumal erinnern. Mein Dad hat mal mit mir gewettet, dass ich mich nicht mehr an das Nummernschild des Wagens vor uns erinnern könnte, sobald wir daheim wären. Ich kann es heute noch aufsagen. Der Wagen war ein brauner Ford Orion, und das Kennzeichen lautete D189 ONB. Warum in aller Welt hat mein Gehirn das abgespeichert? Und zu welchem Zweck? An meine Sozialversicherungsnummer erinnere ich mich doch auch nicht. Mein Gehirn macht schlicht und einfach, was es will.

SAM: Ich weiß, du bist nicht gerade versessen auf Bungee-Jumping, aber lass uns dir trotzdem ein bisschen was erzählen. Es ist nämlich großartig – du wirst es toll finden!
KYLE: Und es ist sicher wie in Abrahams Schoß, Kumpel. Da kann wirklich nichts schiefgehen.
SAM: Zumindest in der Regel.
KYLE: Es ist ein totales Hochgefühl – der totale Adrenalinkick. Du wirst es lieben!
KARL: Ganz bestimmt nicht. Und ich brauch so was auch nicht. Ehrlich, ich zier mich auch nicht nur – ich brauche wirklich keinen Adrenalinkick.
SAM: Aber warum denn nicht?
KARL: Weil mein Leben auch so schon stressig genug ist.
KYLE: Aber das hier baut Stress ab.
SAM: Und darum geht es ja gerade – den ganzen Scheiß ganz einfach hinter sich zu lassen.
KARL: Es wird den Stress nicht abbauen, es wird ihn verschlimmern.
SAM: Absolut nicht.
KARL: Natürlich! Ihr kennt mich doch überhaupt nicht. Ihr kreuzt hier einfach auf und erzählt mir, was mir guttun würde. Ihr habt doch keine Ahnung! Ich mag diese Art von Gefahr ganz einfach nicht.

Ich verließ den Balkon. Drinnen erklärte mir Luke, dass Sam, der Größere der beiden, Arzt sei, was ich tatsächlich überraschend fand. Andererseits müssen diese Ärzte und Chirurgen samt und sonders einen an der Klatsche haben – bei ihrem Job! Niemand, der halbwegs normal ist, könnte doch eine Lunge aus einem Brustkorb entfernen und dabei ruhig bleiben.

Regisseur Luke schlug vor, ich solle mit Sam und Kyle mitfahren und ihnen erst einmal bei einem Sprung zusehen. Unterwegs sprachen wir weiter über meine Bedenken. Sie versuchten, es mir schmackhaft zu machen, indem sie betonten, das Ganze wäre doch nach nur acht Sekunden vorbei. Nur war das für mich alles andere als ein gutes Argument. Acht Sekunden Spaß sind es einfach nicht wert. Ich verstehe auch nicht, warum die Leute Austern essen. Man hat sie ja doch nur für eine Sekunde im Mund. Sam meinte, ich könne durch den Bungeesprung mein wahres Ich erkennen. Ich hoffe ja, dass ich mein wahres Ich inzwischen kenne, immerhin bin ich schon 38. Wenn ich jetzt auf einmal jemand anderes wäre, wären all die Jahre doch umsonst gewesen.

SAM: Natürlich hat das Ganze einen Hauch von Wahnsinn, aber darum geht es ja gerade. Nimm den Wahnsinn an, und gesteh dir ein, dass irgendwas mit dir nicht stimmt.
KYLE: Nimm den Idioten in dir an.
SAM: Genau.
KYLE: Und lass ihn raus.
KARL: Vielleicht ist es das ja gerade – vielleicht ist mein innerer Idiot ja schon längst draußen. Und braucht gar keinen Bungeesprung mehr dazu.
KYLE: Also, was sagst du, Mann?
KARL: Okay. Ich stell mich an diese Kante und schau mal, ob mein Gehirn das will.

#31 Bungee-Jumping ✓

Ich erklärte mich also bereit, bis vor an den Abgrund zu treten, um zu sehen, ob mein Gehirn das dringende Bedürfnis hatte hinunterzuspringen. Aber erst musste ich mich noch wiegen, damit sie das richtige Bungeeseil auswählen konnten. Und ich musste ein Schadenersatzverzichtsformular unterschreiben. Dann fuhren wir in einer Art Seilbahn hinauf zur Bungeeplattform. Die Gondel hing 134 Meter über dem Flüsschen Nevis. Sobald wir ausgestiegen waren, fuhr die Gondel weiter, um noch mehr Passagiere abzuholen – die Neuankömmlinge sollten ungefähr zu dem Zeitpunkt eintreffen, da ich meinen Sprung bereits absolviert haben und wieder runterfahren würde. Aus ein paar Lautsprechern drang laute Rockmusik. Ich nehme an, die sollte mich für meinen Sprung aufputschen. Ich stand in der Mitte der Plattform und kam mir vor wie eine Fliege, die sich in einem Spinnennetz verfangen hat.

Dann wurde mir Phil vorgestellt, ein langhaariger Typ, der für die Sicherheit zuständig war. Im Handumdrehen drückte er mich auf einen Stuhl, fesselte mich an den Knöcheln und klinkte mich an ein massives Bungeeseil. Nicht dass ich da bereits gewusst hätte, ob ich springen wollte oder nicht – ich hatte eigentlich bloß aufgehört, ständig zu sagen: »Ganz sicher nicht!«, und war immerhin bereit abzuwarten, was passieren würde.

Phil erklärte mir, wie das Ganze vonstattengehen sollte: »Also, zuerst verpassen wir dir eine Art Fußfessel, dann gehst du ganz vorsichtig vor bis zur Kante – und du tust genau, was wir dir sagen, hörst du? Wenn du erst mal über die Kante gesprungen bist, kann dir nichts mehr passieren. Das wird das beste Gefühl deines Lebens werden, Ehrenwort. Jedenfalls musst du einen schön weiten Kopfsprung machen, als würdest du in ein Schwimmbecken springen, okay? Oder einen Bauchklatscher machen. Schaffst du das? Dann fällst du bis ganz unten, baumelst ein bisschen, und dann holen wir dich wieder rauf.«

Phil hatte die Ruhe weg, als er das sagte, als wäre er irgendein Unterhändler, der einen Selbstmordgefährdeten davon abbringen will, von der Brücke zu springen – nur dass er mich zum Sprung überreden wollte. Dann schob er mich in meinen Fußfesseln näher an die Kante heran. Ich habe wirklich keine Höhenangst – die Berge gegenüber zu betrachten und die gute Luft einzuatmen ging schließlich auch –, aber der Sprung selbst überstieg wirklich meine Vorstellungskraft. Ich wusste immer noch nicht, ob ich springen wollte oder nicht. Mein Herz klopfte wie wild, und ich merkte, wie ich hektisch atmete. Die Plattform schwankte ein wenig, als die Gondel noch mehr Leute heraufbrachte.

KARL: Da drüben stehen Leute Schlange, um das hier zu machen – und ich bin noch nicht mal 24 Stunden in Neuseeland! Ich hab so gut wie mit niemandem gesprochen, und die meisten Leute, die ich zu Gesicht bekommen habe, stehen zum Bungeespringen an!
SAM: Genau deshalb kommen diese Leute ja hierher. Sie reisen bis ans Ende der Welt, um von der Klippe zu springen, Mann. Genau darum geht es doch.
KYLE: Ich weiß, dass du's kannst, Bro.
KARL: Ja, klar, aber selbst wenn, wärt ihr sehr enttäuscht, wenn ich einen Rückzieher machen würde?
SAM: Nein, aber wir wären begeistert, wenn du's tätest.
KYLE: Wir wären absolut hingerissen, wenn du's tätest.
SAM: Es geht hier ganz allein um dich, nicht um die anderen. Es geht auch nicht darum, wer alles will, dass du jetzt

springst. Du bist derjenige, der entscheidet, ob er springen will. Es gibt nur noch dich und diesen minimalen Unterschied zwischen Angst und totaler Euphorie.

KARL: Mein Hirn sagt: Nein.

SAM: Das ist klar.

KARL: Und mein Bauch sagt: Du bist ja vollkommen bescheuert.

SAM: Dein ganzes Ich sagt: Das hier ist komplett gaga.

KYLE: Und trotzdem ist da diese Stimme in dir, die sagt, dass du's tun solltest.

KARL: Nein, da ist keine Stimme. Ich hör keine Stimme.

KYLE: Aber trotzdem stehst du jetzt hier, oder?

SAM: Das ist der Teil in dir, der den Tiger bezwingen, der alles übertrumpfen will …

PHIL: Fertig, Kumpel?

KARL: Äh, Moment noch, ähm …

KYLE: LOS JETZT! JAAAAAA!

SAM: Bring diese Stimme zum Schweigen, die dir einflüstert, dass du's nicht tun sollst!

Und genau das verstehe ich nicht. Ich bin mir sicher, dass man auf diese Stimme der Vernunft hören sollte. Wenn man auf die nicht mehr hört, gerät man in Schwierigkeiten. Wenn ich in diesem Moment nicht auf sie hörte, würde sie je wieder zu mir sprechen? Wenn ich die Stimme wäre, würd ich's jedenfalls nicht tun.

Das Problem ist nur, dass man heutzutage einfach auf zu viele Körperteile hören muss. Manchmal höre ich auf meinen Bauch, und dann gibt's wieder Leute, die sagen, man solle auf sein Herz hören – fehlt nur noch, dass der Blinddarm auch noch seinen Senf dazugeben will. Wahrscheinlich gibt es genau deshalb inzwischen so viele Psychohotlines. Es weiß ja keiner mehr, wem er verdammt noch mal zuhören soll!

Mein linkes Bein fing an, unkontrolliert zu zittern, als wollte es von der Kante weglaufen.

KARL: Schaut mal, mein linkes Bein bewegt sich wie von selbst, und mein rechtes macht gar nichts!

KYLE: Das ist ganz normal, Mann. Wenn du die Ferse runterdrückst, dann hört das auf.

KARL: Ja, aber was sagt mir das jetzt? Warum meldet es sich gerade jetzt zu Wort?

KYLE: Dein linkes Bein zittert, weil das Adrenalin gerade durch deine Adern pumpt.

KARL: Aha. Wenn ich aber schon einen Adrenalinschub kriege, ohne von der Kante zu springen, warum sollte ich dann noch springen?

PHIL: Erst wenn du von der Kante springst, geht es so richtig los – da schießen die Endorphine ein, und dann erst fühlt es sich so richtig genial an. Hol noch ein paarmal tief Luft. Du schaffst das! Tu einfach, was ich dir sage. Wir gehen jetzt näher an die Kante ran – und hochgucken! Runter hast du schon geguckt. Du weißt, wie's unten aussieht. Ich will, dass du hochguckst, dass du irgendeinen Berg dort drüben ansiehst, den Sonnenschein und dich dann darauf konzentrierst. Ich zähle runter – den kurzen Countdown, also nur drei, zwei, eins. Und dann machst du's. Sobald du von der Kante springst – *bämm*! Das ist es. Aufgabe gemeistert. Und du wirst jubeln, ich verspreche es dir. Karl, hör einfach auf, darüber nachzudenken!

KARL: Aber ich muss doch darüber nachdenken …

PHIL: Aber nicht so lange!

SAM: Lass einfach los, hör nicht darauf, was die Stimme in deinem Kopf dir sagt.
KARL: Keine Chance – darauf muss man doch hören!
PHIL: Aber nicht ständig. Du wirst es nie zu etwas bringen, wenn du dauerhaft nur auf die Stimme hörst.

Und irgendwie veränderte das was in mir. Die anderen Bungeespringer wurden allmählich ungeduldig und fingen an zu rufen, weil sie nicht länger warten wollten. Ich nehme an, sie hatten sich zuvor schon in diese Sache reingesteigert, und jetzt stand ich ihnen im Weg und bescherte ihrer inneren Stimme die Gelegenheit, doch noch einmal nachzudenken. Was nicht besonders toll ist, wenn man gerade um die 130 Pfund bezahlt hat, um das hier zu machen. Ich bat sie, die Klappe zu halten, weil ich bei dem Lärm nicht mehr klar denken konnte.

PHIL: Denk einfach nicht so viel darüber nach – mach es!
KARL: Nein.
PHIL: Doch.
KARL: Nein.
PHIL: Du kannst das, Kumpel.
KARL: Nein.
PHIL: Du schaffst das. Guck dort rüber und konzentrier dich.
KARL: Nein.
PHIL: Lass es einfach geschehen.
KARL: Nein.
PHIL: Wir machen jetzt den Countdown.
KARL: Hör auf, mich zu irgendwas zu zwingen.
PHIL: Ich will, dass du Ja sagst! Ich halt dich hinten fest …

KARL: Nein, nein! Ich wollte wirklich Ja sagen, aber ich sag nicht Ja. Dafür sagen doch alle anderen Ja!
PHIL: Okay, also dann, sag Ja.
KARL: Nein!
ZUSCHAUER: He, hast du keine Eier? Raus mit dir!
KYLE: Jetzt machst du einen auf stur, oder? Geh schon, spring, Kumpel!
SAM: Soll ich dir ein Tuch für deine Pussy holen?
KARL: Ihr könnt sagen, was ihr wollt, das macht mir nichts aus.
KYLE: Reiß dich zusammen!

Am Ende entschied ich mich dafür, der Stimme in meinem Kopf zu folgen, und sprang nicht. Dafür sprangen Sam und Kyle. Sie blieben weder so lange auf der Plattform stehen wie ich, noch dachten sie darüber nach, was gleich passieren würde. Sie wurden einfach an das Seil geschnallt und sprangen, ohne ein einziges Mal runterzugucken oder ihrer inneren Stimme Zeit zu geben, sich einzumischen. Als sie wieder raufkamen, waren sie schier aus dem Häuschen. Aber auch das überzeugte mich nicht. Tief im Innern war ich sogar ein bisschen stolz darauf, Nein gesagt zu haben, und bis zum heutigen Tag bereue ich nicht im Geringsten, den Bungeesprung verweigert zu haben. Ich frage mich außerdem, wie viele Leute so was nur tun, weil sie von anderen, die drumherum stehen und ihnen zugrölen wie mir, dazu gedrängt worden sind. Wie viele sind mutig genug, Nein zu sagen? Wie viele würden es wohl tun, wenn niemand ihnen dabei zusehen würde? Ich war schon immer ziemlich gut darin, gewisse Dinge zu unterlassen, die ich nicht tun wollte. Als ich noch jünger war, hatte ich relativ viele Freunde, die bescheuerte Dinge taten und an Kleber oder Benzin schnüffelten, und trotzdem hab ich immer Nein gesagt. Einer dieser Freunde wollte als Schuster arbeiten, nur weil es in der Werkstatt nach Kleber roch. Ich hab ein einziges Mal im Leben Drogen genommen, und das war aus Versehen, bei einem Pubquiz, als überall auf den Tischen Schokobrownies standen und ich herumging und die Brownies von den Tischen futterte. Als ich den Pub verließ, rief ich mir ein Taxi und konnte mich auf einmal nicht mal mehr daran erinnern, wo ich hinwollte. Wie sich herausstellte, hatte ich Haschbrownies gegessen. Ich saß eine halbe Ewigkeit auf dem Bürgersteig, bis mir meine Adresse wieder einfiel. Aber an dieses blöde Kennzeichen des braunen Ford Orion erinnere ich mich heute noch.

Sam und Kyle behaupteten, sie hätten von Anfang an gewusst, dass ich den Bungeesprung nicht machen würde, und hatten daher eine Alternative für mich in petto. Sie brachten mich zu einem Golfplatz, allerdings nicht, damit ich dort Golf spielte – nein, das wäre in diesem Teil der Welt wohl viel zu langweilig gewesen. Stattdessen sollte ich mich an Zorbing versuchen. Davon hatte ich noch nie gehört. Auf dem Rasen in der Nähe des 14. Lochs lag ein riesiger Plastikball, in den ich einsteigen musste. Dann fing Kyle an, ihn mit Wasser aus einem riesigen Fass zu befüllen. Damit hatte ich nicht gerechnet, also zog ich flugs den Reißverschluss zu – und dann schubsten sie den Ball an. Ich kullerte über den gesamten Golfplatz. Es fühlte sich an, als würde ich in einer dieser Weichspülerkugeln stecken, die man mitsamt der Wäsche in die Waschmaschine wirft. Im Handumdrehen war ich klatschnass von all dem Wasser, das in dem Plastikball herumschwappte. So muss sich ein Baby im Bauch der Mutter fühlen! Es war heiß, und von dem Geruch des warmen Plastiks und dem Herumwirbeln war mir speiübel. Dabei sieht das Ganze nicht einmal cool aus. Der eine oder andere mag Bungee- oder Fallschirmspringen, weil so was tierisch männlich wirkt. Aber Zorbing ist nichts für Machos. Damit gibt keiner an. Ich kam mir vor wie ein Hamster im Rad.

Kurz hatte ich Angst, dass ich kotzen müsste, was in einem kullernden Ball nicht allzu toll gewesen wäre. Ich hätte mich immerhin daran verschlucken können. Ich schrie also, so laut ich konnte, sämtliche Schimpfwörter, die mir einfallen wollten. Irgendwann stoppten sie den Ball. Kyle meinte, ich hätte den Reißverschluss nicht einfach zuziehen dürfen, weil dieser Ball sanfter gekullert wäre, je mehr Wasser drin gewesen wäre. Aber diesen Hinweis kann ich genauso gut wieder aus meinem Gedächtnis streichen, weil ich dieses Zorbing ganz gewiss nicht noch mal wiederholen will. Das sollte im Übrigen überhaupt niemand tun. Aber den Ball könnte man vielleicht dafür verwenden, Möbel zu transportieren, die zu schwer sind, um sie zu tragen: Wirf einen großen Fernseher hinein und kuller ihn einfach die Straße entlang.

Bevor die beiden wieder abfuhren, schenkte Kyle mir noch einen aufblasbaren Kiwi (den Nationalvogel) als Andenken. Vor Jahren hatte ich im Fernsehen mal eine Doku gesehen. Ich weiß noch, dass diese Vögel lebenslange Partnerschaften eingehen. Einige sind wohl schon dreißig Jahre zusammen, aber ich weiß wirklich nicht, weshalb darum so ein Spektakel gemacht wird. Vielleicht liegt es daran, dass sie alle gleich aussehen. Ich bin mir ziemlich sicher, dass es nicht annähernd so viele Scheidungen gäbe, wenn alle Männer und alle Frauen gleich aussehen würden. Und da ich schon mal über Kiwis fachsimple: Sie haben zwar Flügel, können aber nicht fliegen und bleiben mit ihren Beinen lieber fest am Boden – genau wie ich. Und sie schlafen tagsüber, was ich ebenfalls liebend gern getan hätte, weil der Jetlag mich inzwischen echt schlauchte.

Ich rief Ricky an und erzählte ihm, dass ich den Bungeesprung nicht gemacht und es ziemlich ärgerlich gefunden hätte, dass sie mich in diese Lage gebracht hatten. Er gackerte nur vor sich hin. Ich meine – 1,50 Pfund pro Minute, und der Typ gackert ins Telefon! Dann sagte er, dass ich es wiedergutmachen könne.

Sie hätten eine Fahrt zu einer anderen Insel organisiert, wo das Bungee-Jumping wohl ursprünglich herstammte. Diese Insel sei dafür bekannt, der glücklichste Ort der ganzen Welt zu sein, und ich solle endlich aufhören, mich zu beschweren.

Am nächsten Morgen standen wir in aller Herrgottsfrühe auf, um mit einem kleinen Privatflugzeug zu einem anderen Flughafen und von dort aus weiter auf die sogenannte Pfingstinsel zu fliegen, die zu Vanuatu gehört. Eine Frau kratzte die Windschutzscheiben frei, während wir unser Gepäck in den kleinen Sechssitzer verluden, und zum ersten Mal im Leben musste ich den Piloten bitten, ein Stück vorzurücken, damit ich mehr Platz für meine Beine hatte. Wir flogen so tief, dass ich schon den Verdacht hatte, die Kopilotin würde eine ganz normale Straßenkarte benutzen. Fehlte nur noch, dass wir an einer roten Ampel stehen geblieben wären.

#59 Ein Flugzeug steuern

Ich habe während meiner Reisen neben so vielen Piloten gesessen, dass ich fast glaube, die Grundlagen kenne ich inzwischen. Ich fliege nicht gern, insofern wäre es vielleicht gar nicht so schlecht, mal selbst zu sehen, wie so was funktioniert, damit meine Flugangst ein bisschen nachlässt. Ich habe beispielsweise die Befürchtung, dass den beiden Piloten auf so einem Flug etwas passieren könnte und dann keiner da ist, der an ihrer Stelle das Flugzeug landen kann. Wenn ich fliegen lernen würde, könnte ich in so einem Fall einspringen. Ich finde es ja schon verwunderlich, dass bei einem Fußballspiel mehr Ersatzleute auf der Bank sitzen, weil sich auf dem Spielfeld jemand verletzen könnte, als in einem Flieger mit immerhin 300 Passagieren!

Auf der Pfingstinsel lernte ich John kennen. Er fuhr mit mir von der Landebahn aus in einen Wald, in dem überall Pfiffe und Singsang zu hören waren. Zwischen den Bäumen kam plötzlich ein riesiger Turm in Sicht, der aussah, als wäre er aus lauter Gerüststangen zusammengesteckt. Als wir näher kamen, konnte ich sehen, dass er aus einzelnen, miteinander vertäuten Stämmen bestand. Es sah aus wie ein riesiges KerPlunk-Spiel.

Daneben tanzten und sangen Männer und Frauen, während andere an der Seite der Konstruktion emporkletterten. John eröffnete mir, dass sie alle sich mächtig darauf freuen würden, endlich mal einem Weißen dabei zuzusehen, wie er einen Lianensprung macht. Während er mir noch erklärte, warum diese Leute den Lianensprung machten, stürzten sich Männer aus unterschiedlichen Höhen von diesem Turm – an den Knöcheln nur mit Lianen festgebunden. Irgendwie messen sie die Lianen so ab, dass der Springer gerade noch so den Boden berührt, bevor er an der Liane wieder hochgezogen wird.

Die oberste Sprungplattform befand sich auf etwa dreißig Metern Höhe. Wann immer einer der Männer absprang, schaukelte das ganze Gerüst, als würde es jeden Augenblick in sich zusammenfallen. Und wann immer einer unten landete, kletterten zwei weitere nach oben und kappten die Liane, und dann war der Nächste dran. Die beiden waren wohl so was wie Fluglotsen.

Sobald die Springer die Liane los waren, kraxelten sie wieder hoch, um das Ganze noch mal zu machen. Wie Kinder auf einer

Rutsche im Park. Ich nehme an, wenn man hier lebt, ist es fast schon ein Ding der Unmöglichkeit, so einen Sprung zu verweigern. Die Leute leben hier so nah beisammen, dass man als Verweigerer wohl oder übel ausgestoßen wird. Ich glaube, die meisten Menschen wollen im Leben einfach nur irgendwo dazugehören und machen deshalb bestimmte Dinge mit, statt sie zu hinterfragen. Irgendwie musste ich wieder an das Bungee-Jumping denken…

Wenn die Springer mit ihrem Haar über den Boden streiften, erklärte John, dann würde so das Land gesegnet. Ausgeschlossen, dass ich das machen würde, dachte ich mir. Ich müsste bei meinem Haarwuchs ja wie ein Strauß den Kopf einmal komplett in den Sand stecken. Je höher der Sprung, fuhr John fort, umso reicher fiele die Ernte aus.

Weit und breit stand nicht ein einziger Johanniter bereit für den Fall, dass so ein Sprung mal in die Hose ging. Nachdem ich sogar in Neuseeland bei den Profispringern eine Schadenersatzverzichtserklärung hatte unterzeichnen müssen, um im Fall eines Unfalls die Betreiber nicht in die Pflicht zu nehmen, bezweifelte ich doch sehr, dass sie hier in diesem Dorf irgendeine Art Versicherungsschutz hatten. Ich meine, die Männer schützten bei ihren Sprüngen noch nicht mal ihre Eier, insofern stand wohl eine Lebensversicherung nicht zur Debatte.

Sie trugen nämlich sogenannte Nambas, kleine Stofffetzen, mit denen sie ihren Schniedel verdeckten. Der Sack baumelte währenddessen frei herum. Den Sinn und Zweck dieser Stofffetzen hab ich nicht ganz begriffen; schließlich verhüllten sie quasi gar nichts. Es war ungefähr so, als würde man an Weihnachten für irgendjemanden eine Flasche Wein einpacken. Jeder weiß sofort, was er da in der Hand hält. Und mit den Nambas war es genauso – da blieben einfach keine Fragen offen.

Aber wie immer auf dieser Welt gibt es dann irgendeinen, der sich von den anderen unterscheiden will. Einer der Männer lief in ein ordentliches Bündel Blätter gehüllt herum – so was wie die hiesige Lady Gaga. Vielleicht war es aber auch seine Art, aus der Lianensprungnummer rauszukommen – indem er sich als Wald verkleidete. Das Komischste an dieser Art der Kleidung war, dass diese Tradition sich einerseits gehalten hatte, andererseits aber der eine oder andere Dorfbewohner ein Handy am Ohr oder eine fette Armbanduhr am Handgelenk hatte. Die Armbanduhr sah einfach nur bescheuert aus. Sie passte überhaupt nicht zu dem Schniedelläppchen. Wenn überhaupt, hätte ich die Uhr ja um die Nambas geschnallt, als eine Art Gürtel, um sicherzugehen, dass sie auch wirklich festsaßen. Aber wenn sie hier schon Handys und Uhren akzeptierten, dann hätten sie doch wohl auch Boxershorts oder Badehosen tragen können.

Dann sprang ein Junge, vielleicht sechs Jahre alt, aus gut siebeneinhalb Metern Höhe. In England dürfen Schulkinder in dem Alter nicht mal mit Rosskastanien werfen, weil sie sich verletzen könnten – und hier springt Klein Billy in den sicheren Tod, nur damit der Kohl besser wächst! So was passiert, wenn die Leute zu wenig Beschäftigung haben: keine Arbeit, keinen Papierkram, keine Rechnungen, die sie begleichen, oder Waschmaschinen, die sie befüllen müssten. Keine Anrufe von irgendwelchen Handelsvertretern, keine Fenster oder Autos, die sie putzen müssten. Da macht man eben Blödsinn.

Unter Garantie würde ich nicht von dort oben runterspringen. Das sei viel zu riskant, teilte ich John mit und erklärte ihm, dass ich noch eine Hypothek abzubezahlen und diverse andere Verantwortlichkeiten hätte, denen ich mit einem Genickbruch nicht mehr nachkommen könne. Er sagte nur: »Kein Problem, das wirklich sicher. Wir machen seit Jahren, nie Unfall, keine Sorge.« Und trotzdem stürzten sich diese Männer – einer nach dem anderen – wie die Lemminge von dem Gerüst. Die brauchten Flügel noch viel, viel dringender als die Kiwis.

Es schien auch alles gut zu gehen – bis sich herausstellte, dass die Liane eines Mannes ein Stück zu lang gewesen war und er mit dem Schädel voran den Boden rammte. Er lag auf der Erde und zitterte wie ein frisch geschlüpfter Sperling, der aus dem Nest gefallen war, und seine Augen kollerten ihm im Kopf herum. Die anderen sangen und tanzten einfach weiter, während zwei Männer zu ihm rübergingen und ihm einfach ein paar Backpfeifen verpassten. Irgendwann kam er wieder zu sich. Mit einem breiten Grinsen im Gesicht.

Ich wollte die Dorfbewohner wirklich nicht enttäuschen, und ich wusste auch, dass Ricky und Steve sauer auf mich wären, wenn ich mich nicht in irgendeiner Form in die Gemeinschaft integrieren würde. Da hatte ich plötzlich eine Idee: Ich würde einfach den niedrigstmöglichen Sprung machen. Ich deutete auf die unterste Querstrebe. Ob ein Sprung von dort immer noch als Sprung zählen würde? Klar, hieß es.

Zwei Männer kümmerten sich um meine Lianen – sie sahen definitiv zu lang aus für meine Sprunghöhe. Trotzdem banden sie sie mir um die Knöchel. Dann kletterte ich auf die Stufe und stellte dort erst fest, dass sie doch deutlich höher war, als es von unten ausgesehen hatte. Und genau wie auf der Bungeeplattform in Neuseeland, wo die ganze Zeit laute Rockmusik aus den Lautsprechern geplärrt hatte, lullten einen hier der Gesang und die Pfiffe ein.

Ich hielt mich mit einer Hand an der Holzkonstruktion fest und lehnte mich, so weit es ging, nach vorn. Jetzt hätte ich nur noch loslassen müssen.

Ich weiß noch, dass ich das gleiche Gefühl hatte wie damals, als ich als kleiner Junge schwimmen lernte, als ich den Beckenrand loslassen und mich abstoßen musste. Es war genau das Gleiche. Im nächsten Moment würde ich den Beckenrand loslassen müssen – nur dass hier nirgends Wasser war. Immerhin grölte mir niemand zu, wie sie es in Neuseeland getan hatten, und niemand zählte runter. Ich konnte also einfach darauf warten, dass meine innere

Stimme irgendwann sagen würde: »Loslassen.« Dann musste ich wieder an etwas denken, was Sam in Neuseeland auf der Bungeeplattform ständig gesagt hatte: »Her mit dem Ball, Trainer, dann mach ich das Spiel.« Da aber alle um mich herum nur Nambas trugen, war jetzt wohl nicht der geeignete Zeitpunkt, um nach Bällen zu fragen.

Also ließ ich einfach irgendwann los.

Die Lianen an meinen Knöcheln waren deutlich zu lang, und ich schlug mit dem Gesicht auf dem Boden auf. Angesichts der Sprunghöhe hätte ich wohl besser meine Schnürsenkel genommen als die Lianen … Trotzdem fanden die Dorfbewohner es großartig. Der Gesang und die Pfiffe wurden noch lauter, und dann hoben sie mich hoch in die Luft, um mich zu feiern. Fühlte sich gut an. Also: nicht der Sprung an sich, aber die Tatsache, dass sie meine Leistung anerkannten.

Später rief ich Ricky an.

KARL: Ich hab den Lianensprung gemacht. Ich hab's wirklich getan.

RICKY: Im Ernst?

KARL: Ja. Ich hab auch schon mit Stephen gesprochen. Er war ja nicht gut auf mich zu sprechen und so, und du hast mich einen Feigling genannt … Aber jetzt? Jetzt hab ich wirklich einen Lianensprung gemacht.

RICKY: Also, diesen Sprung, bei dem man an einer Liane hängt?

KARL: Jepp. Die Dorfbewohner waren wirklich nett. Sie haben mich … Ich weiß auch nicht. Ich weiß einfach nicht, wie sie es geschafft haben. Als ich dort ankam, hab ich erst einmal gesagt: Nie im Leben …

RICKY: Aha.

KARL: Ich weiß auch nicht, wie das dann passieren konnte. Ich hab's einfach gemacht. Es war nicht toll, aber hinterher haben sie mich in die Luft geworfen, sie fanden's großartig. Diese Leute, die mich gestern die ganze Zeit quasi gedrängt haben … Die gingen mir ganz einfach auf die Nerven. Ich mag es nicht, zu irgendwas gedrängt zu werden. Aber diese Lianenleute waren eher … Ich weiß auch nicht.

RICKY: Moment mal. Hast du den echten Sprung gemacht oder nur die Kinderversion? Butter bei die Fische! Ich hab schon Fünfjährige gesehen, die so einen Sprung gemacht haben – aus einer Höhe von drei Metern. Von wo bist du abgesprungen?

KARL: Es war nicht … Es war jedenfalls nicht die Kinderversion! Aber die Sache ist die … Du musst bedenken, dass ich …

RICKY: Von wo bist du gesprungen? Wie hoch war es?

KARL (zum Regisseur): Luke, wie hoch war es?

LUKE: Du solltest ihm die Wahrheit sagen, finde ich …

KARL: Ja, klar, aber wie hoch war es?

LUKE: Es war die Stufe unter der Kinderversion, also vielleicht eins zwanzig …

KARL: Also, es war … ungefähr eins fünfzig hoch.

RICKY: Eins fünfzig?

KARL: Ja, aber …

RICKY: Eins fünfzig? Da bin ich ja beim Hochsprung in der Schule höher gesprungen!

KARL: Halt! Ricky, halt, ich glaub, es war eher eins siebzig. Außerdem springst du beim Hochsprung hoch und landest auf einer Matte. Das ist nicht wie beim Bungee – hier knallst du auf die Erde!

RICKY: Du knallst auf die Erde?

KARL: Und zwar mit dem Kopf.
RICKY: Du bist eins fünfzig tief gesprungen – also genau genommen nicht mal deine eigene Körpergröße …
KARL: Aber ich bin mit dem Kopf aufgeschlagen! Wenn du's siehst, wirst du es verstehen. Und angeblich war ich der erste Weiße, der so einen Lianensprung gemacht hat. Wenn das nicht zigmal besser ist als dieser andere Bungeesprung. Ich hab 'nen Rekord aufgestellt!
RICKY: Aha. Also bist du der erste Weiße, der mit dem Kopf voran gelandet ist. Hab ich das richtig verstanden? Ist das dein Rekord? Willst du, dass ich beim Guinness-Buch der Rekorde anrufe und nachfrage, ob du der erste Weiße warst, der auf dem Kopf gelandet ist? Du bist doch einfach umgefallen und auf die Fresse gefallen, richtig?
KARL (lacht)
RICKY: Wenn ich jetzt Stephen eine Backpfeife gebe, er umfällt und mit dem Gesicht aufschlägt, hat er dann deinen Rekord gebrochen, weil er sich von knapp sechzig Zentimetern weiter oben längs gelegt hat? Du bescheuerter … Schrecklich! (Lacht.) In Ordnung. Und weil du so mutig und so großartig warst, hast du eine Nacht in einem halbwegs anständigen Hotel gewonnen. Genieß es. Das hast du toll gemacht. Junge, da hast du ja echt mächtig was bewältigt!

Wir fuhren zurück zum Flugplatz, flogen ein Stück weiter und erreichten schließlich das schöne Hotel, von dem Ricky gesprochen hatte. Es war wirklich ganz okay – eines dieser vornehmen Häuser, in denen die Handtücher im Zimmer zu Tieren gefaltet werden. Auf meinem Bett lagen zwei Handtuchkaninchen und neben dem Waschbecken ein paar Schwäne aus Waschlappen. Vielleicht sind Waschlappen gerade für solche Basteleien da, keine Ahnung, ich selbst konnte mit ihnen noch nie etwas anfangen. Außerdem hab ich einen eigenartigen Eierbecher in meinem Zimmer gefunden. An dem Eierbecher waren unten zwei dürre Beinchen angebracht, und vorn drauf stand »EGGS ON LEGS«. Eier auf Beinen. Ich warf den Eierbecher in meine Tasche, weil er mich aufheiterte, und ich ahnte, dass ich das auf meiner einsamen Insel gut gebrauchen könnte. Tom Hanks hatte in diesem *Cast-Away*-Film ja auch seinen Fußball dabei.

Ich schlief wie ein Stein. Am nächsten Morgen gab es ein vollständiges English Breakfast am Pier. Während ich Eier, Würstchen, Bohnen und einen Toast nach dem anderen in mich hineinstopfte, beobachtete ich ein paar fliegende Fische, die in dem klaren blauen Wasser hin und her schwammen. Schon komisch, dass die Evolution diese Fische mit Flügeln ausgestattet hat. Ich fragte mich, ob Menschen sich auch weiterhin von irgendwelchen Plattformen oder Holztürmen stürzen würden, wenn ihnen irgendwann ebenfalls Flügel wüchsen.

Allerdings konnte ich das kleine Vergnügen, das Ricky und Stephen mir beschert hatten, nicht annähernd so sehr genießen, wie ich es mir gewünscht hätte. Zu sehr fürchtete ich mich davor zu erfahren, was sie als Nächstes für mich vorgesehen hatten. Ich fühlte mich ein bisschen wie in einer Privatklinik: Schön, sein eigenes Zimmer und gutes Essen zu haben, aber man ist trotzdem immer noch in einer Klinik, und zwar weil einem tags darauf die Beine amputiert werden. Wie soll man das also aus vollen Zügen genießen?

Ein Flugzeug flog sehr, sehr niedrig über uns hinweg, landete auf dem Wasser und warf einen Anker aus. So, so, ein Wasserflugzeug. Der Pilot stellte sich mir als Wasserflugpaul vor. Sein Flugzeug war winzig – eher wie ein Motorrad mit Tragflächen. Er meinte, er werde mich zu einem Rundflug mitnehmen, damit ich mir ein Bild von all den kleinen umliegenden Inseln machen konnte, auf denen ich möglicherweise übernachten würde.

Umliegende Inseln gab es eine ganze Menge – und in der Tat war eine kleiner als die andere. Aus der Luft sah es so aus, als würde überall im Meer Brokkoli sprießen. Paul erklärte mir, dass Vanuatu aus ungefähr 83 Inseln bestand. Darunter waren ein paar wirklich hübsche, auf denen ich nur zu gerne übernachtet hätte: herrlicher weißer Sand, klares blaues Wasser, Büsche und Bäume, unter denen man vor der Sonne Schutz suchen konnte. Genau wie in der Bounty-Werbung, die ich oben erwähnt habe. Dann allerdings steuerten wir auf einen Vulkan zu – und das war gruselig. Früher im Urlaub auf Lanzarote hab ich schon mal den ein oder anderen Vulkan gesehen, aber die waren allesamt seit Langem inaktiv und sahen eher aus wie gigantische Aschenbecher. Dieser hier war noch aktiv. Als wir durch die Dampfwolken flogen, die der Vulkan ausstieß, gab ich wiederholt zu bedenken, dass das ganz bestimmt nicht sicher sei. Wegen einer Aschewolke aus Chile hatten wir auf dem Weg hierher einen Riesenumweg fliegen müssen – und jetzt kämpften wir uns durch den Nebel wie die Teilnehmer der Mini Playback Show, wenn sie auf die Showbühne mussten. Ich konnte unter mir die glühende Lava blubbern sehen wie einen Topf voll gebackener Bohnen, die zu lange auf dem Herd gestanden hatten, und fühlte mich von der Hitze schon bald wie gar gekocht. Der Flieger schwankte bedenklich hin und her. Darüber war ich nicht besonders glücklich. Für meine Begriffe flog Paul einfach zu dicht an den Vulkan heran – er schien davon angezogen zu werden wie eine Schmeißfliege von einer Frittenbude und drohte einer dieser elektrischen Fliegenfallen gefährlich nahe zu kommen. Die Turbulenzen setzten mir übel zu, aber was noch schlimmer war, war der Gestank, der aus dem Vulkan aufstieg. Der war so richtig eklig. Dass die Natur etwas so Übelriechendes erschaffen hat, muss doch wohl bedeuten, dass man sich besser davon fernhalten sollte.

Schwefel riecht in etwa so wie faule Eier. Schon merkwürdig, wenn man sich überlegt, dass der innere Erdkern nach faulen Eiern riecht.

Auf dem Rückweg wollte ich von Paul wissen, was es denn mit dieser Legende auf sich habe, dass Vanuatu der glücklichste Ort der Welt sei. Paul war Australier und weit gereist, und er meinte, Vanuatu sei für ihn tatsächlich der glücklichste Ort, den er je besucht habe. Beispielsweise begrüßten die Einwohner sich hier mit einem Geräusch, das einem Lachen ähnelt.

KARL: Aber wenn jeder das gleiche Geräusch macht, woher weiß man dann, wann jemand wirklich glücklich ist?
PAUL: Sie sind einfach wirklich glücklich.
KARL: Ach was, das können sie doch gar nicht sein – zumindest nicht die ganze Zeit über.
PAUL: Klar können sie das.
KARL: Aber wenn du jemanden triffst und sagst: »Hiiiihi«, und der sagt auch: »Hiiiihi«, und dann fragt er: »Und, was geht?«, und du antwortest: »Och, na ja, Oma ist gestorben«, dann fragt man doch: »Und warum bist du dann so fröhlich?«
PAUL: Ach, wenn die Oma stirbt, siehst du das auf einen Blick. Dann trägt derjenige einen Bart. Wenn jemand stirbt, hören sie auf, sich zu rasieren.
KARL: Und für wie lange?
PAUL: Öh, solange sie sich eben danach fühlen. Vielleicht ein paar Monate? Je nachdem.
KARL: Wenn ich also einen Dreitagebart habe, denken sie, dass irgendein naher Verwandter gestorben sein muss?
PAUL: Jepp, und dann versuchen sie, dich aufzumuntern. Es könnte also sein, dass du noch ein paar mehr Hiiiihis hörst, weil sie nicht wollen, dass du depressiv wirst.
KARL: Also sollte ich mich besser nicht rasieren, weil sie dann netter zu mir sind, oder?

Die Vorstellung, sich nicht mehr rasieren zu müssen, weil jemand gestorben ist, gefällt mir. Nach so einer schlimmen Nachricht hat man auf so etwas doch ohnehin keine Lust. Außerdem ist es eine Art, jemandem Respekt zu zollen, die nichts kostet. Zu Hause ist der Tod eine verdammt teure Angelegenheit, eine weitere Methode, um uns das Geld aus der Tasche zu ziehen. Es wird einem suggeriert, dass man ein noch besserer Mensch wäre, wenn man noch mehr Geld für seine Toten ausgibt. Mein Dad sagt immer, das sei alles Nonsens und er wolle einfach nur in einen Müllsack gestopft werden, und dann solle sich die Gemeindeverwaltung um die Entsorgung kümmern. Der neuste Trend ist allerdings, irgendwo eine Parkbank aufzustellen und ein kleines graviertes Schild darauf anzubringen, auf dem dann ähnlich wie auf einem Grabstein steht: »Hier hat Arthur immer gern gesessen. Von seiner Frau Betty schmerzlich vermisst. 1936–2012.« Ich glaube ja, dass die Gemeindeverwaltung ihr Glück überhaupt nicht fassen kann. Wie viel sie einspart, weil sie für neue Parkbänke nichts mehr berappen muss!

Wenig später saß ich erneut in einem Flieger auf dem Weg zur Insel Tanna, wo ein Volk lebt, das Prinz Philip als Gott verehrt. Luke gab mir ein paar Fotos von Prinz Philip und eine limitierte Fünf-Pfund-Sondermünze mit, die anlässlich des damals gerade erst verstrichenen 90. Geburtstags geprägt worden war. Fünf Pfund! Das ist ganz schön viel Geld für eine Münze, die man nie ausgeben wird. Hätten die nicht eine spezielle Zehn-Pence-Münze prägen können? Genau solche Dinge gehen mir an Großbritannien echt auf den Zeiger. Das ist doch der totale Nepp. Regulär sind Fünf-Pfund-Münzen nicht einmal im Umlauf! Genau solche Sachen sind es wahrscheinlich auch, die einen Platz in den Top 10 der glücklichsten Orte der Welt für uns Briten unerreichbar machen.

Sei's drum. Ich sollte also das Prinz-Philip-Volk treffen. Der Legende nach zog der Sohn irgendeines Berggeistes los und überquerte sämtliche Ozeane, um eine mächtige Frau zu treffen, die er heiraten sollte. Und dieser Sohn war, wie sich herausstellte, Prinz Philip. In den Siebzigern war er sogar mal hier in der Gegend, und das hat ihrem Glauben wieder neues Leben eingehaucht.

Als ich aus dem Flieger kletterte, warteten bereits zwei Einwohner mit einem Holzschild auf mich, auf dem mein Name stand. Einer der beiden hieß JJ und sprach sogar ein bisschen Englisch. Er stellte mir seinen Kompagnon Albi vor, den angeblich glücklichsten Mann und überdies den talentiertesten Tänzer des gesamten Dorfes. Die beiden standen einfach da mit so gut wie nichts am Leib – nur irgend so einer Pflanze auf dem Kopf und ein Bastbüschel am Schniedel. Ich kletterte mit Albi auf die Ladefläche eines Lieferwagens, während JJ auf dem Fahrersitz Platz nahm.

#47 Eine Fremdsprache lernen

Wann immer ich verreise, versuche ich, zumindest »Hallo« und »Danke« in der Landessprache zu lernen, aber diesmal kam ich einfach nicht mehr mit, weil es in Vanuatu bei einer Einwohnerzahl von 230 000 ungefähr hundert Sprachen geben soll. Ich verstehe ehrlich gesagt nicht, wie ein Land so funktionieren kann. Außerdem müssen doch ziemlich viele Leute ein und dieselbe Sprache sprechen, damit sie als Sprache gelten kann? Sonst würde doch auch die Teletubby-Sprache als solche hier anerkannt werden, sobald die Teletubbys hier ausgestrahlt würden? Englisch ist halbwegs verbreitet, ebenso wie Französisch, aber die Verkehrssprache ist offenbar Bislama. Gesprochen versteht man davon kein Wort, aber geschrieben kann man sich das eine oder andere erschließen. Auf der Fahrt mit Albi und JJ hab ich ein Schild gesehen, auf dem stand: »SLO DENJA«. Sieht fast so aus wie »SLOW

DANGER«, also »Langsam fahren, Gefahrenstelle«. Sie schreiben die Wörter, wie man sie spricht, was ziemlich clever ist. So sollte es überall sein. Ich weiß auch nicht, wie jemand auf die Idee kommen konnte, beim Schreiben Buchstaben zu verwenden, die man ganz anders ausspricht, das P in »phonetisch« beispielsweise, das wie ein F klingt, oder das X in »Xylofon«. Warum schreibt man das nicht mit Ks? Unsere Vokabeln sind mit der Zeit so lang und unübersichtlich geworden, dass wir Abkürzungen erfinden müssen, um Wörter zu schreiben, die wir nicht mehr buchstabieren können. Wenn ich für unser Standardwörterbuch verantwortlich wäre, würde eine ganze Reihe Wörter einfach rausfliegen. »Nekrophilie« beispielsweise. Wenn irgendjemand dieses Phänomen (sich zu Leichen hingezogen zu fühlen) für sich beanspruchte, würde ich ihm einfach befehlen zu sagen: »Ich mag Leichen.« Wenn sie das zu irgendjemandem sagen müssten, würden sie spätestens da vielleicht begreifen, wie krank das klingt, statt es mit irgendeinem besonders gebildet klingenden Begriff zu verschleiern, und so wäre das Problem dann wohl verhältnismäßig schnell gelöst. Allein die Tatsache, dass es dafür einen eigenen Begriff gibt, scheint dieses Phänomen doch erst halbwegs akzeptabel zu machen.

Ich hoffe ja, dass ich mein wahres Ich inzwischen kenne, immerhin bin ich schon 38. Wenn ich jetzt auf einmal jemand anderes wäre, wären all die Jahre doch umsonst gewesen.

Den Rest der Fahrt hielt ich überwiegend Ausschau nach irgendwelchen Anschlagtafeln und Schildern und versuchte zu entziffern, was da stand, was mich wieder an diese beliebten Bilder aus den Achtzigern erinnerte: Wenn man nur lange genug auf so ein Bild draufstarrte, sah man irgendwann einen Affen auf einem Einhorn reiten. Hier noch ein paar Beispiele: »Mi wantem« klingt ein bisschen nach »Me want them«, also »Ich will diese da«. »Bitwin« heißt »between«, »dazwischen«. »Bisnis« heißt »Business« – und so weiter und so fort. Was »Gud moning« heißt, muss ich also wohl nicht ausführen. Wenn doch, sind Sie ein »dik ed«, oder wie der Engländer sagt: »Dickhead.«

Ich überreichte Albi die Fotos von Prinz Philip, die Luke aus irgendwelchen Zeitschriften ausgeschnitten hatte, und er war hellauf begeistert. Also gab ich ihm die Sondermünze ebenfalls. Er war wirklich hocherfreut. Luke meinte im Nachhinein, ich hätte die Münze nicht Albi, sondern dem Oberchef des Dorfes geben sollen, und weitere Münzen hatten wir nun mal nicht, also bat ich Albi, sie unter Verschluss zu halten, aber wenn man nichts außer einem Bastschniedelschurz trägt – wo soll man da sein Kleingeld aufbewahren? Also versuchte ich, ihm mit ein paar Gesten zu verstehen zu geben, er möge die Münze einfach von jetzt an fest in der Hand halten und niemandem zeigen.

#17 In Las Vegas ein Casino besuchen

Suzanne will nicht, dass ich um Geld spiele. Hin und wieder würde ich ja gern mal eine dieser Glücksspiel-Webseiten ausprobieren, aber dann sagt sie: »Nichts da. Wenn du dich da erst einmal anmeldest, sitzt du nur noch vor dem Rechner und verdaddelst dein ganzes Geld.« Wahrscheinlich hat sie recht. Als ich jünger war, fand ich diese Obstautomaten ja ganz reizvoll, aber mit den Jahren sind die irgendwie komplizierter geworden. Früher musste man bloß drei Birnen oder drei Melonen erwischen und hat den Jackpot geknackt, aber heutzutage gibt es einfach so viel mehr exotische Früchte auf der Welt, dass sie immer mehr Walzen in die Obstautomaten einbauen müssen, und so verringern sich natürlich die Gewinnchancen. Außerdem scheint es mittlerweile auch viel mehr Tasten und Blinklichter zu geben als früher. Neulich an einer Tankstelle hab ich so eine Maschine mal ausprobiert; sie blinkte und lärmte so laut, dass ich genauso gut auf dem Parkplatz hätte bleiben und gegen irgendein Auto hätte kicken können, um die Alarmanlage auszulösen. Das Ergebnis wäre das gleiche gewesen – und ich hätte zwanzig Pence gespart.

Nach ungefähr einer Stunde Fahrt erreichten wir das Dorf. Als ich von der Ladefläche kletterte, waren alle Augen auf mich gerichtet, und die Gesichter der Dorfbewohner waren wie versteinert. Die einzigen Geräusche kamen von zwei klapprigen Kötern, die es miteinander trieben, und der britischen Flagge, die sie gehisst hatten. Ich war nie ein großer Fan von Flaggen. Ich finde ja, sie sind mehr oder weniger überflüssig geworden. Wenn ich irgendwo eine britische Flagge sehe, dann spielt das für mich keine Rolle mehr. Vor der Erfindung der Sprache waren Flaggen vielleicht noch ganz praktisch, um ein Stück Land abzustecken, aber wozu sollten sie heutzutage noch gut sein? Bei Sportereignissen sieht man Leute damit wedeln, aber meistens weiß ich nicht mal, aus welchem Land eine Flagge kommt. Oder als Neil Armstrong damals auf dem Mond gelandet ist und seine Flagge aufgestellt hat – was hätte irgendjemand von einem anderen Planeten dazu gesagt, der dort gelandet wäre und dieses Ding gesehen hätte? Als Armstrong die Flagge in die Mondoberfläche rammte, stand sie einfach nur da – kratzig und steif wie die Handtücher von Suzannes Mutter, wenn sie mal wieder den Weichspüler vergessen hat. Der einzige

Vorteil an Flaggen ist, dass man sie in die Waschmaschine stecken und dann sofort wieder ihrem ureigenen Zweck zuführen kann. Sie trocknen, während sie sozusagen ihrem Job nachgehen. Der einzige wirkliche Nutzen der britischen Flagge ist, wenn man sie als Notsignal verwendet, indem man sie falsch herum hisst. Aber wie viele Leute wissen das schon? Und wie hoch ist die Wahrscheinlichkeit, eine Flagge bei sich zu haben, wenn man in eine Notsituation gerät?

Ich glaube, das ganze Dorf war da, um mich willkommen zu heißen; wenn man in Lehmhütten lebt, packt man andererseits wohl jede Gelegenheit beim Schopf, um mal rauszukommen. Albi kam mir wirklich vor wie der glücklichste Mann in diesem Dorf. Aber lag das vielleicht nur daran, dass er gerade um fünf Pfund reicher geworden war? JJ zeigte mir ihre Sammlung von Prinz-Philip-Fotos, die sie an einer Schnur aufgehängt hatten. Ein paar Bilder waren aus Zeitschriften ausgeschnitten worden, aber es waren auch Postkarten darunter. Und es gab ein Foto von JJ und Albi und ein paar anderen Leuten in Smokings, die direkt neben Prinz Philip standen. Ich persönlich trage ungern Anzüge, weil ich mir darin immer overdressed vorkomme – und für JJ und Albi galt das umso mehr. Sie sahen komplett verändert aus. JJ erzählte, sie hätten Prinz Philip in Windsor getroffen. Normalerweise muss man schon an den Duke of Edinburgh Awards teilnehmen, um ihm derart nahe zu kommen. Ein Typ von meiner Schule ist mal auf irgendeinen schottischen Berg geklettert und hat so einen Award gewonnen, aber ich bezweifle, dass er Prinz Philip je persönlich getroffen hat. Ich dachte sogar mal, ich selbst würde für so einen Award infrage kommen, als ich von meiner Schule in eine psychiatrische Anstalt geschickt wurde, um dort Plätzchen zu verteilen. Am Ende ging's aber doch nur ums Helfen. Ich weiß ehrlich gesagt bis heute nicht, warum ich wirklich dort hinmusste, anstatt zur Schule zu gehen.

#41 Ein großes Vorbild treffen

Es heißt, man solle sein großes Vorbild besser nie persönlich treffen. Ich bin der gleichen Meinung, vor allem da ich als Kind Gary Glitter toll fand. Als ich aber kürzlich in Indien war, fuhr ich Ganga und Jamuna besuchen. Das sind siamesische Zwillinge – und ich hätte nie gedacht, dass ich jemals siamesische Zwillinge kennenlernen würde. Die sind noch seltener als vierblättrige Kleeblätter, auch wenn sie gerade im Trend zu sein scheinen, wenn man mal diese »Zwei zum Preis von einem«-Angebote in Betracht zieht. In einer Welt, in der irgendwie alle gleich aussehen, war die Begegnung mit Ganga und Jamuna wirklich einzigartig und ein unvergessliches Erlebnis.

Die Vorstellung, einen Gott zu haben, den sie tatsächlich kontaktieren und von dem sie eine Antwort erhalten können, ist eigentlich ganz nett. Die Menschen haben alle möglichen Götter – aber wie viele können schon behaupten, dass sie ein Foto von sich mit ihrem Gott geschossen haben, wie diese Jungs? Sie glauben an etwas, was sie glücklich macht. Was ist daran so schlimm? Es gibt bestimmt Leute, die ihnen vorhalten würden, was für ein Blödsinn das sei, aber manchmal spielt die Wahrheit eben keine Rolle. Ich finde ja, die Wahrheit wird viel zu wichtig genommen. Auf *Channel 5* lief vor Jahren mal eine Sendung namens »Die Wahrheit über den Killerkalmar« – als würde sich irgendwer für seine Lügengeschichten interessieren!

JJ fragte mich, ob ich mit all den anderen essen wollte. Als wir uns zusammensetzten, fiel mir auf, dass sämtliche Leute mir gegenüber Bärte trugen, und ich musste wieder daran denken, was Wasserflugpaul gesagt hatte: dass das ein Zeichen dafür sei, dass irgendjemand gestorben war. Suzanne sagt immer, dass ich ungepflegt aussehe, wenn ich mich nicht rasiere. Aber wenn man wie diese Leute hier den ganzen Tag nackig rumläuft, warum sollte man sich da das Gesicht glatt rasieren und gleichzeitig für jedermann seinen haarigen Rücken und Hintern zur Schau stellen? Ich fragte ein paar Leute, wer gestorben sei, und sie antworteten: der Oberhäuptling, der angeblich 111 Jahre alt geworden war. Vielleicht stimmte das ja sogar. Immerhin leben sie hier ziemlich gesund. Allerdings kann man bei dieser Lebensweise mit Daten auch schon mal durcheinanderkommen. Schließlich ist jeder Tag gleich. Sie müssen den Müll nicht rausbringen, keine Rechnungen begleichen – sie tun eben, was sie tun müssen, wenn die Zeit dafür gekommen ist. Ganz einfach.

Meine Mum musste früher immer nur wissen, welcher Wochentag gerade war, und dann wusste sie auch, welche Fernsehserie an der Reihe war. Aber da *Coronation Street*, *EastEnders* und *Emmerdale* neuerdings offenbar täglich ausgestrahlt werden, glaube ich nicht, dass sie noch eine Ahnung hat, welcher Tag gerade ist.

#58 Die Datumsgrenze überqueren

Würd ich wohl machen, wenn irgendjemand mich dorthin mitnehmen würde – allerdings wüsste ich nicht, warum ich das tun sollte. Aber was ich ganz sicher nicht tun würde, wäre, mich dort niederzulassen. Angenommen, irgendein Handwerker hat sich angekündigt. Das gibt ihm doch die perfekte Ausrede, nicht pünktlich zu erscheinen!

Dann stellte JJ mir den Sohn des Oberhäuptlings vor. »Ich soll dir sagen: ›Ich möchte die Gelegenheit nutzen und dir danken. Wir schätzen deinen Besuch sehr. Es ist das erste Mal, dass wir Schwarzen mit Weißen ein gemeinsames Mahl einnehmen. Unsere Vorfahren und Häuptlinge haben nie mit Weißen zusammen gegessen. Uns selbst sind die Gemeinschaft und der Friede wichtig.‹«

#37 Den eigenen Stammbaum erforschen

Wenn der eigene Stammbaum irgendwas Interessantes enthält, weiß man darüber wahrscheinlich von Haus aus Bescheid. Wenn man beispielsweise irgendwie mit Einstein verwandt ist, wird diese Information mit Sicherheit in der Familie weitergegeben. Wenn man sich aber erst mal auf die Suche macht, wird man garantiert auf irgendwelche Probleme stoßen – genau wie beim Gesundheits-Check-up oder in der Autowerkstatt: Dort tauchen auf einmal Probleme auf, die zuvor gar keine waren. Und wie ich mich kenne, würde ich wahrscheinlich die Strom- und Gasrechnung von irgendeinem alten Pilkington bezahlen müssen, der das nicht mehr selbst erledigen konnte, weil er kurz davor tot umgefallen ist. Das Ganze wäre sicher wesentlich interessanter, wenn man wirklich sehr weit – bis ganz zum Anfang – zurückgehen könnte und wenn man mir zum Beispiel ein Foto hinhalten würde mit einem Affen, einer Qualle oder einer Nacktschnecke und dann sagen würde: »Schau mal, Karl, das ist der früheste Pilkington, den wir ausfindig machen konnten. Das hier ist dein Urururururururopa.«

Es gab Hühnchen zum Essen, und ich fragte in die Runde, ob irgendjemand Fragen habe. Ich dachte, vielleicht würden sie sich ja nach meiner Leibspeise erkundigen oder nach meinen Hobbys, aber sie stellten bloß Fragen zu ihren Aussichten und ihrer Zukunft, die ich entweder nicht verstand oder die ich nicht beantworten konnte.

KARL: Macht euch keine Gedanken. Ich würd sagen, alles wird gut. Es ist ja schon alles gut.
JJ (der für die restliche Dorfgemeinschaft den Dolmetscher spielt): Danke für deine Botschaft und die Bestätigung, dass wir uns keine Gedanken zu machen brauchen und dass alles gut wird. Die Oberen werden für uns die Entscheidungen treffen, wie sie sich verhalten wollen, aber wir verlassen uns auf dich, weil du uns versprochen hast, dass alles gut wird.
KARL: Ich denke schon, ja. Ich denke, es wird alles gut. Dinge ändern sich, klar, aber ich glaube, ich glaube wirklich, dass alles gut wird. Ich würde an eurer Stelle einfach so weitermachen.

Klar war das reine Spekulation, aber ich bin wirklich überzeugt davon, dass alles gut wird. Um diese gute Nachricht zu feiern, wurde anschließend zu ein paar Liedern getanzt. Es fing mit einer Art Conga an und ging dann in wildes Stampfen über, das den Staub vom trockenen Boden aufwirbelte, sozusagen als natürlicher Bühnennebeleffekt. Die Männer tanzten, während die Frauen sitzen blieben und ihnen dabei zusahen. Einige von ihnen hatten Farbspritzer im Gesicht, als wären sie gerade von einem Paintballmatch gekommen.

Wenn Suzanne sich so bemalen würde, hätte ich damit ein Problem. Wenn sie ins Bett ginge, würde die ganze Farbe ja auf dem Kopfkissen landen. Nur haben sie hier keine Kissen. Über derlei Dinge müssen sie sich also keine Gedanken machen. Allerdings zieht die ganze bunte Farbe bestimmt Wespen an, und das dürfte ziemlich nervtötend sein.

Albi und JJ wollten gern, dass ich die Oma kennenlernte, also kletterten wir wieder auf den Laster und fuhren weiter. Unterwegs mussten wir in einem anderen Dorf übernachten. Ich schlief in einem Baumhaus – mit mächtig Kopfschmerzen, weil ich so einen Hunger hatte. Ich hatte aufs Abendessen verzichtet, nachdem sie mir gezeigt hatten, was es diesmal geben sollte. Es wäre Flughund gewesen. Flughunde sind Fledertiere, und dass das Wort »Hund« darin steckt, macht die Sache noch unappetitlicher. Ich fragte noch, wie lang so ein Flughund kochen müsse, bis er gar sei – ich hätte nie gedacht, dass ich diese Frage je im Leben stellen würde. Ich glaube auch nicht, dass gutefrage.net oder Google die Antwort wüssten. Ich verkündete also, dass ich das Abendessen ausfallen lassen wolle, weil der Geruch des toten Flughunds mir nicht sonderlich behagte, und legte mich schlafen. Man sollte meinen, so ganz ohne Strom würden diese Leute früher ins Bett gehen, aber sie sangen und tanzten weiter bis tief in die Nacht, und zwar zum immer und immer wieder selben Song. Ich wachte mehrmals davon auf, hätte aber nicht sagen können, ob ich Stunden oder bloß ein paar Minuten geschlafen hatte, weil jedes Mal wieder dasselbe Lied dran war. Es war ein bisschen so wie damals, als Bryan Adams diesen Nummer-eins-Hit hatte: »(Everything I Do) I Do It For You«. Man kam einfach nicht drumherum.

Als Albi und JJ ebenfalls ins Baumhaus kletterten, um sich hinzulegen, wachte ich wieder auf. Der Vorteil daran, so wenig anzuhaben, ist natürlich, dass man nicht endlos Krach macht, wenn man sich auszieht. Sie schlüpften einfach direkt ins Bett. Es kam mir vor, als wäre ich gerade erst wieder eingeschlafen, als Albi mich weckte, weil wir doch die Oma besuchen fahren wollten. Hallo, um vier Uhr nachts? Warum so früh? Sollten wir ihr beim

Zeitungsaustragen helfen oder was? Mir war ganz schlecht vor Müdigkeit, als ich in der Finsternis versuchte, mich anzuziehen.

Als wir eine Weile später einen Berg hinauffuhren, konnte ich Detonationen hören und einen rötlichen Schimmer am Himmel sehen. JJ zeigte hinauf und sagte: »Oma.« Oma war ein Vulkan.

#88 Einen aktiven Vulkan besteigen

Dass sie einen Vulkan »Oma« nannten, überraschte mich nicht wirklich. Immerhin befanden wir uns an einem Ort, wo Prinz Philip als Gott verehrt wurde. Von der Piste, über die wir uns ihm näherten, stieg Qualm auf. Der Vulkan war wie eine natürliche Fußbodenheizung. Je näher wir kamen, umso lauter wurden die Detonationen. Lustig, dass bei ihnen die Oma derlei Geräusche von sich gibt. Bei mir ist es die Tante, die dafür berüchtigt ist. Einmal hat sie volle fünf Minuten lang einen fahren lassen. Sie behauptet zwar, das Problem habe sich mittlerweile erledigt, aber ich glaube eher, dass sie inzwischen einfach nicht mehr so gut hört.

Ich konnte nicht recht einschätzen, ob wir hier in Gefahr waren, vor allem weil Albi ein Dauerlächeln aufgesetzt hatte. Er sah wirklich entspannt aus. Zu Hause kostet meine Autoversicherung ein Vermögen, nur weil ich auf der Straße parken muss. Was würde sie erst kosten, wenn ich so einen Vulkan vor der Haustür hätte?

Über einen provisorischen Trampelpfad mit einem Handlauf, der von dem glühenden Gestein aus dem Vulkan völlig verbogen und stellenweise zerbrochen war, machten wir uns auf den Weg. Ich erkundigte mich bei JJ nach den Sicherheitsvorkehrungen und den Fluchtwegen, für den Fall, dass dieses Ding noch ein bisschen aktiver würde. »Wenn du losrennen musst«, erklärte JJ,

»dann sprich immer weiter auf sie (Oma) ein, und rede mit ihr, und sag ihr, dass sie vorsichtig sein und auf dich achtgeben soll.«

In diesem Land gibt es schon genug Sprachen, als dass ich auch noch Vulkanisch lernen müsste. Außerdem machte ich mir Sorgen, dass irgendein Brocken auf mir drauflanden würde, weil ich nun wirklich keinen gesteigerten Wert auf Verbrennungen lege. Als Kind hab ich mich ständig am Wasserkessel oder an der Herdplatte verbrannt. Ich brate mir auch kein Spiegelei, weil ich es hasse, wenn das heiße Fett aus der Pfanne in meine Richtung spritzt. Und genauso war es hier auch – nur eben in noch größeren Dimensionen. Wie ein riesiges, fieses, unberechenbares Feuerwerk. Je länger es mal still war, umso lauter schien die folgende Detonation zu sein. Als wir schließlich am Krater ankamen und ich vom Rand hinab auf das aufgewühlte, heiße Magma blickte, schlug mein Herz noch heftiger als an der Kante der Bungeeplattform. JJ und Albi hatten die Ruhe weg. Sie zuckten bei dem lauten, hallenden Krachen nicht einmal mit der Wimper.

#74 Den Salto Ángel in Venezuela besichtigen

Angeblich wurde der Salto Ángel nach einem US-amerikanischen Piloten namens Jimmie Angel benannt, der als Erster in einem Flugzeug über den Wasserfall flog. Obwohl der Wasserfall vor Ort bereits einen anderen Namen hatte – Kerepakupai Vená –, hat er ihn einfach umbenannt. Allerdings funktioniert der neue Name wohl auch besser bei Touristen, man kann ihn sich leichter merken, also war die Umbenennung wohl letzten Endes sinnvoll. Warum sie aus dieser Scheuermilch Vim irgendwann Viss gemacht haben, verstehe ich allerdings bis heute nicht.

Ich hatte eine leere Wasserflasche dabei, aus der ich den ganzen Morgen über getrunken hatte, und wollte sie in die blubbernde Lava werfen, aber JJ meinte, das sei verboten. Soweit ich es sehe, wäre das der einzige Vorteil an so einem Vulkan vor der eigenen Haustür: Man könnte darin sämtliche alten Kommoden oder Matratzen entsorgen. Das wäre doch sicher viel umweltfreundlicher als diese ganzen Müllhalden. Hätten wir so einen Vulkan in Großbritannien, würden sie dort sicher auch verbieten, Gegenstände hineinzuwerfen – allerdings nicht, weil sich Oma möglicherweise darüber ärgern könnte, sondern weil ihnen so Einnahmen entgehen würden. Einmal den Sperrmüll abholen zu lassen kostet immerhin fünfundzwanzig Pfund. Außerdem wäre es ein prima Ort für all die Toten – viel effizienter, als jeden einzeln zu beerdigen. Bei jeder Detonation würde man sich an die Familienangehörigen erinnern. Und irgendwann würde sich dann ihre Asche mit dem Erdboden vermischen.

JJ erklärte mir, dass sie aus Respekt vor Oma nichts in den Krater werfen würden, weil ihre Asche immerhin den Boden düngt und so die Landwirtschaft fördert. Dann mahnte er zum Aufbruch. Der Wind hatte gedreht, sodass wir zunehmend Gefahr liefen, von den großen, heißen Steinen getroffen zu werden.

Und recht hatte er. Nur einen Augenblick später – wir waren schon beim Abstieg – landeten zwei riesige, qualmende Brocken, groß wie Kühlboxen, exakt an der Stelle, wo wir gerade noch gestanden hatten. Als wir den Lieferwagen erreichten, zogen Albi und JJ zwei Bretter von der Ladefläche und forderten mich auf, den Vulkanhang wieder hinaufzusteigen. JJ erklärte mir: »Karl, an heißen Orten wie diesem hier oder in der Wüste kämpft man ums Überleben, und man muss lernen, trotzdem Spaß zu haben. Eine Sache, die in der Wüste echt Spaß macht, ist Arschsurfen.«

Als sie noch jünger waren, kamen sie oft zum Arschsurfen hierher. Sie setzten sich auf eine Art selbst gebastelten Ski und rutschten darauf den Aschehang runter, als wäre es Schnee. Bei ihrer Bekleidung hätte ich eher gedacht, dass Albi und JJ die letzten Menschen wären, die für so eine Aktivität zu haben waren. Ich hatte Aschesplitter in den Schuhen, in den Socken und unter der Haut, die scharf waren wie Glassplitter – weiß der Himmel, wie sich ihre Kehrseiten anfühlen mussten!

Ich probierte es trotzdem aus, aber ich war wohl zu schwer, um richtig zu rutschen. Ich versuchte, mich mit den Füßen vorwärtszubewegen, sah dabei aber eher aus wie ein Hund, der seinen juckenden Hintern übers Gras schubbert.

Drei Kerle mittleren Alters, die am Hang eines Vulkans arschsurfen – es muss ausgesehen haben wie eine Szene aus *Last of the Summer Wine.* Albi brüllte die ganze Zeit vor Lachen und amüsierte sich prächtig, und die ganze Aktion bestärkte mich wieder in meiner Überzeugung, dass die Leute buchstäblich ihren Arsch nicht hochkriegen, wenn sie keine sinnvolle Beschäftigung haben.

#94 An einem Feuerlauf teilnehmen X

Seit Jahrtausenden laufen Menschen durch brennendes Feuer. So was gilt in zahlreichen Kulturen überall auf der Welt als Ritual des Übertritts in die Erwachsenenwelt. Ich könnte mir vorstellen, dass die meisten, die so einen Feuerlauf machen, Menschen wie JJ und Albi sind, die den ganzen Tag barfuß herumlaufen, deren Füße also eine gewisse Widerstandskraft haben. Als ich mit Albi wieder hinten auf den Lieferwagen kletterte, konnte ich sehen, dass die Haut auf seinen Fußsohlen ganz hart war, weil er sie nie durch Schuhe geschützt hatte. Dafür waren seine Zehen wirklich schön und gerade. Ich hätte schwören können, dass Albi sogar über Glasscherben gelaufen wäre, ohne mit der Wimper zu zucken. Als er kurz wegsah, kitzelte ich ihn an den Füßen, und er bemerkte es nicht einmal. Wieder ein Beispiel, wie sehr uns die moderne Art zu leben schwächer macht. Meine Füße vertragen nicht einmal die Fußbodenheizung.

Aus der Rückschau war dieser Ausflug das Beste an dieser ganzen Reise, auch wenn ich oben am Krater des Vulkans schon ein bisschen nervös war.

STEPHEN: In Ordnung, Karl, inzwischen solltest du also schon ein paar glückliche Vanuatuer kennengelernt haben. Ich hoffe, du hast jetzt einigermaßen verstanden, was es heißt, ein Inselbewohner zu sein, denn es wird Zeit, Kumpel, das Ganze auf die nächste Ebene zu heben. Ein letzter Flug zur Insel Malakula – und dort wirst du deinen persönlichen Freitag treffen, der dich auf deine einsame Insel bringt und dir alles beibringt, was du zum Überleben wissen musst.

Nach einem weiteren Flug, einer längeren Autofahrt, einem kurzen Zwischenstopp auf einer Farm, wo wir ein Schwein abholten (als Bezahlung für das Volk, das das Überlebenstraining mit mir machen sollte), und einer ziemlich ungemütlichen Bootsüberfahrt bei rauer See landete ich schließlich auf Malakula.

Zu Hause habe ich herausgefunden, dass Kapitän James Cook die Insel so getauft hat. Malakula kommt vom französischen »mal au cul« und heißt so was wie »Arschkrankheit«, wahrscheinlich weil Cook nicht so richtig gut mit Kannibalen, Vulkanen und diversen anderen Unwägbarkeiten umzugehen wusste. Gut zu wissen, dass sogar echte Entdecker manchmal ähnliche Gefühle haben wie ich, wenn ich auf Reisen bin. Ich weiß noch, dass ich mich an dieser Stelle während der Reise tatsächlich ein bisschen wie Kapitän Cook gefühlt habe. Die Nacht auf der einsamen Insel hatte ich nur deshalb ausgesucht, weil ich es mag, wenn ich in Frieden gelassen werde und allein bin. Seit ich England verlassen hatte, hatte ich so gut wie keine Zeit für mich gehabt. Mich hier zurückzuziehen war fast unmöglich gewesen, da die Vanuatuer anscheinend nie allein sein wollen.

Ich sprang vom Boot und trat dem Häuptling gegenüber: einem Mann mit Stock, einem Kopfschmuck aus Federn, in Nambas und mit Flipflops an den Füßen. Und wieder schoss mir durch den Kopf: Wenn sie sich Flipflops kaufen konnten, wären doch Hosen auch nicht so schwierig, oder? Allerdings waren die Nambas dieses Häuptlings nicht aus Bast wie die von Albi und JJ, sondern aus Blättern, und sie sahen aus wie eine Kreuzung aus einer thailändischen Vorspeise und einem Brillenetui. Normalerweise kann man ja ganz gut von der Kleidung auf das Alter ihres Trägers schließen, aber in Vanuatu hatte ich bei den meisten Leuten ziemliche Schwierigkeiten. Vielleicht, dachte ich, wäre es ja ein Hinweis, wie tief bei Männern die Glocken hingen. Je tiefer, umso älter der Mann. Bei Frauen probierte ich die gleiche Methode aus, nur eben mit den Brüsten. Den Häuptling schätzte ich dementsprechend auf etwa vierzig.

Als er uns zu seiner Hütte begleitete, goss es in Strömen. Wir marschierten und plauderten, und er erzählte mir, dass ihre Sprache Ninde hieß und dass sämtliche ihrer Wörter mit dem Buchstaben N anfangen. In solchen Momenten frage ich mich hin und wieder, ob sie sich so was einfach nur ausdenken, um Touristen wie mich zu veräppeln. Er zeigte auf eine Palme, die Nimdipdip hieß, auf eine Frucht namens Naho und auf ein Nooholee-Blatt. Hier Stadt-Land-Fluss zu spielen sei wohl keine so gute Idee, merkte ich an, und er stimmte mir zu.

Dann hielten wir an einer Stelle an, an der Leute lagen, wie er erklärte. Erst dachte ich, er meinte, dass sie hierherkämen, um sich zu entspannen oder um sich mit ihrem Partner zu vergnügen, doch dann entdeckte ich einen Haufen Knochen, und es dämmerte mir, dass er Tote gemeint hatte. Es lag auch ein Schädel dort, und ich fragte, zu wem der gehört habe. Ohne zu zögern, antwortete er: »Nicola«, als würde er mir gerade irgendein Foto zeigen. Ich hätte es wahrscheinlich irgendwie verstanden, wenn der Schädel einem früheren Häuptling oder so gehört hätte. Aber Häuptlinge heißen meines Erachtens nicht Nicola. Allerdings kann man sich seinen Namen so vielleicht leichter merken, da ja auch alles andere mit N anfängt. Trotzdem hätte ich es merkwürdig gefunden, den Schädel eines Menschen dort zu sehen, den ich mal gekannt hatte.

Zu guter Letzt erreichten wir das Dorf. Es war wirklich hübsch. Die Gärten sahen aus wie kleinere Areale aus einem königlichen Park. Er zeigte mir die Holzhütte, in der ich übernachten würde. Sie war zwar schlicht, aber immerhin würde ich über Nacht trocken bleiben. Es gab sogar eine hölzerne Klobrille über einem Loch im Boden. Wahrscheinlich hatten sie die extra für mich angebracht. Zumindest sah sie brandneu aus. Unter Garantie wollten sie mir damit zeigen, wie wohlhabend sie waren. Dabei ging es nicht darum, wie viel sie besaßen, sondern wie viel sie ihren Gästen anzubieten bereit waren. Dann kündigte er an, dass in Kürze Fleisch und Kawa serviert würden. Solange es noch hell war, rollte ich meinen Schlafsack auf dem Boden aus, brachte ein Moskitonetz darüber an und hängte meine Socken und die Hose zum

Trocknen auf, ehe ich hinüber zu den anderen in den gemeinschaftlichen Essbereich schlenderte.

Überall saßen Männer und plauderten. Ein paar bereiteten Kava zu, ein Getränk aus den Wurzeln der Kava-Pflanze. Sie zerstießen die Pflanze und gossen Flusswasser darüber. Nachdem sie etwa eine Stunde lang die Wurzeln mit einem Holzpflock bearbeitet hatten, war eine ganze Spülschüssel voll grauem Kava entstanden. Als Ehrengast bekam ich mein Getränk zuerst – es schmeckte nach Seife, und meine Zunge wurde davon taub, was es immerhin leichter machte, den Rest auch noch zu trinken. Anschließend knallten meine Geschmackspapillen komplett durch.

#23 Ein Bier auf dem Oktoberfest trinken X

Jahr für Jahr besuchen rund sechs Millionen Menschen das Oktoberfest in München. Ich trinke ganz gerne mal ein Bier, aber nicht zusammen mit sechs Millionen anderen. Die Schlange an der Bar muss doch ein Albtraum sein! Ich gehe ganz gern mal mit, sagen wir, drei Freunden aus, aber sobald man Tische zusammenrücken muss und Papier und Stift braucht, um sich aufzuschreiben, wer was trinken will, hört der Spaß auf. Ein-, zweimal hab ich das mitgemacht, aber wohl hab ich mich dabei nicht gefühlt. Wie heißt es so schön? »Drei sind einer zu viel.« Ich wusste nicht einmal mehr, ob ich in einer Kneipe oder bei einer Demo war, und ich weiß auch noch genau, dass ich vierzig Minuten, bevor ich gehen wollte, anfangen musste, mich von allen zu verabschieden, so viele Leute waren es damals. Nie wieder.

Es war keine einzige Frau anwesend. Die ganze Zeit über, die ich bei ihnen verbrachte, hab ich nie Männer und Frauen zusammen gesehen. Nicolas Totenkopf war nach meiner Beobachtung das einzige weibliche Wesen, dem sich der Häuptling überhaupt jemals näherte.

Die meiste Zeit saß er auf einem Holzklotz und sprach in sein Handy – ein Anblick, an den ich mich immer noch nicht gewöhnt hatte, auch wenn jedes Volk, dem ich bislang begegnet war, Handys zu besitzen schien. Trotzdem kam es mir eigenartig vor, dass ein Häuptling mit Federn auf dem Kopf und den Schädeln seiner Kumpels im Vorgarten ein Prepaidhandy haben sollte. Er muss doch Anrufe aus Callcentern bekommen und Dinge aufgeschwatzt kriegen, von denen er noch nicht mal wusste, dass sie überhaupt existieren!

Es gab Fleisch zu essen, das bestimmt lecker war, auch wenn ich nach dem Kava immer noch nichts schmecken konnte. Dann ging ich ins Bett.

Ich weiß noch, wie ungeduldig ich war, als ich aufwachte. Ich wollte endlich meinen persönlichen Freitag kennenlernen, meine Insel betreten und erleben, wozu ich ursprünglich hierhergekommen war. Irgendwie fühlte es sich genauso an wie am Tag nach einer Hochzeitsfeier, wenn man im selben Hotel übernachtet hat wie alle anderen Gäste auch und dann glaubt, man müsste beim Frühstück mit diesen Leuten weiterfeiern, obwohl man sie vermutlich niemals wiedersieht.

Ich war gerade zum Waschen unten im Fluss gewesen, als Luke nach mir rief. Der Häuptling wollte mich jetzt seinem Sohn vorstellen, der mir ein paar Überlebenstricks für die einsame Insel beibringen würde. Außerdem erwartete er, dass ich die traditionellen Nambas anziehen würde. »Nie im Leben!«, antwortete ich. Dass ich so was anziehen sollte, ärgerte mich kolossal. Die ganze Woche hatte ich lange Klamotten getragen und meine Malariatabletten genommen, und auf einmal sollte ich nackt herumlaufen und nur meinen Schniedel einwickeln? Bei den Moskitoschwärmen war das doch der komplette Wahnsinn! Ich hatte lernen wollen, was ein Ray Mears und ein Bear Grylls draufhatten, aber allmählich verwandelte sich das hier eher in *Schick & schön – Die Styling-Show ganz ohne Klamotten.*

Luke meinte, es wäre eine Frage des Respekts, aber ich konnte nicht verstehen, was es mit Respekt zu tun haben sollte, sein Gemächt an die frische Luft zu lassen. Daheim würde so etwas als asoziales Verhalten bezeichnet werden. Ich hatte meinen Respekt doch bereits unter Beweis gestellt, indem ich niemandem auf die Füße getreten und ihnen ein Schwein mitgebracht hatte – immerhin ein ziemlich großes Geschenk, oder nicht? Ich finde ja, ein kleines zusätzliches Handyguthaben hätte auch gereicht.

Ich stiefelte also zum Häuptling.

HÄUPTLING: Wir müssen dir noch deine Nambas geben.

KARL: Ach, mach dir darüber mal keine Gedanken, ich komme auch ohne sie klar, bloß keine Umstände. Ihr habt mich hier einquartiert, ich durfte hier übernachten, ich habe Kava getrunken und richtig gut geschlafen. Mehr kann ich wirklich nicht annehmen. Also, tja, wir sollten einfach … Ich bin nur gekommen, weil ich meinen Freund kennenlernen will, der mir beim Überleben auf der Insel helfen soll.

LUKE: So ist nun mal die Tradition, Karl. Wenn jemand Angehöriger dieses Volkes ehrenhalber wird, dann erweist du diesem Volk die Ehre, indem du Nambas anlegst.

HÄUPTLING: Wenn wir angeln gehen, verlangt das die Tradition.

KARL: Ich glaube ja, dass da eine Angel und Köder wichtiger sind – die Angelausrüstung ist doch das Wesentliche und nicht *meine* Ausrüstung! So ziehe ich mich jedenfalls nicht an.

Was für eine Regel soll das denn auch sein? Wenn ich keine Nambas überziehe, bringen sie mir das Angeln nicht bei?
SOHN DES HÄUPTLINGS: Es ist ein Zeichen von Respekt.
KARL: Das ist doch … (Seufzt.) Diese Nambas sind doch bloß ein Streich, den mein Kumpel zu Hause für mich ausgeheckt hat. *Er* will, dass ich die Nambas trage. Aber damit hab ich nicht gerechnet, versteht ihr? So was überfordert mich. Ich dachte, ich würde euch einfach mal besuchen kommen, mich umsehen und dann wieder abreisen. Und auf einmal will jeder, dass ich Nambas anziehe – aber je länger wir jetzt darüber reden, umso peinlicher wird das Ganze.
SOHN DES HÄUPTLINGS: Du musst Nambas tragen.
LUKE: Es dauert doch nicht lange. Ich finde das ganz richtig so.
SOHN DES HÄUPTLINGS: Und wenn du die Nambas angelegt hast, müssen wir erst noch tanzen.
KARL: Seht ihr? Es kommt immer mehr obendrauf! Nambas an, und dann auch noch tanzen. Dabei fliegt doch alles raus, wenn man tanzt!
SOHN DES HÄUPTLINGS: Er ist nur ganz kurz.
KARL: Was meinst du – was ist kurz?
SOHN DES HÄUPTLINGS: Der Tanz.
KARL: Oh, ein kurzer Tanz. Es ist nur – versteh mich nicht falsch … Das hier ist für dich normal. Aber ich komm damit ins Fernsehen, und dann sagen meine Mum und mein Dad: »Himmel, was hat Karl sich denn dabei gedacht?« Bei diesem Tanz sieht man doch alles. Bei uns daheim ist das eben anders – die Leute ziehen sich anders an, und deshalb ist das für mich auch eine größere Sache. Also, alles frei raushängen zu lassen, herumzuhüpfen – und am Ende hüpft auch noch was anderes heraus.

LUKE: Du kratzt gerade an einem Tabu, ist dir das klar? Hier geht es um eine symbolische Handlung.
KARL: Ja, und? Die kratzen gerade an meinen Symboljuwelen. Also, wie können wir das Problem lösen? Je länger es dauert, umso unangenehmer wird mir das Ganze.

Weil wir keine Lösung fanden, einigten wir uns schließlich auf einen Kompromiss. Ich würde so was wie Kindernambas tragen, also eher ein Grasröckchen als einen Schniedelwickel. Ich weiß ehrlich gesagt nicht, warum das nicht alle tun. So ein Röckchen macht doch alles viel leichter. Allein schon, wenn man mal schnell austreten muss. Und man muss auch nicht erst Origami lernen, um den Schniedel hinterher wieder ordnungsgemäß zu verpacken.

Zwei Männer vermaßen mich wie Schneider von der Savile Row. Dann legten sie mir eine Art Band um die Taille und befestigten große Blätter daran. Als ich fertig war, ging sofort der Gesang los, und wir tänzelten um einen Baum herum. Anschließend wurde mir eröffnet, dass John, der Häuptlingssohn, mich jetzt zu jener Insel übersetzen werde, auf der ich übernachten sollte.

Zuerst verkündete John, dass wir Blätter sammeln müssten – diesmal allerdings nicht als Bekleidung, sondern für einen Unterstand. Er zückte seine Machete und schlug ein paar riesige Blätter, die teilweise so groß waren wie ein Surfboard und die wir zu zwei kleinen Booten am Ufer trugen, mit denen wir zu der Insel übersetzen würden. Das Wetter war grauenerregend. Es schüttete, und der Wind war eisig. Luke deutete auf die Insel. Sie sah nicht annähernd so groß aus wie die Inseln, über die ich mit Paul im Wasserflugzeug hinweggeflogen war; eher wie ein kleiner Muffin. Trotzdem dachte ich: Womöglich ist sie ja größer, vielleicht sieht sie ja nur aus der Ferne so klein aus. Die Insel hieß Ten Sticks, wie

Luke mir verriet, und im Zweiten Weltkrieg hatte das US-amerikanische Militär dort Zielschießen geübt.

Es dauerte etwa zwanzig Minuten, über die unruhige See bis zu der Insel zu kommen, weil die Strömung uns in Richtung Ozean trieb. Ein, zwei Blätter wurden unterwegs fortgeweht, aber ich hatte nicht den Ehrgeiz, sie zurückzuholen. Inzwischen war ich mächtig angepisst. Nach allem, was ich durchgemacht hatte, sollte das die Belohnung sein? Das hatte rein gar nichts mit all dem zu tun, was ich mir ausgemalt hatte, als ich mir aus der Hundert-Dinge-Liste diese Reise ausgesucht hatte. Und es hatte erst recht nichts mit der Bounty-Werbung zu tun.

Als wir auf der Insel ankamen, stellte sich heraus, dass sie wirklich so klein war, wie sie ausgesehen hatte. Ich nehme mal an, dass die US-Armee hier Zielübungen abgehalten hat, hätte ein Hinweis sein können. Ich hab schon Kreisverkehre gesehen, die größer waren als diese Insel – und Sand gab es hier auch keinen. Kantige Felsen und kaputte Muschelschalen bedeckten den Boden. Aber jetzt zu meckern hätte nichts mehr genützt. John schien mich ohnehin nicht verstehen zu wollen, aber nach seinem Gesichtsausdruck zu urteilen war auch er alles andere als begeistert.

Ich fand eine ganz gute Stelle, um den Unterstand aufzubauen – ein bisschen geschützt vor dem pfeifenden, kalten Wind, der vom Wasser heraufpeitschte. John fing sofort damit an, ein Gerüst zu zimmern, und ich nahm meine gesamte wütende Energie zusammen und schob ein paar Findlinge zurecht, die das Ganze abstützen sollten.

#64 Ein Haus bauen

Ein Haus zu bauen ist mir nie in den Sinn gekommen. Suzanne und ich fangen ja schon an zu streiten, wenn wir uns auf die Farbe eines Teppichs einigen sollen. Wir hätten uns längst getrennt, wenn wir so etwas in Angriff genommen hätten. Ich sehe mir ja ganz gerne diese Wohnsendung im Fernsehen an, in der Paare während des gesamten Hausbauprozesses begleitet werden: vom ersten Bauplan bis zum Einzug. Immer fängt es mit einem glücklichen Pärchen an, das voller Vorfreude und energiegeladen ist und kaum erwarten kann, dass es endlich losgeht. Und dann sieht man, wie sie innerhalb eines Jahres altern und am Ende in einem Wohnwagen hausen müssen, weil sich alles massiv verzögert hat. Die Frau, die am Anfang noch ein seliges Dauerlächeln im Gesicht hat, sich schminkt und für die Kameras ordentlich frisiert, ist über Nacht um Jahre älter geworden und sitzt mit ihren Kindern da, isst Instantnudeln aus der Konservendose und hat einen Sicherheitshelm auf dem Kopf, während die Bauarbeiter eine weitere schlechte Nachricht überbringen und ihr mitteilen, dass das Schiff, auf dem diese superspeziellen, umweltfreundlichen Fliesen aus Schweden transportiert werden, die sie statt der piepnormalen aus dem örtlichen Baumarkt haben wollten, gesunken sei und sich der Ausbau jetzt um weitere drei Monate verzögern werde. Dann bricht die Frau zu einem Song von Coldplay in Tränen aus, weil sie seit vier Monaten nicht mehr gebadet hat, und Kevin, der Moderator, sagt zum Publikum, dass die Baukosten das Gesamtbudget inzwischen um fünfunddreißig Prozent übersteigen würden. Das Budget wird übrigens *immer* gesprengt. Ich glaube ja, dass diese Leute vergessen, die Kosten für Teebeutel mit einzukalkulieren. Bauarbeiter können so eine Schachtel Teebeutel innerhalb von drei Tagen plattmachen.

John schlug noch mehr Blätter, mit denen er als eine Art Naturseil die Holzkonstruktion vertäuen wollte, aber das alles dauerte für meinen Geschmack zu lange. Ich packte in der Zwischenzeit die ganzen Sachen aus, die ich von daheim mitgebracht hatte. Die Kordel und die Rolle Klebeband beschleunigten unser Bauvorhaben enorm. Währenddessen setzten sich Regisseur Luke und der Kameramann wieder in ihr Boot und fuhren los. Ich dachte, sie würden vielleicht einfach nur ein paar Aufnahmen aus einiger Entfernung machen wollen oder so was in der Art, aber dann waren sie auf einmal komplett aus meinem Blickfeld verschwunden. Ich zog das Teppichmesser aus der Tasche, und dabei fiel mir der Eierbecher in die Hände, der mich vor ein paar Tagen in dem feinen Hotel zum Schmunzeln gebracht hatte. Inzwischen war mir gar nicht mehr zum Lachen zumute. Ein Teil von mir hätte sich dieses Ding am liebsten an den Kopf geschlagen, aber meine innere Stimme – genau dieselbe, die am Anfang meiner Reise nicht gewollt hatte, dass ich bungeespringe – sagte mir, dass ich doch mittlerweile wirklich weit gekommen sei und jetzt den Rest der Reise auch überstehen würde. Ich hörte meiner inneren Stimme eine ganze Weile zu, weil John nicht sonderlich gesprächig war und sie daher die Einzige war, die mir Gesellschaft leistete.

#27 In einem Spukhaus übernachten X

Vor ein paar Jahren hab ich mal das am heftigsten bespukte Haus Großbritanniens besichtigt – gesehen hab ich dort allerdings nichts. Der Typ, dem die Bude gehörte, erzählte, dass dort ein Geist umgeht, nachts zu ihm ins Bett schlüpft und ihm über die Beine reibt. Bei *Scooby Doo* ist so was nie passiert, oder täusche ich mich? Das Eigenartige an diesen Geistererscheinungen ist doch, dass die Leute, die sie gesehen haben wollen, immer erzählen, sie seien einen langen Gang entlanggeschwebt und hätten viktorianische Kleider angehabt. Warum sieht eigentlich nie jemand einen Geist im Jogginganzug und mit Sportschuhen? Und es hat auch noch nie jemand einen schwarzen oder asiatischen Geist gesehen, oder?

Während John mit ein paar letzten Handgriffen das Dach fertigstellte, lief ich über die ganze Insel, um Feuerholz zu suchen. Die Insel einmal komplett zu umrunden dauerte bloß eine Viertelstunde, dabei war ich echt langsam unterwegs. Aber in dieser Viertelstunde schwante mir, dass Ten Sticks wohl der falsche Name für diese Insel war. Ich konnte nur fünf verfeuerbare Äste finden. Mithilfe des Feuerzeugs, das ich von zu Hause mitgebracht hatte, wollte ich das Holz anzünden, aber weil der Regen in meine Tasche gesickert war, funktionierte es nicht mehr. John wendete einen seiner Überlebenstricks an und rieb zwei seiner Stöckchen übereinander, um dann unter dem Unterstand das Feuer in Gang zu bringen. Anschließend setzten wir uns und futterten meine Kekse. Das Feuer beruhigte mich irgendwie, und auch John schien wieder deutlich besser gelaunt zu sein. Ich glaube ja, dass Männer eine gewisse Affinität zu Feuer haben. Mal ehrlich, wie viele weibliche Brandstifter gibt es auf der Welt? Vielleicht ist das ja irgendwas Genetisches, das zurückgeht auf die Zeit, als wir noch Höhlenmenschen waren.

KARLS ERKENNTNISSE

DÖRFER IN VANUATU HABEN GETRENNTE MÄNNER- UND FRAUENZONEN.

ALS PRINZ PHILIP 1974 DIE INSELN BESUCHTE, ÄHNELTE ER IN DEN AUGEN EINIGER INSELBEWOHNER EINEM SAGENUMWOBENEN BERGGEIST. SEITHER WIRD ER ALS GOTT VEREHRT.

NUMMER EINS UNTER DEN EINSAME-INSEL-BEWOHNERN IST ROBINSON CRUSOE. DIE FIGUR IST EINEM SCHOTTISCHEN SEEMANN NACHEMPFUNDEN, DER AUF EINER EINSAMEN INSEL VOR DER CHILENISCHEN KÜSTE STRANDETE UND DORT VIER JAHRE UND VIER MONATE LANG LEBTE.

NACH DEM SOGENANNTEN KOKOSKRIEG WURDE VANUATU 1980 EINE UNABHÄNGIGE REPUBLIK.

DIE ÄLTESTE FLASCHENPOST WAR 92 JAHRE UND 229 TAGE UNTERWEGS.

#89 Das Burning-Man- Festival in Nevada besuchen X

Ich glaube ja, dass es dort ganz ähnlich zugeht wie in der Guy-Fawkes-Nacht. Ich weiß noch, wie ich als kleiner Junge die Gelegenheit nutzen wollte, ein Paar Schuhe loszuwerden, die ich nicht leiden konnte. Sie waren aus fürchterlich hartem Leder und an den Knöcheln so scharfkantig, dass man damit Käse hätte hobeln können. Ich und ein paar Kumpels hatten uns eine weibliche Schaufensterpuppe hinten aus einem Bekleidungsgeschäft namens Jasmin's besorgt, das dichtgemacht hatte. Ursprünglich wollten wir der Puppe unsere Klamotten anziehen, von Haustür zu Haustür pilgern und ein paar Pennys für sie sammeln, sie dann wieder ausziehen und verbrennen. Nur dass ich darin *die* Gelegenheit sah, die Schuhe ein für alle Mal loszuwerden. Also warfen wir die Schaufensterpuppe, nur mehr mit einer alten Männerkappe und meinen Schuhen bekleidet, ins Feuer. Am nächsten Morgen auf dem Schulweg hielt ich kurz an, um nachzusehen, ob das Feuer immer noch brannte – und da lag die Schaufensterpuppe, ein bisschen angekokelt, und hatte immer noch meine Schuhe an. Sie hatten keinen Kratzer abbekommen. Ich war also in etwa so erfolgreich wie einst Guy Fawkes, als er das Parlament abfackeln wollte.

John blieb nicht lange entspannt sitzen. Im Nu war er wieder auf den Beinen und machte sich mit Pfeil und Bogen auf die Jagd nach Fischen. Er unternahm mehrere Versuche – vergebens. Dann kam er auf mich zugerannt und bedeutete mir, ihm zu folgen. Er zeigte zu meinem Boot hinüber, und ich dachte schon, er hätte jetzt ebenfalls genug und wollte wieder auf die Hauptinsel übersetzen, also sprang ich hinein und folgte ihm. Wie sich allerdings herausstellte, hatte er zwei Kokosnüsse vorbeischwimmen sehen und brauchte Hilfe, um sie an Land zu bringen. Er war echt auf Zack – bloß kein Essen sausen lassen! Ein bisschen erinnerte es mich daran, wie ich als kleiner Junge in meine Turnschuhe hüpfte, sobald ich die Klingel vom Eiswagen hörte.

Aber John hatte schon recht, so schnell zu reagieren und die Kokosnüsse aus dem Meer zu fischen, weil auf der Insel ansonsten ja nichts Essbares zu holen gewesen wäre. Ich nehme mal an, für ihn gehört das zum Alltag. Hier gibt es einfach keine Läden oder Lieferdienste, und aus diesem Grund halten sie sich vermutlich auch immer in Gruppen auf. Sie helfen einander zu überleben. Zwischen Freunden hier und Freunden zu Hause in England liegen tatsächlich Welten. Manche Leute sind total fixiert darauf, wie viele Freunde sie auf Facebook haben oder wie viele Follower auf Twitter, aber von denen ist keiner wirklich da, wenn's brennt.

Später am Lagerfeuer versuchte ich, meine Schuhe zu trocknen, als Luke und der Kameramann wiederkamen. Sie hatten gegessen und schienen in Feierlaune zu sein, was ganz schön anstrengend sein kann, wenn man selbst gerade schlecht drauf ist. John hatte für mich etwas zu essen dabei, damit ich, wie er sagte, die Nacht überstehen würde: ein Taro, eine Art Kartoffel. Es fiel mir wirklich nicht leicht, Dankbarkeit zu zeigen. Ich war enttäuscht. Selbst im *Kochduell* hätten sie aus einem Taro und einer Kokosnuss nichts Anständiges zaubern können. Dann verkündete John, dass er jetzt heimfahren werde, und Luke überreichte mir noch ein Geschenk von Ricky, um noch mehr Salz in die Wunde zu streuen. Es war ein Fußball, auf den ein Gesicht aufgemalt war – genau wie bei dem Ball, der Tom Hanks in *Cast Away* Gesellschaft geleistet hatte.

#55 Die Galapagos-inseln besuchen

Charles Darwin landete dort 1835 während seiner Südamerikareise, und nachdem er die Tier- und Pflanzenwelt studiert hatte, wurde er dort auch zu seiner These inspiriert, wie wir uns vom Affen zum Menschen entwickelt haben. Das irritiert mich ja bis heute. Über die Evolution denk ich nicht allzu gerne nach; sie bereitet mir Kopfschmerzen. Die Art und Weise, wie die Natur festgestellt haben will, dass wir Augen brauchen, und diese Augen dann einfach geschaffen hat, übersteigt meine Vorstellungskraft. Allerdings frage ich mich manchmal, ob wir nicht noch viel weiter entwickelt sein könnten, wenn wir keine Augen bekommen hätten, weil diese Augen viel zu gerne fernsehen, was wiederum bedeutet, dass das Gehirn sich währenddessen nicht mit wichtigeren Dingen beschäftigen kann. Dass ich meine Augen zumachen muss, wenn ich mich auf eine Sache konzentriere, ist dafür der beste Beweis. Ich glaube ja, das HD-TV setzt der Weiterentwicklung unserer Augen ein Ende, und jetzt, da sogar Pkw Sensoren haben, die auf Hindernisse achtgeben, müssen wir sie auch immer weniger benutzen. Vielleicht hat die Evolution hiermit ja ein Ende, und es setzt die Devolution ein, und irgendwann sind wir dann nur noch kleine Klümpchen im Glas mit einem Handy und einer Fernbedienung in der Hand.

Ich stellte den Taro zum Kochen auf und versuchte, im Schein meiner Taschenlampe ein paar Kreuzworträtsel zu lösen, aber mein Gehirn wollte irgendwie nicht annähernd so gut arbeiten wie sonst. Zu Hause mache ich gerne Kreuzworträtsel, aber unter den aktuellen Bedingungen war es einfach nicht das Gleiche. Ich hatte sogar Schwierigkeiten draufzukommen, was mit »kleine Krabbe, Granat« (sechs Buchstaben) gemeint war. Dann probierte ich den Taro. Er schmeckte einfach nur langweilig und verbrannt.

Gerade als ich schon darüber nachdachte, früh ins Bett zu gehen, um diesem Erlebnis ein schnelles Ende zu setzen, hörte ich das Tuckern eines Bootsmotors und sah, wie jemand eine Taschenlampe auf uns richtete. Luke stand auf, um nachzusehen, wer da was von uns wollte. Dann kam er wieder – und zwar mit ein paar Steaks in der Hand, die er zuvor für uns organisiert hatte. Er hatte wohl gedacht, das wäre nur fair, nachdem der ganze Tag derart ins Wasser gefallen war. Gut, dass ich die Schaufel mitgenommen hatte – die diente uns jetzt als Grill. Und in jener Nacht schmeckte dieses Steak wie das beste, das ich je gegessen hatte.

Endlich war ich trocken, aufgewärmt und satt. Mehr brauche ich nicht, um glücklich zu sein. Und ich weiß genau, dass ich glücklich war, weil mein Gehirn endlich auch die Antwort für das Kreuzworträtsel ausspuckte: Shrimp.

KAPITEL 2

#12 Mit der Transsibirischen Eisenbahn fahren  ✓

Therapie
Bremsen hinüber
Revels im Weltall
Bullshit Man
BS
von Gebüsch vermöbelt
Moskau
RUSSLAND
SIBIRIEN
Krasnojarsk
Magnetmenschen
Leder
Flughafen Abakan
Ulan-Ude
Ulan-Bator
Handtuch
Darchan
MONGOLEI
Peking
CHINA
Zwergendorf
Kunming
INDISCHER OZEAN

RICKY: Fahr mit der Transsibirischen Eisenbahn! Das ist der Stoff, aus dem die Träume sind, oder nicht? Die Strecke gilt als die schönste Bahnstrecke der Welt. So heißt es überall.
KARL: Aber liegt das daran, dass die meisten anderen Strecken inzwischen einfach nicht mehr so schön sind? In den Pendolino von Euston nach Manchester steige ich jedenfalls nie ein und sage: »Wow, da freu ich mich jetzt aber drauf!« Ich fahre damit nur, um von A nach B zu kommen.
STEPHEN: Also, ich wollte schon immer mal mit der Transsib fahren. Und Russland fasziniert mich – wirklich ein spannendes Land. Allein die Geschichte!
KARL: Aber auch ganz schön öde, Russland, oder nicht?
RICKY: Was, ganz Russland? Es ist das größte Land der Welt, und ganz Russland soll öde sein?
KARL: Was man im Fernsehen sieht, sind Leute, die für Kartoffeln und so was Schlange stehen. Für diese Leute ist es vielleicht eine schöne Strecke, weil die anderen Strecken noch viel schlimmer sind als unsere.
STEPHEN: Und was, wenn ich dir jetzt sagte, dass die Erste-Klasse-Abteile dort mit dem Feinsten vom Feinen ausgestattet sind? Das ist der pure Luxus.
KARL: Wie sieht's in diesem Zug mit Klos aus?
STEPHEN: Ich meine, also, wie gesagt, ich hab diese Reise ja selbst nie gemacht, ich bin mir also nicht sicher. Aber natürlich gibt es Klos.
KARL: Na ja, gut… Solange es Klos gibt.
RICKY: Wie lange sitzt du denn auf dem Klo?
KARL: Sehr lange.
RICKY: Warum? Warum sitzt du sehr lange auf dem Klo?
KARL: Da hab ich Zeit für mich. Ich mag das einfach: Nur ich selbst, und niemand kommt vorbei und nervt, wenn ich

auf dem Klo sitze. Überall sonst im Haus taucht Suzanne auf und sagt: »Du hast dies und das noch nicht erledigt, du hast diese Leute immer noch nicht angerufen, das da muss repariert werden …« Aber aufs Klo kommt sie nicht. Mach die Tür hinter dir zu, setz dich hin, und deine Beine werden ganz schwer. Genau darum geht es doch. Dass du in einer Minute wieder aufstehen musst, sonst muss sie kommen und dir aufhelfen.

RICKY (lacht): Was für ein Leben! Was für ein Leben er sich da eingerichtet hat!

KARL: Jedenfalls springt mich dieser Punkt jetzt nicht gerade an. Ich bin nicht begeistert, aber es ist wohl immer noch besser als vieles andere auf der Liste. Genau das ist ja auch das Problem daran.

STEPHEN: Dann wird es also dieser Punkt?

(Karl nickt.)

STEPHEN: Viel Spaß!

Wenn Leute herausfinden wollen, ob man ein Optimist oder eher ein Pessimist ist, fragen sie oft: »Ist dieses Glas halb voll oder halb leer?« Ich finde ja, heutzutage ist es wirklich schwer zu sagen, wie voll ein Glas ist, bei der Menge Eis, die einem in den meisten Pubs ins Glas gekippt wird. Suzanne meint jedenfalls, ich sei ein Halb-leer-Mensch, sprich: ein Pessimist. Zugegeben, ja, ich bin so etwas wie ein Pessimist. Immer schon gewesen. Meine Mum hat mal erzählt, dass ich die Stirn runzeln konnte, noch ehe ich laufen gelernt habe. Als sie mich zum ersten Mal lächeln sah, dachte sie, ich hätte Blähungen.

Auch wenn mir als Kind Märchen vorgelesen wurden, war ich immer skeptisch und glaubte meiner Mutter nicht, wenn sie zum Ende der Geschichten kam und sagte: »Und sie lebten glücklich bis an ihr Lebensende.« Nein, taten sie nicht. »Ich glaub dir kein Wort«, erwiderte ich dann. Humpty Dumpty gefiel mir da schon besser – nett, schön kurz und mit einem realistischen Ende. Er hatte nie jemandem was getan – aber dann hatte er einen kleinen Unfall und starb. Dumm gelaufen. That's life. Keine beeindruckende Lebensgeschichte, keine Herzschmerz-Story, einfach nur ein totes Ei. Ich hab allerdings gehört, dass sie die Geschichte umgeschrieben haben sollen. Freunde von mir, die Kinder haben, haben mir von einem neuen Lied erzählt, das folgendermaßen geht:

Wurd er geschubst? Ist er gefallen?
War es das schlimmste Verbrechen von allen?
Wie kam Humpty Dumpty tatsächlich ums Leben?
Es ist ein Rätsel. Es muss Antworten geben.
Die Richter kommen heute ans Gericht,
Auf dass einer von ihnen die Wahrheit spricht.
Der Täter muss seine gerechte Strafe bekommen,
Das Gerichtsverfahren wird jetzt aufgenommen.

Entschuldigung? Kinder können heutzutage nicht mehr richtig buchstabieren oder kopfrechnen, aber diesen Humpty-Dumpty-Fall blähen sie größer auf als damals O. J. Simpson! Keine Ahnung, wie Humpty Dumpty neuerdings ums Leben kommt. Vielleicht muss ich mir mal die CD bestellen.

Sei's drum – ich bin also Pessimist, und als solcher rechne ich immer mit dem Schlimmsten, damit ich darauf vorbereitet bin, wenn es eintritt. Das ist doch keine schlechte Einstellung? Warum sonst schnallen wir uns an, sobald wir in ein Auto steigen? Ich erwähne das alles nur, weil ich so eine Ahnung habe, dass die meisten Russen genauso sind. Russland ist nicht eben das Land, in dem die Leute für Riesenspaß berühmt sind, oder? Ich hab mal irgendwo gelesen, dass damals, als McDonald's die ersten Filialen dort eröffnet hat, die Niederlassungen wie alle anderen Filialen auch angesehen wurden und den Mitarbeitern nahegelegt wurde, die Kunden anzulächeln. Aber offenbar funktionierte das nicht besonders gut, weil man in Russland nun mal keine Fremden anlächelt. Lächeln ist für Freunde und für die Familie reserviert.

Der Flug nach Moskau dauerte nur drei Stunden, dann aber wurden wir sage und schreibe sechs Stunden aufgehalten, weil wir eine Liste mit sämtlichen Gegenständen erstellen mussten, die das Kamerateam in das Land einführen wollte. Auch wenn ich grundpessimistisch bin, dachte ich, dass es schlimmer nicht mehr kommen könnte – doch dann lernte ich Pascha kennen, einen bärtigen Mann mit einer fast atemlosen, gereizten Art zu sprechen. Er bot mir an, mich in seinem alten, schlammbedeckten Range Rover mit kaputten Bremsen einmal ruck, zuck quer durch Russland zu fahren. Ich erzählte ihm, was ich vorhatte, und fragte, ob er schon mal mit der Transsibirischen Eisenbahn gefahren sei.

PASCHA: Nein, warum sollte ich so was komplett Vorhersehbares tun? Das könnt ruhig ihr Briten machen. Also dann – was willst du sehen? Den Roten Platz?
KARL: Ja, meinetwegen, den kannst du mir gern zeigen. Ähm … Ich meine, was immer du für sehenswert hältst.
PASCHA: Also nichts.
KARL: Aha, na ja, das ist dann ja nicht …
PASCHA: Auf dem Roten Platz wurden Menschen hingerichtet. Die Erde ist blutbesudelt. Wir würden hüfttief durch Blut waten.
KARL: Ist das eigentlich dein Hauptjob – Stadtführer?
PASCHA: Nein, das mach ich nur manchmal. Es ist nicht wirklich meine Hauptbeschäftigung. Aber je häufiger ich es mache, desto weniger kann ich es leiden.

Ich verstehe einfach nicht, dass Leute einen Job behalten, den sie nicht ausstehen können. Klar, wir müssen alle Geld verdienen, um unsere Rechnungen zu bezahlen, aber wenn man seine Arbeit so sehr verabscheut, sollte man kündigen.

#49 Einen verhassten Job kündigen

Das Schlimmste wäre, einen Job zu haben, den man nicht hinter sich lassen kann. Bei Ärzten, Chirurgen und so weiter hab ich das immer schon gedacht. Wenn solche Leute ihren Job kündigten und stattdessen Inneneinrichter oder Fleischer würden, denk ich mal, dann würden sie sich schuldig fühlen. Das wäre doch genau so, als würde Superman das Handtuch werfen und Finanzberater werden.

Ich bin immer wieder überrascht, wenn in einem Flugzeug die Frage aufkommt, ob ein Arzt an Bord ist. Da wollen sie in den Urlaub fliegen und sich von ihrem stressigen Job erholen, und dann erstickt jemand auf Platz 47B an seinem Gratistütchen mit Nüssen, und prompt sind sie wieder im Einsatz. Am nächsten war ich mal an einem Job, den ich nicht ausstehen, den ich aber auch nicht kündigen konnte, als ich zum Schöffen bei Gericht berufen wurde. Aus der Nummer kommt man nicht mehr raus, und dann sitzt man wochenlang im Gerichtssaal und urteilt über einen wild-

KARLS ERKENNTNISSE

DIE TRANSSIB IST ÜBER 9000 KILOMETER LANG UND DURCHQUERT ZEHN ZEITZONEN.

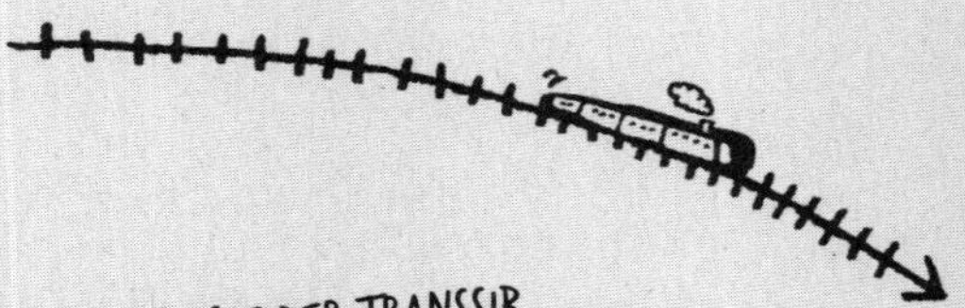

DIE GESAMTE STRECKE DER TRANSSIB ZURÜCKZULEGEN DAUERT MEHR ALS SECHS TAGE.

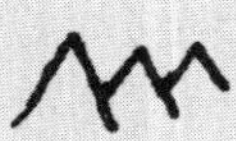

SIBIRIEN HAT EINE FLÄCHE VON 13,1 MILLIONEN QUADRATKILOMETERN UND MEHR ALS 25 PROZENT DES WELTWEITEN BAUMBESTANDS.

DER NAME »SIBIRIEN« HEISST WÖRTLICH »SCHLAFENDES LAND«.

ZWISCHEN 1929 UND 1953 STARBEN IN DEN SIBIRISCHEN GULAGS (GEFANGENENLAGERN) MEHR ALS 1,6 MILLIONEN MENSCHEN.

fremden Menschen. Ich kam mir vor wie in der Jury von *Das Supertalent.* Das Nervigste überhaupt war, dass man während der Gerichtsverhandlungen nichts essen oder trinken durfte – keine Ahnung, warum. Wenn ich mir *Inspector Barnaby* angucke und dabei ein Twix esse und ein Bierchen trinke, hält mich das doch auch nicht davon ab mitzurätseln, wer der Mörder war. Wenn überhaupt, hilft es doch sogar beim Denken. Kojak hat unzählige Morde mit einem Lolli im Mund aufgeklärt.

Ich bot Pascha ein paar von meinen Revels an, damit wir uns irgendwie näherkämen, aber er lehnte ab. Also versuchte ich, freundlich zu sein und Interesse an seinem Wagen zu heucheln.

PASCHA: Das ist das schlechteste Auto, das ich je hatte, und es kommt aus Großbritannien. Ich hätte nie gedacht, dass ein Auto so schlecht sein kann.
KARL: Aber man muss sein Auto schon auch ein bisschen pflegen. Man darf nicht erwarten, dass es einfach läuft und läuft und läuft – es muss in die Werkstatt, wenn die Bremsen nicht mehr anständig funktionieren. Bremsen müssen einwandfrei funktionieren.
PASCHA: Was glaubst du eigentlich, wie oft ich in diesem Jahr die Bremsen hab checken lassen? Rate mal.
KARL: Du sagst, checken lassen? Sind sie ausgetauscht worden?
PASCHA: Das gesamte Bremssystem. Ich fahr die Karre zu einer Rover-Vertragswerkstatt und sage: »Bringt das in Ordnung.« Ich will gar nicht darüber nachdenken. Vier Mal!

KARL: Vier? Dann ist es vielleicht eine schlechte Werkstatt.
PASCHA: Ach, und zu wie vielen Werkstätten, glaubst du, bin ich gefahren?
KARL (zögert): Vier?
PASCHA: Was glaubst du eigentlich, was ich heute Morgen gemacht hab?
KARL: Du hast deinen Wagen checken lassen?
PASCHA: Zumindest hab ich es versucht.
KARL: Dann werd es los. Wenn mir irgendwas auf die Nerven geht, sehe ich zu, dass ich's loswerde.
PASCHA: Genau das versuche ich doch gerade!
KARL: Bist du irgendwie sauer?
PASCHA: Natürlich – bei diesem Wagen, meinem Job und ehrlich gesagt auch mit euch Briten …
KARL: Mit mir? Was hab ich denn getan?
PASCHA: Ach, du bist nicht die Sorte Kunden, die ich normalerweise habe – vor dir hatte ich ein Pärchen, das draußen bei mir in der Hütte war, zum Reiten. Sie hatten sich für zwei Tage angemeldet. Ich hab denen noch gesagt, dass sie sich unbedingt bei mir melden sollen, sobald sie Moskau verlassen, aber nein, die Briten, äh, also, ihr habt echt die Mentalität von Sklaventreibern. Ihr erwartet, dass alle Welt auf euch wartet.
KARL: Was soll das heißen? Wir haben doch keine Sklaven. Wo hast du denn so was aufgeschnappt?
PASCHA: Ihr sprecht einfach eine andere Sprache. An deiner Stelle hätte ich längst einen anderen Fahrer angefordert. Ich versteh dich einfach nicht.

Ich glaube, solange ich mit Pascha zusammen war, hab ich mich verhältnismäßig selten über irgendwas beschwert. Seine Denkweise rief bei mir tatsächlich ein bisschen mehr Optimismus hervor. So was ist mir bislang selten passiert. Suzanne jammert generell ziemlich wenig, und ich frage mich, ob das womöglich daran liegt, dass ich das Jammern für sie übernehme, genau wie Pascha an meiner Stelle gejammert hat. Wenn jemand glücklich ist, neige ich stattdessen dazu, eher die negativen Seiten zu sehen. Jammern macht einfach keinen Spaß, wenn man keinen Gegenwind bekommt.

Je länger wir gemeinsam unterwegs waren, umso vehementer beklagte er sich. Wäre Pascha ein Hund gewesen, ich hätte ihn einschläfern lassen.

Abgesehen von all seinen Beschwerden herrschte überwiegend Stille – bis uns auf einmal die Polizei von der Straße winkte. Pascha unterhielt sich mit ihnen auf Russisch, dann fuhren wir weiter.

PASCHA: Das hätte 300 Rubel gekostet.
KARL: Was – mit einem dreckigen Wagen zu fahren?
PASCHA: Allerdings wollten sie nicht gefilmt werden, während sie uns das Geld abknöpften – also gab's keine Strafe.
KARL: Aber normalerweise hätte es eine gegeben?
PASCHA: Na klar. Wenn sie gerade nichts Besseres zu tun haben … 300 Rubel! Das sind gut zehn Dollar!
KARL: Aber der Wagen ist doch nur dreckig. Und was ist eigentlich mit den Bremsen? Hast du nicht erwähnt, dass die nicht funktionieren? Was hätten sie denn gemacht, wenn sie davon Wind bekommen hätten?
PASCHA: Ach, theoretisch gar nichts, weil es in Russland immer nur ums Äußere geht. Das ist im Großen und Ganzen

alles, was in Russland zählt: die äußere Form und Erscheinung. Wenn aber zum Beispiel deine Papiere fehlerhaft sind, merken sie das nicht einmal. Nur wenn du irgendwas durchstreichst und handschriftlich korrigierst, dann sehen sie es auf einen Blick, und du musst das ganze Ding noch einmal neu ausfüllen.

KARL: Ja, das ist uns am Flughafen mit unserer Ausrüstung passiert. Wir mussten sie auflisten, irgendjemand hat einen Fehler gemacht, und dann mussten wir die ganze Liste noch mal neu schreiben.

PASCHA: Siehst du, genau darüber können wir gerne diskutieren. Das ist der Grundwesenszug dieses Landes.

Als wir gerade sozusagen zueinandergefunden hatten, musste ich wieder aussteigen, und der Regisseur brachte mich zu einem irgendwie merkwürdig aussehenden Ort, an dem ich essen sollte, wie ich glaubte. Ich trat in einen großen Raum, in dem altes, dunkles Holzmobiliar sämtliches Licht zu schlucken schien. Meine Mum hat mal ein paar ganz ähnliche Antikmöbel gekauft, aber Dad machten die ganz depressiv, also schliff er sie ab und lackierte sie glänzend weiß. Meine Mum drehte komplett durch. So was hat er ständig gemacht – einmal hat er beispielsweise eine alte Statuette mit einem Topfreiniger bearbeitet, weil er dachte, die Oberfläche wäre eingestaubt, bis am Ende keine Farbe mehr drauf war, und dann hat er sie eigenhändig neu bemalt. Am Ende sah sie aus wie ein Gartenzwerg. Es gibt da einen Song von Daniel Merriweather, in dem es heißt: »… nahm etwas Perfektes und malte es rot an …« Ich bin mir sicher, dass Daniel irgendwann in seinem Leben meinem Dad begegnet sein muss.

Überall saßen Männer herum und unterhielten sich, ein paar von ihnen waren nackt, andere hatten außer einem Handtuch und einer weißen Mütze in Form einer Glocke ebenfalls sehr wenig an. Ich ließ mich auf einem der angewärmten Lederstühle mit hoher Rückenlehne nieder. Nicht dass diese Stühle geeignet gewesen wären, um nackt darauf zu sitzen – das Leder klebte auf der Haut, genau wie damals, als mein Dad mal einen Ford Cortina hatte, dessen Innenraum mit dunklem PVC verkleidet war. Die Sitze konnten an einem sonnigen Tag fast so heiß werden wie geschmolzene Lava. Bis heute reden die Leute immer wieder gerne über diesen heißen Sommer 1976, als man sogar Eier auf der Motorhaube braten konnte. In Dads Ford Cortina hätten wir eine Lammhaxe schmoren können. Damals brauchte man auch keine Babysitze, weil Kinder einfach an dem ganzen heißen Plastik auf ihren Sitzen kleben blieben. Jeder in den späten Siebzigern hatte Sitzbezüge – nicht weil sie besonders komfortabel gewesen wären, sondern weil sie Verbrennungen dritten Grades verhinderten, und die Fahrer trugen Ofenhandschuhe, weil die Lenkräder derart heiß wurden.

Ich hatte mich in eine Stuhlreihe gesetzt, in der niemand anderes saß, und zeigte mit dem Finger auf etwas in der Speisekarte, von dem ich dachte, es würde sich um Würstchen handeln. Am Ende bekam ich einen Teller voller dunkler Fleischstreifen serviert. Es hätten wohl ebenso gut Streifen verbrannter Haut von irgendjemandes Kehrseite sein können, die man von einem der Ledersofas gekratzt hatte, aber es entpuppte sich als Pferdefleisch, und nach der Menge auf meinem Teller zu urteilen, handelte es sich dabei um das gesamte Pferd. Das Fleisch war verhältnismäßig trocken, ziemlich würzig und schmeckte sogar einigermaßen, aber viel essen konnte ich davon nicht, weil mir im nächsten Moment ein Handtuch zugeworfen wurde und ein Mann mich aufforderte, mich auszuziehen. Dieses Haus war nicht nur ein Restaurant, es war eine *Banja*, ein traditionelles russisches Dampfbad. Kerle mit kleinen weißen Filzhütchen, aber unten ohne, wanderten in dem großen gefliesten Areal auf und ab. Wenn einem heiß ist, zieht man doch erst mal die Mütze aus und nicht die Hose! Das sieht einfach nicht gut aus – genau wie nur Socken an den Füßen zu haben und ansonsten nackt zu sein. So was ist einfach albern. Außerdem scheinen immer genau die Leute gern nackt herumzulaufen, die man lieber nicht nackt sehen will. Der Mann erklärte mir, dass der Hut den Kopf vor der großen Hitze in der Sauna schütze – und tatsächlich war es dort bullig heiß. Ich sollte mich auf eine Bank legen, und ein anderer Mann hatte die ehrwürdige Aufgabe, mich mit einem halben Gebüsch auszupeitschen. Es waren Birkenzweige, mit denen man angeblich die Blutzirkulation anregte. Während ich also damit vermöbelt wurde, saßen die anderen um mich rum, johlten und lachten. An der ganzen Sache war rein gar nichts schön. Ich fühlte mich, als würde ich durch eine Waschstraße laufen.

Während meiner Reisen durch diverse Erdteile habe ich schon eine ganze Reihe unterschiedlicher Massagen erlebt, und nach und nach wurden diese Massagen immer verrückter. In China hat mir mal eine Frau mit brennenden Handschuhen die Beine massiert. In Thailand hat mich eine Gefängnisinsassin regelrecht verknotet. Im Internet bin ich neulich auf einen Film gestoßen, in dem sie einem jede Menge ziemlich bewegungsfreudiger Schlangen auf den Rücken legen. Und dann gibt es auch noch diese Prozedur, bei der man Vogelschiss ins Gesicht kriegt. Das soll die toten Hautzellen entfernen. Ich hatte mal eine zahme Elster, die mir aufs Ohr gekackt hat, und natürlich hatte ich gerade nichts zur Hand, mit dem ich das Malheur hätte wegwischen können. Also ließ ich es einfach dran und wollte es später daheim abwischen, aber dann hab ich's schlicht vergessen. Ein paar Stunden später wurde ich dezent darauf hingewiesen, also wusch ich den Vogelschiss ab. Er hatte sich geradezu in mein Ohr hineingefressen. Aber wo sind wir denn, wenn ein bisschen Entspannung neuerdings heißt, dass man sich Schlangen auf den Rücken legt oder das Gesicht mit Vogelkacke einreibt? Ich weiß noch, dass früher eine gründliche

Gesichtsreinigung bedeutete, Imperial Leather zu benutzen, eine teure Seife, die wir nur rauslegten, wenn sich Besuch angekündigt hatte.

Nachdem ich also mit dem Buschwerk verprügelt worden war, sollte ich an einer Kette ziehen, an der ein Eimer befestigt war, der sich erst neigte und dann literweise eiskaltes Wasser über mich auskippte und so den ganzen Entspannungsvorgang abrundete: von heiß zu kalt, zurück zu heiß und dann eisig. Ein bisschen wie Paschas Charakter.

Auf dem Weg zum Bahnhof, wo ich in die Transsibirische Eisenbahn einsteigen sollte, machten wir noch kurz halt am Roten Platz, und zum ersten Mal, seit wir in Russland angekommen waren, bekam ich noch andere Touristen zu Gesicht, und samt und sonders machten sie Selfies vor der Basiliuskathedrale. Wenn ich an Russland denke, dann sehe ich ebenfalls diese Kirche vor mir – weil sie so gar nicht dem normalen Bild einer Kirche entspricht. Sie sieht eher aus wie etwas, was sich ein Lottogewinner oder ein Fußballmillionär bauen würde. Und bei der Anzahl unterschiedlicher Farben könnte man glatt denken, dass das Ganze allein mit Dulux-Farbproben gemalert wurde. Der Legende nach war Ivan der Schreckliche am Ende so überwältigt von dem Gebäude, dass er seinen Architekten die Augen ausstach, damit sie kein zweites dieser Art bauen würden. Kommt mir ein bisschen heftig vor, aber andererseits sagt sein Name ja schon alles.

Die längste Schlange auf dem Roten Platz bildeten all diejenigen, die den Leichnam des Revolutionsführers Lenin besichtigen wollten. Er starb 1924, wurde einbalsamiert und dann in eine Glaskiste gelegt. Die Vorstellung gefällt mir irgendwie. Solange er sichtbar bleibt, vergessen ihn die Menschen nicht so leicht. Statuen sind diesbezüglich natürlich auch ganz okay, aber es geht doch nichts über die echte Leiche. Ich frage mich wirklich, ob wir mit unseren Lieben irgendwann auch mal so verfahren. Ich könnte mir schon vorstellen, Suzanne konservieren und ausstopfen zu lassen und sie dann im Wohnzimmer aufzubewahren. Sie würde einfach dasitzen und ein Buch in der Hand halten – zumindest ist das eine ihrer liebsten Tätigkeiten. Und wenn jemand vorbeikäme, um die Heizung abzulesen oder um die Wände zu streichen, würde er sie auch nicht ansprechen, weil man beim Lesen niemanden stört. Er würde nicht mal merken, dass sie ausgestopft wäre. Ich würde hin und wieder das Buch austauschen, damit er nicht denkt: Die Frau kommt aber langsam voran. Ich fände es tatsächlich netter, wenn sie dabliebe, als wenn sie weg wäre.

Wir waren überpünktlich am Bahnhof, was gut war, weil es alles andere als leicht war herauszufinden, in welchen Zug ich denn nun einsteigen sollte. Niemand sprach Englisch, und die Beschilderung war uns ebenfalls keine große Hilfe. Die Russen haben die am wütendsten aussehende Schrift der Welt. Als damals die E-Mail immer populärer wurde, bin ich öfter gebeten worden, bitte nicht ständig alles nur in Großbuchstaben zu schreiben, weil das so aussehe, ALS WÜRDE ICH SCHREIEN. Aber genau so sehen sämtliche Schilder in Russland aus. Da hätte ein Liebesbrief doch eine gewisse Ähnlichkeit mit dem Warnhinweis auf einer Flasche Chlorbleiche.

Nachdem wir eine Weile auf und ab marschiert waren und versucht hatten, aus den Abfahrtsplänen schlau zu werden, fanden wir zu guter Letzt den richtigen Zug. Eine streng dreinblickende Frau, die aussah, als wäre ihr gerade ein unangenehmer Geruch in die Nase gestiegen, warf einen Blick auf meinen Fahrschein und nickte.

Mein kleines Abteil war nicht ganz so schick, wie ich es mir vorgestellt hatte. Ich hatte eine Art Orientexpress-Waggon vor

Augen gehabt, mit reinweißer Tischwäsche und Silberbesteck. Hier waren die Sitze mit abgewetztem rotem Samt bezogen, ähnlich wie im Aberdeen Angus Steakhouse in London, und die Vorhänge waren schmutzig weiß. Aber immerhin hatte ich ein Abteil für mich allein, und das war mir wichtiger als die Deko. Wenn ich zu Hause Zug fahre, dann freue ich mich immer, wenn ich einen Platz an einem Tisch erwische. Trotzdem ist es dann jedes Mal wieder ein Glücksspiel, weil man ja nicht weiß, mit wem man den Tisch teilen muss. Wahrscheinlich ist das ungefähr so, wie am *Perfekten Dinner* teilzunehmen. Da weiß man auch nicht, bei wem man landet.

Ich ließ mich also in meinem Abteil nieder, legte ein paar Patiencen und futterte eine Tüte Revels. Alles lief wunderbar – bis ungefähr zwei Stunden später zwei Wachmänner an meine Tür klopften und meinen Fahrschein sehen wollten. Das Erste-Klasse-Abteil war offensichtlich nur für einen kleinen Teil der Strecke gebucht, und ich hätte wohl schon vor geraumer Zeit auf einen anderen Sitzplatz umziehen müssen. Ich war gerne bereit umzuziehen, allerdings würde ich noch kurz Zeit brauchen, um meinen Plunder zusammenzusuchen, sagte ich zu den Männern, die daraufhin sicherheitshalber stehen blieben. Anschließend lief ich hinter ihnen her einmal längs durch den gesamten Zug, während um mich herum die Abteile immer kleiner, muffiger, verrauchter und voller wurden. Irgendwann blieben wir stehen. Den gleichen Raum, den ich zuvor für mich allein gehabt hatte, teilte man sich hier zu sechst. Ich kam mir vor wie bei einer dieser verqueren Wohltätigkeitsveranstaltungen, bei denen man versucht, so viele Personen wie nur möglich in eine Telefonzelle zu quetschen. Einer der Wachmänner deutete auf mein Bett. Na ja, Bett – es war eher eine Pritsche. Das hier war also die dritte Klasse. Ich glaube nicht, dass man daheim die dritte Klasse überhaupt buchen kann.

Die Leute auf den Pritschen darunter bedeuteten mir, dass ich mich zu ihnen setzen solle. So eng, wie sie beisammensaßen, vermutete ich erst, dass es sich um eine Familie handelte, aber es stellte sich heraus, dass sie nicht miteinander verwandt waren. Der einzige weitere Mann in der Gruppe sah wirklich heftig aus. Er hatte ein Veilchen, Schnittwunden und blaue Flecke im Gesicht, aber er bot mir ein Bier an, das ich dankend annahm. Der neue Regisseur, Richard, meinte, ich solle ihm im Gegenzug auch etwas schenken, weil das unter Fahrgästen in diesem Zug wohl so üblich sei, also streckte ich ihm meine Revels-Tüte hin. Er lehnte ab. Na ja, Revels sind ja auch nicht jedermanns Sache. Ich mag alle Arten Revels, aber ich kenne diverse Leute, die zum Beispiel die mit Kaffeegeschmack oder die mit Orange und Schokolade nicht ausstehen können. Man könnte das Ganze vielleicht als russisches Schokoladenroulette bezeichnen. Dann holte ich meine Spielkarten heraus und versuchte, ihnen ein englisches Kartenspiel beizubringen.

Letzten Endes musste ich doch nicht in der dritten Klasse übernachten, weil die Wachleute mich in die zweite Klasse beförderten, als sich zwischen ein paar betrunkenen Polen und Russen eine Schlägerei anbahnte. Ich nehme mal an, sie wollten verhindern, dass wir das filmten. Die zweite Klasse war in etwa wie die erste, nur dass der Samt fehlte.

Ich schlief wie ein Baby, und wenn ich sage, ich schlief wie ein Baby, dann meine ich damit, dass ich mehr oder weniger die ganze Zeit wach war. Die Klos funktionierten nicht. Ohnehin wurden sie grundsätzlich erst mal, eine halbe Stunde bevor wir in den nächsten Bahnhof einfuhren, abgeschlossen. Allerdings lagen ein paar Bahnhöfe nicht einmal eine halbe Stunde auseinander, sodass sie zeitweise überhaupt nicht geöffnet wurden. Innerhalb eines Bahnhofs darf man die Klos auch nicht benutzen, weil sie mit einem Pedal bedient werden, das den Inhalt der Schüssel einfach auf die Gleise entleert. Ich bin ja der Meinung, man sollte die Fahrgäste auch innerhalb von Bahnhöfen aufs Klo gehen lassen. Wenn die Gleise überall mit menschlichen Hinterlassenschaften bedeckt wären, würden auch nicht mehr so viele Jugendliche kreuz und quer über die Gleise laufen. Ein Warnschild hält diese Kids doch nicht davon ab – aber wenn die Gefahr bestünde, mit den Sneakers in die Scheiße zu treten, würden sie wahrscheinlich nicht mehr annähernd so gern dort ihr Unwesen treiben.

#5 Mit dem Rocky Mountaineer durch Kanada fahren

Auf den ersten Blick könnte es tatsächlich so aussehen, als wäre diese Strecke die schönste auf der ganzen Welt – die gloriose Aussicht, die komfortablen Abteilwagen … Aber wahrscheinlich ist sie nicht halb so denkwürdig wie die Transsibirische Eisenbahn, weil die Transsib alles in allem ziemlich düster rüberkommt, und schlechte Erinnerungen bleiben mir grundsätzlich sehr viel länger und klarer im Gedächtnis als die guten. Wahrscheinlich liegt es daran, dass ich mit den Gedanken meist woanders bin, wenn es mir gut geht, während ich an rein gar nichts anderes mehr denken kann, wenn ich mich unwohl fühle. Wer also eine unvergessliche Urlaubsreise machen will, sollte statt in die Karibik lieber für vierzehn Tage ins walisische Rhyl fahren.

Am nächsten Morgen rief Ricky an, um mir zu erzählen, dass es auf den Tag genau 50 Jahre her war, dass Juri Gagarin als erster Mensch ins Weltall flog. Zur Feier des Tages, schlug er mir vor, solle ich Star City besichtigen, wo auch das Kosmonautentrainingszentrum »J. A. Gagarin« untergebracht war. An meiner Schule hat uns mal ein Lehrer erzählt, dass er Juri Gagarin

1961 zugewinkt habe, nachdem dieser aus dem Weltall zurückgekommen und in Manchester zu Besuch gewesen war. Gagarin soll damals auch durch den Bezirk Moss Side gefahren sein, von dem manch einer bestimmt behaupten würde, dass es dort gefährlicher zugeht als im Weltraum. Allerdings standen sie dort nur zu Hunderten am Straßenrand im Regen, um ihm die Ehre zu erweisen. Unser Lehrer bezeichnete ihn damals als einen wahren Helden, der alles riskiert habe, um für sein Heimatland Geschichte zu schreiben. Ich weiß noch, dass ich nicht wahnsinnig beeindruckt war, weil vor Gagarin sogar schon Affen ins All geschickt worden waren. Also hatte er sozusagen nur den Job der Affen übernommen. Wie schwer konnte das also gewesen sein? Außerdem gab es damals noch viel mehr Sachen, um deren Erfindung man sich erst noch hätte kümmern müssen. Warum die Eile, durchs Weltall zu fliegen, fragt man sich. Ich meine, die Menschen sind auf dem Mond gelandet, noch bevor Koffer mit Rollen erfunden wurden!

Damals gab uns der Lehrer auf, einen Aufsatz über eine Heldentat zu schreiben und uns auch gleich auszudenken, welche Rede wir im Anschluss halten würden. Ich schrieb darüber, wie ich eine Mandel herausoperiert bekäme und die dann meinem Bruder spendete. Und dann schrieb ich auch noch, dass ich anschließend keine Rede über meine Heldentat halten könne, weil mein Hals von der OP immer noch wehtue. Der Lehrer kommentierte das nur mit: »Fauler Sack.« In Rotstift.

#10 Ins Weltall fliegen

Als Kind hat mich das Weltall nie sonderlich interessiert. Das war wohl eine Sache, die vor meiner Zeit ein großes Thema gewesen war – ungefähr wie Benidorm in den Siebzigern ein beliebtes Urlaubsziel gewesen sein muss und dann Teneriffa in den Achtzigern. Und in den Sechzigern war eben Thema Nummer eins das Weltall. Es scheint, als hätte die Menschheit das Interesse daran verloren, seit Armstrong auf dem Mond gelandet ist und gesehen hat, dass es dort nicht allzu viel zu sehen gibt.

Nichtsdestotrotz fuhr ich nach Star City. In der Nähe seiner damaligen Wohnung stand eine Statue von Gagarin. Der Kopf der Statue war ganz okay und sah ihm sogar ähnlich, aber die Hose war eine Katastrophe. Vielleicht stellen deshalb die meisten Statuen nackte Menschen dar. Bildhauern fällt es offenbar leichter, ein halbwegs anständiges Gemächt aus dem Stein zu schlagen als eine auch nur annähernd realistisch aussehende Hose mit Falten.

#83 Den Mount Rushmore besichtigen

Die Porträtköpfe am Mount Rushmore sehen wirklich beeindruckend aus. So was sollte es viel häufiger geben. Immerhin stehen überall auf der Welt unzählige Berge, mit denen rein gar nichts Sinnvolles angestellt wird. Anstatt ein Stück Stein

aus einem Berg zu schlagen und in eine Werkstatt zu befördern und dann dort eine Skulptur daraus zu hauen, die dann wiederum in irgendein Stadtzentrum gekarrt werden muss, wo sie im Weg steht, könnte man den Stein doch gleich an Ort und Stelle bearbeiten.
Außerdem verlaufen sich immer wieder Leute, wenn sie auf Berge steigen. In Schottland beispielsweise. Die Rettung dieser Leute würde doch enorm dadurch erleichtert, dass sie dann einfach der Bergwacht mitteilen können, an welcher Person sie gerade hinaufgekraxelt sind. Und vielleicht würden so ja auch mehr Teenager ihren Arsch bewegen und wandern gehen, wenn sie am schottischen Ben Nevis die Gesichter der One-Direction-Bandmitglieder zu sehen bekämen.

Ein Mann namens Andrej, der von Kopf bis Fuß in einen Kosmonautenoverall gekleidet war, hieß mich willkommen und lud mich zu einer Führung ein. Unser erster Halt war die sogenannte Zentrifuge. Mit dieser Maschine demonstrieren sie den Kosmonauten die Wirkung der *g*-Kraft, die auch beim Raketenstart auf sie einwirkt. Die Zentrifuge war etwa 30 Jahre alt, und genauso sah sie auch aus. Andrej nahm mich mit in die Halle darunter, damit ich sie in ihrer ganzen Pracht bewundern konnte. Es handelt sich dabei wohl um die größte Zentrifuge der Welt. Am Ende eines fast 20 Meter langen Arms, der von einem gigantischen Motor angetrieben wird, sitzt eine Art Cockpit, in dem sich der Kosmonaut befindet, während der Arm sich im Kreis dreht. Im Grunde steckt dahinter das Prinzip eines Twistballs, nur dass in dem Ball eben der Kosmonautensitz steckt.

Wir gingen wieder hinauf und weiter ins Kontrollzentrum, wo überall Leute rumstanden. Andrej meinte, wir könnten testhalber mit der Zentrifuge fahren. Ich war zwar nicht begeistert, aber nachdem er mir versichert hatte, dass überhaupt keine Gefahr bestehe, ließ ich mich auf einer Art überdimensioniertem Zahnarztstuhl nieder, und ein paar Männer in Trainingsanzügen schnallten mich fest wie auf einem Jahrmarkt in der Achterbahn. Ich fragte mehrmals, wer hier eigentlich der Hauptansprechpartner sei, denn dem wollte ich eigentlich erklären, dass ich alles andere als ein Adrenalinjunkie bin und auch Achterbahnen nicht leiden kann und dass sie dieses Ding also nicht ganz so schnell fahren lassen sollten. Aber es schien mir keiner zuzuhören. Sie waren alle einzig und allein auf ihre Aufgaben konzentriert. Das Herz schlug mir bis zum Hals. So muss sich auch Juri vor seinem Ausflug ins All gefühlt haben, nur dass auf ihm noch ein klein wenig mehr Druck lastete: Natürlich konnte er jetzt keinen Rückzieher mehr machen, da ihm mittlerweile die ganze Welt zusah. Ich bin ein passabler Autofahrer und kann sogar ganz gut rückwärts einparken, aber sobald ich mitbekomme, dass da ein anderes Auto steht, das erst vorbeifährt, wenn ich eingeparkt habe, scheitere ich auf ganzer Linie. Ein Publikum zu haben verändert wirklich alles.

Sie rollten meinen Stuhl an die richtige Stelle und brachten mich im Cockpit in Position, als würden sie einfach nur ein Hühnchen in den Ofen schieben. Und dann lag ich in der Horizontalen.

KARL: Ich kann es kaum erwarten, hier wieder rauszukommen. Ehrlich, das wird toll. Wenn ich hier wieder runterklettere, wirst du das breiteste erleichterte Grinsen deines Lebens vor dir sehen. Ich bin gerade nicht sehr glücklich …

ANDREJ (lacht): Keine Bange.

KARL: Warum muss ich dabei überhaupt liegen? Das ist nicht mal besonders bequem.

DOLMETSCHER: Weil sich auch der Kosmonaut beim Raketenstart in dieser Position befindet und weil die *g*-Kräfte so am stärksten auf dich wirken. Bewusstlos wirst du schon nicht werden – schließlich verteilt sich das Blut in deinem gesamten Körper.

ARZT: Nur die Ruhe, Karl. Es ist nicht mal 1 *g*.

KARL: Das sagt mir überhaupt nichts – ich hatte in Physik immer 'ne Fünf… Nur in Geschichte war ich noch schlechter.

ARZT: Es werden mehr Kräfte freigesetzt, wenn sich deine Freundin auf dich stürzt.

KARL: Du kennst sie nicht…

ARZT (lacht)

Warum die Eile, durchs Weltall zu fliegen? Ich meine, die Menschen sind auf dem Mond gelandet, noch bevor Koffer mit Rollen erfunden wurden!

Die Konstruktion sah von innen noch viel älter aus. Hellblaues und graues Metall überall, ein paar abgenutzte Schalter und ein Standardbüroventilator, der an die Decke geschraubt worden war, um den Raum zu kühlen. Sie zupften noch ein paarmal an meinen Gurten, damit sie auch wirklich festsaßen, und zogen dann die Luke hinter sich zu. Ich hatte Kopfhörer auf den Ohren und konnte sie hören, als sie die letzten Sicherheitschecks vornahmen. Ich kam mir dabei vollkommen hilflos vor. Fühlen Raumfahrer sich auch so? Ich durfte noch nicht mal irgendeinen Startknopf drücken – und trotzdem fing das Ding an, sich zu drehen. Ich war total verkrampft. Eine Frau aus dem Kontrollraum redete mir gut zu und bat mich, ganz ruhig weiterzuatmen. Gibt es irgendwas Ätzenderes auf der Welt als jemanden, der einem sagt, man soll die Ruhe bewahren? Ich hatte ein komisches Gefühl bei der Sache, weil ich die Bewegung weder hören noch spüren konnte, und trotzdem wurde ich in den Sitz gepresst, während der Zentrifugenarm sich immer weiter um die Achse drehte. Das Ganze war einigermaßen schnell wieder vorbei. Ich nehme mal an, diese Maschine zu betreiben ist nicht ganz billig.

Nachdem ich wieder abgeschnallt worden war, kam als Nächstes die Unterweisung für einen Flug mit freiem Fall an die Reihe. Dieser Flug sollte am kommenden Morgen um 7.00 Uhr stattfinden, und dabei schwebt man schwerelos durch den Raum, als befände man sich im Weltall. Der Ausbilder erklärte allerdings, dass der Flieger mitnichten bis ins Weltall fliege, sondern einfach nur ein Stück aufsteige und dann sozusagen im Steilflug zurück in Richtung Erde rase, und dabei entstehe das Gefühl, schwerelos zu sein. Er gab uns noch mit auf den Weg, dass wir zwar frühstücken dürften, aber den Kaffee besser auf später verschieben sollten, und wenn uns während des Flugs übel werde, sollten wir uns einfach eine der bereitgestellten Kotztüten schnappen. Außerdem sei für jeden ein Fallschirm an Bord für den Fall, dass irgendetwas schiefging.

Dann schauten wir uns ein Video an und sahen ein paar Kosmonauten dabei zu, wie sie durch die Luft schwebten. Da wurde es wirklich albern: Brennende Streichhölzer dümpelten durch den Raum, und ein paar Männer sprühten Sprühsahne in die Luft und aßen sie auf. Kein Wunder, dass sie da kotzen müssen.

Am Ende schwebte auch noch David Coulthard, der Formel-1-Fahrer, mitsamt seinem Wagen durchs Bild. Was ging da denn bitte schön vor? Ging es bei dieser ganzen Aktion allen Ernstes um ein Raumfahrtprogramm? Ich zweifle an der Seriosität der ganzen Sache, seit ich außerdem gehört habe, dass irgendein Astronaut auf dem Mond einen Golfball mehr als 730 Meter weit geschlagen haben will. Kein Wunder also, dass sie dort immer ein Fähnchen in den Boden rammen, sobald sie gelandet sind. Die spielen verdammte Hacke Golf da oben!

#40 Den Start einer Raumfähre miterleben

Vor Jahren, als wir im Urlaub in Florida waren, nahmen wir an einer NASA-Tour teil, bei der man auch die Besucherplattform besuchen konnte, und von dort war gerade noch so ein Raumschiff in der Ferne zu erkennen. Allerdings startete es nicht. Der Start war erst für zwei Wochen später geplant. »Und warum sind wir dann hier?«, fragte ich. Da hätte man genauso gut ein paar Wochen vor Silvester runter zur Themse spazieren können und mal gucken, wo später das Feuerwerk gezündet würde.

Über Nacht blieb ich in einem der Apartmenthäuser für die Kosmonauten, die dort vor und nach ihrem Ausflug ins All wohnten und in der Raumstation arbeiteten. Diese Apartments waren nicht besonders spektakulär, eher wie Zimmer in einem Hostel. Ich saß gerade in der Gemeinschaftsküche und futterte ein paar Kekse, als Sergej hereinkam. Er war gerade von einer mehrmonatigen Reise durchs Weltall wiedergekehrt und froh, zurück auf der Erde zu sein. Ich fragte ihn, wie es denn gewesen sei, die Erde von so weit oben sehen zu können, aber er antwortete bloß, dass sie zu beschäftigt gewesen seien, um aus dem Fenster zu gucken. Für ihn war es ein Job wie jeder andere. Was er an diesem Job am wenigsten mochte, wollte ich wissen, und die Antwort lautete: Den Geschmack von Brot. Brot schmecke im Weltall einfach nicht so gut wie auf der Erde. Mit so einer Aussage hatte ich nun wirklich nicht gerechnet. Da war Neil Armstrongs Rede tatsächlich wesentlich beeindruckender. Aber gut, die Menschen sind verschieden.

Als Sergej meine Kekse entdeckte, bot er mir ein bisschen was von seinem Weltraumessen an. Erstaunlicherweise war die Hälfte davon in Konserven verpackt – und zwar nicht in der Art Dose, die man mit einem Ring am Deckel leicht aufkriegt. Sprich: Irgendjemand muss vor so einem Raketenstart dafür Sorge tragen, dass auch wirklich ein Dosenöffner mit an Bord ist. Das eingedoste Essen sah nicht wahnsinnig appetitlich aus. Außerdem hatten die Dosen keine Etiketten, was mich wiederum daran erinnerte, wie ich früher mal in einer Cordon-bleu-Supermarktfiliale gearbeitet habe und wir dort Dosen zum Sonderpreis verkauften, die keine Banderolen mehr hatten. Ein kleines Glücksspiel für zehn Pence die Dose – es konnte von Suppe über Eintopf bis Hundefutter einfach alles drin sein.

Er verschwand in sein Zimmer und kam mit einer Kosmonautenwindel als Andenken für mich zurück. Sein Englisch war nicht gerade prickelnd, aber ich glaube, er hat gesagt, solche Windeln würden sie auf dem Weg zur Raumstation tragen. Ich nahm das Geschenk natürlich dankend entgegen und dachte sogar insgeheim, dass es sich im Zug vielleicht als nützlich erweisen könnte, wenn wieder mal die Klos dauerhaft zugesperrt wären.

Tags darauf war mir ein bisschen mulmig. Ich war übermüdet, und mein Hals tat weh. Vor dem Flug in die Schwerelosigkeit musste ich mich untersuchen lassen, und die Ärztin fragte prompt, ob ich irgendwelche Probleme hätte. Ich antwortete, dass ich öfter Kopfschmerzen bekäme und Nierensteine hätte, mein Rücken nicht der stabilste und meine Nebenhöhlen ziemlich oft verstopft seien, und außerdem hätte ich eine Dermatitis und Plattfüße. Dann schaute sie mir in den Rachen und in die Ohren und verkündete, ich sei nicht vollständig gesund und hätte geschwollene Lymphknoten und solle lieber nicht fliegen, weil so ein Flug das Gehör schädigen könne. Wenn ich ehrlich sein soll, war mir das ziemlich einerlei. Nein, ich war sogar froh, dass ich um den schwerelosen Flug herumgekommen war. Schwerelosigkeit scheint irgendwie das ultimative Faulheitserlebnis zu sein. Natürlich stellte ich mir manchmal vor, dass so was möglich wäre – wenn ich beispielsweise die Decke streichen soll. Aber mal ganz abgesehen davon kam mir die ganze Sache ziemlich sinnlos vor. Der Regisseur war schlagartig kreidebleich, als er hörte, dass ich nicht würde mitfliegen können. Er sah noch kränker aus, als ich mich fühlte. Dann erklärte er mir, dass es ein Vermögen gekostet habe, diesen Flug zu buchen. Aber was sollte ich machen? Ich war nicht willens, mein Gehör dafür aufs Spiel zu setzen.

Ich rief Ricky an, um ihm Bescheid zu geben.

KARL: Ich bin am Boden zerstört. Ich darf nicht fliegen.

RICKY: Und warum nicht?

KARL: Meine Gesundheit lässt es nicht zu.

RICKY: Wie meinst du das?

KARL: Na ja, ich war bei dieser Ärztin. Man muss vor so einem Flug einen Check-up machen, und die Ärztin meinte, mein Hals ist geschwollen, meine Nase läuft, und meine Ohren sind nass oder so was in der Art.

RICKY: Du klingst wie ein verdammter Golden Retriever! Und was willst du mir jetzt damit sagen?

KARL: Na ja, dass ich wirklich gern mitfliegen würde, aber ich darf nicht. Sie sagt, das sei's nicht wert, ich könne noch mehr Schaden anrichten, wenn ich mitfliegen würde. Ich sag doch, ich bin am Boden zerstört, doch es ist einfach zu gefährlich. Aber ich könnte doch einfach irgendwas dort reinwerfen. Ich weiß, dass wir dafür bezahlt haben und dass so ein Flug ein Vermögen kostet. Ich gebe ihnen einfach etwas mit, was sie dann filmen können, während es durch die Luft segelt.

RICKY: Was meinst du damit – irgendwas mitgeben? Wer will

denn sehen, wie ein Toaster dort herumfliegt? Die Zuschauer wollen Karl Pilkington herumfliegen sehen!
KARL: Aber der Flug ist gebucht, oder nicht? Dann können die anderen ihn doch genauso gut auch antreten. Bezahlt ist er ja schon.
RICKY (seufzt): Meinetwegen.

Ich war noch bei einem zweiten Arzt, um eine zweite Meinung einzuholen. Er meinte, ich hätte eine Mandelentzündung, und verschrieb mir Antibiotika. Auf der Schachtel prangte die gleiche wütende Schrift, die ich während der ganzen Reise auch sonst überall gesehen hatte. Irgendwie sah sie aus wie eine Schachtel Rattengift.

Jedenfalls gingen der Regisseur und die Filmcrew an Bord. Ich steckte einem der Kosmonauten eine Familienpackung Revels zu, die er in der Schwerelosigkeit herumfliegen lassen sollte. Inzwischen hatte ich ohnehin die Nase voll von ihnen. Dann lief ich mit raus, um mir anzuschauen, wie das Ganze aussah. Die Maschine war mehr oder weniger ein Jumbojet ohne Fenster, und statt der Sitzreihen waren überall Matratzen festgezurrt. Drei Männer waren vor eine Kontrollstation gegurtet. Ich nehme mal an, die drei würden später die Kommandos geben. Ziemlich sicher würden sie dort keine Nüsschen servieren oder mit dem Dutyfree-Wägelchen vorbeikommen.

Die Filmleute sahen ganz krank aus vor Angst. Ich war wirklich heilfroh, dass ich nicht mitfliegen musste. Stattdessen setzte ich mich an einen Tisch in der Nähe der Startbahn und wartete eine gute Stunde, bis die anderen wiederkamen – samt und sonders mit kleinen, aber gut gefüllten Kotztütchen bewaffnet. Die meisten behaupteten, es sei ganz okay gewesen, aber ein zweites Mal müssten sie so etwas nun auch wieder nicht machen.

#1 In einem Kampfjet mitfliegen

So was sollte man gar nicht erst tun dürfen, es sei denn, man ist bereit, zur Luftwaffe zu gehen und in den Krieg zu ziehen. So was sollte einfach den Profis vorbehalten bleiben und nichts werden, wobei auch noch Hinz und Kunz rumpfuschen. Daran sind diese ganzen Motor-Action-Sendungen im Fernsehen schuld.

Als ich wieder in den Zug einstieg, durfte ich stante pede in die zweite Klasse ziehen.

Ricky rief an, um mir zu erzählen, dass er ein bisschen Gesellschaft für mich organisiert habe. Ich solle den sogenannten Magnetmann kennenlernen. (Wie der Name schon sagt: Der Mann ist magnetisch.) Derlei durchgeknalltes Zeug gefällt mir, genau so was macht das Leben doch erst spannend. Ich arbeitete mich also zu seinem Abteil vor. Mikhail glich Bez, dem Maskottchen der Band Happy Mondays, wie ein Ei dem andern. Er hatte sein Hemd ausgezogen und sprach kein Wort Englisch. Von Small Talk konnte also keine Rede sein. Stattdessen fing er sofort an, sich Besteck an die Brust zu pappen. Das war echt komisch – erst recht, weil das von allen möglichen Superkräften, die man theoretisch haben kann, nun wirklich nicht die allernützlichste ist. Im Fernsehen hab ich mal einen Typen gesehen, der eine wirklich gute Superkraft hatte: Er konnte mit Elektrokabeln herumspielen, ohne dass er einen tödlichen Schlag bekam. Aber genau wie Mikhail machte er nicht viel daraus; allenfalls grillte er sich ein paar Würstchen auf der Handfläche.

Ich versuchte, dieser Magnetfähigkeit irgendetwas Positives abzugewinnen, aber mir kam einfach nichts in den Sinn. Vielleicht die Nadel im Heuhaufen zu finden? Mir fielen mehr Nachteile als Vorteile ein, fürchte ich. Wenn er sich beispielsweise auf eine Federkernmatratze legte, kam er dann überhaupt wieder aus dem Bett?

#21 Ins Guinness-Buch der Rekorde aufgenommen werden

Ich stehe bereits mit meinen Podcasts im Guinnessbuch – der am häufigsten downgeloadete Podcast im Jahr 2007. Leider kann ich damit nicht angeben. (Ricky hat die Urkunde eingesackt.)

Kürzlich war ich in Mazedonien, und dort wird diese Guinnessbuch-Sache echt ernst genommen. Ich glaube ja, das liegt daran, dass dieses Land so neu und dass es den Leuten wahnsinnig wichtig ist, für Dinge, die sie tun, anerkannt zu werden. Ich traf dort einen Mann, der im Guinnessbuch steht, weil er 36 Stunden lang mit ein und demselben Song auf den Ohren joggen war. Diese Herausforderung wollte ich glatt annehmen, während ich schon mal dort war – nicht das Joggen, aber ich hörte mir die Titelmelodie von *Unsere kleinen Damen und Herren* in Dauerschleife an. Sie kam von Viertel nach zehn am Morgen bis nach elf Uhr abends aus meinen Kopfhörern. Nach etwa fünf Stunden rief Ricky mich an, und ich hielt die Musik für ein paar Minuten an. Der Regisseur meinte, das sei schon ein Grund, um mich zu disqualifizieren. Trotzdem machte ich weiter. Ich muss mir diese Melodie gut 1500-mal angehört haben. Natürlich wird das nie ins Guinness-Buch kommen, aber ich weiß, dass ich's geschafft habe, und das ist doch letztlich alles, was zählt.

Während ich über solche Dinge nachdachte, pappte Mikhail sich weiter Gabeln, Messer und inzwischen sogar Untersetzer an den Körper. Allmählich sah er aus wie ein menschlicher Geschirrständer. Ich überlegte kurz, ob so etwas nicht doch nützlich sein konnte – wenn zum Beispiel das Handy klingelt und man dann trotzdem beide Hände frei hat. Aber anscheinend sind ausgerechnet seine Ohren nicht magnetisch. Als ich ihn fragte, ob er denn schon als Kind magnetisch gewesen sei, zeigte er mir ein paar Fotos seiner Kinder, die ebenfalls magnetisch waren. Auf einem Foto standen sie in einer Reihe nebeneinander und hatten überall Metallstücke und -platten am Körper. Sie sahen nicht besonders fröhlich aus, aber das war auch nicht weiter erstaunlich. Besonders nahe konnten sie sich ja nicht kommen – Magnete stoßen einander schließlich ab.

Dann übertrug er ein bisschen was von seiner Magnetkraft auf mich, indem er erst eine Handvoll Besteck über sich rieb und es dann an mich dranpappte. Es blieb tatsächlich eine Weile an mir haften – wahrscheinlich aber nur, weil er so geschwitzt hatte. Eine solche Superkraft kann man mit Talkumpulver ganz gut bekämpfen. Somit wäre also das Talkum sein Kryptonit.

Nach einer halben Stunde mussten wir das Ganze abbrechen; nicht weil die Superkraft ihn mordsmäßig Energie gekostet hatte, sondern weil es Zeit fürs Mittagessen war. Die Zugkantine wollte ihr Besteck zurückhaben.

#39 Einen Raketenrucksack ausprobieren

An irgendeinem Punkt im Leben hat wohl jeder schon mal darüber nachgedacht, welche Superkraft er gerne hätte. Teleportieren fände ich ja ziemlich gut, aber Suzanne hat auch so schon genug Urlaubstage, und wenn wir beide in der Lage wären, uns zu teleportieren, würde ich überhaupt nichts mehr erledigt kriegen, weil Suzanne mich dann überallhin mitschleifen würde. Gestaltwandeln klingt auch nicht schlecht, aber ich bin mir nicht ganz sicher, wie oft ich dann noch ich selbst sein wollte. Und Fliegen muss absolut überbewertet sein. Schließlich können beispielsweise Tauben fliegen, aber die meisten laufen trotzdem lieber herum. Ich wäre mit den Flugfähigkeiten eines Huhns ja schon zufrieden. Dann könnte ich für den Fall, dass ich mal vom Dach fiele, zumindest halbwegs sicher auf den Boden flattern. Aber ein Typ Superheld wäre ich dann doch ganz gern: Bullshit Man. Wo man hinsieht – überall Bullshit. Wenn zum Beispiel irgendein Handwerker oder der Betreiber der Autowerkstatt seinen Kunden über den Tisch ziehen will, würde ich gern superempfindliche Ohren dafür haben, sofort geflogen kommen und rufen: »Bullshit!« Dann müsste er alles, was er gesagt hat, wieder zurücknehmen und dem Kunden ein faires Angebot machen. So gäbe es auch keinen Streit mehr. Ich würde schlicht und einfach verkünden, was sie gerade gesagt hätten, sei Bullshit, und sie würden ihre Art, Geschäfte zu betreiben, überdenken. Vielleicht dürften sie zuerst ein-, zweimal Bullshit reden und bekämen von mir erst mal eine schriftliche Abmahnung, aber danach käme ich angeflogen. Ich bräuchte dafür auch kein Superheldenkostüm. So ein Kostüm ist nämlich ebenfalls Bullshit. Völlig überflüssig. Superman beispielsweise hat eine Menge kostbarer Zeit vertrödelt, indem er immer erst eine Telefonzelle finden musste, wo er sich umziehen konnte, anstatt einfach sofort loszulegen.

Stephen hatte mir eine Nachricht hinterlassen. Nachdem er erfahren hatte, dass ich krank war, sollte ich doch einen traditionellen Heiler aufsuchen. Ich kann mir allerdings nicht vorstellen, dass die Russen besonders auf Naturheilkunde stehen – das Land kommt mir verhältnismäßig sachlich vor. (Ich bezweifle auch, dass Bullshit Man hierzulande oft zu Hilfe gerufen würde.) Trotzdem war ich froh, zwischendurch endlich wieder aus dem Zug steigen zu dürfen, weil mir von dem ganzen Geschaukel allmählich schlecht geworden war. Ich traf mich mit einem weiteren Mann namens Andrej – genau wie der Typ aus Star City.

#28 Jemanden mit dem gleichen Namen treffen

Ich glaube, damit das hier eintritt, müssen sowohl Vor- als auch Nachname gleich lauten. Keine Ahnung, was das auf einer Bucket List zu suchen hat. So ein Moment wäre doch einfach nur verwirrend. Außerdem würde ich mit dem Kerl sowieso kein Wort sprechen wollen, weil es ein Leichtes für ihn wäre, meine Identität zu klauen, sobald er auch nur ein klein bisschen mehr von mir wüsste.

Andrej und seine Kumpels schaufelten mitten im Nirgendwo ein Loch in den Waldboden. Ich bekam ebenfalls eine Schaufel in die Hand gedrückt und sollte mitbuddeln. Nach der Größe des Lochs zu urteilen, war es für mich bestimmt, aber was ich nicht ahnte, war, dass gleich nicht nur mein Körper, sondern auch mein Kopf bedeckt sein würde.

KARL: Wie, der Kopf? Das war mir nicht klar. Ich dachte, ich sollte mich einfach nur dort hineinlegen und den Kopf rausstrecken. Wie soll ich denn dann atmen?
DOLMETSCHER: Durch die Pfeife.
KARL: Die Pfeife?
DOLMETSCHER: Genau.
KARL: Und wie könnt ihr wissen, ob ich dort unten nicht gerade eine Panikattacke kriege und »MMMM MMMM MMMM!« rufe, wenn ihr mich nicht mal hören könnt?
DOLMETSCHER: Es gibt ein paar Regeln zur Sicherheit und ein paar Vorkehrungen – keine Sorge, wir machen so was schon seit Langem, und es ist noch jedes Mal gut gegangen. Du musst lediglich wissen, dass du es jederzeit abbrechen kannst, wenn du willst. Es gibt eine spezielle Signalfolge, die wir auch durch die Erde hören können.
KARL: Wie wollt ihr diese Signale denn empfangen? Das ist doch wahnsinnig! Ganz ehrlich, das ist der totale Schwachsinn!
(Andrej bläst dreimal in die Pfeife.)
DOLMETSCHER: Siehst du?
KARL: Was?
DOLMETSCHER: Drei Pfiffe, und wir holen die Person sofort wieder hoch. Genau so. (Drei Pfiffe.) Es ist kinderleicht.

Und wenn du meinst, du willst noch etwas länger unten bleiben – und das machen viele –, dann pfeifst du einfach nur zweimal.

KARL: Zwei Pfiffe, damit ihr mich in Ruhe lasst? Wäre es nicht praktischer, zweimal zu pfeifen, um hochgeholt zu werden? Immerhin geht das schneller. Dreimal pfeifen dauert länger.

DOLMETSCHER: Das können wir machen, wie du willst.

KARL: Aber wir brauchen hier doch ein System!

Angeblich ist das eine traditionelle Art, zur Erleuchtung zu gelangen, die früher die Schamanen angewendet haben. Ich fand das Ausheben der Grube wirklich ganz unterhaltsam – es hatte tatsächlich etwas Meditatives –, aber ich hab im Fernsehen noch nie den Moderator einer Gartensendung beim Petunienpflanzen in das Erdloch hüpfen sehen.

Der Dolmetscher versuchte, mir zu erklären, warum ich mich in das Loch hineinlegen solle. »Die größte Gefahr in Extremsituationen ist die Panik. Die kostet Menschen das Leben. Es ist nicht leicht, künstlich eine Situation herbeizuführen, in der die Angst jederzeit gegenwärtig ist – in Alltagszusammenhängen beispielsweise, oder beim Fallschirmspringen. So was dauert ja nur einige Minuten. Das ist also nicht halb so schwer. Aber hier fühlst du dich ein bisschen länger unwohl. Und du hast die besseren Möglichkeiten, genau dem nachzuspüren – also deinen eigenen Ängsten. Wir müssen lernen, mit unseren Ängsten in Kontakt zu treten.«

Ich versuchte, Stephen zu erreichen, weil ich wissen wollte, ob ihm eigentlich klar war, was mir da abverlangt werden sollte, aber es ging nur die Mailbox ran. Ich versuchte es bei Ricky. Ebenfalls vergebens.

Vielleicht sollte ich es einfach ausprobieren. Ich weiß ehrlich gestanden auch nicht, warum ich das dachte. Vielleicht weil ich mich irgendwie schuldig fühlte, weil ich den Schwerelosigkeitsflug nicht mitgemacht hatte? Andererseits ist mir ein bisschen Ruhe und Frieden immer ganz recht. Wie schlimm konnte es also werden? Laut Andrej konnte man die Panik gut bekämpfen, indem man ganz langsam zählte und sich auf diese Weise selbst zur Ruhe zwang. Zählen beschäftigt das Gehirn, und man kommt dabei nicht auf andere Gedanken. Allerdings kam mir das ziemlich sinnlos vor. Wenn Zählen dich beruhigen soll, warum war ich dann bei den Mathearbeiten in der Schule immer so nervös gewesen? Am Ende beschloss ich, mir mein iPhone an den Kopf zu schnallen und »Stranger On the Shore« von Acker Bilk auf Dauerschleife zu hören, ein ruhiges Musikstück, das ich ständig hören könnte, ohne dass es mir auf die Nerven geht. Sie warfen eine Plastikplane in die Grube, und auf die legte ich mich und kratzte noch ein Häufchen Erde als Kissen zusammen, wo mein Kopf liegen würde. Sie schlugen die Plastikplane über mich drüber, als wäre ich ein Chicken-Wrap, steckten mir ein Stück Gartenschlauch oder so was Ähnliches in den Mund, das bis an die Oberfläche reichen sollte, und fingen an, Erde über meine Beine zu schaufeln. Ruck, zuck waren sie bei meinem Kopf angelangt. Da wurde ich also beerdigt, während der tote Lenin sich immer noch über der Erdoberfläche befand. Die Musik aus meinen Kopfhörern schien dort unten in der Grube plötzlich viel lauter zu sein, allerdings konnte ich mich inzwischen nicht mehr bewegen, um sie leiser zu drehen. Außerdem war es ziemlich kalt. Im Großen und Ganzen ging es mir gut – bis ich das erste Mal schlucken musste. Da bekam ich ein klein bisschen Panik. Wenn ich zu Hause auf dem Rücken schlafe, wache ich ständig auf, weil ich mich verschluckt habe, und ich hab mit der Menge des Speichels, der aus mir rausläuft, schon das eine oder andere Kissen ruiniert. Wir wechseln unsere Kissen ziemlich häufig, weil sie immer wieder mit hellbraunen Spuckeflecken besudelt sind. Am Ende sehen sie immer aus, als wären diese Kissen aus Giraffenhaut hergestellt worden. Ich war gerade dabei, mich zu konzentrieren und meinen Speichel runterzuschlucken, als plötzlich die Musik aufhörte und das Telefon klingelte. Ich ließ die Mailbox rangehen. Vorsichtig versuchte ich, meine Beine zu bewegen, und im Nu rutschte mehr Erde nach, und das Gewicht, das auf mir lastete, wurde größer. Ich pfiff dreimal, und sie buddelten mich wieder aus. Ich hatte ungefähr eine Viertelstunde geschafft. Während ich in meiner Grube gelegen hatte, hatten die anderen ein zweites Loch ausgehoben, und eine Frau war zu der Gesellschaft dazugestoßen. Ich erkundigte mich, was sie denn vorhabe, und sie meinte, sie leide unter Klaustrophobie und würde mit dieser Methode hoffentlich ihre Angst überwinden.

Ich fand's wirklich ganz nett dort unten, und außerdem war es wohl das Entspannteste, was ich getan hatte, seit wir in Russland angekommen waren. Dann hörte ich die Nachricht ab, die ich bekommen hatte, während ich in der Grube gelegen hatte. Es war Ricky.

RICKY: Hi, Kumpel, also, ich hab deine Nachricht bekommen. Ja, verdammt, das klingt ganz schön ätzend – ich würd das nicht machen. Andererseits wäre es noch gefährlicher, wenn sie dich begraben würden, aber den Kopf draußen ließen – da würde ihn doch garantiert jemand mit einem Fußball verwechseln und dagegenkicken. Nur keine Panik – Panik würde das Ganze nur noch schlimmer machen. Wenn du dort runtergehst und es nicht magst oder es ganz furchtbar ist, rufst du einfach: »Ich bin ein Star, holt mich hier raus!« So funktioniert das doch. Zumindest hat dieser Schlagerfuzzi es doch auch so gemacht.

Und wieder zurück zur Eisenbahn. Irgendwie war sie nicht mehr ganz so lang wie zu Beginn unserer Reise. Sie hatten zwei Waggons abgekoppelt, weil wohl weniger Leute auf der letzten Etappe mitfahren wollten.

Dann rief Stephen an.

STEPHEN: Klingt, als hättest du eine entspannte, erholsame Zeit auf deinem Arsch verbracht. Ist doch super! Es ist wichtig für dich, ein bisschen Zeit für dich zu haben. Allerdings machen wir uns ein bisschen Sorgen um deine Gesundheit, um dein Herz-Kreislauf-System, und deshalb haben wir für dich einen kleinen sportlichen Ausflug geplant. Mit einem Touch von olympischem Geist, du weißt schon. Aber ich will jetzt nicht zu viel verraten. Es ist nur ein kleiner Trip durch die Mongolei, und dann hast du's geschafft.

Warum ich diese olympische Aktivität nicht gleich hier in Russland machen konnte, erschloss sich mir nicht. Dieses Land ist schließlich voll von Olympioniken. Von einem mongolischen Olympioniken hatte ich noch nie gehört.

Dann lernte ich Otgonbayar und Balag kennen, zwei Mongolen, die mich aufsammelten und auf Pferden mit zu sich nach Hause nahmen. Sie wohnten mitten im Nirgendwo in drei Jurten – das sind große runde Zelte –, die erstaunlich geräumig waren. Wenn ich es richtig verstanden habe, dient eine als Wohnzimmer, die zweite als Schlafzimmer und die dritte als Gästezimmer. Sie baten mich herein, und ich lernte auch den Rest der Familie kennen. Eine ganze schöne Horde Kinder lief da überall herum – ich nehme an, sie gehörten alle zur Familie, weil in nächster Umgebung sonst niemand wohnte. Andererseits würde ich wahrscheinlich auch eine Handvoll Kinder haben, wenn ich in so einer Gegend leben müsste. Bislang hab ich an Kinder nie einen Gedanken verschwendet. In Großbritannien Kinder zu haben scheint mir doch mit einigermaßen viel Stress verbunden zu sein. Ich hab ein paar Bekannte daheim, die Kinder haben, und die mussten ihr Leben komplett umkrempeln und ständig hinter ihren Kids herlaufen. Diese Kinder werden wie Götter behandelt.

#72 Die eigenen Gene weitervererben

X

Solange ich wohne, wo ich nun mal wohne, wird es Pandabären geben, die mit höherer Wahrscheinlichkeit Babys in die Welt setzen, als ich es tun werde. Wenn es in dieser Hinsicht wie an der Käsetheke eine Art Probierhäppchen gäbe, damit man weiß, worauf man sich einlässt, bevor man den Käse kauft, wäre das vielleicht noch mal was anderes. Aber was, wenn man am Ende mit einem totalen Berserker dasteht? Was macht man dann?

Außerdem braucht man ein ganzes Haus mit jeder Menge Kinderzimmern, und so was kostet ein Vermögen. Dann dürfen sie nicht draußen spielen, weil irgendwer sie kidnappen oder überfahren könnte, sprich: Man ist gezwungen, sie in die Ballettstunde zu stecken oder in den Geigenunterricht, damit sie beschäftigt sind und nicht auf dumme Gedanken kommen. Außerdem müssen sie eine gute Schule besuchen, und sie werden einem enormen Druck ausgesetzt, weil sie irgendwann einen guten Job brauchen. Hier in der Mongolei scheinen sie solche Probleme nicht zu haben.

Irgendjemand drückte mir einen Becher Tee in die Hand.

Nicht dass es nach Tee ausgesehen hätte. Mit der Milch hatten sie es wirklich übertrieben, und ich kann milchigen Tee nicht ausstehen. Allein schon »milchiger Tee« zu schreiben löst bei mir einen Brechreiz aus. Und seit ich mal in Indien einen Schluck Milch zu mir genommen habe und daraufhin kurz davor war, meine Lunge auszuscheißen, bin ich im Ausland mit Milch immer besonders vorsichtig. Ich nahm ein Schlückchen und hoffte, gerade so viel trinken zu können, dass es nicht unhöflich wirkte, wenn ich den Rest stehen lassen würde. Aber die Frau des Hauses goss meinen Becher ständig wieder auf. Zusätzlich hatte sie einen Teller voll Käse aufgetischt – und zwar mit so viel Käse, dass man daraus einen kompletten Wintergarten hätte bauen können.

Otgonbayar reichte mir eine Broschüre mit Fotos von Ringern. Das war also die Sportart, die Stephen gemeint hatte. Ich sollte die Dorfgemeinschaft beim Nadeem-Festival repräsentieren. Die Preissumme betrug fünf Millionen Tögrök, also umgerechnet keine 2300 Euro. Ich erzählte dem Dolmetscher, dass ich auch schon an anderen Orten dieser Welt in den Ring gestiegen sei, aber nicht ein einziges Mal gewonnen hätte und dass das Ganze ziemlich aussichtslos sei, aber er erwiderte nur, dass Otgonbayar nicht teilnehmen dürfe, nachdem er sich bei einem Motorradunfall am Kopf verletzt habe, und dass sie überaus dankbar seien, wenn ich an seiner Stelle einspringen würde. Also sagte ich zu. Die Familie schien sich riesig zu freuen, auch wenn mir klar war, dass ich nicht gewinnen würde.

Meine Entscheidung wurde mit umso mehr Käse gefeiert. Ich bin immer wieder überrascht, wie gastfreundlich die Leute in fremden Ländern sind (Pascha inklusive). Daheim kenne ich nicht mal meine direkten Nachbarn. Früher hätte man sich noch miteinander bekannt gemacht, wenn man sich mal eine Tasse Milch oder ein bisschen Zucker von ihnen geliehen hätte, aber seit diverse Supermarktfilialen rund um die Uhr geöffnet haben, sind solche kleinen Interaktionen nicht mehr nötig. Und »Neighbourhood Watch« heißt für mich nur, schnell sicherzustellen, dass die Nachbarn auch ja nicht draußen sind, bevor man selbst die Wohnung verlässt, damit man nicht in irgendwelche längeren Gespräche verwickelt wird.

#26 Lernen, ein Musikinstrument zu spielen

Nachdem wir ein bisschen Ringen trainiert hatten, wurden die Kids ins Bett gesteckt, und wir setzten uns gemütlich zusammen. Ein Freund der Familie trug traditionell mongolischen Kehlkopfgesang vor – und das war wirklich klasse! Aus seinem Rachen kamen irre Töne, die ich noch nie zuvor gehört hatte, weder von einer Maschine noch von einem Musikinstrument. Die eine oder andere Note hörte sich an, als käme sie von jemand anderem oder von ganz woandersher. Der Typ hatte echt Talent. Nachdem ich eine Weile zugehört hatte, dachte ich mir, ich könnte ja mal versuchen mitzusingen. Wie dieser Mann klang ich zwar nicht, aber ich stieß einfach andere Töne aus. Otgonbayar und seine Leute sahen ziemlich beeindruckt aus, und auch ich war der Ansicht, dass ich mich ganz wacker geschlagen hatte, nachdem ich aber auch wirklich selbstbewusst aufgetreten war – und zwar so selbstbewusst, wie ich tags darauf beim Ringen ganz bestimmt nicht sein würde. Wenn ich an einem Ort wie diesem leben müsste, würde ich unter Garantie viel Zeit damit verbringen, diesen Kehlkopfgesang einzuüben. Ich versuche gerade, Ukulele spielen zu lernen, aber ich übe einfach nicht genug, weil daheim ständig andere Sachen erledigt werden müssen. Wenn man nicht ständig andere Sachen erledigen müsste, könnte man echt viel ausprobieren. Da gibt es zum Beispiel diesen Pantomime-Kraken. Das Vieh hat offenbar gelernt, andere Meeresbewohner pantomimisch nachzuahmen, und das garantiert nur, weil es den lieben langen Tag sonst nichts zu tun hat.

Ich schlief vielleicht vier, fünf Stunden tief und fest, bis ich aufgeschreckt wurde, weil ein rattenartiges Tier an meinem Rucksack kratzte. Danach konnte ich nicht wieder einschlafen. Keine Ahnung, ob ich wegen des bevorstehenden Ringkampfs so nervös war oder ob es an dem ganzen Käse lag, den ich am Vorabend gegessen hatte. Ich war immer noch nicht wieder voll auf der Höhe, und meine Lymphknoten waren nach wie vor geschwollen.

Als ich draußen die ersten Geräusche hörte, stand ich auf. Otgonbayars Kumpel war draußen mit den Ziegen zugange. Ich ging mich an einem hübschen hölzernen Waschtisch, der zwischen zwei Jurten stand und neben dem auf der Erde sogar ein Spiegel aufgestellt war, waschen. In genau solchen Momenten fällt mir immer wieder auf, wie verrückt Reisen eigentlich ist. Ich bin meilenweit von zu Hause entfernt und jenseits jeglicher Zivilisation an einem Ort, den ich bestimmt kein zweites Mal im Leben besuchen werde, und putze mir die Zähne. Wirklich ein eigenartiges Gefühl.

Der Regisseur teilte mir mit, dass meine Ringerklamotten auf meinem Bett bereitliegen würden. In meinem ganzen Leben hatte ich noch nie ein so zusammengewürfeltes Outfit gesehen: rote Shorts mit angenähten Knöpfen, ein merkwürdiges Jäckchen, das man sich über die Schultern legt und das hauptsächlich die Arme und ein Stück Rücken bedeckt, ein Paar Stiefel, die sich vorn an den Zehenspitzen nach oben zwirbeln und aussehen, als stammten sie von irgendeinem Flaschengeist, und eine Mütze, die aussieht, als hätte man den Hals einer Champagnerflasche obendrauf befestigt. In solchen Klamotten tritt man doch nicht zu einem Kampf an! Wenn überhaupt, dann *provoziert* man mit ihnen eher einen Kampf. Einen bescheuerteren Look würde wohl nicht mal Lady Gaga hinbekommen. Ich war mir sicher, dass das Jäckchen von irgendeinem der Kinder aus der Familie stammte und nur versehentlich in meinen Kleiderhaufen geraten war. Als ich die Sachen trotzdem anziehen musste, war ich ziemlich gereizt. Aber vielleicht war genau das auch die Idee dahinter: dass man nach und nach immer kampfwütiger wird.

Auf dem Festivalgelände hatten sich bereits Tausende von Menschen eingefunden. Sogar der mongolische Präsident war zur Eröffnungsfeier gekommen, an der außerdem noch Sänger und Tänzer jedes Alters teilnahmen, und ich erhaschte einen ersten Blick auf die Männer, mit denen ich ringen würde. Sie hatten allesamt ganz ähnliche Outfits an wie ich, was mich halbwegs erleichterte, nachdem ich schon den Verdacht gehabt hatte, dass man mich damit auf den Arm nehmen wollte. Diese Jungs waren riesig – ungefähr so massig wie Sumoringer. Und um das Ganze noch schlimmer zu machen, musste ich volle fünf, sechs Stunden dasitzen und warten, bis ich endlich an der Reihe war. Ich fühlte mich genau wie ein Schuljunge, der sich nach dem Unterricht mit einem anderen zu einer Prügelei verabredet hat: Es geht einem den ganzen Tag nicht aus dem Kopf. Was dann passierte, ist nicht der Rede wert; ich verlor meinen Kampf, genau wie ich es vorausgesehen hatte. Otgonbayar und seiner Familie schien das allerdings nicht sonderlich viel auszumachen.

Und schwuppdiwupp, als wäre nie etwas gewesen, saß ich wieder in der Transsibirischen Eisenbahn und trat die letzte Etappe meiner Bucket-List-Reise an.

Mittlerweile waren mehr und mehr chinesische Fahrgäste zugestiegen – woraufhin ich zum ersten Mal, seit ich unterwegs war, einen Blick in meinen Reiseführer warf. Und feststellte, wie weit ich schon gefahren war – und dass diese Reise in China enden würde. Da ich schon einmal in China gewesen war, um die Chinesische Mauer zu besichtigen, und es mir dort nicht allzu gut gefallen hatte, war ich nicht gerade begeistert von der Aussicht, noch einmal dort hinzumüssen. Ich rief Ricky an, und der meinte, dass ausgerechnet das doch ein guter Grund sei, noch einmal hinzufahren – um China eine zweite Chance zu geben. Nachdem ich das letzte Mal aus China wiedergekommen war, hatte ich mit einem Kumpel von mir gesprochen, der ähnlich bescheuerte Dinge mag wie ich, und er hatte einen Ort erwähnt, den ich zu meiner großen Enttäuschung nicht besucht hatte. Also erzählte ich dem Regisseur davon, auch wenn ich mir nicht sicher war, ob es politisch korrekt war. Aber dieser Ort existierte nun mal, und ihn links liegen zu lassen würde daran nichts ändern. Er machte sich sofort daran, eine Genehmigung einzuholen, damit wir dort hinreisen und filmen durften. Insgeheim dachte ich nur: War das nicht Sinn und Zweck der Sendung? Verschiedene Leute kennenzulernen und herauszufinden, wie sie lebten?

Es handelte sich um das sogenannte Zwergendorf.

Das Zwergendorf ist ein ganz normales Dorf, in dem allerdings rund einhundert Kleinwüchsige leben, die ganz normal eine Feuerwehr und eine Polizeiwache betreiben. Einige dieser Leute hatten wohl, ehe das Dorf gegründet wurde, weder Arbeit noch Geld noch ein Dach über dem Kopf. Erst das Zwergendorf hat ihnen all das beschert. Zweimal am Tag gibt es Vorführungen: Gesang, Zaubertricks, Tänze. Die nächste Vorführung war erst für eine Stunde später angesetzt, daher machte ich einen kleinen Spaziergang und warf den einen oder anderen Blick hinter die Kulissen, wo die Bewohner in kleinen Pilzen zusammensaßen. Einer der Bewohner schnitzte gerade irgendeinen Kunstgegenstand aus einem Stück Holz. Kleinwüchsige Bauarbeiter arbeiteten an einem besonders großen Pilz, in dem später Wohnungen entstehen sollten (immer mehr Kleinwüchsige ziehen hierher), und eine Gruppe Frauen hatte sich zusammengesetzt und flickte Klamotten. Alle waren gut gelaunt.

Ich wäre ja lieber klein als beispielsweise so groß wie Stephen (Merchant). Was sind denn die Vorteile, wenn man so groß ist? Von den gesundheitlichen Aspekten einmal abgesehen, die Kleinwuchs mit sich bringen kann (was nicht allzu viele sein können, nehme ich an, da ich im Wartezimmer beim Arzt noch nie einem Kleinwüchsigen begegnet bin), wäre ich wirklich viel lieber klein als groß. Ich war ungefähr so klein wie diese Leute, als ich sechs oder sieben Jahre alt war, und damals hatte ich nicht annähernd so viele Probleme. Als Kleinwüchsiger wäre ich damals in der dritten Klasse viel besser klargekommen. Die Großpackung Twix wäre im wahrsten Sinne des Wortes eine Großpackung gewesen, Klamotten wären billiger gewesen, und in Flugzeugen hätte ich immer ausreichend Beinfreiheit gehabt.

Zu der Aufführung kamen vielleicht 250, 300 Besucher. Das Ganze dauerte ungefähr eine Stunde und wurde von einem Pärchen moderiert, einem Mann und einer Frau, die so was wie die Zwergenversion von Paola und Kurt Felix waren. Es gab ein paar Sänger (Peter Andre und Lily Allen) und jede Menge Tänzer und eine Art Zaubershow, in der ein Mann mit einem Irokesenschnitt Schrauben und Muttern verschluckte und sie dann wieder aushustete. Das große Finale bestand aus einer großen Sing- und Tanzvorführung von geschätzt 70 Zwergen und dem König des Zwergenreichs, der ebenfalls auf die Bühne kam und dem Publikum zuwinkte.

Richard, der Regisseur, war sich nicht sicher, ob wir das wirklich ausstrahlen sollten, woraufhin ich Ricky eine SMS schrieb. Er solle mir die Nummer von Warwick Davis schicken, dem ich die Idee nahebringen wollte. Immerhin hat er in *Star Wars* eine Art Zwergbär gespielt, außerdem einen Kobold und in irgendeinem anderen Film auch einen Zwerg, und meines Erachtens gibt es keinen Unterschied zwischen dem, was er tut, und dem, was sie hier machen.

KARL: Hi, Warwick, hier ist Karl, der Kumpel von Ricky.

WARWICK: Grüß dich. Alles klar bei dir? Was machst du gerade?

KARL: Ich bin für dieses Reiseprogramm unterwegs und, äh, gerade irgendwo in China. Ich hab ein Zwergendorf besucht, und du warst der einzige Kleinwüchsige von daheim, der mir spontan eingefallen ist. Ich wollte dir von dieser Vorstellung hier erzählen, weil ich so eine Ahnung habe, dass ein paar Leute zu Hause vielleicht sagen könnten: »Himmel, so was wie ein Zwergendorf dürfte es nicht einmal geben.« Dabei ist es hier echt cool, die Leute sind gut drauf, äh, und diese kleine Show, die sie hier aufführen, ist echt ganz nett. Ich dachte mir, dass du mir vielleicht Rückendeckung geben könntest, wenn ich sage: »Ich bin hier im Zwergendorf«, und du könntest dann sagen: »Klar, davon hab ich schon mal gehört. Ist echt nett da. Cool, dass du dort bist.«

WARWICK: Klar hab ich schon mal davon gehört, natürlich, aber ich finde eher nicht, dass das cool ist.

KARL: Und warum nicht?

WARWICK: Na ja, ich finde, das ist ungefähr so wie früher bei uns mit den Monstrositätenschauen. Ich meine, diese Leute leben dort, und ihr geht mehr oder weniger hin, um sie anzuglotzen.

KARL: Äh, ja, stimmt, deswegen waren wir da. Stell dir vor: Da waren diese Männer mit diesen lustigen kleinen Kostümen und so, und man muss echt lachen. Aber diese Männer lachen ja auch, also ist das doch in Ordnung, oder nicht?

WARWICK: Karl, das ist fürchterlich! Ich kann es nicht fassen. Wie würdest du es denn finden, wenn ich und all die anderen, die sich deine Sendung anschauen, bei dir zu Hause aufkreuzten und dir beim Geschirrspülen zusähen?

KARL: Nein, ehrlich, das macht denen nichts aus. Du bist ja schon genau wie alle anderen! »Nein, die können gar nicht glücklich sein.« Wenn du nicht in *Star Wars* mitgespielt und all diese anderen Rollen bekommen hättest, was würdest du denn dann machen?
WARWICK: Hmm, keine Ahnung, aber zumindest war das immer meine eigene Entscheidung. Ich wollte all diese Rollen spielen. Aber diese Leute aus dem Zwergendorf in China – die haben womöglich nicht die Wahl. Und genau das ist es, was mir Sorgen bereitet. Dass sie ausgebeutet werden. Du weißt schließlich nicht, wer dort hinter den Kulissen die Strippen zieht, oder hast du diese Leute kennengelernt?
KARL: Na ja, da gibt's einen König …
WARWICK: Und der ist auch klein?
KARL: Na klar.
WARWICK: Vielleicht ist das aber nur ein Show-König.
KARL: Nein, nein, der war der Boss. Er stand ganz oben. Er hatte einen kleinen Mantel um und eine Krone auf und eine Sonnenbrille, und man konnte sehen, dass er der Boss war.
WARWICK: Aber er ist auch ein Darsteller, und das Ganze könnte einfach nur eine Vorführung gewesen sein. Vielleicht wollen diese Leute in Wahrheit gar nicht dort sein. Mal im Ernst, ich finde das wirklich schlimm. Und indem du so was ausstrahlst und letzten Endes eben auch Gefallen daran findest, spielst du solchen Einrichtungen in die Hände.
KARL: Wenn du also keine Engagements mehr kriegen würdest – es gibt keinen neuen *Star-Wars*-Film mehr, du kannst dich nicht mehr als Äffchen verkleiden und verdienst kein Geld mehr –, dann würdest du trotzdem nicht hierherkommen?
WARWICK: Definitiv nicht. Das wäre wirklich das Letzte, was

ich tun würde. Ich würde mir ganz einfach einen anderen Job suchen.

KARL: Aber du würdest keinen anderen Job kriegen. Ich hab noch nie einen Kleinwüchsigen mit einem normalen Job kennengelernt. Diese ganzen Installateure zum Beispiel, die immer wieder kommen müssen, weil mein Boiler spinnt – da war noch nie auch nur ein einziger Kleinwüchsiger dabei.

WARWICK: Aber das heißt doch nicht, dass es nirgends kleinwüchsige Installateure gibt!

KARL: Ich hab jedenfalls noch keinen gesehen. Ich bin jetzt 38, Warwick, und ich hab in meinem ganzen Leben noch keinen kleinwüchsigen Installateur zu Gesicht bekommen.

WARWICK: Natürlich gibt es Kleinwüchsige mit ganz normalen Jobs, und irgendwo dort draußen wird es auch einen Installateur geben. Aber was dort in China passiert, das ist Diskriminierung. Diese Leute werden ausgebeutet, glaub mir.

KARL: Du hast es nicht mit eigenen Augen gesehen. Und genau so was ärgert mich: Ich bin hier mittendrin, ich hab neben ihren Häusern gestanden, und sie sind alle gut drauf. Ich hab eine Frau getroffen, eine kleine Zwergin, die erst seit vier Monaten hier ist, aber sie hat schon einen eigenen Wohnpilz. Jetzt sag mir bitte, was daran verkehrt sein soll.

WARWICK: Hast du sie allen Ernstes gefragt? »Bist du glücklich, dass du hier in diesem Pilz wohnen darfst?« Und sie hat natürlich gesagt: »Karl, dieses Leben ist einfach wunderbar …«

KARL: Aber sie hat wirklich einen glücklichen Eindruck gemacht.

WARWICK: Aber darum geht es doch gerade: einen glücklichen *Eindruck* machen. Das Ganze ist eine einzige große Show, und womöglich sind sie alle kreuzunglücklich, sobald sie die Türen dieser Pilze hinter sich zuziehen. Verstehst du, was ich dir damit sagen will? Diese Frau lebt dort, aber möglicherweise ist sie nicht wirklich glücklich.

KARL: Ich wollte doch nur, dass du mir Rückendeckung gibst. Ich hätte wirklich gedacht, dass du dabei wärst.

WARWICK: Ehrlich gesagt bin ich ein bisschen enttäuscht von dir.

Ich weiß schon, ich war nur für ein paar Stunden dort, aber der einzige Zwerg, der nicht glücklich aussah, war der mit dem Zaubertrick. Allerdings glaube ich wirklich, das war nur diese Rolle, in die er schlüpfen musste, und da es dort mehr als hundert verschiedene Rollen gab, war das doch wirklich nicht weiter schlimm. In *Schneewittchen* gab es auch einen, der immer miesepetrig war, und da waren es insgesamt nur sieben Zwerge. Ich würde sogar so weit gehen, diese Leute – im Vergleich zu Pascha, dem ersten Mann, den ich nach meiner Ankunft in Russland kennengelernt habe – als fast schon verzückt vor Glück zu bezeichnen.

Ich bin jetzt 38, und ich hab in meinem ganzen Leben noch keinen kleinwüchsigen Installateur zu Gesicht bekommen.

KAPITEL 3

#20 Mit Delfinen schwimmen ✓

JAPAN
Wasser
Augenbinde
THAI BOXING
Hund
Karl
THAILAND
PAZIFIK
Affe
Monster Munch
Bangkok
Ladyboy
Schniedelgarten
Kopf in Kiste
Bööp!
Pingpong?
AUSTRALIEN
Becher Suppe
Port Lincoln
Adelaide
Karl
Haigegend

STEPHEN: Wenn ich an Bucket List denke, dann denk ich an Delfine.

KARL: Geht's da nicht eher darum, wo die sind?

RICKY: Na ja, wenn du dich dafür entscheidest, wird es jedenfalls ein schöner Ort. Nicht so was wie die Themse.

KARL: Ich glaube, nur darum geht es: an einem schönen Ort zu sein. Um Delfine geht's dabei gar nicht.

RICKY: Doch, weil es faszinierende Tiere sind. Sie sind überaus intelligent.

KARL: Jeder glaubt, dass sie intelligent sind. Das ist doch Quatsch.

STEPHEN: Glaubst du das etwas nicht?

KARL: Ich ärgere mich einfach nur darüber, dass ständig behauptet wird: Karl ist ein Trottel. Aber Delfine sind ja ach so intelligent. Was leisten die denn schon?

STEPHEN: Wie kommt's, dass du an ihrer Intelligenz zweifelst?

KARL: Ich zweifle gar nicht daran. Es nervt mich nur, dass das jeder behauptet – dass sie Menschen heilen könnten und all das.

RICKY: Wer behauptet das?

STEPHEN: Glaubst du, Delfine wären so eine Art Aushilfsärzte?

RICKY: Ich meine, die können noch nicht mal ihre Flossen putzen.

KARL: Es heißt doch, steck jemanden, der krank ist, mit einem Haufen Delfine zusammen, und er wird wieder gesund.

RICKY: Stimmt doch gar nicht. Es hat mit dem Heilungsprozess selbst nichts zu tun, es geht nur um den Wunsch. Kranke Menschen wünschen sich eben so was.

STEPHEN: Hast du Bedenken, dass wir deinen IQ erfahren könnten, sobald du von Delfinen umringt bist?

KARL: Blödsinn. Delfine sind meilenweit von meinem IQ entfernt. Ich hab mich da mal schlaugemacht: Delfine haben ungefähr die Intelligenz eines Dreijährigen. Aber genau darum geht es mir ja: Sie sind gar nicht so clever.

STEPHEN: Was, wenn wir dir jetzt sagen würden, dass du nach Australien fliegen dürftest, um dort mit Delfinen zu schwimmen?

RICKY: Mann, hat der ein Glück! Und guck, wie er bei der Vorstellung auf einmal lächeln muss.

KARL: Aber garantiert krieg ich dann irgend so ein hundsgemeines Exemplar ab.

RICKY: Mach dir keine Sorgen, Kumpel.

KARL: Und dann ist da ja auch noch das Meer in Australien ...

RICKY: Bitte?

KARL: Es ist nur ... Die haben dort so viele komische Viecher. Das Meer ist voll von bescheuerten Tieren, und man sieht sie nicht einmal, weil sie sich unter den Steinen verstecken.

RICKY: Du wirst ein paar Profis dabeihaben, die dir sagen, wo du hineinspringen und was du tun musst.

KARL: Na gut, meinetwegen. Delfine.

Nach Australien gab es keinen Direktflug. Wir mussten in Thailand zwischenlanden – keine Ahnung, warum. Man kann heutzutage Flugzeuge doch so volltanken, dass sie die ganze Strecke schaffen. Ricky und Stephen meinten, da wir ohnehin dort zwischenlanden würden, könnten wir das Land ebenso gut gleich besichtigen. Sollte mir recht sein. Ich mag thailändisches Essen oder, wie ich es gern nenne, »die edlere Variante von Chinafraß«.

Suzanne bat mich, dort keine unanständigen Dinge zu unternehmen. Sie erwähnte dabei Frauen, die irgendetwas mit Tischtennisbällen anstellen würden. Vielleicht sollte man die für die Wochenziehung der Lottozahlen engagieren. Das würde die Fern-

KARLS ERKENNTNISSE

DELFINE KÖNNEN GLEICHZEITIG SCHWIMMEN UND SCHLAFEN. IHR GESAMTES GEHIRN IST ACHT STUNDEN LANG WACH, DANACH WECHSELN SICH DIE LINKE UND DIE RECHTE GEHIRNHÄLFTE FÜR JEWEILS WEITERE ACHT STUNDEN MIT DEM SCHLAFEN AB.

DELFINE KÖNNEN BIS ZU 15 MINUTEN UNTER WASSER BLEIBEN.

DELFINE HABEN KEINEN GERUCHSSINN.

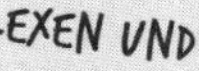

DELFINFLOSSEN BESTEHEN AUS FÜNF KNOCHENKOMPLEXEN UND HABEN EINE DER MENSCHLICHEN HAND VERGLEICHBARE STRUKTUR.

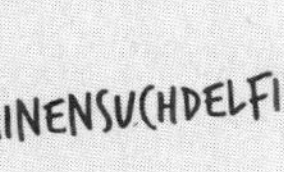

DIE US-NAVY SETZT MINENSUCHDELFINE EIN.

sehübertragung doch gleich verdammt viel spannender machen. Keinen Schimmer, warum die Ziehung der Lottozahlen immer noch im Fernsehen übertragen wird. Dabei sind dafür mindestens vier Leute nötig: die Lottofee, der Justiziar, irgendjemand, der auf den Startknopf drückt, und – zumindest im englischen Fernsehen – noch einer, der aus dem Off sagt: »Dieses Ziehungsgerät wurde auf den Namen Lancelot getauft. Es war bereits 52 Mal im Einsatz.« Wen interessiert das schon? Vier Leute, um sechs Nummern zu ziehen – aber weil die Stadtverwaltung Personal einsparen muss, wird meine Mülltonne neuerdings nur noch einmal in der Woche geleert.

Am 13. April, am Songkran-Tag, landete ich in Bangkok.

Man stelle sich vor, man würde an Silvester gegen 23:30 Uhr in London landen, und das Hotel läge am Trafalgar Square. Ungefähr so war mein Empfang. Anlässlich des Songkran-Fests kippen die Einheimischen überall Wasser drüber, um den Beginn der Regenzeit zu feiern. Sie glauben, das Wasser würde all das Pech wegspülen, das man im vergangenen Jahr gehabt hat, und einem fürs kommende Jahr Glück bringen. Himmel, wenn es das ist, was sie glücklich macht, sollen sie doch nach Manchester ziehen und sich raus in den Regen stellen! Während der Feierlichkeiten ist nichts und niemand sicher vor einem Wasserschwall. Gremlins sollten diesen Ort meiden. Polizisten werden klatschnass gespritzt, Ladenfronten, Cafés – und über jedes Auto wird ein Eimer Wasser geleert. Nicht mal Motorradfahrer werden verschont. Leute mit Wasserpistolen, Gartenschläuchen und Eimern spritzen ihnen mitten ins Gesicht.

Ich fand das ziemlich eigenartig. Immerhin ist das Land nach dem Tsunami 2004 gerade erst trockengelegt worden, und im Handumdrehen machen sie alles wieder nass. Vor ein paar Jahren hat Ricky mir mal die Leviten gelesen, nachdem ich behauptet hatte, dass Menschen aus diesem Erdteil schneller alterten als Leute aus dem Westen. Allmählich dämmert es mir, dass sie alle nur wegen dieses Wasserfests so alt und schrumplig aussehen. Auf den Straßen war an Vorankommen nicht mehr zu denken, daher schlug unser Regisseur Krish irgendwann vor, dass wir aussteigen und laufen sollten. Ich schnappte mir meinen Koffer in der vagen Hoffnung, dass die Einheimischen so annehmen würden, ich wäre nicht zum Songkran-Fest hier, sondern auf der Suche nach meinem Hotel – aber es half alles nichts. Am Ende war ich nass bis auf die Knochen.

Abgesehen davon, dass ich nass wurde, schmierte mir irgendjemand außerdem eine Art Lehm ins Gesicht – keine Ahnung, ob das zu der Festivität gehörte oder ob es sich dabei nur um einen durchgeknallten Töpfer handelte. Das Songkran-Fest dauert drei bis vier Tage. Ich frage mich wirklich, warum ich beim Zähneputzen jedes Mal den Wasserhahn zudrehe, um Wasser zu sparen, wenn diese Leute hier tagelang eimerweise Wasser verschwenden. Wenn die hier irgendeines Tages in den Wohnhäusern Wasserzähler installieren, ist es vorbei mit Songkran.

#24 In Spanien an der Tomatina teilnehmen

Kürzlich hab ich während irgendeines Flugs darüber einen Bericht im Bordfernsehen gesehen. Eine Reporterin in einer spanischen Stadt wurde mit Tomaten beworfen und erzählte in einem fort, wie viel Spaß sie dabei habe. Ich hätte gern gewusst, ob sie immer noch so begeistert gewesen wäre, wenn ich ihr im Supermarkt um die Ecke begegnet wäre und von der Gemüsetheke aus eine Tomate auf sie abgefeuert hätte. In dem Film sah man, wie ein Lkw vorfuhr und Tausende

Tomaten ablud und wie Einheimische und Touristen damit aufeinander losgingen. In dieser Stadt würde ich nicht gern leben – das muss doch einen Dreck hinterlassen ... Unnötig Dreck zu verursachen finde ich einfach unmöglich. Oder auch bei einer Hochzeit Konfetti zu werfen. Dass Konfettiwerfen nicht als unerlaubte Vermüllung deklariert wird, verstehe ich einfach nicht. Außerdem ist diese Tomatina eine einzige große Tomatenverschwendung. Wenn sie schon mit irgendetwas um sich werfen müssen, dann sollten sie irgendein nicht ganz so sinnvolles Gewächs hernehmen – Kumquats zum Beispiel.

Irgendwann erreichte ich das Hotel und ging erst mal unter die Dusche.

Stephen rief an und teilte mir mit, dass ich gleich in einer der typisch thailändischen Sportarten eine Trainingsstunde bekommen würde: im Thaiboxen. Seit der ersten Staffel von *Ein Idiot unterwegs* schockieren mich diese kleinen Überraschungen nicht mehr allzu sehr. Ich habe akzeptiert, dass es diese irrsinnigen Abstecher geben muss. Trotzdem machen sie mich immer noch nervös, als würde man sekündlich damit rechnen, dass das Springteufelchen endlich raushüpft. Du weißt genau, dass es passieren wird, aber eben nicht, wann. Genauso ging es mir auch, als ich Ricky einmal daheim in seiner alten Wohnung besuchen wollte. Als ich auf seiner Etage den Flur entlangging, sprang er urplötzlich aus dem Einbauschrank, in dem der Hausmüll gelagert wurde. Allerdings hab ich gerade lieber das Springteufel-Beispiel angeführt, weil ich mir sicher bin, dass damit mehr Leser etwas anfangen können. Die wenigsten werden Bekannte haben, die aus heiterem Himmel aus irgendeinem Müllschrank hüpfen.

#70 In Pamplona bei einem Stierlauf mitmachen

Immer diese Spanier! Wenn sie gerade nicht mit Tomaten um sich werfen, rennen sie enge Gassen entlang auf der Flucht vor tobenden Bullen. Als würden sie in einem Computerspiel leben! Ich nehme an, so was passiert, wenn man an einem Ort wohnt, an dem fast das ganze Jahr über gutes Wetter herrscht – die Leute kommen auf die beklopptesten Freiluftaktivitäten! Bei mir daheim scheint die Sonne nur sporadisch, aber auch da kamen irgendwelche Leute aus Gloucestershire auf die Idee, einen Käse den Berg runterkullern zu lassen.

#53 An einem Flashmob teilnehmen

Bei einem Flashmob versammelt sich eine Menschenmenge kurzfristig an einem öffentlichen Ort und tanzt, singt oder macht eine Kissenschlacht. Ich würde diesen Ort wahrscheinlich nicht mal finden – wann immer ich mich mit Suzanne irgendwo verabrede, verlaufe ich mich. Allein die Supermärkte, die ich nach ihr abgesucht habe – bis ich schließlich begriff, dass ich im falschen Supermarkt war! Ich brauche so was nicht. Ich nehme auch nicht gern an Massenveranstaltungen teil. Suzanne erinnert mich dann immer an einen Abend im Pub, als wir ganz frisch zusammen waren und wo sie sich an einer dieser Congatrommeln versuchte.

Irgendwann machten sämtliche Leute mit, zogen einmal um den Pub herum und über den Parkplatz und dann wieder in den Pub hinein. Als sie wiederkam, trommelte ich ebenfalls gerade ein bisschen auf einer Conga herum – allerdings mutterseelenallein am Tresen.

#45 Eine Kampfsportart lernen

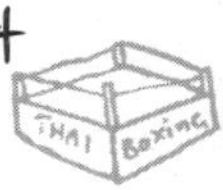

Nachdem ich als Jugendlicher *Rocky* mit Sly Stallone in der Hauptrolle gesehen hatte, ging ich eine Zeit lang ins Boxtraining. So einen Effekt haben Filme oft auf mich. Nachdem ich *Flashdance* auf Video gesehen hatte, wollte ich unbedingt tanzen lernen. Allerdings kam ich damit nicht weit. Als ich die Tanzschule aufsuchte, war sie geschlossen, und die Räumlichkeiten wurden als Lager für Toilettenpapier genutzt. So eine Wendung kam in *Fame* ebenso wenig vor. Jedenfalls fand das Boxtraining im örtlichen Jugendzentrum statt und war nicht sonderlich professionell. Training war einmal die Woche und wurde von einem großen Kerl geleitet, dem auch der chinesische Take-away gehörte. Ich vermute, er wollte durch das Training einfach nur ein paar toughe Jungs kennenlernen, damit er für seinen Imbiss kein Schutzgeld mehr an die lokale Gang zahlen musste. Mit Rockys Trainer hatte er nicht die geringste Ähnlichkeit. Statt auf tiefgekühltes Fleisch einzudreschen, bearbeitete er Fischfilets.

In der Thaiboxarena wurde ich von meinem Trainer willkommen geheißen, einem Mann namens Ming. Er schien ein bisschen verärgert zu sein, weil wir zu spät dran waren. Ich erklärte ihm, das Songkran-Fest sei daran schuld. Er selbst war staubtrocken, aber ich glaube auch nicht, dass irgendjemand sich getraut hätte, diesem Typen eimerweise Wasser überzukippen. Er war mal irgendein Thaiboxmeister. Er sprach nicht viel Englisch, also wurde nicht viel geredet, dafür umso mehr trainiert. Eine Stunde Liegestütze, Scherensprünge, einen Sandsack mit dem Knie bearbeiten und Sit-ups, bei denen sein Hündchen die ganze Zeit über mich drüberhüpfte, und dann ab in den Ring mit ihm als Sparringspartner. Er reichte mir einen Kopfschutz, und ich versuchte, ihm verständlich zu machen, dass ich keinen Kopfschutz bräuchte, solange er mir nicht gegen den Kopf trat, doch er wollte mich nicht recht verstehen. Irgendwann war ich schweißgebadet, und mir war ein bisschen schwindlig. Ich treibe normalerweise keinen Sport, aber wenn ich müsste, würde es tatsächlich wohl so was wie das hier sein. Sich selbst verteidigen zu können ist immerhin nützlich, wenn man mal in die Bredouille gerät. Suzanne wollte mich mal für Pilates begeistern – da bringen sie einem bei, wie man sich dehnt, beugt und das Gleichgewicht hält –, aber außer wenn ich mir die Schuhe zubinde, wüsste ich nicht, wann ich solche Fähigkeiten einsetzen sollte.

Ich glaube, weil die Menschen mit der Zeit immer fauler wurden, wurden auch immer mehr Sportarten für Faule erfunden. Ich werde nie vergessen, wie ich einmal auf der Carnegie Street in London unterwegs war und eine Frau mich fragte, ob ich nicht bei einem Atemtraining mitmachen wolle. Wer bitte schön ist denn so faul, dass er nicht einmal mehr atmen will? Sie entgegnete zwar, dass es um etwas anderes gehe und dass sie mir beibringen wolle, *richtig* zu atmen. Ich sei 37, sagte ich zu ihr, und dass ich die Grundzüge schon ganz gut draufhabe.

Später bekam ich eine SMS von Stephen:

STEPHEN: Okay, Karl, ich hoffe, das Thaiboxtraining hat Spaß gemacht. Wir haben einen kleinen Kampf für dich organisiert, so kannst du deine neu gewonnenen Fähigkeiten gleich heute Abend praktisch anwenden. Viel Glück! Ach, ja – es ist übrigens Blindthaiboxen.

Ich kann mir nicht erklären, warum es so etwas überhaupt gibt. Das Geheimnis beim Thaiboxen ist schließlich, beim Kampf den ganzen Körper einzusetzen: Fäuste, Füße, Knie – warum also nicht die Augen? Das ist doch lächerlich! Blinde geraten aus gutem Grund eher selten in Schlägereien. Ich weiß noch, dass ich einmal in einem Aquarium zwei Seepferdchen beobachtet habe, die gegeneinander kämpften. Der totale Reinfall. Gewisse Geschöpfe sind einfach nicht dazu geboren zu kämpfen. Der große Boxer Muhammad Ali hat mal gesagt: »Schwebe wie ein *Schmetterling*, stich zu wie eine *Biene*.« Zu sehen wie ein Maulwurf hat er wohlweislich weggelassen.

Dass wir früh dran waren, machte es nicht eben besser, weil wir so die Gelegenheit hatten, ein paar früheren Kämpfen zuzugucken. Ich wünschte mir, sie hätten mir die Augenbinde angelegt, bevor ich sehen konnte, was da ablief, weil diese Thaiboxer wirklich zur Sache gingen. Es waren sämtliche Altersgruppen vertreten – Knirpse von vielleicht acht Jahren, neunjährige Mädchen und Erwachsene. Dann wurde ich in den Ring gerufen. Mit verbundenen Augen. Die Glocke klingelte, und ich fuchtelte mit den Armen herum und kickte blindlings in die Luft. Nach einer Weile hatte ich das Gefühl, dass die Augenbinde mir fast so was wie mehr Selbstbewusstsein bescherte, weil ich die Zuschauer so nicht sehen konnte. Ich stand zwei Runden, und danach wurde ich als Gewinner ausgerufen – allerdings ließen sie mich nur deshalb gewinnen, weil ich Tourist und ein Fernsehteam auch mit von der Partie war. Der eine oder andere denkt jetzt vielleicht: »Karl, stell dein Licht doch nicht andauernd unter den Scheffel. Warum immer gleich so negativ? Vielleicht warst du ja wirklich der Bessere, und sie haben dich deshalb als Gewinner ausgerufen.« Aber wenn das wirklich der Fall gewesen wäre, warum hab ich dann keinen dieser Alu-Dampfgarer bekommen wie all die anderen Gewinner?

Tags darauf fuhren wir wieder nach Bangkok, wo ich ein paar einheimische Ladyboys kennenlernen sollte. Genau das war die Seite von Thailand, die mir Kopfzerbrechen bereitete. Suzanne hatte schließlich angedeutet, dass hierzulande ziemlich viel eigenartiges Zeug vor sich gehe, und sie hatte mich gebeten, mich von den zwielichtigen Ecken fernzuhalten. Den Begriff »Ladyboy« hatte ich schon das eine oder andere Mal gehört, aber ich wusste nicht wirklich, was dahintersteckte. Ich dachte ursprünglich, dass es sich dabei um Transvestiten handelt, also einfach Kerle, die gern Lippenstift und Damenunterwäsche tragen, aber niemanden damit in die Irre führen. Sie versuchen nicht einmal, Frauen zu sein, sondern gehen nach wie vor in den Pub um die Ecke, spielen Darts und trinken das eine oder andere Pint Bier. Entsprechend verdattert war ich, als ich Vivian kennenlernte, einen einheimischen Ladyboy. Wenn ich's nicht vorher gewusst hätte – man hätte es wirklich nicht geahnt. Er hatte sich das Haar zurückgebunden, trug Leggings und High Heels und nicht mal wahnsinnig viel Make-up, aber selbst die Körperhaltung und die Art, wie er sich bewegte – jeder hätte darauf gesetzt, dass es sich bei ihm um eine Frau handelte. Ich schüttelte ihm die Hand, und zwar nicht nur weil ich wusste, dass er ein Kerl war, sondern auch weil ich ihn gerade erst kennengelernt hatte. Das hätte ich bei einer Frau natürlich auch getan.

#46 Sich ein ganz neues Styling verpassen lassen

Viv nahm mich mit in ein Nagelstudio, wo ich seine Kumpels Jip und Nam kennenlernte, beide ebenfalls Ladyboys. Ich setzte mich, und während ich mir die Fußnägel feilen und lackieren ließ, unterhielten wir uns. Ich traute mich nicht, die Person, die mit meinen Füßen zugange war, zu fragen, ob sie Männlein oder Weiblein war, weil sie das womöglich verletzt hätte, aber seit ich Viv begegnet bin, habe ich bei sämtlichen Leuten hier in Thailand so meine Zweifel. Was die mit ihren Körpern machen lassen, grenzt an modernes Frankenstein-Machwerk.

KARL: Und das bleibt jetzt so für den Rest deines Lebens? Es gibt kein Zurück mehr?
VIVIAN: Du meinst, ob ich irgendwann wieder ein Mann sein könnte? Nein, natürlich nicht.
KARL: Aber warum hast du, äh, warum hast du das alles machen lassen? Alles wegmachen lassen?
VIVIAN: Ja.
KARL: Oh … okay. In Ordnung.
VIVIAN: Wie sollte es ein Zurück geben?
KARL: Ich wette, das ist irgendwie möglich.
VIVIAN: Aber genau so will ich leben.

Nie im Leben würd ich so etwas komplett durchziehen. Ich habe mich auch nie tätowieren lassen, weil ich der Vorstellung nichts abgewinnen kann, dass so was dann für die Ewigkeit ist. Mir den Schniedel abschnippeln zu lassen kommt also absolut nicht infrage. Die Person zu meinen Füßen ließ von meinen Zehennägeln ab und fing an, mit einer Art Kartoffelschäler an der Hornhaut an meinen Fersen herumzusäbeln.

VIVIANS KUMPEL: Bist du schwul?
KARL: Nein, ich hab eine Freundin … schon 16 Jahre.
(Die anderen lachen.)
KARL: Aber eigentlich ist das ’ne gute Frage. Ich meine, ich sitze hier und lasse mir die Füße machen – eine durchaus berechtigte Frage, würde ich sagen.
VIVIANS KUMPEL: Wenn du schwul sein willst, musst du das ausprobieren.
KARL: Ich glaube nicht, dass ich dafür geeignet bin. Ehrlich, das ist einfach nicht mein Lebensstil.
VIVIANS KUMPEL: Probier's aus!
KARL: Ich hab so eine Ahnung, dass es mir gefallen könnte, wenn ich es erst mal ausprobieren würde. Das ist wie mit Oliven – ich hatte Oliven nie probiert, aber dann hab ich vier gegessen und dachte, na ja, also, was ist eigentlich an Oliven so verkehrt? Trotzdem will ich's gar nicht erst versuchen. Ich bin eigentlich ganz glücklich.
VIVIAN: Heute Nacht wirst du noch glücklicher sein.
KARL: Nein.
VIVIAN: Doch.
KARL: Nee – keine Chance.
VIVIAN: Nein, nein, nein, ich meine, bei der Show!
KARL: Ach so. Okay, schau ich mir an. Ich komme vorbei und sehe mir an, was ihr da so treibt … bei dieser Show.

Vivs Kumpel Jip erzählte mir, dass er Brüste habe und trotzdem nicht im Traum daran denke, sich sein Gemächt entfernen zu lassen. Und das begreif ich mal so gar nicht. Selbst jetzt, da ich wieder zu Hause bin und schon eine ganze Weile darüber nachdenken konnte, ergibt das für mich keinen Sinn. Wer will das denn? Das wäre ja, als würde man sein Badezimmer ins Erdgeschoss verlegen, wenn man sein Haus verkaufen will – das wollen die Leute doch auch nicht.

Trotzdem sagte Jip einfach nur: »Das ist nun mal so, weil Ladyboys keine Frauen sind. Jeder mag mich so, wie ich bin. Also. Ich bin, wer ich bin. Und wer mich liebt, liebt auch meinen Schwanz.«

Viv erzählte, dass er sich mit Männern treffe und ziemlich viele Dates habe, und er verrät seinen Dates nur, dass er umoperiert ist, wenn sie ihn danach fragen. Da fragt man sich doch, wie viele Kerle mit Kerlen verheiratet sind, ohne es zu wissen. Theoretisch könnte also Suzanne genauso gut ein Kerl sein. Dass so etwas in der Welt vorkommt, ist schon komisch, wenn man bedenkt, dass einem ansonsten doch alles haarklein offengelegt wird. Dass auf einer Verpackung steht, dass das Produkt Eier enthält, ist demnach nie wichtiger gewesen als heutzutage.

Dann zeigte Viv mir auf seinem Handy ein Foto von seinem Freund. Er sah aus wie eine Kreuzung aus John Barrowman und Peter Andre. Jip wiederum meinte, sein Partner sei hetero.

KARL: Das kapier ich nicht. Das ist mir wirklich nicht klar. Solltest du nicht mit einem schwulen Mann zusammen sein?
VIVIAN: Homo, hetero – Jip akzeptiert alles.
KARL: Aber wie kann man mit einem Heteromann zusammen sein, wenn man noch einen Schniedel hat?
VIVIANS KUMPEL: Schwule mögen keine Ladyboys. Also gehe ich mit Heteros aus.
KARL: Im Moment auch?
VIVIANS KUMPEL: Klar.

KARL: Mit einem Hetero?
VIVIANS KUMPEL: Ja, klar.
KARL: Aber dann ist er nicht hetero. Dann ist er's einfach nicht!

Wir einigten uns darauf, dass wir uns uneins waren. Vor ein paar Jahren wäre das unmöglich gewesen. Heutzutage sagen die Leute: »Ich bin eine Frau, die im Körper eines Mannes gefangen ist«, und dann schreiten sie zur Tat. Wissenschaftlicher Fortschritt bedeutet eben auch, dass irgendeines Tages irgendjemand aufwacht und eine Wüstenrennmaus sein will – und es dann auch werden kann.

Ricky hat mich einmal gefragt, was ich gern wäre, wenn ich die freie Wahl hätte, und ich hab geantwortet: Ein Faultier. Wenn mir das am Ende doch nicht gefallen würde, könnte ich wenigstens ziemlich lange schlafen und davon träumen, etwas anderes zu sein.

#69 An einer Demo teilnehmen

Da ich kein großer Fan von Menschenmengen bin, kriegen mich auch keine zehn Pferde auf eine Demo. Ehrlich gestanden verstehe ich auch nicht, warum da immer so viele Leute hingehen müssen. Eine einzelne Person mit einem Spruchband reicht doch, ohne dass gleich sämtliche Straßen blockiert werden und der Verkehr zum Erliegen kommt. Wie bei diesem Typ in der Nähe der Oxford Street, der immer dieses Schild hochhält: »Golf-Ausverkauf hier entlang!« Wer

jemals in London war, hat diesen Typen zu Gesicht bekommen. Quod erat demonstrandum. Und dann ist da auch noch dieser religiöse Eiferer aus Liverpool ein Stück weiter von dem »Golf-Ausverkauf«-Mann, der die ganze Zeit durch einen Lautsprecher ruft: »Wollt ihr ins Paradies oder ins Verlies?« Noch einer, der allein unterwegs ist und trotzdem seine Message rüberbringt.
Wenn mehrere Leute zusammen unterwegs sind, sollten sie sich irgendeinen Sponsor suchen wie bei diesen Charitymärschen, damit das Ganze wenigstens keine totale Zeitverschwendung ist, wenn niemand zuhört, und sie trotzdem zumindest ein bisschen Geld für das örtliche Krankenhaus oder so zusammenbringen.

Viv und seine Kumpels fuhren mit mir in das Theater, wo sie allabendlich vor rund 800 Leuten auftreten. Eine Liste mit einer Liedabfolge hing dort an der Wand, darunter »I Am What I Am«, »Hero« von Mariah Carey und Madonnas »Papa Don't Preach«. Im Handumdrehen hatten sie mich auf einen ihrer Stühle gedrückt und schminkten mich. Während Viv Make-up auf mein Gesicht spachtelte, hielt ich weiter Ausschau nach irgendwelchen Zeichen von Männlichkeit, aber ich konnte nichts entdecken. Vielleicht müsste ich mehr Zeit mit ihm verbringen; bestimmte Dinge würde er irgendwann dann doch nicht mehr verbergen können. Zum Beispiel: praktisch veranlagt zu sein. Männer denken einfach praktischer als Frauen. Suzanne will sich zum Beispiel einen Hund anschaffen, aber sie denkt ganz einfach nicht an all die Unannehmlichkeiten, die ein Hund mit sich brächte. Das Gekläff, wenn man ihn allein lassen will. Das Gassigehen zu jeder Tages- und Nachtzeit. Vielleicht haben Ladyboys ja immer noch diesen Aspekt von Männlichkeit in sich. Aber genau in diesem Moment scheuchte Vivs Kumpel seinen Hund in meine Richtung – einen alles andere als männlichen Hund. Einen dieser Mops-Winzlinge, die man sich in die Handtasche stecken kann.

Schließlich bekam ich den letzten Schliff. Trotzdem glaube ich nicht, dass irgendjemand mir auf den Leim gegangen wäre. Allerdings gab mir zu denken, was ich wohl tun würde, wenn Suzanne sich tatsächlich als Kerl entpuppen würde. Immerhin kann man nach 16 Jahren nicht einfach so Schluss machen. Ich kam zu dem Ergebnis, dass ich sie immer noch bei mir wohnen lassen würde, aber sie müsste dann im Haus mehr mit anpacken. Unter keinen Umständen wäre ich dann weiterhin der Einzige, der die schweren Supermarkttüten heimschleppt. Und sie würde auch mal die Fenster putzen müssen.

Ich bestellte ein paar Brüstchen, Hühnerbrüstchen von KFC, verputzte sie und machte mich wieder auf den Weg.

Der Nachmittag stand mir zur freien Verfügung, und ich beschloss, das Medizinische Museum Siriraj zu besichtigen – kein 08/15-Museum, sondern ein Museum voller Kuriositäten, das im Volksmund auch »Museum des Todes« genannt wird. Um das Ganze noch bizarrer zu machen: Es ist im zweiten Stock einer Klinik untergebracht. Dort werden Plastikcontainer mit Armen ausgestellt und ein abgeschlagener Kopf in einer durchsichtigen Plastikkiste, als wäre er irgendein in Form gehauener Eisklotz. Was für ein Scheiß, mag jetzt manch einer sagen – und ja, auch so was war dort ausgestellt. Außerdem ein Hodensack mit 75 Zentimetern Durchmesser, der von einer Mansonia-Mücke gestochen worden war. Als ich im vergangenen Jahr im peruanischen Dschungel unterwegs war, hat mir niemand gesagt, dass ich mich besser mit Autan einreiben solle.

Wo immer ich hinsah: Schaukästen um Schaukästen mit schiefgegangenen Geburten, winzigen Körpern in Formaldehyd, siamesischen Zwillingen, Schwellköpfen und Zyklopen – samt und sonders total echt. Hinter der nächsten Ecke stieß ich auf den mumifizierten Körper eines Mannes namens Si Ouey Sae Urng: den ersten Serienkiller der jüngeren thailändischen Geschichte, der verurteilt, exekutiert, mumifiziert und schließlich ausgestellt wurde – zur Abschreckung für all diejenigen, die ähnliche Pläne gehabt haben. Er war in einer Art Telefonzelle ausgestellt und lehnte an der Scheibe wie ein besoffener Clark Kent.

Eigentlich ist die Idee, in einem Krankenhaus ein Museum einzurichten, gar nicht doof: wenn man zum Beispiel jemandem einen Krankenbesuch abstatten will, aber zu früh dran ist für die Besuchszeiten und nichts Besseres zu tun hat. Oder wenn man darauf wartet, dass die Freundin endlich ihr Baby zur Welt bringt, man aber nicht dabei sein will, wenn es schlüpft. Dann kann man sich stattdessen einfach einen halben Kopf anschauen.

Es ist schon merkwürdig, wie schnell man sich daran gewöhnt, die gruseligsten Dinge anzustarren. Als ich diesen halbierten Kopf zum ersten Mal gesehen habe, dachte ich: »Mann, das ist ganz schön brutal«, aber schon nach ein paar Minuten fragte ich mich bereits, was für ein Werkzeug sie wohl verwendet hatten, um so einen akkuraten Schnitt hinzubekommen. Suzanne schimpft immer mit mir, weil ich Brot jedes Mal in einem katastrophalen Zustand hinterlasse, sobald ich mir eine Scheibe davon abgeschnitten habe. Insofern interessierte es mich schon, wie sie das hinbekommen hatten. Ich dachte sogar darüber nach, dass ich die beiden Hälften eigentlich ganz gern bei mir zu Hause als Buchstützen verwenden würde. Mal ehrlich, schlimmer, als irgendjemandes Asche in einer Urne auf dem Kamin stehen zu haben, ist das doch auch nicht, oder?

Nachdem ich das Baby mit den zwei Köpfen gesehen hatte, fragte ich mich, ob das nicht insgeheim von der Evolution genau so vorgesehen war. Vielleicht war es ja gerade richtig so – und wir Einköpfer sind diejenigen, die's falsch machen. Der Mensch ist einfach nicht mehr dasselbe soziale Wesen, das er früher einmal gewesen ist, und mit zwei Köpfen ist man nie allein. Da der Alltag immer stressiger wird, sind zwei Köpfe doch besser als einer. »Zwei zum Preis von einem«-Angebote in Supermärkten. Viel befahrene Straßen überqueren und dabei in beide Richtungen gucken. Das alles ergibt doch Sinn. Ständig spucken wir der Natur in die Suppe. Ich glaube ja, wenn Tennisspieler weiterhin diese Stirnbänder tragen, dann rotten sie so früher oder später unser aller Augenbrauen aus, weil die nun mal ursprünglich dazu da waren, um den Schweiß aus dem Gesicht fernzuhalten. Theoretisch braucht man also gar kein Stirnband.

Wie sich herausstellte, sollte dies nicht die bizarrste Exkursion bleiben, die ich unternehmen würde. Wir waren in einem halbwegs anständigen Hotel untergebracht, das Essen war in Ordnung, das W-LAN funktionierte, wir hatten Balkone, einen eigenen Pool – und einen Schniedelgarten. Alles, was das Herz begehrt. Aber halt – ein Schniedelgarten? Ein Garten voller Schniedel. Allerdings nennen sie es hierzulande wohl nicht so. Hier nennen sie es einen Chao-Mae-Tuptim-Schrein, einen Fruchtbarkeitsschrein. Geschätzt 200 Penisse standen auf dem Gelände verteilt herum – in unterschiedlichsten Größen, vom Donut bis hin zu einem Kanu. Die Idee an sich stört mich wenig – so was tut ja keinem weh –, aber müssen es gleich so viele sein? Ich kam mir vor wie in einem Schniedelfachgeschäft. Edler wäre es gewesen, wenn sie einfach einen einzigen großen davon aufgestellt hätten. Das hätte doch auch viel besser die große Allmacht des Penis symbolisiert. Aber vielleicht hat es ja auch mal mit einem einzigen Exemplar angefangen, und dann hat derjenige, der dafür verantwortlich war, sich zusehends hinreißen lassen. Meiner Mum ging es mit ihren Gartenzwergen ja ganz ähnlich. Menschen sammeln einfach alles, ist doch so. Dass Leute beispielsweise Fingerhüte sammeln, hab ich noch nie verstanden, aber lieber hab ich Fingerhüte als einen ellenlangen Penis im Regal. Überdies war merkwürdig an diesem Fruchtbarkeitsschrein, dass man doch hätte annehmen sollen, die Hoden wären das eigentlich Wesentliche. Aber weit und breit war nicht ein einziges Paar Eier zu sehen.

Zum Abendessen gingen wir aus. In Bangkok geht es abends sehr turbulent zu. Wenn ich nicht gerade irgendwelche Frauen anstarrte, um herauszufinden, ob sie wirklich Frauen waren oder nicht, sah ich mir Werbetafeln an. An den Autobahnen steht davon eine neben der anderen – und zwar die größten, die ich je gesehen habe. 30 Meter breit. Laptops, Autos, Kameras, Fernseher … als führe man durch den Verkaufskatalog eines Elektronikgroßhändlers.

Wie bereits angedeutet, mag ich thailändisches Essen ganz gern. Es ist gut gewürzt und lecker, aber die schiere Anzahl der Gerichte, die sie einem vorsetzen, ist fast schon lächerlich. Man bedient sich dann einfach von jedem Teller. Die meiste Zeit wusste ich nicht einmal, was ich gerade aß. Ich glaube, einmal hab ich den Filter einer Zigarette aus dem Aschenbecher erwischt. Das Problem ist überdies, dass man sich irgendwann nicht mehr im Klaren darüber ist, wie viel man schon gegessen hat.

Doch an diesem Abend gab es zur Abwechslung etwas anderes. Wir betraten ein Lokal namens »The Flying Chicken«, ein Restaurant, das nicht für die Qualität seiner Speisen berühmt ist, sondern für die Art und Weise, wie sie serviert werden. Wenn ich auswärts essen gehe, werde ich manchmal ein bisschen unleidig, wenn man lange auf seine Bestellung warten muss. Ich war schon in piekfeinen Restaurants in London, wo man erst bestellt, und wenn das Essen dann nach einer Ewigkeit endlich kommt, muss man auch noch fünf Minuten Erklärung über sich ergehen lassen, wo die Karotten herkommen und was das Hühnchen in seiner Freizeit am liebsten unternommen hat. Kein Scherz. Ich war mal in so 'nem noblen Lokal zum Steakessen, und da wurde mir erzählt, dass das Rind, von dem mein Steak stammte, gern Rockmusik gehört habe. Nach dem Preis zu urteilen glaub ich ja, dass ich das Front-Stage-Ticket für sein letztes Konzert mitbezahlen musste.

Im »Flying Chicken« funktioniert es folgendermaßen: Man bestellt Hühnchen. Ein Glöckchen klingelt, sobald das Hühnchen fertig ist. Dann wird das Hühnchen an einer Art Hebel befestigt, das Glöckchen klingelt erneut, und dann taucht aus heiterem Himmel ein Mann auf einem Einrad auf, der einen Helm mit einer Spitze auf dem Kopf trägt. Der Typ am Hebel katapultiert das Hühnchen durch die Luft, der Mann auf dem Einrad fängt es mit der Helmspitze auf und bringt es einem an den Tisch. Eine Mischung aus *Das Supertalent* und Kentucky Fried Chicken.

Da gerade sämtliche Hühnchen ausgeliefert waren und generell nicht so viel los war, führte der Typ auf dem Einrad noch ein paar Tricks auf und fing mit seiner Spitze kleinere Gegenstände auf: Grapefruits, Orangen, Pflaumen und dann irgendetwas von der Größe einer Weintraube. Ich durfte auch mal ran. Vier zu Boden gefallene Hühnchen später und mit fetttriefendem Gesicht gelang es mir tatsächlich, ein Hühnchen mit dem Kopf aufzufangen. Im »Flying Chicken« ist das Essen einfach köpflich – und köstlich obendrein. Den Nachtisch sparten wir uns trotzdem.

Wenn ein Besuch in Monkey Town auf der Bucket List gestanden hätte – den hätte ich mir unter Garantie ausgesucht. Ich finde Affen toll, und als ich sah, dass es einen Ort namens Monkey Town gab und wir ohnehin daran vorbeifuhren, fand ich, es wäre doch verrückt, dort nicht kurz anzuhalten und mal vorbeizuschauen.

Ich erwartete eigentlich nicht mehr als den einen oder anderen Affen auf einem Baum, aber ich hätte falscher nicht liegen können. Es gab dort Hunderte von ihnen – wo immer man hinsah. Ein paar größer, ein paar kleiner, ein paar quietschfidel, ein paar nicht ganz so fidel, ein paar schaukelten auf Telefonleitungen herum, ein paar saßen auf Zäunen oder ziemlich weit oben auf irgendwelchen Balkonen. Ein Grüppchen hatte sich auf einem Auto niedergelassen. Vielleicht war es ja ihr eigenes Auto. Ich kam mir vor wie in irgendeiner komischen Zeichentrickstadt. Keine

Ahnung, wo die alle herkamen – aber sie haben diese Stadt regelrecht okkupiert. Es gab dort definitiv mehr Affen als Menschen. Als wir einen Tempel besichtigen wollten, saß davor ein Mann (könnte auch ein Affe in einem Menschenkostüm gewesen sein) und verkaufte nicht etwa Broschüren über die Geschichte des Tempels, sondern Tüten mit Nüssen und Obst. Ich besorgte mir eine Tüte Nüsse und wollte gerade durch das Tempeltor treten, als ein Affe an meinen Shorts hochkletterte, mir die Tüte entriss und damit Reißaus nahm. Daraufhin kaufte ich noch drei weitere Tüten, und als die Affen begannen, mich zu umkreisen, versteckte ich sie in meinen Taschen.

Ich setzte mich – und ungefähr vier Affen setzten sich auf mich drauf. Sie zwickten mich am Kopf, als suchten sie nach Zecken. Einer kam auf die Idee, dass es in Anbetracht meines spärlichen Haarwuchses einfacher wäre, meinen Kopf einfach nach Zecken abzuschlecken. Ganz langsam zog ich eine Nusstüte hervor – und ein Affe kam von hinten angesprungen, schnappte sie sich und nahm die Beine in die Hand. Allmählich wurde es albern. Ich fütterte diese Affen nicht – sie bestahlen mich einfach!

In meiner anderen Tasche hatte ich noch eine Tüte Monster Munch, und ich dachte mir, damit könnte ich dieser Räuberbande vielleicht eine Lektion erteilen – immerhin war es die scharfe Variante. Vielleicht würden sie so für alle Zeiten aufhören, das Essen der Besucher zu klauen. Ich war drauf und dran, die Tüte aufzureißen und einem der Affen einen Monster Munch hinzuhalten, als mir die ganze Tüte entrissen wurde. Sie waren einfach irrsinnig schnell. Ich schnellte herum und sah gerade noch, wie der Affe an der Seite des Tempels hinaufkletterte wie King Kong am Empire State Building. Deshalb hat die Natur ihnen also den opponierbaren Daumen beschert – damit sie Chipstüten und dergleichen aufmachen können! Der eine oder andere mag jetzt vielleicht denken: »Karl, hör auf zu jammern, vielleicht sind sie einfach nur hungrig, und das ist eben ihre Art zu überleben.« Ach, wirklich? Und warum hat dann ein anderer Affe meinen Hut geklaut und wieder ein anderer meine Brille? Das waren schlicht und ergreifend Ganoven. So einfach ist das.

Der Reiseleiter erzählte mir, dass der älteste Affe, der dort lebte, über 40 Jahre alt war. Den wollte ich natürlich sehen. Er saß faul herum und trank einen dieser probiotischen Yakult-Drinks. So was hatte noch nicht mal ich zur Verfügung! Als ich mich neben ihn setzte, um ihn zu tätscheln, sah er fast schon menschlich aus: wie er so dasaß, wie er sich umsah. Nur die Kehrseiten der Affen sehen alles andere als menschlich aus. Diese Affen hatten Hintern, die denen von Schimpansen ganz ähnlich sahen – schrecklich rote, knollige Ärsche. Was ist denn da passiert? Ich bin nur froh, dass uns die Evolution bessere Ärsche beschert hat. Das zeugt doch nur davon, dass sogar die Natur kapiert hat, dass dieses Arschdesign nicht eben spitze war. Entzündete rote Hintern … Der Affe, der meine Monster Munches geklaut hatte, endete womöglich mit einem noch roteren Arsch.

18 Auf Borneo Orang-Utans beobachten

X

Einen Orang-Utan zu sehen wäre wirklich ganz nett, aber ich glaube, ich würde es besser finden, wenn er durch London spazieren würde, statt dass ich dafür extra nach Borneo reisen müsste.

Bestimmt gibt es jetzt jemanden, der meint, ich hätte nicht versuchen dürfen, einen Affen mit einem Monster Munch zu füttern. Im Fernsehen hab ich mal einen Bonobo gesehen, der sich einen Becher Instantnudeln einverleibt hat, und natürlich beschwerten sich ein paar Leute darüber, weil Instantnudeln nicht gesund seien. Aber das hat dieser Bonobo nun mal gefressen, als sie ihn gefilmt haben. Am Vorabend hatte er vermutlich ein gegrilltes Hühnchen mit neuen Kartoffeln und Spargel zum Abendessen.

Ich rief Ricky an.

KARL: Wir waren in Monkey Town. Ich hätte gedacht, dass es dort großartig sein würde, aber es hat mich eher verwirrt.
RICKY: Warum?
KARL: Ein Teil von mir, denk ich mal, hatte sich darauf gefreut, aber als ich dann dort war, hab ich mir vor dem Tor von so 'nem Typen Nüsse gekauft, ein Affe kam, klaute sie mir, griff mich an, kratzte mich am Bein, schnappte sich die Tüte Monster Munches aus meiner Tasche und verschwand damit auf den Tempel.
RICKY (lacht): Klingt wie ein komischer Zeichentrickfilm oder ein Traum. Allein dass du Monster Munches bei dir hattest und ein Affe sie dir klaut und damit in einen Tempel rennt! Klingt ein bisschen nach *Fix und Foxy.*
KARL: Die sitzen überall auf den Dächern und auf den Balkonen. Das Problem ist aber – du kennst doch dieses Sprichwort: Man sollte einem Affen keine Arbeit geben? Ich glaub ganz ehrlich, die *sollten* arbeiten. Man sollte ihnen irgendwas zu tun geben. Früher spielten sie doch immer in Filmen mit oder in Werbespots für Teebeutel. Aber inzwischen haben sie einfach nichts mehr zu tun.
RICKY: Ach, Karl, das haben wir doch schon besprochen. Weißt du noch, als du diesen Clip auf YouTube gesehen hast – dieser Affe, der als Kellner verkleidet war? Das war doch nur Show. In Wahrheit hatte dieser Affe gar keinen Job – und er konnte ihn auch nicht besser ausüben als irgendein anderer.

Das war nur ein Trick, verstehst du? Und die Affen aus der Teewerbung? Das war nur für die Kamera. Das waren dressierte Affen. Die hatten diesen Job nicht wirklich.

KARL: Aber da stimmt doch was nicht. Einerseits sagst du: »Sie arbeiten gar nicht wirklich als Kellner«, und andererseits heißt es, sie seien zu 98 Prozent menschlich. Aber wenn sie zu 98 Prozent menschlich sind, können sie aus diesem Anteil heraus doch arbeiten. Die restlichen zwei Prozent sind eben ihr Schimpansendasein.

RICKY: Das ist so verquer, dass es fast schon komisch ist.

KARL: Du redest doch immer von opponierbaren Daumen und all solchem Zeug – und dass wir vom Affen abstammen, bla, bla, bla. Ich will damit doch nur sagen: Alles entwickelt sich, die ganze Zeit über. Hast du mir das nicht selbst erzählt? Die Dinge verändern sich.

RICKY: Okay, okay, pass auf. Wir stammen nicht vom Affen ab – wir haben gemeinsame Vorfahren. Deshalb sind wir uns genetisch so ähnlich. Wir und Schimpansen haben zu 98 Prozent die gleichen Erbanlagen. Aber dieser Prozentsatz führt nicht dazu, dass Affen in Kneipen arbeiten wollen. Da könntest du ja genauso gut sagen, dass Schimpansen mit Australiern verwandt sind, weil die doch auch in Kneipen arbeiten. Aber das heißt noch lange nicht, dass sie das auch *wollen*. Aber was rede ich hier eigentlich? Affen arbeiten nicht gerne in Kneipen. Das wäre Ausbeutung. Wenn sie einfach nur das machen würden, was sie gern machen wollten, würden sie sich doch keinen Anzug anziehen und sich hinter einen Tresen stellen und Bier zapfen. Sie *können* das, sie sind neugierig und so, aber sie haben all diese Eigenschaften, die … Du gibst ihnen doch auch kein P45-Formular, das sie ausfüllen sollen.

KARL: Aber es wäre möglich! Ich meine, ich war dort drinnen und hab sie mit Nüssen gefüttert. Sie mussten nicht mal losziehen und sich selbst welche besorgen. Wenn wir da schon nicht einschreiten, dann sollten wir zumindest aufhören, sie mit den ganzen Gratisnüssen zu füttern. Man kann doch nicht einfach hingehen und sagen: »Hier, bitte schön, ein paar Nüsse«, aber tun müssen sie dafür rein gar nichts? Nein – weil das gemein ist. Entweder sie bekommen Gratisnüsse, oder aber man jagt sie hinaus in die Wildnis. Trotzdem haben sie sich gerade so verhalten, als wären sie menschlich. Sie haben diesen Tempel okkupiert. Die Leute können ihn nicht einmal mehr als Kirche benutzen, weil dort so viele Affen leben.

RICKY: Aber das ist unser Fehler – weil wir in ihre Lebensweise eingreifen. Außerdem ist es doch wohl so: Sobald die Affen irgendeine Arbeit annehmen, werden diverse Arbeitslose sagen: »Warum hat dieser Affe meine Arbeit bekommen? Und ich bin arbeitslos!«

KARL: Dann müssen die eben härter arbeiten. Sobald ein bisschen Konkurrenz da ist, geben wir uns doch gleich mehr Mühe bei allem, was wir tun. Wer will denn schon von einem Affen ersetzt werden?

RICKY (lacht)

Zurück im Hotel, legte ich mich in die Badewanne. Meine Beine waren von Affenkratzern übersät. Als ich letztes Jahr die sieben Weltwunder bereist habe, musste ich mich im Vorfeld impfen lassen, und eine dieser Impfungen sollte mich vor Bissen von lausigen Affen schützen. Ich hätte nie gedacht, dass diese Impfung mir mal nützen würde. Ich lag also in der Wanne und war von

Monkey Town insgeheim ein bisschen enttäuscht; ich hatte wirklich erwartet, dass es mir dort gefallen würde. Aber das beweist doch nur, dass man im Vorhinein nie weiß, was einem gefällt oder nicht. Ich glaube, mich mit Viv als Frau zu verkleiden hat mir mehr Spaß gemacht, als Monkey Town zu besichtigen. Sollte einem zu denken geben, nicht wahr?

Tags darauf wachte ich auf und hatte eine Nachricht von Stephen auf der Mailbox. Er teilte mir mit, dass ich Snake Town besichtigen würde. Was ist eigentlich los mit diesem Land, dass sie überall ganze Dörfer von irgendwelchem Viehzeug übernehmen lassen? Ich fragte unseren Regisseur, ob diese Schlangen gefährlich seien. Es handele sich um Königskobras, antwortete er, und ja, die seien ziemlich gefährlich. Da erst bemerkte ich den Notarztwagen, der zur Sicherheit hinter uns herfuhr. Ist doch verrückt. Eigentlich sollte ich auf dieser Reise in Australien mit Delfinen schwimmen, aber stattdessen unternahm ich in Thailand irgendwelchen Blödsinn mit Königskobras.

Bei unserer Ankunft bekam ich ein paar Knöchelschützer überreicht, damit die Schlangen mich nicht in den Knöchel bissen. Das letzte Mal, dass ich so etwas Ähnliches an den Beinen hatte, handelte es sich um Stulpen. Die waren in den Achtzigern mächtig in Mode. Ich glaube, das lag an *Fame*. Ich habe mir damals selbst keine gekauft, weil sie mir zu teuer waren, aber mein Dad bastelte mir welche aus einem seiner abgelegten Hemden. Er schnitt einfach die Ärmel ab und rollte sie mir über die Waden. Ich war das einzige Kind in ganz Manchester, das Stulpen mit Manschetten hatte.

Insgesamt waren drei Notärzte vor Ort – keine Ahnung, warum ausgerechnet drei. Mir wäre lieber gewesen, wenn nur ein einziger da gewesen wäre. Wenn ich gebissen würde, würden die doch bloß anfangen zu diskutieren, wer denn jetzt das Gift aus der Wunde saugen müsse, statt einfach loszulegen. Dann teilten sie mir mit, dass ich hier total sicher sei, weil sie ein Gegengift dabeihätten.

Aber wer weiß, vielleicht würde es ja nicht anschlagen? Ich habe eine Dermatitis, und mein Apotheker schwatzt mir ständig irgend so eine dermatologische E45-Salbe auf, die auch nicht hilft. Ich brauche einfach etwas Stärkeres. Wenn ich Kopfweh habe, nehme ich auch Nurofen Extra, weil normales Paracetamol bei mir nicht anschlägt. Der Grund dafür wird sein, dass sich alles ständig weiterentwickelt, während wir versuchen, es zu bekämpfen. Bei Bakterien ist es doch das Gleiche. Vor Jahren noch galten Bakterien als böse, aber inzwischen gibt es gute Bakterien, die wir in Joghurtdrinks anzüchten. Als wären sie es irgendwann leid gewesen, böse zu sein, und hätten beschlossen, stattdessen gut zu werden. In ein paar Jahren werden sie so gut geworden sein, dass es Aktivisten geben wird, die sagen: »Keinen guten Joghurt mehr essen – das wäre böse!«

Dann endlich betraten wir das Dorf. Etwa zwanzig Leute standen dort in einer Gruppe zusammen, darunter auch eine Art Priester. Es handelte sich um eine Beerdigung. Für eine Schlange. Diese Leute verehren ihre Schlangen, weil sie den Tourismus ankurbeln. Es war die erste Beerdigung, der ich je beigewohnt habe. Bis dato hatte ich so etwas immer vermieden. Hochzeiten vermeide ich auch, so gut es geht, aber zu einigen wurde ich gezwungen. Ich mag solche Massenveranstaltungen einfach nicht. Mein Dad meint, mir würden Beerdigungen bestimmt besser gefallen als Hochzeiten, weil sie nicht den ganzen Tag dauerten und man kein Geschenk mitbringen muss und trotzdem ein anständiges Essen bekommt.

Die tote Schlange lag etwa einen Meter von uns entfernt in einer gläsernen Kiste. Darüber hinweg schlängelte sich eine lebende Schlange (muss wohl eine Verwandte gewesen sein). Leider konnte ich nicht mehr herausfinden, ob sie sie beerdigen, verbrennen oder ausstopfen und dann als Dichtungsmaterial für Fenster hernehmen, weil ein Mann namens Bualee auf uns zukam und uns willkommen hieß. Er war Schlangenbeschwörer. Ich schüttelte ihm die Hand – und irgendwie fühlte sich das merkwürdig an. Als ich auf seine Hand hinunterblickte, wusste ich, warum: Ihm fehlten diverse Finger. Ich wollte ihn schon fragen, wie oft im Leben er bereits gebissen worden war, aber ich nehme mal an, er wäre nicht besonders gut darin gewesen, die Vorfälle einzeln aufzuzählen, bei all den Fingern, die ihm fehlten. Am Ende erzählte er es mir trotzdem.

»Ich wurde einundzwanzig Mal gebissen«, sagte er.

Ich finde ja, das befähigt ihn nicht eben zum Schlangenbeschwörer. Einundzwanzig Mal! Mit seinen Beschwörungskünsten konnte es da ja nicht allzu weit her sein. Die Schlangenbeschwörer, die ich bislang aus Zeichentricksendungen kannte, spielten normalerweise Flöte, aber da Bualee nicht einmal Zeigefinger hatte, hätte er wahrscheinlich nicht mal eine anständige Melodie auf einem Kassettenrekorder zustande gebracht.

Er nahm mich mit zu sich nach Hause. Vor dem Eingang standen ein paar Kisten, allerdings keine Recyclingmüllboxen, wie wir sie von der Gemeinde bekommen, sondern Kisten, in denen er seine Schlangen hielt. Sechs oder sieben große Kisten waren es – und ein bisschen kam ich mir vor wie bei *Deal or No Deal*. Er zog den Deckel von der ersten Kiste – sie war nicht einmal richtig verschlossen gewesen – und nahm eine Schlange heraus. Sie war mindestens eins fünfzig lang. Ich wünschte mir, sie hätten für diese Killerschlangenpräsentation einen Typen ausgewählt, der wenigstens Finger gehabt hätte, um die Schlange ordentlich festhalten zu können. Man würde diesen Kerl bei *Kunst & Krempel* doch auch keine Vase hereintragen lassen. Und trotzdem stand er da und wedelte mit einer Königskobra vor meinem Gesicht herum.

Und dann mit einer zweiten. Die gut und gerne zwei Meter fünfzig lang war.

Die Knöchelschützer an meinen Füßen kamen mir einigermaßen sinnlos vor, weil die Schlange, wenn sie sich aufrichtete, mir fast bis an den Hals gereicht hätte. Mit schusssicheren Westen ist es das Gleiche: Die schützen einen auch nicht vor einem Kopfschuss, oder?

Bualee wollte mir zeigen, wie so eine Königskobra aß. Ein junger Kerl, der irgendwie missmutig aussah, kam mit einer Schlange in einem Einmachglas dazu. Offenkundig handelte es sich dabei um das Haustier des Jungen, das sie jetzt mangels Ratten an die große Schlange verfüttern würden. Ich wollte nicht, dass der Junge sein Haustier einbüßte, nur damit ich sehen konnte, wie so eine Kobra aß, und so durfte die Haustierschlange fürs Erste weiterleben.

Dann ließ Bualee die Königskobra frei. Schon erstaunlich, wie schnell und lautlos diese Tiere sich bewegen. Ich selbst bewegte mich keinen Millimeter. Bualee hatte sich auf die Erde gekauert und schaukelte von links nach rechts, näherte sich ihr und zog sich dann schnell wieder zurück, wenn ihm die Schlange zu nahe kam. Ein echt kopfloses Risiko, wenn ich ehrlich sein soll – da konnte man sich doch gleich ein Stück Radium um den Hals hängen. Ich glaube wirklich, in diesen Breitengraden haben die Leute zu wenig zu tun, und deshalb fangen sie an, derlei alberne Dinge zu machen. Man sollte hier irgendeinen Jugendklub mit Tischtennisplatten gründen oder so.

Die ganzen Zuschauer waren mucksmäuschenstill. Und genau in diesem Augenblick hörte ich, wie jemand furzte. Erst dachte ich, es wäre Bualee gewesen – aber er war es nicht. Es war die Schlange. Ich hatte ja keine Ahnung gehabt, dass Schlangen furzen können. Das musste ich Ricky erzählen.

RICKY: Und, waren die Schlangen glücklich? Sie wirkten nicht gestresst oder so? Sie halten sie nicht in schrecklichen Käfigen und piken sie mit Stöcken?

KARL: Ich weiß wirklich nicht, warum du dir solche Gedanken um sie machst. Diese Schlangen könnten mich binnen einer Viertelstunde umbringen.

RICKY: Ich mache mir bloß Sorgen, ob es den Tieren gut geht oder ob sie geärgert oder in irgendeiner Form ausgebeutet werden.

KARL: Ich glaube nicht, dass sie gestresst waren. Wenn überhaupt, waren sie zu entspannt – und ich sag dir auch, warum. Während eine der Schlangen so eine Art Tänzchen aufführte … hat sie gefurzt.

RICKY (lacht): Ich hab im Leben noch keine Schlange furzen hören!

KARL: Genau das hab ich auch gesagt! Ich meine, es hat mich echt umgehauen. Ich wusste nicht mal, dass Schlangen einen Hintern haben.

RICKY (lacht): Halt, halt, natürlich haben Schlangen einen Hintern. Wenn sie Ratten fressen, muss doch am Ende wieder irgendwas rauskommen.

KARL: Ich dachte, sie würden die Reste irgendwie wieder rauswürgen oder so. Ich hatte ja keine Ahnung.

RICKY: Moment mal. Schlangen sind nicht so dünn, weil sie Bulimie haben, sondern weil sie so besser durchs Gestrüpp kommen. Was in aller Welt meinst du denn mit »wieder rauswürgen«? Und überhaupt – ganz sicher, dass es nicht der Typ war, der gefurzt und dann einfach gesagt hat: »Ach, das war bloß die Schlange«?

KARL: Na ja, das war genau das Problem. Dieser Typ war schon ziemlich alt, er hatte nur noch ungefähr vier Zähne im

Mund, aber das waren immerhin mehr Zähne, als er Finger übrig hatte. Hör mal, ich hab sämtliche Attenborough-Sendungen gesehen und auch noch andere Tierdokus, die von Schlangen handeln und wo man sie Flusspferde attackieren sieht und weiß Gott was. Aber ich hab niemals einen Schlangenfurz gehört. Allerdings ist das doch in Wahrheit das Gute an unserer Sendung, oder? Dass ich Dinge dazulerne. Dass ich meinen Horizont erweitere.

RICKY: Genau.

KARL: Bei Attenborough hat nie eine Schlange gefurzt. Ich glaube wirklich, dass wir hier eine Entdeckung gemacht haben. Auf YouTube hat dieses Filmchen mit dem furzenden Panda in einer Woche rund vierzig Millionen Klicks gekriegt, und …

RICKY: Zum einen hat dieser Panda niesen und nicht furzen müssen, und zum anderen gibt es einen guten Grund, warum Attenborough in seinen Sendungen nie einen Schlangenfurz gezeigt hat. Ich glaube, er war daran einfach nicht sonderlich interessiert.

KARL: Ja, klar, trotzdem wusste ich es nicht. Ich dachte immer, Furzen wäre eine rein menschliche Angelegenheit. Und dass das irgendwie mit den Arschbacken zusammenhängen würde oder so. Aber Schlangen sind glatt.

RICKY (lacht): Was meinst du damit – Furzen sei eine menschliche Angelegenheit? Was soll das denn heißen? So was wie: Hey, das ist ein echt wichtiges Detail in der Evolution, wir können jetzt aufrecht gehen, wir haben eine Sprache entwickelt und Augen, die nach vorn gerichtet sind, wir sind einigermaßen fingerfertig, wir erfinden Räder und haben ein ziemlich gutes Vorstellungsvermögen, wir haben eine gewisse Vorstellung, was unsere Zukunft betrifft – aber da fehlt doch noch was. Und dann furzt einer, und der andere sagt: Hey, das ist brillant! Sag mal, wovon redest du eigentlich? Du hast nicht allen Ernstes geglaubt, Furzen wäre eine menschliche Angelegenheit?

KARL: Ich war einfach nur überrascht, vielleicht weil ich so große Angst hatte. Ich hab mir Sorgen gemacht – aber als diese Schlange dann gefurzt hat… Das war, als würde man Angst vor seinem Chef haben und ihn sich deshalb nackt vorstellen. Auf einmal hatte ich keine Angst mehr. Sobald sie gefurzt hatte, dachte ich: Hallo, warum mache ich mir darüber überhaupt Gedanken?

RICKY: Karl, wie oft hast du dir deinen Boss schon nackt vorgestellt? Dein Boss ist Rupert Murdoch, das ist dir doch hoffentlich klar? Also, wie oft hast du dir Rupert Murdoch schon nackt vorgestellt?

KARL: Noch nie. Ich meine doch nur, so was sagen die Leute doch immer.

RICKY: Okay, okay. Und stellst du es dir jetzt gerade vor?

KARL: Also, na ja… Ja, weil du die Sache aufgebracht hast.

RICKY: Und wie sieht er aus?

KARL: Wie eine Schildkröte ohne Panzer.

RICKY (lacht)

Es war an der Zeit, Thailand zu verlassen. Einen Flug nach Sydney, einen Anschlussflug nach Adelaide und eine weitere Etappe nach Port Lincoln in einem Kleinflugzeug später kamen wir an dem Hafen an, wo das Hauptereignis stattfinden sollte. Nur dass ich just dort herausfand, dass ich gar keine Delfine zu Gesicht bekommen würde. Ricky rief an, um Bescheid zu geben, dass sie den Plan ein klein wenig verändert hätten. Ich würde stattdessen mit Haien schwimmen. Dass die »Wünsche werden wahr«-Stiftung für ihre kranken Kinder in letzter Sekunde und auf solche Weise Pläne über den Haufen wirft, kann ich nicht glauben.

Die nächste Zeit sollte ich also auf einem Boot namens *Princess 2* verbringen. Ich hab mich nicht getraut zu fragen, was mit der *Princess 1* passiert ist.

An Bord lernte ich Rodney Fox und seinen Sohn Andrew kennen, die mich zu den Haien hinausfahren sollten. Rodney weiß alles, was man über Haie wissen muss. Als junger Kerl war er Surfer und wurde in den Sechzigern von einem Hai attackiert. Der Hai zerfetzte ihm die eine Körperhälfte, brach ihm die Hälfte seiner Rippen, riss einen Lungenflügel in Stücke und legte die Schlagader zum Herzen frei. Ich weiß auch nicht, was er damit bezweckt, dass er sich nach all dem immer noch unter Haien herumtreibt. Aber vielleicht stimmt es ja, was die Leute sagen: »Was dich nicht umbringt, macht dich härter.« Außer vielleicht Kinderlähmung.

Sie hatten vor, mich in einem Käfig ins Wasser hinabzulassen. Wie sich zeigen sollte, war es wohl Rodney gewesen, der als Erster auf die Idee mit dem Käfig gekommen war, um mit Haien zu schwimmen, was es mir ein wenig erschwerte, frei Schnauze über das Design herzuziehen, als ich den Käfig schließlich zu Gesicht bekam. Daran war rein gar nichts Tolles – sie hätten mich genauso gut in einem Einkaufswagen ins Meer werfen können. Zum Glück meinte er irgendwann, ich würde einen größeren Käfig bekommen, aber auch das machte es nicht wesentlich besser. Ein bisschen fühlte ich mich darin wie Goldlöckchen. Vielleicht würden sie ja mit der perfekten dritten Alternative herausrücken, wenn ich nur oft genug erwähnte, dass ich nicht glücklich darüber war – aber nein, taten sie nicht. Das war also der Käfig, in den ich würde steigen müssen. Der Abstand zwischen den einzelnen Stangen war verhältnismäßig groß, und Rodney gab sogar zu, dass die Haie es womöglich schaffen könnten, ihre Köpfe dort hindurchzuschieben, aber dann könnten sie ihre Mäuler nicht mehr aufreißen, so-

ICH SEH EIN BISSCHEN AUS WIE HUMPTY DUMPTY!

DIESER DORFBEWOHNER WAR IM VERGLEICH ZU DEN ANDEREN ZIEMLICH GRÜN HINTER DEN OHREN.

KOMMT EIN VOGEL GEFLOGEN – IN DIESEM FALL EHER EIN KIWI, UM EHRLICH ZU SEIN.

DREI KERLE MITTLEREN ALTERS, DIE AM HANG EINES VULKANS ARSCH-SURFEN – ES MUSS AUSGESEHEN HABEN WIE EINE SZENE AUS »LAST OF THE SUMMER WINE«.

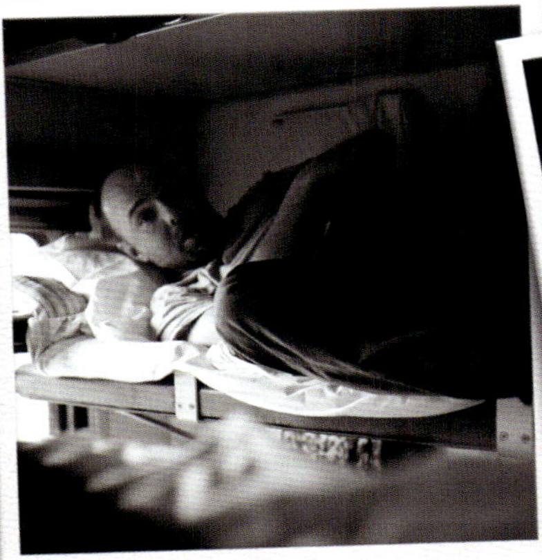

ICH HAB SCHON SÄRGE GESEHEN,
DIE GERÄUMIGER WAREN.

DIE BEIDEN KANNTEN SICH NICHT MAL ...
DER SITZPLATZ WAR DOPPELT GEBUCHT.

DAS FRÖHLICHSTE GESICHT, DAS ICH
WÄHREND MEINER GESAMTEN
RUSSLANDREISE GESEHEN HABE.

FINDE DEN HUND!

DIE MÄDELS VON GIRLS ALOUD HABEN SICH EIN BISSCHEN GEHEN LASSEN.

DIE NATÜRLICHSTEN BRÜSTE WEIT UND BREIT

DAS ... IST KEIN DELFIN!

WIE HEISST ES SO SCHÖN? EIN BLICK SAGT MEHR ALS TAUSEND WORTE.

RODNEY WIDMET SICH DEM WEISSEN HAI MIT LEIB UND SEELE. BUCHSTÄBLICH. ER HAT 462 STICHE, DIE DAS BEWEISEN.

KALTE, NASSE FÜSSE. EINES DER DEPRIMIERENDSTEN DINGE IM LEBEN.
UND ICH DACHTE, ICH WÄRE NERVÖS!
FROHE WEIHNACHTEN!

TIERE SOLLTEN FÜR IHREN UNTERHALT ARBEITEN. ES GIBT IHNEN EINEN SINN, AUF DIESEM PLANETEN ZU SEIN.

dass ich mir keine Gedanken zu machen bräuchte. Dann zeigte er mir allen Ernstes noch ein Foto von seiner Haiattacke. Auf dem Bild erinnerte er mich an ein Marmeladentörtchen – leuchtend rot mit fransigen Rändern.

Ich solle mir trotzdem keine Sorgen machen, sagte Rodney. Die Wahrscheinlichkeit, dass so etwas passiert, sei ausgesprochen gering. Ich bin mir ziemlich sicher, dass auch die Wahrscheinlichkeit gering ist, dass einem ein Affe die Monster Munches klaut, und trotzdem ist es mir passiert.

Kurze Zeit später bemerkte ich, dass ich allmählich seekrank wurde, und es wurde keinen Deut besser, als eine Frau, die an Bord mitarbeitete, erwähnte, dass ich zwei volle Nächte auf dem Boot bleiben solle. Dabei hatte ich angenommen, dass ich gleich am nächsten Morgen wieder zurück an Land gehen würde. Man zeigte mir meine Kabine – ein nettes kleines Zimmerchen mit einem Kajütenbett und eigenem Klo. Nur dass es dort erbärmlich nach Fisch stank. Ich legte mich eine Weile hin und schlief zu dem Geräusch des tuckernden Motors ein.

Als mitten in der Nacht das Boot von einer Welle zur Seite geworfen wurde, wachte ich wieder auf. Da der Motor nicht mehr tuckerte, nahm ich an, dass wir vor Anker lagen. Die einzigen Geräusche kamen von der See, die draußen um uns herumplätscherte. Mir war schlecht, und mir drehte sich der Magen um, also setzte ich mich aufs Klo. Ich weiß noch, dass ich ins Waschbecken kotzte und durch das offene Bullauge über mir Meerwasser auf meinen Rücken spritzte. Ich war die ganze Sache so was von leid – auch wenn ich besser gelaunt hätte sein müssen. Immerhin stand diese Erfahrung auf irgendeiner Bucket List. Also schlüpfte ich wieder ins Bett.

Was mich wirklich nervt, ist die Tatsache, dass ich all das hier über mich ergehen lasse und es noch nicht mal sicher ist, dass ich einem Hai begegnen werde. Es fällt mir mitunter sogar schwer, Suzanne wiederzufinden, wenn sie im Supermarkt davonspaziert ist. Wie hoch ist also die Wahrscheinlichkeit, im offenen Meer auf einen Hai zu treffen?

Ein paar Stunden später waren von Deck Geräusche zu hören – freundliches Geplauder zwischen Boots- und Filmcrew. Allerdings stand mir der Sinn nicht nach einem netten Plausch. Der Fischgestank schien schlimmer geworden zu sein. Nach einer weiteren Stunde auf meiner Matratze beschloss ich dann doch aufzustehen, weil Selbstmitleid mich auch kein Stückchen weiterbrachte. Doch sowie ich aufstand, wurde mir wieder übel. Ich kletterte hinauf an Deck, wo bereits alle versammelt waren. Rodney war quietschvergnügt, und ich wollte keinen undankbaren Eindruck machen. Also setzte ich mich und aß ein bisschen Toast und Rührei zum Frühstück, während Rodney erzählte, dass er beim *Weißen Hai* mitgearbeitet habe. Er erwähnte auch, dass sie in einigen der Meeresszenen Richard Dreyfuss von einem Kleinwüchsigen hätten doubeln lassen, damit der Hai im direkten Vergleich umso größer aussah.

Um ein bisschen frische Luft zu schnappen, schlenderte ich anschließend ein bisschen über Deck. Es war kalt, das Wasser sah ziemlich unruhig aus, und von frischer Luft konnte keine Rede sein, weil Andrew bereits dort draußen saß und klinkergroße Stücke Thunfisch ins Wasser warf, um die Haie anzulocken.

Dann sollte ich mir einen Tauchanzug suchen, der mir passte, aber sich in etwas hineinzuzwängen, das ungefähr so eng anliegt wie die eigene Haut, während einem kotzübel ist, man hin und her wankt und es überall nach Fisch stinkt, ist gar nicht so leicht. Außerdem habe ich enge Klamotten noch nie leiden können. Diese eng anliegenden Jeans waren noch nie mein Ding. Leider war dieser Anzug noch viel enger – und zwar so eng, dass ich mich am Ende nicht einmal mehr gerade hinstellen konnte. So hätte es sich wahrscheinlich für eine dieser Königskobras angefühlt, wenn sie mich verschlungen hätte.

Der Käfig wurde ins Wasser gelassen, und ich setzte mich auf die Reling. Dann musste ich einen Gürtel mit Gewichten umschnallen, um unter Wasser zu bleiben. Andrew warf immer noch Köder ins Meer. Dann stieg erst unser Regisseur Luke in den Käfig. Er hatte eine kleine Kamera dabei, mit der er mich filmen wollte. Anschließend stieg auch ich hinunter. Der Käfig schleuderte im unruhigen Wasser hin und her, und ich klammerte mich daran fest, als ginge es um Leben und Tod.

Den Kopf unter Wasser zu nehmen und dabei ganz normal weiterzuatmen war schon ein komisches Gefühl. Ich hatte Schwierigkeiten, mich irgendwo festzuhalten, weil durch die Taucherbrille alles näher aussah, als es in Wirklichkeit war. Die einzigen Fische, die ich erkennen konnte, waren die zerhackten Thunfische, die um ums herumdümpelten.

Der Druck auf meinem Körper verschlimmerte meine Übelkeit zusehends. Ich konnte einfach nicht glauben, dass ich hierfür bis ans andere Ende der Welt gereist war. Irgendwann stieg ich wieder aus. Als Luke mir hinterherkletterte, stellte er überrascht fest, dass seine Kamerahülle nicht wasserdicht gewesen und die Kamera im Eimer war. Es lief also auf ganzer Linie schlecht für uns. Ich stellte mich unter die Dusche, ließ warmes Wasser in meinen Tauchanzug laufen und überflog die Kritzeleien, die andere Leute über ihre Erlebnisse an der Wand hinterlassen hatten.

Michelles Kritzelei – der »major chubby« oder Mordsständer – verwirrte mich für den Rest der Reise. Ich hätte schwören können, dass selbigen nur Männer haben können. Aber vielleicht war Michelle ja Thailänderin. Trotzdem war eine Sache sicher: Einen Ständer hatte ich selbst ganz gewiss nicht. Bei dem Anzug hätte man das deutlich gesehen.

Irgendjemand drückte mir einen Becher voll warmer Gemüsebrühe in die Hand, nachdem ich mich unter der Dusche aufgewärmt hatte. Es war der glücklichste Moment, seit ich an Bord gegangen war, was doch nur beweist, dass ich eher den einfachen Dingen im Leben etwas abgewinnen kann. Eine warme Dusche und Instantsuppe – was kann es Schöneres geben?

Der Regisseur meinte, ich solle es tags darauf noch einmal versuchen, weil das Wetter auch wieder besser werden sollte, und sie hätten noch eine Ersatzkamera, mit der sie filmen könnten. Ich schlürfte noch einen Becher Suppe und ging früh zu Bett, damit die Zeit schneller vorbeiging. So hab ich es als Kind an Weihnachten auch immer gemacht – auf dass der große Tag schneller da sei! An Weihnachten war mir immer ganz schlecht vor Aufregung. Hier war mir aus anderen Gründen schlecht.

Ich habe enge Klamotten noch nie leiden können. So hätte es sich wahrscheinlich für eine dieser Königskobras angefühlt, wenn sie mich verschlungen hätte.

Freddie, unser Tontechniker, weckte mich am folgenden Morgen auf, weil der nächste Tauchgang bevorstand. Sobald ich wach war, flitzte er auch schon wieder raus aus meiner Kabine, was ich ein wenig seltsam fand. Beim Frühstück fragte er mich dann, wie ich bei diesem Gestank bloß hätte schlafen können. Ich hatte angenommen, dass die anderen Kabinen genauso riechen würden, aber wie sich herausstellte, betraf das einzig und allein meine. Kein Wunder, dass mir die ganze Zeit schlecht gewesen war. Ich fragte Andrew, woran das liegen könne. »Oh«, sagte er nur, »der Kühlschrank mit dem Köder steht genau über deiner Kabine und leckt ins Bullauge.« War ja klar.

Ich machte mich fertig und stieg wieder in den Käfig. Diesmal wollte ich es schaffen, vor allem weil ich keine weitere Nacht auf diesem Boot zubringen wollte. Das Meer war nicht halb so unruhig wie zuvor, und der Käfig wackelte nicht mehr ganz so sehr. Ich lehnte mich in eine Ecke und wartete. Rodney redete über ein Funksystem beruhigend auf mich ein – und teilte mir urplötzlich mit, dass sich ein weißer Hai näherte. Und dann war er da. Komplett geräuschlos schwamm er an mir vorbei. Wie ein Geist. Und er war riesig. Wie ein dreiteiliger Anzug mit Zähnen. Seine Augen sahen völlig leblos aus, vielleicht guckte er aber auch nur gelangweilt, als würde er die Keksregale in einem Supermarkt nach Custard Creams absuchen. Dann verkündete Rodney, dass sich obendrein ein Weibchen näherte – und er hatte recht.

Das Weibchen war gigantisch. Es fühlte sich wirklich seltsam an, einem Geschöpf, das mich in Stücke reißen konnte, so nah zu sein. Dieses Gefühl hatte ich zuletzt gehabt, als ich Schöffe bei Gericht war und nur einen Meter von mir entfernt ein komplett Verrückter saß.

Aus irgendeinem Grund fiel mir wieder ein, dass ich mal irgendwo gelesen hatte, Haie würden es nicht mögen, wenn man ihnen bei einem Angriff auf die Nase schlug. Komisch, wie das Gehirn manche Informationen abspeichert. Darüber hinaus kenne ich wirklich keine Verteidigungsmaßnahmen, was Tiere angeht – zum Beispiel wie man einen Bären in den Schwitzkasten nimmt oder einen Otter umkickt.

Ich war für eine Dreiviertelstunde unten, und auch wenn ich keine Sekunde lang entspannt war, muss ich jetzt, da ich wieder sicher an Land bin, eingestehen, dass es wirklich eine tolle Erfahrung war. Auf dem Weg zurück in den Hafen haben wir sogar Delfine gesehen.

KAPITEL 4

#97 Wale beobachten ✓

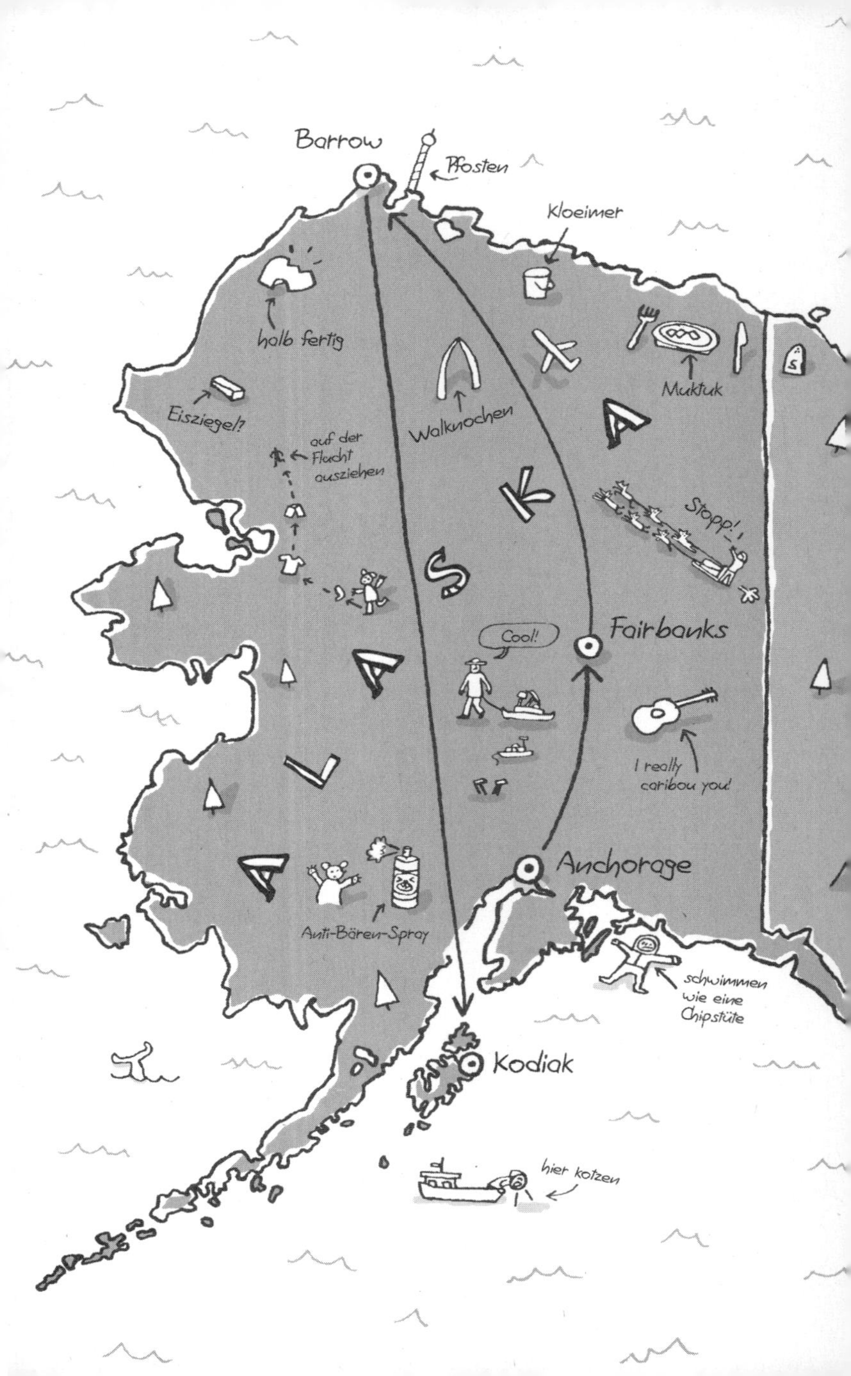

Barrow
Pfosten
Kloeimer
halb fertig
Muktuk
Eisziegel?
Walknochen
auf der Flucht ausziehen
A
L
A
S
K
A
Stopp!
Cool!
Fairbanks
I really caribou you!
Anchorage
Anti-Bären-Spray
schwimmen wie eine Chipstüte
Kodiak
hier kotzen

STEPHEN: Willst du mal einen Wal sehen?
KARL: Klar, das wär nicht schlecht.
RICKY: Großartig – die größten Tiere, die je auf der Welt existiert haben! Einige von ihnen sind doppelt so groß wie die größten Dinosaurier. Ein Blauwal ist durchschnittlich 30 Meter lang und wiegt mehr als 150 Tonnen. Allein die Zunge ist so groß wie ein Elefant.
KARL: Na ja, muss ja, oder? Wär doch komisch, wenn sie nur so groß wie eine Menschenzunge wäre.
RICKY (lacht)
KARL: Aber das ist auch ihr Problem, so gesehen. Deshalb sind sie auch vom Aussterben bedroht. Weil sie so groß sind. Man spürt sie leichter auf und kann sie besser jagen.
RICKY: Wer jagt denn Wale?
KARL: Die Einheimischen …
RICKY: Aber ist das nicht verboten?
KARL: Das sagst du jetzt so, aber was haben die denn sonst dort draußen? Außerdem reicht ein Wal ihnen für ein ganzes Jahr. Sie fangen einen, ziehen ihn an Land, zerlegen ihn und lagern ihn im Keller oder so. Die haben eben nichts anderes zu essen, also kann man es ihnen nicht einmal wirklich übel nehmen – während wir hier Zeug verschwenden, sprich: Essen wegwerfen. Sie haben nur den Wal, also lass sie doch den Wal haben.
RICKY: Sie haben aber nicht nur Wale.
KARL: Was denn sonst noch?
RICKY: In Alaska? Das ist immerhin der größte Bundesstaat der USA!
KARL: Aber wenn sie dort mitten im Nirgendwo leben, können sie nicht eben schnell rausspringen oder sich von Tesco Sachen nach Hause liefern lassen. Das dauert dort doch

Tage! Im Fernsehen hab ich mal irgend so ein Kind auf dem Schulweg über einen vereisten See kriechen sehen. Der Weg dauerte sechs Stunden oder so.

RICKY (lacht)

KARL: Deshalb laufen sie auch nicht mal eben schnell zum Bäcker, um Brot zu kaufen, sondern essen, was ihnen zur Verfügung steht. Und was steht ihnen zur Verfügung? Wal. Ich will wirklich nicht, dass Wale aussterben – ich mag Wale. Ich würd auch keinen jagen wollen. Aber wenn irgend so ein Männchen in seinem Iglu sagt: »Ich hab Hunger«, würdest du dann hingehen und sagen: »Nein, Wal ist verboten, da musst du leider verhungern«? Immerhin ist das alles, was sie haben.

RICKY: Das ist nicht alles, was sie haben – zumindest nicht in Alaska.

KARL: Aber viel mehr haben sie nicht, weil es so teuer ist, andere Produkte dort hinzutransportieren. Hab ich im Fernsehen gesehen. Da gab's einen Supermarkt, wo sie nur alte Äpfel und Bananen hatten. Wenn ich dort leben müsste, würd ich zuerst wahrscheinlich auch sagen: »Okay, man darf keine Wale jagen, sie sind wirklich nette Tierchen und vom Aussterben bedroht, also nehm ich nur diese rottige Banane.« Aber nach einer Woche würd ich dann wohl auch sagen: »Ich kann keine Bananen mehr sehen. Her mit dem Walfleisch.« Ich bin mir sicher, dass sie die Wale dort nicht ausrotten wollen, aber sie haben eben keine Wahl. Ich würd also gerne noch mal Wale sehen, bevor sie ausgestorben sind.

STEPHEN: Wärst du auch daran interessiert, ein bisschen Zeit mit Eskimos zu verbringen – oder mit Inuit, wie sie sich selbst lieber nennen?

RICKY: Ja, sag nicht Eskimos. Das sagt man heutzutage nicht mehr. Sag lieber Inuit.

KARL: Wer hat ihnen denn dieses kleine Problem aufs Auge gedrückt? Ich hab noch nie gehört, dass sich ein Eskimo darüber beklagt hätte. Außerdem haben die ganz andere Probleme. Rottige alte Bananen und kein anständiges Essen beispielsweise. Das hat sich doch bestimmt irgend so ein Bürohengst in London ausgedacht: »Ah, das mögen sie nicht.« Das interessiert die doch gar nicht! Wetten, dass niemand auch nur mit der Wimper zucken würde, wenn ich ihn »Eskimo« nennen würde?

RICKY (lacht)

KARL: All diese bescheuerten Regeln. Auf einmal darf man einen Zwerg nicht mehr Zwerg nennen, sondern »kleinwüchsig«, und ein Kobold …

RICKY: Kobolde sind nicht real. Kobolde gibt es nicht.

KARL: Aber wenn es sie gäbe, hieße es doch auch: »So darf man sie nicht nennen.«

RICKY: Wie würden Kobolde denn lieber heißen?

KARL: Zwerge oder so.

Wer schon mal ein Kleidungsstück geschenkt bekommen hat, das ihm nicht gefallen hat, kann nachempfinden, was ich gefühlt habe, als ich diesen riesenhaften Mantel erhielt, den ich in Alaska tragen sollte. Außerdem war innen ein Aufnäher angebracht, auf den ich meinen Namen, eine Notfall-Kontaktnummer und … meine Blutgruppe eintragen sollte. Mit meinem Namen und einer Telefonnummer hätte ich keine Schwierigkeiten gehabt – ist doch praktisch, wenn man seine Jacke mal irgendwo liegen lässt. Aber meine Blutgruppe? Ich wusste nicht einmal, was für eine Blutgruppe ich habe! Ich konnte es nicht fassen, dass mein Mantel mir eine Frage stellte, die ich nicht beantworten konnte. Ich rief also bei meinem Hausarzt an und machte einen Termin aus, um meine

Blutgruppe bestimmen zu lassen. Als ich die Praxis betrat und der Arzt wissen wollte, wozu ich die Blutgruppe denn benötigte, antwortete ich wahrheitsgemäß: »Mein Mantel muss das wissen.«

Für diese Reise musste ich mehr Dinge einpacken als je zuvor für eine andere Reise: dicke Stiefel, dicke Socken, Handschuhe, Schals, Mützen, Thermohosen, Wärmekissen. Den riesigen Mantel zog ich an, als wir zum Flughafen fuhren, weil er neben dem ganzen anderen Mist nicht mehr in den Koffer gepasst hätte. Er sah aus wie eine dieser kontinentaleuropäischen Steppdecken mit Kapuze. Und hatte elf Taschen, die ich allesamt nutzte, indem ich überall Schokoriegel hineinsteckte.

Der Flieger aus London landete so spät in Anchorage, dass wir erst mal über Nacht im Hotel blieben. Eigentlich wäre es dort ganz nett gewesen – wenn nicht überall, wo man hinsah, ausgestopfte Tiere gestanden hätten: Grizzlybären, Braunbären, Schwarzbären, Eisbären und Elche. Und das waren mal Riesenviecher! Die Faszination von ausgestopften Tieren habe ich noch nie so recht begriffen. Ich nehme mal an, dass sie vor Jahren die einzige Möglichkeit für die Menschen darstellten, die meisten Tiere überhaupt zu Gesicht zu bekommen, weil es noch keine Zoos oder Fernsehdokus gab. Aber heutzutage? Wenn man nicht gerade einen Elchkopf als Kleiderständer zweckentfremden will, verstehe ich wirklich nicht, warum man in seinem Haus so viel Platz für ein totes Tier verschwenden sollte. Vor Jahren hatte ich mal einen Bekannten namens Ryan, der einen dieser Teppiche besaß, an denen immer noch der Tierkopf hängt. Es war ein Bär, und er behauptete, dass sein Dad ihn mal beim Kartenspielen gewonnen hatte. Man stelle sich vor, welche Anstrengungen Noah auf sich genommen hat, um all die unterschiedlichen Tierarten zu retten – und dann staubsaugt Jahre später Ryans Mum einfach über den Rücken eines der stärksten Tiere der Welt. Als ich irgendwann wieder bei Ryan zu Besuch war, hatten sie den Kopf abgetrennt, weil sein Dad es leid war, ständig drüberzustolpern und dabei jedes Mal fast in den brennenden Kamin zu stürzen. Zu Lebzeiten, meinte sein Dad, sei dieser Bär garantiert ungefährlicher gewesen.

Am folgenden Morgen hatten wir eine Verabredung mit einem Einheimischen, einem Mann namens Marty. Er sollte mich ein bisschen herumführen und mir zeigen, wie schön die Umgebung ist, und mir dabei en passant erklären, wie man bei dieser Kälte überlebt. Wir waren ein bisschen zu früh dran, und weit und breit war niemand zu sehen. All dieser Schnee – und kein Schneemann in Sicht! Ich spürte, wie ich allmählich Kopfweh bekam; nicht etwa von der Kälte, sondern von dem ganzen Weiß um mich herum. Meine Augen können Helligkeit nur schwer ertragen. Wenn ein Paradies existieren und ich jemals dort hinkommen sollte, hoffe ich sehr, dass es dort nicht so hell ist, wie die Leute es immer malen. Und wenn doch, dann gibt es hoffentlich dort irgendwo eine Apotheke, in der man Kopfschmerztabletten bekommt. Ich führe diese Lichtempfindlichkeit darauf zurück, dass ich in Manchester aufgewachsen bin und einen Dad habe, der in Sachen Glühbirnen immer schon überaus sparsam war. Sobald irgendwo Licht brannte, schlug er auf den Schalter und machte es wieder aus, als wollte er dieses Achtzigerjahre-Computerspiel »Simon« spielen, ehe es überhaupt erfunden worden war. Als ich noch klein war, hatten wir zu Hause auch keine weißen Wände. Sämtliche Zimmer waren in gedeckten Farben gestrichen, sodass meine Augen auf die Bedingungen hier in Alaska ganz einfach nicht vorbereitet waren. Ich schluckte zwei Nurofen und versuchte, der Kopfschmerzen auf diese Weise Herr zu werden. Unter Garantie waren sie nicht von Lärm entstanden. Es war nämlich merkwürdig still um uns herum, als würde der Tiefschnee einfach alles verschlucken. Aber warum hätte es dort auch laut sein sollen? Wenn wir dort nicht zum Filmen hingefahren wären, wäre ich bei diesen Witterungsbedingungen dort schließlich auch nicht vor die Tür gegangen. Ich wäre daheimgeblieben und hätte mir die *Columbo*-DVD-Box angesehen und Tee getrunken und Kekse gefuttert. Vielleicht sind ausgestopfte Tiere hier auch genau deshalb so beliebt – denn mal abgesehen von Sir Edmund Hillary: Wer bitte schön würde bei diesem Wetter mit seinem Hund rausgehen wollen?

Während wir auf Marty warteten, verputzte ich einen der Schokoriegel aus meinen elf Taschen, und zwar ein Twix. Ich hatte meinen Mantel quasi zu einem Adventskalender umfunktioniert.

Dann tauchte Marty auf: ein großer Mann mit einem Cowboyhut. Ein Burt Reynolds im Fleecepulli. Er zog zwei Schlitten voll mit Ausrüstung hinter sich her. Unwillkürlich fragte ich mich, ob wir wirklich eine kleine Bergwanderung vor uns hatten oder ob ich ihm nicht eher beim Umzug helfen sollte. Ich hab schon alte Damen mit Hackenporsche gesehen, die weniger Zeug mit sich herumgeschleppt haben als Marty. Er hatte Äxte, Schaufeln, Skier, Seile und ein Gewehr dabei.

KARL: Wo soll's denn hingehen? Mal ehrlich – ist dieses ganze Zeug wirklich nötig? Ich denk doch mal, dass wir das meiste gar nicht brauchen werden.
MARTY: Nein, das brauchen wir.
KARL: Warum?
MARTY: Was, wenn mir irgendetwas zustößt? Wenn ich in eine Lawine gerate? Wärst du dann darauf vorbereitet? Ich mache keine Witze, das hier ist ernst – ich will dich wirklich nicht auf den Arm nehmen. Am letzten Samstag ist ein Freund von mir in einer Lawine ums Leben gekommen. Was für ein Tag ist heute? Dienstag? Also vor vier Tagen. Sie haben diese Lawine ausgelöst, alle drei wurden mitgerissen, einer von ihnen brach sich ein Bein, und der andere wurde darunter verschüttet. Kein Witz, jetzt mal ernsthaft. Als es dunkel wurde, hatten sie den Dritten immer noch nicht

gefunden. Erst Sonntagfrüh haben sie ihn geortet und per Hubschrauber geborgen. Er lag viereinhalb Meter unter der Oberfläche.

KARL: Tot?

MARTY: Geborgen … ja, klar, tot. Kein Scherz. Ich hätte nichts davon hier hochgebracht, wenn ich nicht wüsste, dass all das deiner Sicherheit dient.

KARL: Wusste dein Bekannter, was er da tat? War er ein geübter Bergsteiger?

MARTY: Ja, das waren sie alle. Einer von ihnen, das weiß ich zufällig genau, hatte zuvor den Mount McKinley bestiegen. Sie waren also allesamt echt erfahren und wollten nur ein bisschen Zeit in der Wildnis verbringen, genau wie wir beide es jetzt vorhaben. Wir steigen sogar auf denselben Berg, den sie auch bestiegen haben.

KARL: Warum auf denselben? Warum steigen wir nicht auf einen anderen Berg?

MARTY (lacht)

#33 Eisklettern

Ich gestand Marty, dass ich auf gefährliche Unternehmungen nicht besonders versessen war. Ich gehe gern ein bisschen spazieren, aber wenn dieser Spaziergang mit sich bringt, dass man Gewehre und Schaufeln mitnehmen muss, dann bleibe ich doch lieber zu Hause. Er erwiderte, wir würden »eine spitzenmäßige Zeit« haben – und »spitzenmäßig« schien eines seiner Lieblingswörter zu sein. Er verwendete es ziemlich häufig. Ich fragte ihn, was so »spitzenmäßig« daran sei, wenn er dafür ein Gewehr dabeihaben müsse, und er antwortete: nur zu meiner Sicherheit. »Wir laufen durch Bärengebiet«, führte er aus. Wo denn meine Waffe sei, fragte ich daraufhin, weil ansonsten alles, was mir bei einem Bärenangriff als Verteidigung zur Verfügung gestanden hätte, zehn Schokoriegel gewesen wären. Daraufhin reichte er mir eine Art Pfefferspray. Viele Leute in diesem Landstrich würden lieber keine Waffe tragen, müssten sich im Ernstfall aber trotzdem gegen Bären zur Wehr setzen, also hätten sie ein Bärenspray in der Tasche. Marty zufolge hatte dieses Bärenspray eine Reichweite von bis zu zehn Metern. Ich weiß noch, dass ich in diesem Augenblick dachte, das wäre ja nun alles andere als spitzenmäßig. Zehn Meter sind doch rein gar nichts! Da konnte ich ja genauso gut einfach einen Pfefferstreuer nehmen. Ich hätte gern eine Schusswaffe getragen – da ich ohnehin so beladen war, sah ich aus wie ein Teilnehmer bei irgend so einer TV-Survivalshow, insofern hätte ein weiteres Gerät auch keinen Unterschied mehr gemacht. Aber Marty meinte nur, da ich ungeübt im Gebrauch einer Schusswaffe sei, bestünde die Möglichkeit, dass ich mein Ziel verfehlte und stattdessen ein Mitglied der Filmcrew träfe und dass ich daher besser das Pfefferspray zu meiner Verteidigung verwenden solle. Die Idee hinter diesem Spray ist wohl, dass Bären einen ganz ausgezeichneten Geruchssinn haben und diesen Pfeffergeruch nicht mögen. Ich zog den Deckel ab. Marty meinte noch, ich solle vorsichtig sein, aber das Problem an Marty war, dass ich irgendwie nicht so recht schlau aus ihm wurde. Bei allem, was er tat oder sagte, klang er irre begeistert und sprach wie einer dieser Sprecher in Naturdokus für Kinder, die immer »Wooooooooooow!« und »Vorsicht, Kumpel!« rufen, sodass ich mir nicht sicher war, ob er es gerade ernst meinte oder nicht. Mit Marty kam ich mir vor wie in einer endlosen Folge von *Sag die Wahrheit*. Dann drückte ich auf den Sprühknopf. Marty kniff die Augen zusammen und fing an zu brüllen. Erst dachte ich, er wollte mich auf den Arm nehmen – doch dann rief Richard, der Regisseur, mir zu, als wäre er irgendein Unterhändler bei einer Geiselnahme, ich solle verdammt noch mal den Deckel wieder auf die Sprühdose stecken. Freddy, unserem Tontechniker, liefen Tränen über die Wangen, und dann blies eine kleine Windbö auch gleich noch allen anderen das Spray ins Gesicht. Im Handumdrehen standen wir alle da und heulten, als wären wir gerade bei *X Factor* rausgeflogen.

Meine Augen hatten zwar mit der Helligkeit nicht sonderlich gut umgehen können, aber das Pfefferspray vertrugen sie verhältnismäßig gut. Lag wahrscheinlich daran, dass meine Mum in meiner Kindheit massenhaft Silvikrin-Haarlack verwendet hat und ich mir damals antrainierte, die Augen aufzuhalten, wann immer ich ins Bad musste und sie sich gerade den Kopf eingesprüht hatte. Wenn ich die Augen zugekniffen hätte, hätte der ganze Lack in der Luft meine Lider verklebt.

Marty wies mich darauf hin, dass ich das Pfefferspray an einem Ort aufbewahren solle, den ich leicht würde erreichen können, sobald ein Bär auftauchte. Daher steckte ich ein Kit Kat aus meiner rechten Vordertasche in die Tasche, in der zuvor das Twix gesteckt war. Ein anderer guter Tipp von Marty lautete, dass ich mich im Falle eines Eisbärenangriffs auf der Flucht ausziehen solle, weil der Bär dann immer wieder stehen bleibe und an meinen Klamotten schnüffele. Wenn ich das tun müsste – bei der schieren Anzahl von Dingen, die ich am Leib trug –, würden hier über kurz oder lang mehr Klamotten am Boden liegen als bei Primark während des Schlussverkaufs. Und die Schokolade wäre da sicher auch ganz hilfreich.

Marty fragte mich überdies nach Rückenbeschwerden oder anderen Zipperlein. Ich erzählte ihm, ich hätte gerade ein paar Nurofen gegen meine Kopfschmerzen eingeworfen, was ihm Sorgen zu bereiten schien. Offenbar sollte ich die Wanderung lieber nicht antreten, wenn ich nicht hundertprozentig fit war. Und wieder wusste ich nicht, ob er es ernst meinte oder nicht. Da machte er sich Gedanken über meine Sicherheit, nachdem ich ein paar Kopfschmerztabletten eingenommen hatte, aber nur wenige Minuten zuvor hatte er mir ein Pfefferspray in die Hand gedrückt für den Fall, dass uns ein gigantischer Bär angreifen würde. Ich beteuerte, dass es schon okay sei, und wir liefen los.

Es dauerte nicht lange, und wir kämpften uns durch anderthalb Meter tiefen Schnee. Scheiß auf Pfefferspray – ein Salzspray wäre hier viel eher angebracht gewesen! Damit hätten wir uns den Weg freischmelzen können. Dabei hatte ich gedacht, dass derartige Wetterbedingungen mitsamt dem Wollhaarmammut ausgestorben wären! Ich war fix und alle. Keine Ahnung, wie tief der Schnee noch werden musste, ehe Marty darüber nachdachte, die Schaufeln auszupacken, die wir beide hinter uns herschleppten. In einem fort betonte er, wie schön doch alles aussehe, dabei sieht immer alles schön aus, wenn es von so viel Schnee bedeckt ist. Hier könnte man problemlos illegal Müll entsorgen, weil nach nur wenigen Stunden alles, was man abgeladen hätte, unter der Schneedecke verschwunden wäre.

Irgendwann wurde ich durstig und fragte Marty, ob er Wasser dabeihabe. Hatte er nicht, aber er meinte, dass der Schnee um uns herum der sauberste auf der ganzen Welt und es daher sicher sei, einfach Schnee zu essen.

Wir gingen weiter und plauderten.

KARL: Warst du schon mal in England wandern?
MARTY: Nein, da war ich noch nie. Kennst du die Beatles?
KARL: Die Beatles? Die meisten von denen sind doch schon tot.
MARTY: Ach, erzähl doch nichts …
KARL: Sind sie aber. Na ja, die Hälfte zumindest.

MARTY: Wie hieß dieser Ort gleich wieder? Diese Höhle – in Liverpool?
KARL: The Cavern? Das ist keine Höhle. Man geht dort nicht klettern oder so. Das ist ein Klub.
MARTY: Gibt's den immer noch?
KARL: Klar.
MARTY: Warst du schon mal dort?
KARL: Nein.
MARTY: Du warst noch nie dort?
KARL: Nein, der ist in Liverpool.
MARTY: Und wie weit ist das weg?
KARL: Vielleicht 40 Meilen?
MARTY: 40 Meilen – und du warst noch nie da?
KARL: Na ja, ich komme aus Manchester. Die zwei Städte sind verfeindet.
MARTY: Was soll das heißen, verfeindet?
KARL: Na ja, also, weißt du, da gibt's eine Art Fußballfeindschaft …
MARTY: Halt mal. Stopp! Wann ziehst du eigentlich deine Handschuhe an?
KARL: Meine Hände sind im Augenblick ganz in Ordnung.
MARTY: Sicher? Behalt sie im Auge. Schon mal von Unterkühlung gehört und von Frostbeulen?
KARL: Ja, klar, das ist, wenn einem die Finger abfallen.
MARTY: Genau. Ich hab schon diverse Finger abfallen sehen. Den Mount McKinley hab ich dreizehn Mal bestiegen, das waren vierwöchige Exkursionen zum höchsten Berg Nordamerikas. Der Mount McKinley sagt dir doch was?
KARL: Nein.
MARTY: Du hast noch nie vom Mount McKinley gehört?
KARL: Nein, aber ich bin auch kein großer Bergfan.

MARTY: Du warst noch nie in Liverpool, und du hast noch nie vom Mount McKinley gehört? Freundchen, du musst echt mehr rausgehen …
KARL: Ist für mich kein großes Thema. Schon mal vom Snowdon gehört?
MARTY: Nein.
KARL: Siehst du, und du nennst dich einen Bergmenschen! Wem muss das jetzt peinlich sein?

Die Sonne ging bereits unter, und ebenso schnell fiel die Temperatur. Wir erreichten einen Hügelkamm, von dem aus wir auf Skiern abfahren mussten, um an den Ort zu kommen, wo wir übernachten sollten. Ich hatte noch nie auf Skiern gestanden. Meine Schule hat hin und wieder Skifreizeiten ausgerichtet, aber die waren echt teuer, weil man sich so viel Ausrüstung ausleihen musste. Außerdem meinte mein Dad, ich solle erst richtig schreiben lernen, ehe ich Ski fahren ging, also blieb ich meistens in der Schule und saß mit ein paar anderen Kindern in der Klasse und malte Bilder. Skifahren war für mich daher eine neue Erfahrung. Und eine einmalige Erfahrung. Ich hab's wirklich nicht hingekriegt. Ich verstehe schon, warum Kinder so was machen – aber doch nicht erwachsene Männer! Die Leute gucken doch auch komisch, wenn ich mich auf ein BMX-Rad setze und ein paar Tricks ausprobiere, und da ist echt kein großer Unterschied. Ich bekam den Dreh einfach nicht raus. Ich verbrachte mehr Zeit auf meinem Hintern als jeder Slapstick-Schauspieler, sodass ich mich am Ende einfach auf den Schlitten setzte, den ich seit fünf Stunden hinter mir hergezogen hatte, und mich darauf den Berg hinabarbeitete.

Es musste inzwischen rund minus zehn Grad haben, und ich freute mich wirklich auf ein heißes Bad. Als wir die Hütte erreichten, in der ich übernachten sollte, stellte sich heraus, dass ich vergebens auf ein Bad gehofft hatte, weil es sich mehr oder weniger um einen Schuppen mit Bett handelte. Und dieser Schuppen war eiskalt. Es gab eine kleine Kammer, von der ich erst dachte, sie wäre das Badezimmer, aber es gab darin lediglich ein winziges Waschbecken und noch nicht mal eine Wasserleitung. Marty erklärte mir, dass es sich dabei um eine Art Umkleidekabine handelte, aber da wir mitten im Nirgendwo waren, war Privatsphäre wirklich meine geringste Sorge. Da war ein Klo schon viel wichtiger. Aber bei diesen Außentemperaturen, erklärte Marty, würden die Rohre platzen, sodass sie hier gar nicht erst einen Wasseranschluss gelegt hätten. Wenn ich aufs Klo müsse, solle ich einfach rausgehen.

Dann zeigte er mir einen Eisblock, den er zu einer Art Schaber geschnitzt hatte, und riet mir, das Ding anstelle von Klopapier zu benutzen. Es war mir unbegreiflich. Erst erzählte er, dass hier der sauberste Schnee der Welt liegen würde, und dann hieß es auf einmal, dass Bergwanderer sich damit den Hintern abputzen. Ich verstehe schon, dass man all das hernehmen muss, was die Natur einem bietet, und dass sie hier eben Schnee haben, und zwar eine ganze Menge. Ich verstehe auch, dass man Iglus daraus baut, halbgefrorene Erfrischungsgetränke herstellt und sich sogar an Frappuccinos versucht. Aber man putzt sich doch damit nicht den Hintern ab! Kein Wunder, dass die Kinder hier keine Schneemänner bauen, wenn man weiß, was sie sonst noch mit dem Schnee anstellen.

Marty setzte sich und spielte ein paar Lieder auf der Gitarre. Kein Platz in der Tasche für ein paar Flaschen Wasser oder für Klopapier – aber die Gitarre hatte er mitgebracht! Hier der Text zu einem Lied, das er selbst gedichtet hatte:

> I really caribou you,
> I'm a loon when you're a whale,
> It's hard for me to bear, because I love you so deer,
> I really caribou you.

You're salmon special to me,
You give porpoise to my life,
I dolphin thinking of you, I wolf forget I love you,
You're salmon special to me.

Er hatte ein paar ziemlich gute Lieder auf Lager und sogar eine ganz ansprechende Stimme, aber so recht konnte ich es nicht genießen, weil ich ständig daran denken musste, dass ich nachts, wenn ich aufs Klo musste, meinen Hintern mit Wassereis würde abputzen müssen. Und dieser Typ hatte sich Sorgen darum gemacht, dass meine Finger abfallen könnten! Marty schenkte mir eine gebrannte CD mit seinen Liedern, die er *Strummit from the Summit* betitelt hatte – noch so eine Sache, die er allen Ernstes mit sich herumgetragen hatte! Dann legte ich mich schlafen.

Normalerweise hab ich im Bett nur meine Unterhose an, weil ich Schlafanzüge nicht ausstehen kann – ich hab's nicht gern warm, wenn ich schlafe –, aber diesmal legte ich mich in voller Montur ins Bett. Nur die Stiefel hatte ich ausgezogen. Trotzdem konnte ich nicht einschlafen, weil mir einfach zu kalt war. Ich schätze, ich verbrachte eine gute Stunde damit, in der Kälte mit meinem Atem Kringel zu blasen, wie Raucher es manchmal tun. Gegen vier Uhr morgens stand ich wieder auf – aber nicht um mir etwas zu trinken zu holen oder weil ich hätte austreten müssen. Das sind normalerweise die Gründe, warum man mitten in der Nacht sein Bett verlässt, oder nicht? Nein, nichts dergleichen. Ich musste mir meine Mütze überziehen, weil ich am Kopf dermaßen fror. Als Kind habe ich mal in einem Wohnwagen übernachtet, in dem es genauso kalt war. Als ich aufwachte, waren meine Augenlider zugefroren. Mum und Dad huschten die ganze Zeit um mich herum und dachten, ich würde einfach ausschlafen, dabei konnte ich schlicht und ergreifend meine Augen nicht aufmachen, sodass ich auch nicht sehen konnte, dass sie da waren. Ich machte mir wirklich Sorgen, dass sie jetzt erneut zusammenfrieren könnten. Die Hütte hatte keine Vorhänge, sondern Jalousien. Jalousien in Wohnungen oder in Bürogebäuden sind schon ganz nützlich, weil man sich so ein bisschen abschirmen kann, aber sie sind komplett nutzlos, um einen Raum warm zu halten. Es gibt da diese Redewendung, dass ein guter Verkäufer sogar einem Eskimo Schnee andrehen könnte. Die Redewendung funktioniert genauso gut mit Jalousien. Das Ergebnis ist das gleiche. Diese Hütte hätte dringend einen Heizlüfter gebraucht, aber das Einzige, was hier in der Ecke herumstand, war ein Staubsauger. Vielleicht sollte ja ein bisschen Hausarbeit den Besucher aufwärmen? Allerdings hatte ich meine Bedenken, dass der Staubsaugerlärm die Nachbarn wecken oder – schlimmer noch – eine Lawine auslösen könnte.

#43 Nordlichter sehen

Bis vor ein paar Jahren war ich tatsächlich der Überzeugung, dass es um die Blackpool Illuminations gehen würde – ein Lichterfestival in der nordenglischen Stadt Blackpool –, wenn irgendjemand von Nordlichtern sprach. Wann immer es hieß, dass man diese Nordlichter absolut gesehen haben müsse, sie seien ja so mystisch und man bekomme schier eine Gänsehaut, erwiderte ich stets, ich hätte sie jetzt schon ein paarmal gesehen. Ich hatte beispielsweise Suzanne zu unserem ersten Date dorthin mitgenommen, und sie war auch nicht wahnsinnig beeindruckt, aber die Antwort war immer: »Oooh, ihr Glückspilze!«
»Ja, ich weiß«, erwiderte ich dann, »und anschließend hab ich sie zu Fish and Chips und Erbsenpüree eingeladen.«

Irgendwann musste ich pieseln, also trat ich an das Winzwaschbecken ohne Wasseranschluss. Mal ernsthaft – ein Waschbecken ohne Wasseranschluss ist ein Urinal. Wozu sollte es denn sonst gut sein? Anschließend legte ich ein paar Patiencen mit dem Kartendeck, das ich mitgebracht hatte, und dann taute ich einen Marsriegel auf, indem ich ihn zwischen meinen Händen hin- und herrollte. Ich blätterte auch noch durch ein paar Zeitschriften, die ich im Regal gefunden hatte. Vielleicht würde ich irgendwo ja ein Kreuzworträtsel oder ein Wortsuchrätsel finden, an dem ich mich versuchen könnte. Aber leider waren diese Zeitschriften allesamt Waffenmagazine und nicht die Art, mit der man sich beim Abendessen amüsiert. Stattdessen überall Bilder von Jägern, die über einem selbst erlegten Bären thronten. Wie in allen Zeitschriften war auf jeder zweiten Seite Werbung abgedruckt – allerdings nicht für Sammlerfingerhüte oder Gedenkteller, sondern für Waffen, und die Werbeslogans lauteten: »Wenn Sie mal was Größeres brauchen.« In just diesem Augenblick fand ich eine merkwürdige Notiz auf einer der Anzeigen. »Cathy, ~~MK~~, Karte, Blumen, Geschenk, Abendessen«, stand da geschrieben, und mithilfe meiner detektivischen Fähigkeiten, die ich mir durch zahlreiche *Columbo*-Folgen angeeignet habe, schloss ich messerscharf, dass irgendein Paar in dieser Hütte übernachtet hatte, weil sie hier in der Nähe zu einer Hochzeit eingeladen gewesen waren. Wahrscheinlich hatte der Mann die Hütte gebucht und wollte gleich auch noch ein Jagdwochenende dranhängen, was der Frau (Cathy) vermutlich nicht ganz so recht war, und daraufhin gerieten sie in Streit. Der Typ dachte wohl darüber nach, sie mit einer geschenkten MK (Waffe) zu besänftigen, entschied sich schließlich aber – um die Beziehung ein letztes Mal zu retten – dann doch für eine Karte, Blumen, ein Geschenk und ein romantisches Abendessen. Möglicherweise ist diese Erklärung meilenweit von der Wahrheit entfernt. Aber wie auch immer. Die Liste war jedenfalls merkwürdig.

Nach einer schlaflosen Nacht rief ich Ricky an, der mir mitteilte, ich solle mich auf den Weg nach Barrow machen. Barrow ist eine der am nördlichsten gelegenen Städte der Erde, und dort sollte ich sehen, wie die Eskimos leben. Einen Teil der Strecke nach Barrow sollte ich von Huskys gezogen werden.

#95 Hundeschlitten fahren

Ricky meinte, ich solle darauf achtgeben, dass es den Hunden gut ging. Er macht sich bei Tieren immer Sorgen, was an sich nicht schlecht ist, aber bei seiner Hauskatze geht er einfach zu weit. Im Grunde rege ich mich ja nur darüber auf, weil diese Katze bei ihm daheim herumstolziert, als würde die Wohnung ihr gehören. Nicht einmal wenn sie ihn kratzt, gibt er dem Drecksvieh eins über die Ohren. Es könnte einen Mord begehen und würde damit davonkommen – und für seinen Lebensunterhalt macht es auch keine Kralle krumm. Ständig zeigt er mir Bilder auf seinem Handy und fragt: »Wie kann man diese Katze nicht lieben?« Also, ich kann es nicht, und jeder, der ihr je begegnet, wird mir da beipflichten. Ich wollte, es gäbe eine Art Haustiertausch-TV-Show. Ich würde die Katze für eine Woche zu einer Familie mit einem großen Hund und fünf Kindern stecken. Sie braucht einfach mal einen Dämpfer. Das wäre wirklich gut für sie. Tiere sollten für ihren Unterhalt arbeiten. Es gibt ihnen einen Sinn, auf diesem Planeten zu sein. Hunde beispielsweise haben diverse Jobs – sie führen Blinde durch die Stadt und erschnüffeln Bomben und Drogen. Neulich hab ich einen gesehen, der in Hotels Bettwanzen erschnüffelt hat. Aber wenn ich so darüber nachdenke, ist es wohl kein Wunder, dass es so viele Arbeitslose gibt. Die Leute behaupten immer, dass die Ausländer ihnen die Jobs wegnehmen würden, aber das stimmt nicht. Es sind die Hunde. Neulich hab ich gelesen, dass mittlerweile sogar Bienen als Bombenaufspürer arbeiten. Sie werden in Flughäfen und Häfen eingesetzt, seit Forscher ihnen beigebracht haben, die Zunge rauszustrecken, sobald sie auch nur den Hauch von Sprengstoff riechen. Ich nehme an, dass es inzwischen einfach weniger Gärten in den Städten gibt, und statt verzweifelt nach Pollen zu suchen, haben diese Bienen sich einfach einen anderen Job gesucht. Es ist nur eine Frage der Zeit, bis der Bockkäfer, der mehr als das Tausendfache seines eigenen Gewichts tragen kann, ein Entrümpelungsunternehmen gründet. Nur Rickys Katze liegt immer noch faul herum und wird nach Strich und Faden verwöhnt.

Der Huskybesitzer, Bill, war mehrfacher Sieger bei Huskyrennen. Heutzutage arbeiten die meisten Huskys als Rennpferde. Vor der Erfindung der Schneescooter stellten sie die einzige Möglichkeit dar, in diesem Landstrich Waren irgendwo hinzutransportieren. Bill sprach sehr leise, was mir Probleme bereitete, nachdem seine Hunde einen derartigen Zinnober veranstalteten. Irgendwas an Hundegebell irritiert mich kolossal. Einer unserer Nachbarn hatte mal einen Dobermann, der seine Schnauze einfach nicht halten konnte. Er saß den lieben langen Tag im Garten und kläffte. Wie kann es eigentlich sein, dass so etwas den Hundebesitzer selbst nie zu stören scheint? Mit Alarmanlagen von Autos und mit Kindern ist es genau das Gleiche. Bill wollte, dass ich von sechs seiner Hunde gezogen würde. Dabei war Woodrow der Chef der Meute, danach kam Olivia. Was für ein bescheuerter Name für einen Hund – aber wahrscheinlich gehen einem irgendwann die Namen aus, wenn man so viele Hunde hat wie Bill. Das Bellen wurde immer lauter, sodass ich die restlichen Namen nicht mehr verstehen konnte, aber es wäre ohnehin sinnlos gewesen, weil ich mir sowieso nicht jeden Namen hätte merken können. Wenn man bei einer Hochzeit eingeladen ist und den ganzen Cousins und Tanten vorgestellt wird, kann man sich all die Namen auch nicht merken, und warum sollte man sich auch die Mühe machen. Höchst unwahrscheinlich, dass man sie je wiedersieht.

Bill zeigte mir, wo ich mich hinstellen sollte, wie man bremste und wie man den Schneehaken einsetzte, eine Art Anker, der verhindert, dass die Hunde abhauen, wenn man gerade mal nicht auf dem Schlitten steht. Eine kurze Lektion in Hundekommandos, und schon ging es los.

Die Hunde rannten gleich mal in einem Affenzahn los. Ich schrie Woodrow an, er solle langsamer machen, aber ich bezweifle, dass er mich überhaupt hören konnte, weil er ganz vorn lief, also gut zwölf Meter entfernt von der Stelle, an der ich stand. Wenn ich jetzt im Nachhinein darüber nachdenke, hätte Bill mir zum Üben erst mal kleinere Hunde zuteilen sollen. Das hier war, als würde man einen Jungspund, der gerade erst seinen Führerschein gemacht hat, in einen Porsche setzen. Bill hätte besser fünf Möpse oder acht Chihuahuas nehmen sollen. Es gibt ja unzählige Hunderassen. Als ich noch jünger war, gab es an kleinen Hunden Jack Russells und an größeren Hunden Schäferhunde. Aber heutzutage ist es wie mit Kaffee – es gibt einfach zu viele Sorten. Irgendjemand kam sogar auf die Idee, einen Labrador mit einem Königspudel zu kreuzen. Das Ergebnis ist der sogenannte Labradoodle, ein Hund mit dem Temperament eines Labradors und dem Fell eines Pudels. Sie sollten Labradore lieber mit Huskys kreuzen – für Blinde, die es eilig haben.

Ich schrie also den Hunden zu, sie sollten langsamer machen, weil der Boden immer holpriger wurde, aber sie beachteten mich nicht. Sie rannten einfach und rannten und rannten. Gute Haustiere für faule Leute, würde ich sagen – man muss mit ihnen nicht extra Gassi gehen, im Gegenteil, sie ziehen ihren Besitzer Gassi. Bill hatte erwähnt, dass diese Hunde in einem bestimmten Alter in Rente gingen. Ich kann mir bildlich vorstellen, wie irgendjemand, der von der Karriere dieses Hundes keinen Schimmer hat, ihn aus dem Tierheim holt, ein Bällchen wirft – und ihn dann nie wiedersieht. Ich probierte das »Woa«-Kommando aus, das Bill mir beigebracht hatte – vergebens –, und entschied mich schließlich für: »Langsamer, ihr Drecksköter!« Aber auch das zeigte keinerlei Wirkung. Bill hatte mir erzählt, er sei einmal ein Rennen mit sechzehn Hunden gefahren – weiß der Geier, wie schnell er dabei war! Diese Hunde blieben nicht mal stehen, wenn sie mal mussten. Sie machten es wie Paula Radcliffe, die Marathonläuferin, und kackten einfach im gestreckten Galopp drauflos, was bei Huskyrennen bestimmt ganz nützlich ist. Da will man ja nicht, dass sie bei jeder Straßenlaterne anhalten.

Nach etwa anderthalb Stunden taten mir vom Festhalten die Arme weh, die Beine nicht minder, aber immerhin war Bill beeindruckt von meinen Fähigkeiten. Er erzählte mir, dass er dem Schauspieler Steven Seagal für den Film *Auf brennendem Eis* das Schlittenfahren beigebracht habe und Steven diverse Male vom Schlitten geflogen sei, was mich wiederum echt stolz machte. Eine Erklärung könnte sein, dass Hundeschlittenfahren ein bisschen ist wie mit einem Einkaufswagen herumzurollern. Bei Morrisons stelle ich mich öfter auf den Einkaufswagen, klammere mich daran fest, wenn ich durch die Gänge fahre, und setze mein Körpergewicht ein, wenn ich um eine Ecke fahren will. Aber wahrscheinlich muss Steven Seagal nicht selbst einkaufen gehen, und daher fehlte ihm diese Fähigkeit.

Den Rest der Strecke nach Barrow legten wir mit dem Flugzeug zurück – nur so kommt man überhaupt dorthin. Ich weiß noch, dass ich aus dem Fenster sah und dachte, wir flögen über den Wolken – bis ich einen großen, dunklen Riss erkennen konnte. In Wahrheit flogen wir über das gefrorene Meer. Weit und breit buchstäblich nichts zu sehen, bis wir uns schließlich dem Flughafen näherten und plötzlich eine dichte Siedlung von ein paar

Tausend Häuschen inmitten dieses Nichts vor uns auftauchte. Als wir aus dem Flugzeug stiegen, war mir irrsinnig kalt. Kälter als je zuvor in meinem Leben. Die Temperatur betrug minus 25 Grad, und es tat weh, wenn man tief einatmete. Scheinbar verbrennt kalte Luft die Lunge.

Wir checkten in das Camp einer Universität ein. Dort studieren sie unter anderem das arktische Ökosystem. Es sah ein bisschen so aus wie die Forschungsstation in *The Thing*. Unsere kleine Hangarbehausung stand direkt am Wasser. Sie war verhältnismäßig schlicht gehalten, hatte aber alles, was man brauchte, inklusive Heizung.

Wir waren insgesamt zu siebt, also mussten ein paar von uns sich Zimmer teilen, was ich nicht weiter schlimm fand, weil mehr Körperwärme pro Zimmer es für alle umso wärmer machte. Dann bekam ich eine lange Unterhose und eine Thermohose, die ich mir über meine normale Hose ziehen sollte. Somit hatte ich sage und schreibe drei Hosen an, zwei Paar Socken und ein Paar dünne Handschuhe unter meinen dicken Handschuhen. Hier oben müssen Waschkörbe gigantisch sein, wenn all die Mengen von Klamotten da reinpassen sollen, die man hier tagtäglich trägt.

Wir machten einen Spaziergang ans Meer und dann weiter übers Meer rüber, während es komplett zugefroren war. Überall enorme Eiswände, als hätte die Kälte herannahende Wellen in Sekundenbruchteilen tiefgefroren. Als ich überall Walknochen herumliegen sah wie Gerüststangen in London, erinnerte ich mich wieder an den Zweck dieser Reise. Offensichtlich gingen die Einheimischen hier nach wie vor auf Waljagd. Sie zerlegten sie und ließen die Kadaver für die Möwen liegen, damit die auch etwas zu fressen hatten. Das wird im Übrigen das Problem sein, wenn man Walfleisch essen will: die Essensreste zu entsorgen. Ich hätte darauf jedenfalls keine Lust. Ich ärgere mich immer schon, wenn Suzanne so klumpige Soßen macht, dass ich sie nicht einfach in den Ausguss kippen kann, sondern raus auf die Straße zum Gully gehen muss, um sie zu entsorgen. Walknochen würden mich in dieser Hinsicht echt zur Weißglut bringen. Hier nutzen sie sie immerhin halbwegs kreativ, indem sie sie wie Rippchen auf einem schick angerichteten Teller des Sternekochs Gordon Ramsay aufstellen – zum Beispiel auf Verkehrsinseln. Ich bin mir nicht ganz sicher, ob irgendjemand sie dort sozusagen als Kunstwerk errichtet hat oder ob sie einfach nur illegal entsorgt wurden. Vielleicht schleichen die Einwohner hier ja nachts raus, um ihre Walknochen loszuwerden. Ich mache das mit meinem Weihnachtsbaum schließlich ganz genauso.

Ich hatte das Gefühl, dass ich an diesem Ort wohl kaum einen lebenden Wal zu Gesicht bekommen würde. Aber ich bekam auch kaum lebende Menschen zu Gesicht – von einem Mann mal abgesehen, der die Straße vom Schnee befreite, was in diesen Breitengraden wahrscheinlich eine Lebensaufgabe ist. Ein anderer Job, der in dieser Gegend ziemlich wichtig ist, ist das Leeren einer Art von DIXI-Klos – im Großen und Ganzen Eimer, die in einigen Häusern verwendet werden, wo sich die älteren Einwohner keinen großen Faulbehälter leisten können. So ein DIXI-Eimer ist ein gut 20 Liter fassender Plastikbehälter mit einer Klobrille obendrauf. Ich lernte sogar einen Typen kennen, Rob, dessen Aufgabe es war, diese Eimer zu leeren, und ich sollte ihm dabei zur Hand gehen. Er empfahl mir, einen ihrer Overalls anzuziehen, weil beim Leeren hin und wieder etwas überschwappte. Super, oder? Rob hatte eine Liste von Adressen dabei, deren DIXI-Eimer geleert werden mussten.

Wir stiegen in seinen Wagen, der einem britischen Müllwagen nicht ganz unähnlich sah, nur dass an der Seite ein großer Trichter angebracht war, in den man den Inhalt der Eimer kippte, und wenn man dann einen Hebel umlegte, wurde alles in den Tank gezogen. Wie bei vier von fünf Wagen, die hier unterwegs waren, verlief auch hier quer über die Windschutzscheibe ein langer Riss, der entweder davon herrührte, dass der Fahrer bei Blitzeis irgendwo dagegengerumpelt war, oder aber vom Temperaturunterschied zwischen außen und innen in der Fahrerkabine, wo die Heizung warme Luft ausspuckte.

Als wir die erste Adresse ansteuerten, stand dort bereits mein erster Eimer auf dem Vordertreppchen bereit. Ich schnappte ihn mir und schleppte ihn zum Wagen. Da er verhältnismäßig schwer war, erkundigte ich mich, ob der Inhalt von einer Woche oder von einem ganzen Monat stammte, aber Rob wusste nicht mehr genau, wann er diesen Eimer zuletzt geleert hatte. Er und sein Team sind sechs Tage die Woche auf Leerfahrt.

Der Plastiksack im Eimer war fest verschnürt und bis obenhin voll mit diversen Ausscheidungen – ein bisschen wie ein Wasserballon, der bei der geringsten Berührung zu platzen drohte. Gillian McKeith, die Frau aus der Fernsehsendung *Du bist, was du isst*, würde sich hier pudelwohl fühlen. Sie schaut sich immer den Stuhlgang der Leute an. Ich bin kein Arzt, aber ich vermutete mal, dass die Person zu diesem Eimer nicht gesund sein konnte. Der Inhalt sah aus wie die oben erwähnte klumpige Soße. Ich ließ mir Zeit beim Herumtragen, weil der Weg ziemlich rutschig war. Gerade als ich den Eimer in den Trichter entleeren wollte, riss der Plastiksack, und heftiger Gestank schlug mir entgegen. Rob meinte, das sei ganz normal, und er habe sich inzwischen an den Geruch gewöhnt. Seine Arbeit schien ihm tatsächlich zu gefallen. »Mit diesem Gestank verdiene ich mein Geld«, sagte er bloß. Ich stellte den Eimer zurück auf die Schwelle, und weiter ging es zur nächsten Adresse, wo gleich zwei Eimer auf uns warteten – und ein paar Beine, von denen Rob glaubte, dass sie von einem Karibu stammten. In Barrow scheinen sie sich keine großen Gedanken zu machen, wie es vor ihrer Haustür aussieht. Einer der Säcke war bereits geplatzt. Ich fragte Rob, ob es irgendwelche Regeln bezüglich geplatzter Säcke gebe, aber er antwortete nur: »Man muss ein bisschen vorsichtiger sein.« Zu Hause nehmen die Müllfahrer Müll gar nicht erst mit, wenn er nicht in einem offiziellen

Müllsack steckt – von einem geplatzten Sack voll Scheiße ganz zu schweigen. Dann wurde Rob über Walkie-Talkie angefunkt, und die Zentrale gab ihm vier weitere Adressen von Leuten durch, deren Eimer geleert werden sollten. Es heißt, man darf die Eimer nicht zu lange draußen stehen lassen, weil sie Eisbären anlocken. Wenn dieser Gestank Bären anlockt, weiß ich erst recht nicht, wie das Pfefferspray von Marty sie hätte vertreiben sollen.

#19 Einen Eisbären auf dem Eis entdecken

»Eisbären auf Eis«, das klingt wie der Name einer Reality-Fernsehsendung. Ich bin mir nicht sicher, ob ich wirklich gern einen Eisbären zu Gesicht bekommen wollte, wenn ich in der Tundra unterwegs wäre. Irgendwie wären mir sicherere Dinge lieber: Züge oder Flugzeuge. Oder man schnappt sich einfach eines dieser sogenannten Wimmelbücher. Schon eigenartig, dass man Kindern Bären als Spielzeug schenkt und sie in dem Glauben lässt, dass es sich dabei um nette, kuschelige, freundliche Kreaturen handelt – wie zum Beispiel Paddington, Pu der Bär, Yogi Bär oder SuperTed. Kinder entwickeln mehr Angst vor Salz, das ihren Stoffwechsel schädigen könnte, als vor Bären. Unter Garantie gibt es Nacktschnecken, die weniger Angst vor Salz haben als diverse Menschen, und das nur, weil uns ständig erzählt wird, wie schädlich Salz für uns ist.

Das Hauptproblem ist aber doch, dass es in den entsprechenden Gegenden einfach nichts gibt, wohinter man sich verstecken könnte, wenn man einen Bären entdeckt, was ja gleichzeitig heißt, dass der Bär einen ebenfalls entdecken kann, und von einem Eisbären entdeckt zu werden steht nun wirklich nicht auf meiner Bucket List. Rob meinte, ich hätte dort draußen auf dem zugefrorenen Meer nicht herumlaufen dürfen, weil die Bären sich genau dort gerne aufhalten. Ich erwiderte, dass ich einfach nur gern irgendein lebendiges Wesen gesichtet hätte – ich hatte schließlich nicht allzu viele Leute gesehen, seit ich hier angekommen war, bloß Knochen und ausgestopfte Tiere. Rob erwähnte auch, dass Barrow regelmäßig von Eisbären heimgesucht wurde, obwohl es weltweit überhaupt nur noch 25 000 Exemplare gibt. Ich glaube ja, dass es möglicherweise noch viel mehr gibt, nur sind sie schwer zu zählen, weil man sie so schlecht erkennen kann. Mal ehrlich: ein weißer Bär vor weißem Hintergrund? Rob schien über den schrumpfenden Bärenbestand nicht weiter besorgt zu sein. Wenn ich hier leben müsste, würde ich andererseits wohl auch nicht wollen, dass sie sich vermehren.

Wir machten weiter mit der Leerung. Klingt irgendwie merkwürdig, oder nicht? Ich glaube wirklich, dass derlei Jobs einfach umbenannt werden, damit die Leute, die sie ausführen müssen, sich nicht gar so schlecht dabei fühlen. Ein Kumpel von mir, der bei Subway gejobbt hat, erzählte mal, dass er damals dort als »Sandwich Artist« geführt worden ist. Und für Robs Job würden sich wohl nicht allzu viele bewerben, wenn er »Scheißeimer-Einsammler« hieße.

Die nächste Adresse auf der Liste war die von Robs Cousin. Ich fragte ihn, ob er es nicht merkwürdig finde, die Exkremente von Leuten zu entsorgen, die er kannte, aber er lachte nur und winkte ab. Ich hatte nur deshalb gefragt, weil ich mir durchaus vorstellen konnte, dass meine Mum so etwas ziemlich unangenehm gefunden hätte. In all den Jahren, die wir uns nun schon kennen, hat sie nie auch nur ein einziges Mal erwähnt, sie gehe jetzt aufs Klo. Ich weiß allerdings normalerweise auch so, wann sie muss. Dann schickt sie nämlich mich und Dad auf einen Spaziergang.

Je mehr Eimer ich leerte, umso besser verstand ich das Prinzip dieser DIXI-Eimer. Im Grunde kann man sie in jedem beliebigen Zimmer eines Hauses aufstellen. Ich kann es nicht ausstehen, wenn ich eine Lieferung erwarte und es heißt, die Lieferung kommt irgendwann zwischen 9 und 18 Uhr. Jedes Mal klingeln sie, sobald man sich gerade auf die Schüssel gesetzt hat. Mit so einem DIXI-Eimer könnte man sich einfach neben die Haustür setzen.

Nach unserer Eimerleerrunde ging ich Roz besuchen, eine ältere Dame, die hier aufgewachsen ist. Ihr Bungalow war mittelmäßig groß und hatte keinen Garten, aber warum sollte man in dieser Gegend auch einen Garten anlegen? An ihrer Wäscheleine hingen Tierfelle, die aussahen, als wären sie steif gefroren. Keine Ahnung, was in dieser Gegend als gutes Wetter zum Wäscheaufhängen gilt. Roz winkte mich herein und stellte mich ihrer Schwester Janey vor. Die Heizung lief auf vollen Touren, sodass ich mir vorkam wie an einem Einkaufstag auf der eisigen Oxford Street, wenn man einen Laden betritt. Ich musste erst mal ein paar Klamottenlagen abwerfen, bevor ich mich zu ihnen aufs Sofa setzen konnte und ihnen erzählte, dass ich nach Alaska gekommen sei, um Wale zu sehen. Unvermittelt verließ Roz das Zimmer und kam mit einer Tüte in der Größe von Tiefkühlpommes wieder. »Muktuk. Stücke vom Grönlandwal.« Ich erklärte ihr, dass ich einen lebendigen Wal im Wasser sehen wolle und nicht einen aus dem Tiefkühlbeutel. Ich glaube, so recht konnten sie nicht verstehen, warum ich unbedingt einen Wal sehen wollte – für sie ist ein Wal gleichbedeutend mit Nahrung. Sie boten mir ein Stück an, und ich probierte es. Mir war nicht ganz wohl bei der Sache, nachdem ich doch eigentlich den ganzen Weg hierher zurückgelegt hatte, um lebendige Wale zu sehen, bevor sie ausgerottet wurden, und trotzdem gerade an einem knabberte. Muktuk besteht aus einem Stück Haut mit Fett, und man isst es roh. Es war nicht eklig oder so, aber es schmeckte auch nicht wahnsinnig gut. Das Fett zerbröselte verhältnismäßig schnell, sodass man am Ende hauptsächlich auf geschmacksneutraler Haut herumkaute. Ich bin mir ziemlich sicher, dass sie das nicht essen würden, wenn sie Alternativen hätten, aber sie haben keine, also bleiben sie dabei. Auf der Küchenkommode stand eine Funkstation, mit der sie Nachrichten von den Walfängern erhielten, sobald diese einen Wal gefangen hatten. Dann erklärten Roz und Janey, was sie in diesem Fall normalerweise taten. Es war nämlich ihr Job, den Wal zu zerteilen und in Stücke zu schneiden. Der Wal, auf dem ich gerade herumgekaut hatte, war im April 2010 erlegt worden. Es war inzwischen März 2011 – und wenn sämtliche Stücke diese Konsistenz hatten, würden sie wohl noch bis 2015 auf dem Wal herumkauen können. Ein Problem ist allerdings, dass Barrow nicht gerade der geeignete Ort für Vegetarier ist. Obst und Gemüse wachsen bei den hiesigen Wetterverhältnissen nun mal nicht. Andererseits hatte Roz die Heizung so hochgedreht, dass sie im Wohnzimmer garantiert Tomaten hätte ziehen können. Ich teilte ihnen mit, dass ich das Muktuk nicht gerade wahnsinnig lecker gefunden hätte, und daraufhin zauberte Roz für mich etwas anderes aus ihrem Kühlschrank: ein Stück Karibufleisch. Da es tiefgefroren war, schmeckte es nach gar nichts. In besseren Restaurants zu Hause fragen sie einen immer, ob man sein Fleisch gern gut durchgebraten oder lieber medium will – ich glaube, hier in Barrow fragen sie stattdessen: Angetaut oder tiefgekühlt? Zum ersten Mal im Leben musste ich auf einem Stück Fleisch erst herumlutschen, bevor ich es kauen konnte.

Die Zeit, die man spart, weil man das Fleisch nicht kocht, verbraucht man definitiv beim Kauen. Ich fragte sie, warum sie überhaupt einen Herd in der Küche habe. Sie lachte nur. Aber mal ehrlich – wozu ein Herd, wenn doch alles tiefgefroren verzehrt wird? Vielleicht war dieser Herd ja ein Geschenk. Ich besitze eine Eismaschine, die uns mal jemand mitgebracht hat. Benutzt haben wir sie noch nie.

KARLS ERKENNTNISSE

WALE BEWEGEN SICH MIT EINER GESCHWINDIGKEIT VON GUT ZWÖLF STUNDENKILOMETERN VORWÄRTS – DAS IST IN ETWA DIE GESCHWINDIGKEIT EINES KINDES AUF EINEM FAHRRAD. DIE WASSERFONTÄNE KANN BIS ZU FÜNF METER HOCH SEIN.

MIT EINEM EINZIGEN ATEMZUG EINES ERWACHSENEN BLAUWALS KÖNNTE MAN 2000 LUFTBALLONS AUFPUSTEN.

DAS ENGLISCHE WORT FÜR »WALPENIS« BEDEUTET GLEICHZEITIG »DEPP«.

DIE HÖCHSTE TEMPERATUR, DIE JE IN ALASKA GEMESSEN WURDE, BETRUG 37,8 °C, DIE NIEDRIGSTE –61,2 °C.

ALASKA IST DER GRÖSSTE BUNDESSTAAT DER USA – GRÖSSER ALS TEXAS, KALIFORNIEN UND MONTANA ZUSAMMENGENOMMEN – UND HAT MEHR ALS DREI MILLIONEN SEEN.

#56 In einem Iglu übernachten

Während meines Aufenthalts in Barrow versuchten Janey und ich, ein Iglu zu bauen. Iglus sind kleine halbkugelförmige Hütten, die hauptsächlich als Notfallunterkünfte dienen. Wenn man irgendwo im Nirgendwo auf Jagd ist, bieten sie einem ein klein wenig Schutz vor diesem irrsinnigen Wetter. Janey forderte mich auf, zuallererst ein Loch von etwa zwei Metern Länge auszuheben, in das ich mich hineinlegen konnte. Ich hob stattdessen ein kleineres Loch aus – ein Klo – und baute auch gleich einen Deckel dazu. Dann sägten wir mit einer handelsüblichen Säge aus dem eisigen Boden Ziegel heraus und hievten sie mithilfe einer Schaufel übereinander. Janey rief einen Nachbarn und irgendeinen jungen, moppeligen Kerl zu Hilfe, die nicht die blasseste Ahnung zu haben schienen, aber es funktionierte trotzdem halbwegs – bis wir beim Dach ankamen. Die Decke zu bauen ist ziemlich tricky, weil die Eisblöcke erst in Form geschnitten werden müssen, damit sie ineinanderrutschen.
Dann verkündete Janey kurzerhand, dass sie jetzt aufbrechen müsse, um in die Kirche zu gehen. Die anderen beiden behaupteten das Gleiche. Sie hatten im Grunde eine große Eisschüssel gebaut, in die ich mich jetzt reinsetzen und darauf warten konnte, dass ein Eisbär kam und mich verspeiste. So recht konnte ich mich nicht durchringen zu bleiben.

Roz schlug mir vor, an einen Ort namens Point Barrow zu fahren. Also legten wir unsere Klamottenschichten wieder an und zogen los. Persönlich hatte ich von Point Barrow noch nie gehört, aber sie war derart begeistert, dass ich schon annahm, dass es sich dabei um die örtliche Shoppingmall handelte, wo wir was trinken und vielleicht Bingo spielen würden. Ich setzte mich hinter Roz auf ihren Schneescooter. Unterwegs versuchte ich, ein bisschen Small Talk zu betreiben, und wollte wissen, wie viele Wörter für Schnee sie denn nun hätten, weil ich gehört hatte, dass es Hunderte wären. Ich glaube ja, dass sie all diese Wörter erfunden haben, damit es für die Wetterexperten hier ein bisschen spannender zugeht. Sie antwortete, ein paar gebe es schon, aber sie war eher darauf konzentriert, ihren Schneescooter zu steuern – keinen Schimmer, warum. Da war weit und breit nichts, womit sie hätte zusammenstoßen können. In dieser Gegend wäre ich sogar mit Stevie Wonder mitgefahren, und es wäre eine sichere Angelegenheit gewesen.

Je länger wir unterwegs waren, umso mehr tat mir alles weh, weil ich mich in dem eisigen Wind derart verkrampfte. Die Kälte war umso schlimmer, weil ich gerade nichts zu tun hatte. Zu Hause auf den Bus zu warten finde ich genauso ätzend. Ich gehe dann immer vor zur nächsten Haltestelle und steige erst dort ein.

Nachdem wir eine Stunde unterwegs gewesen waren, zeigte Roz nach vorn und rief: »Das ist Point Barrow.« Ich konnte rein gar nichts erkennen. Ich fragte noch einmal nach, und sie zeigte wieder in dieselbe Richtung. Dann stellte sie den Motor ab. »Willkommen am Point Barrow, Karl.« Aber außer einem vielleicht sechs Meter hohen Pfosten war dort nichts zu sehen. Es war also mehr oder weniger wie alles in Barrow. Ernsthaft. Geben Sie bei Google Maps »Point Barrow« ein. Oder wenn Sie gerade kein Internet zur Verfügung haben: Stellen Sie sich vor eine weiße Wand. Genau das habe ich auch gesehen. Roz erklärte mir, dass dies der nördlichste Punkt Alaskas sei – und dass wir somit ganz oben auf der Welt stünden. So fühlte es sich nur leider nicht an. Meine Kopfschmerzen waren wieder da, mir lief die Nase, und meine Füße wurden allmählich taub. Kein Wunder, dass Robben keine Hände oder Füße haben, und das hat auch rein gar nichts mit Evolution zu tun. Sie sind ihnen bei der Kälte womöglich ganz einfach abgefallen. Ich wandte ein, dass ich das mit der Welt und dem Obenstehen ein wenig anders sehen würde, weil es doch gemeinhin heißt, dass auch Wärme nach oben steigt. Aber vielleicht haben wir ja ein komplett falsches Verständnis von der Erde, und Australien liegt gar nicht »down under«, sondern »up over«, aber sie schien nicht zu begreifen, was ich ihr damit sagen wollte.

Wir waren weit und breit die einzigen Menschen, und ehrlich gestanden überraschte mich das nicht. Nachdem die Sonne unterging, war mir inzwischen bitterbitterkalt. Ich fragte sie, was wir denn als Nächstes tun würden, und sie erklärte, dass sie normalerweise eine Thermoskanne mit hierherbringe, aber heute ausnahmsweise darauf verzichtet habe. Daraufhin zog ich eine Wasserflasche aus meiner Manteltasche. Das Wasser war steinhart gefroren, und mein Galaxy-Ripple-Riegel war von der Kälte ganz bröselig geworden. Nicht einmal all meine Klamottenschichten hielten mich jetzt noch warm. Einige Einheimische tragen Tierfelle und Hosen aus Eisbärenpelz, um sich warm zu halten, aber das wäre nichts für mich. Ich mag weiße Kleidung nicht, weil ich mich immer umso mehr bekleckere, wenn ich weiße Hemden oder T-Shirts trage, nur weil ich mich so krampfhaft darum bemühe, nicht zu kleckern. Und ich glaube auch nicht, dass man eine Eisbärenpelzhose einfach so in die Waschmaschine stecken kann – ein weiterer Grund, warum ich keine haben wollte. Wann immer auf einem Kleidungsstück steht: »Chemisch reinigen lassen«, heißt das doch nur, dass es nie wieder gereinigt wird. Außerdem musste ich ganz furchtbar dringend pinkeln. Aus irgendeinem Grund muss man in der Kälte viel häufiger pinkeln – kein Wunder also, dass die DIXI-Eimer immer voll sind. Nur leider gab es nichts, wohinter ich mich hätte stellen können. In ganz Barrow scheint es keinen einzigen Baum zu geben. Vielleicht stand dieser Sechs-Meter-Pfosten ja deshalb dort. Roz erzählte mir, dass sie nur selten hierherkomme, aber wenn das Meer frei ist (also nicht überfroren), kommen die Leute genau hierher zum Walfang. In den nächsten Monaten werde hier allerdings kein einziger Wal aufkreuzen. Na klasse.

#8 Die Antarktis bereisen

#51 Am Nord oder Südpol stehen

Nachdem ich in Barrow war, glaube ich nicht, dass ich die Antarktis auch noch besichtigen muss. Ich nehme mal an, dass es dort ganz ähnlich aussieht wie hier. Man verschwendet ja auch keine Zeit darauf zu diskutieren, ob Teneriffa oder Benidorm das bessere Reiseziel ist. Ist doch alles das Gleiche.

Trotzdem war Barrow in Alaska sehenswert – schon allein weil es ein Ort ist, an dem eigentlich niemand leben sollte. Wirklich eigenartig, darüber nachzudenken, während ich dies hier schreibe: dass die Leute dort herumwirtschaften und auf Walspeck kauen. Meiner Meinung nach ist die beste Form, die Antarktis zu sehen, sich die entsprechende Folge von David Attenborough im Fernsehen anzusehen. Soll er doch diese ganzen Erkundungstouren machen. Es gibt dort ja doch nichts weiter als meilenweit nur Schnee, die Land-

schaft verändert sich nicht, und wenn man Filmaufnahmen von Pinguinen sieht, die dort querfeldein laufen, dann sehen sogar die verärgert aus, weil sie dort leben müssen – und immerhin stammen die von dort!
Und was den Nord- oder Südpol betrifft: Ich bin fest davon überzeugt, dass das genau so eine Sache ist, die man nur deshalb macht, um hinterher allen erzählen zu können, dass man sie gemacht hat. Es ist nicht besonders aufregend, und an jedem beliebigen anderen Punkt auf der Erde fühlt es sich ganz genauso an. Als ich in Afrika war, um Gorillas zu beobachten, stand ich kurz auf dem Äquator, aber ich erinnere mich nur noch an den guten Kaffee und den Muffin aus einem Café um die Ecke.

#44 Einen Gletscher sehen, bevor sie alle geschmolzen sind

Tags darauf bekam ich eine Nachricht von Stephen. Er wollte, dass ich zum Prinz-William-Sund fahre und mir ein paar Gletscher ansehe. Er erzählte mir, dass die Gletscher immer schneller schmelzen würden. Ich hielt dagegen, dass ich die Nase voll von Schnee und Eis hätte, fuhr dann aber trotzdem los. Ich bin mir nicht sicher, was für Erkenntnisse sich Stephen von diesem Ausflug zu den Gletschern versprach. Mir ist durchaus bewusst, dass sich die Erde erwärmt, aber was soll ich denn dagegen unternehmen? Ich glaube sogar wirklich, dass mein Energieverbrauch ganz anständig ist. Suzanne weise ich regelmäßig darauf hin, dass sie sich lieber einen Pulli oder einen Mantel überziehen soll, anstatt die Heizung aufzudrehen, oder zu Fuß zum Supermarkt gehen soll, statt das Auto zu nehmen. Und weil ich eine Glatze habe, benutze ich auch weder Föhn noch Glätteisen, wie Suzanne es tut. Insofern spare ich wesentlich mehr Energie. Außerdem kauft sie sinnlose Plastikgegenstände wie beispielsweise einen Küchenrollenhalter. Dabei kann so eine Rolle Küchenpapier ganz gut auch ohne den entsprechenden Halter aufrecht stehen. Überdies trage ich meine Socken auch mal mehrere Tage in Folge, wenn ich nicht allzu viel darin herumgelaufen bin. Dann nimmt Suzanne sie mir weg, um sie in die Waschmaschine zu werfen. Und dann ist da noch der Wasserkocher. Wenn Suzanne Abendessen kocht, fragt sie mich manchmal, ob ich einen Becher Tee haben will, und ich sage Ja. Dann stellt sie den Wasserkocher an, wendet sich wieder den Würstchen oder Eiern oder sonst was zu, vergisst den Tee und muss das Wasser ein zweites Mal aufkochen, wenn es ihr wieder einfällt. Sie behauptet immer, dass sie mehrere Dinge gleichzeitig tun könne, aber das stimmt überhaupt nicht. Am Ende muss sie das Wasser drei-, viermal aufkochen, bevor zu guter Letzt ein Teebeutel darin landet. Da würde ich doch sagen: Greenpeace sollte statt den Mineralölkonzernen lieber mal Suzanne auf die Füße treten!

> Kein Wunder, dass Robben keine Hände oder Füße haben, und das hat auch rein gar nichts mit Evolution zu tun. Sie sind ihnen bei der Kälte womöglich ganz einfach abgefallen.

Als das Boot sich den Gletschern näherte, wies unser Regisseur mich auf ein paar Eisbrocken hin, die heruntergekracht waren und jetzt wie kleine Pontons überall herumschwammen. Er behauptete, dass einige dieser Gletscher Abermillionen Jahre alt seien, aber ich kann so altem Eis nicht wahnsinnig viel abgewinnen. Eis ist nun mal Eis. Es hat einen Grund, warum bei *Kunst & Krempel* nie jemand mit einem alten Eisblock auftritt. Außerdem sind Abermillionen Jahre auch nicht ganz leicht zu fassen. Ricky und seine Freundin haben Suzanne und mir mal irgend so ein Fischfossil geschenkt, das 35 Millionen Jahre alt gewesen sein soll. Inzwischen hat es noch ein paar Jährchen mehr auf dem Buckel, weil sie es uns vor zwei Jahren zu Weihnachten geschenkt haben. Trotzdem liegt es einfach nur neben unserer Nintendo Wii herum.

Je länger wir unterwegs waren, umso mehr Eisbrocken schwammen um uns herum – Brocken von der Größe eines Mini Cooper wurden hochgeworfen und zerbrachen in den Wellen. Der Regisseur hörte überhaupt nicht mehr auf, von schmelzenden Gletschern zu reden und davon, dass ganze Uferareale irgendwann überschwemmt würden. Ich nehme an, deshalb wird inzwischen auch empfohlen, pro Tag so und so viel Wasser zu trinken. Mindestens zwei Liter am Tag, heißt es, und vielleicht wollen sie ja auf diese Weise ein bisschen Wasser wieder loswerden. Wenn ich so darüber nachdenke, müsste abgefülltes Wasser doch auch einen Teil zur Lösung des Problems beitragen. Als ich noch ein kleiner Junge war, gab es keine Wasserflaschen, aber inzwischen stehen in den Supermärkten Hunderte Liter zum Verkauf bereit, und das muss doch auch ein bisschen helfen. Wie gesagt, ich trage meinen Teil zur Rettung der Erde bei, aber andererseits verändert sich eben das eine oder andere, und manche Sachen verschwinden von der Bildfläche. Wie der Dodo. Der Dodo ist ausgestorben, und trotzdem geht das Leben weiter. Ricky regt sich über so etwas tierisch auf und behauptet dann immer, dass alles seinen Platz und seine Berechtigung habe, aber ich glaube nicht daran. Neulich hab ich irgendwo gelesen, dass es einen Koala gibt, der 22 Stunden am Tag schläft! Wenn dieser Koala in seinen wachen zwei Stunden nicht wie eine Schmeißfliege herumdüst und Zeug erledigt, dann verstehe ich wirklich nicht, was er zu dieser Welt beizutragen hat. Wenn er aufwacht, ist er garantiert erst mal 40 Minuten lang total groggy. Bleiben noch eine Stunde und 20 Minuten, die er womöglich darauf verwendet, das Bett für seinen faulen Hintern frisch zu machen.

Wie gesagt, ich spare Energie, weil ich Verschwendung für sinnlos halte. Das Stand-by-Lämpchen am Fernseher könnte man doch genauso gut weglassen – das frisst doch nur Strom. Statt immer wieder Hinweise zu lesen, dass man seine Geräte ausschalten soll – warum produziert man sie nicht von vornherein ohne diese Lämpchen? Das Licht im Kühlschrank kann genauso weg (Tiefkühltruhen haben schließlich auch kein Licht), Mindesthaltbarkeitsdaten führen dazu, dass Leute Nahrungsmittel wegwerfen, obwohl sie immer noch genießbar sind, und lieber schaffen wir uns neue Geräte an, als alte reparieren zu lassen. Ich würde sogar Knallbonbons und Überraschungseier verbieten, weil darin so viel Mist steckt, der über die ganze Welt verteilt wird, dass es schier unfassbar ist. Und all dieser Mist landet irgendwann auf einer Müllhalde. Da ist es schon bemerkenswert, wenn man darüber nachdenkt, dass sie in Ägypten Löcher buddeln und Schmuck und goldene Vasen aus grauer Vorzeit finden. Wenn irgendwann in der Zukunft mal bei uns gebuddelt wird, dann finden sie wohl nur einen Küchenrollenhalter aus Plastik.

Ich war gerade draußen an Deck, als plötzlich ein superlautes Krachen ertönte. Lauter als Donner. Es stammte von einem Eisblock, der von einem riesigen Gletscher brach – wahrscheinlich weil Suzanne gerade mal wieder den Wasserkocher angestellt hatte. Das Boot drehte bei, und zwei Typen schlüpften in Neoprenanzüge. Angeblich waren die beiden mit von der Partie, um für meine Sicherheit zu sorgen. Sie kannten sich mit kaltem Wasser aus. Normalerweise kümmern sie sich um Männer, die an Ölbohrinseln im eiskalten Wasser arbeiten, aber heute sollten sie mir dabei helfen, das Eis zu berühren. Ich bekam einen roten Anzug – die sicherste Farbe, behaupteten sie. Wie sich herausstellte, sollte ich in das eiskalte Wasser springen und dann näher an den Gletscher heranschwimmen. Das Rot würde sich gut von der Umgebung abheben, sollte ich aus irgendeinem Grund abdriften. Ich zog mich also um, und sie hatten natürlich recht, was das Rot vor all dem Weiß anging: Ich sah aus wie ein Geschwür auf dem bleichen Antlitz von Schneewittchen. Der Anzug stand mir nicht, vor allem weil er viel zu weit war. Die Neoprenanzüge der anderen waren viel besser. Sie sahen aus wie dieser Typ aus der Cadbury-Milk-Tray-Werbung oder dieser Schauspieler aus den *Bourne*-Filmen, während ich eher wie ein Schlüpfriger Kappenpilz aussah.

#86 Einen Eisberg berühren

Ich hatte den Gletscher gesehen und hätte mich durchaus damit zufriedengegeben. Warum einen Eisberg zu berühren diese Erfahrung noch besser machen sollte, war mir nicht klar. Ich kann nicht glauben, dass irgendjemand das wirklich gern machen will. Beim *Familien-Duell* ist die Topantwort auf die Frage, was man in seinem Leben noch unbedingt tun will, doch unter Garantie auch nicht: »Altes Eis anfassen.« Und warum nicht? Bestimmt nicht, weil die Passagiere der *Titanic* das dringende Bedürfnis hatten, sich nach dem Eisberg auszustrecken und mit der Hand darauf herumzutätscheln, bevor sie untergingen und ertranken.

Die zwei Sicherheitsleute baten mich, eine Art Codewort zu benennen, das ich herüberschreien sollte, sobald Wasser in meinen Anzug dringen würde, weil das Wasser so kalt war, dass es mich hätte umbringen können. Ich entschied mich für einen Ausdruck, den ich während der Reisen für *Ein Idiot unterwegs* auch schon benutzt hatte: »Kongresstörtchen«. Das Wort war perfekt, weil die Wahrscheinlichkeit, dass ich es aus Versehen sagen würde, äußerst gering war – außer wenn mich jemand gefragt hätte, was meine absolute Leibspeise ist. Aber ein derartiges Thema schienen die beiden Männer in Schwarz nicht anschneiden zu wollen. Sie fragten: »Kong… *was*?«, und ich sagte es noch einmal: »Kongresstörtchen. Das ist mein Lieblingskuchen. Ein Marzipangebäck mit Marmelade.« Sie taten sich damit sichtlich schwer, und letztlich schlug unser Regisseur vor, dass ich mir ein anderes Codewort ausdenken solle. »Wie wär's mit: ›Hilfe‹?«, entgegnete ich. »Das suggeriert doch, dass ich Hilfe brauche. Dafür wurde das Wort ja auch ursprünglich erfunden.« Am Ende entschieden wir uns für »Apfel«. Ich weiß, das klingt bescheuert, aber ganz egal, wofür man sich letztlich entscheidet: In einer Notsituation würde jedes Wort dämlich klingen. Wenn ich allerdings wirklich ertrunken wäre und Suzanne gefragt hätte, ob ich in meinen letzten Sekunden noch irgendein Wort an sie gerichtet hätte, hätten sie dann blöderweise sagen müssen: »Nein. Er hat bloß ›Apfel‹ gerufen.«

Nachdem wir uns also auf dieses Codewort geeinigt hatten, nahmen sie mich in einem kleinen Beiboot mit hinaus und schubsten mich über Bord. Ich versuchte, mich an der Seite festzuhalten, schaffte es jedoch nicht, weil mein Anzug nur drei Finger hatte und ich damit kaum nach etwas greifen konnte. Ich mag das Gefühl nicht, nichts greifen zu können. Als Kind hab ich mich genau deshalb geweigert, Fäustlinge zu tragen. Fäustlinge machen Finger überflüssig. Manchmal frage ich mich, ob wir uns nicht irgendwann dahin entwickelt hätten, mehr mit unseren Zehen zu erledigen, wenn der Mensch nicht eines Tages angefangen hätte, Socken und Schuhe zu tragen. Genauso hirnverbrannt sind übrigens Ofenhandschuhe. Wenn man mit einem schweren Hühnchen im Bräter rumhantiert und der Bratensaft überschwappt, braucht man doch einen festen Griff. Warum stellt man ausgerechnet in so kritischen Situationen seine Finger kalt? Ich hab Suzanne empfohlen, sich ein Paar Schweißerhandschuhe zuzulegen, aber sie meinte nur, die würden auf der Ablage in der Küche hässlich aussehen.

Die zwei Männer schoben mich noch ein Stück weiter vom Boot weg. Für zehn Minuten dümpelte ich im Wasser wie eine Kackwurst im DIXI-Eimer, während die Leute auf dem Boot mir dabei zusahen. Keiner sagte etwas. Es machte nicht besonders viel Spaß, und auch für die Zuschauer war es nicht wahnsinnig spektakulär. Alles, was ich hören konnte, war der Regen, der auf meinen Neoprenanzug trommelte. Nach sehr, sehr langen zehn Minuten sagte einer der Männer aus dem Beiboot: »Zeit ist um«, und sie hatten ihre Schuldigkeit getan. Ich bezweifle, dass sie für diese Tätigkeit stundenlang geschult worden waren. Sie zogen mich aus dem Wasser – also hatte mein Stündchen doch noch nicht geschlagen. Ich hoffe nur, dass dieses Stündchen irgendwann spannender wird als das, was ich gerade erlebt hatte.

Im Anschluss fuhren wir weiter an einen Ort namens Kodiak, wo ich einen Anruf von Ricky erhielt, der mir eröffnete, dass ich hier endlich einen lebenden Wal zu sehen bekäme. Ich würde dafür auch nicht eines dieser überbuchten Touristenboote besteigen und einer unter vielen sein, sondern an Bord eines echten Fischtrawlers gehen. Ich lernte die kleine Crew aus vier Leuten kennen, und schon ging es los. Brian war der Steuermann. Er sagte, er bekomme ständig Wale zu Gesicht. Das klang erst mal vielversprechend, und dass Wale vom Aussterben bedroht waren, machte den Ausflug umso wertvoller, nehme ich an. Das mag jetzt vielleicht gemein klingen, aber in ein paar Jahren gibt es womöglich keine Wale mehr. Man geht ja auch die Oma besuchen, wenn es ihr nicht mehr so gut geht, weil man nie wissen kann, wie lange sie noch leben wird, und drum macht man sich eben die Mühe. Außerdem ist das Meer für mich der spannendste Teil dieses Planeten. Die Erde ist zu 70 Prozent von Wasser bedeckt, insofern könnte man glatt annehmen, dass sie ohnehin eher für die Unterwasserwelt existiert als für uns Landbewohner. Ich schaue mir gern Dokus über die Ozeane an, ganz besonders wenn es um Tiefseekreaturen geht. Da gibt es ein paar sehr spezielle Sachen. Der Tiefsee-Anglerfisch ist einer meiner Favoriten: ein Fisch, dem die Evolution eine Art Glühbirne vorn auf dem Kopf mitgegeben hat, damit er in der Dunkelheit seine Beute finden kann. Ich hab mal von einem Mann gehört, der so einen Tiefsee-Anglerfisch in seinem Aquarium hielt. Er konnte mitten in der Nacht mit dessen Hilfe Zeitung lesen. Ein energiesparenderes Haustier kann man sich wohl kaum zulegen. Suzanne hat sich immer einen Fisch gewünscht, und ich hab immer gesagt, dass die doch nicht viel tun würden. Aber wenn wir ein paar von diesen Anglerfischen fürs Wohnzimmer bekämen, hätte ich tatsächlich nichts dagegen. Immerhin muss ich immer hinter Suzanne herlaufen und das Licht ausschalten, wenn sie es mal wieder angelassen hat. Seesterne sind ebenfalls toll. Es gibt eine Art, bei der ein verloren gegangener Arm nachwächst, und aus dem abgegangenen Arm kann irrsinnigerweise sogar ein ganzer neuer Seestern wachsen. Merkwürdiger geht es doch gar nicht. Keine Ahnung, ob man Seesterne essen kann, aber wenn ja, dann wären sie eine nie versiegende Snackquelle.

#30 Tauchen am Great Barrier Reef

Ich bin kein besonders guter Schwimmer, daher (und nach der Begegnung mit den Haien) wäre das wohl eher nichts für mich. Lieber stelle ich mich vor die Fischtheke bei Selfridges. Die Auswahl an Fischen dort ist echt beeindruckend. Okay, an toten Fischen – aber das heißt doch nur, dass man ganz nah rangehen und sie sogar anstupsen kann, ohne dass man Angst haben muss, dass im nächsten Augenblick ein Hai vorbeikommt und einem das Bein abbeißt.

Narwale sind ebenfalls irre Tiere. Sie haben nämlich ein riesiges Horn auf der Stirn. Ich bin immer wieder verwirrt darüber, dass so was wie ein Narwal tatsächlich existiert, andererseits sprechen die Leute auch immer wieder von dieser erfundenen mythischen Kreatur, dem Einhorn. Ein Einhorn ist nichts weiter als ein Pferd mit einem Horn. Wenn man eine mythische Kreatur erfindet, warum dann nicht gleich noch ein bisschen was draufpacken? Ein glatzköpfiges Lama mit Flügeln und Menschenfüßen – das wäre doch viel bemerkenswerter. Dabei hab ich das gerade nur schnell nebenbei aus dem Ärmel geschüttelt.

Neben der Tatsache, dass sie vom Aussterben bedroht sind, wollte ich außerdem Wale sehen, weil man sie eben nicht so einfach in einem Aquarium zu Gesicht bekommt. Letztes Jahr wollte ich mir einen gestrandeten Wal in Kent angucken, aber als ich endlich dort ankam, hatte die Gemeindeverwaltung ihn schon weggeschafft. Typisch. Wenn ich dort anrufe und will, dass sie meine alte Küchenzeile abholen, dann heißt es, ich müsse erst einen Termin ausmachen. Aber wenn ein Wal dort strandet, kümmern sie sich postwendend darum. In den Nachrichten hieß es, dass man Bruce nicht zu nahe kommen dürfe – sie hatten ihn aus unerfindlichen Gründen Bruce genannt –, weil man sich mit Tuberkulose anstecken konnte. Allerdings war ich als Schulkind dagegen geimpft worden, sodass ich mir dachte, das Risiko wäre es wert. In der Themse in London wurde auch schon mal ein Wal gesichtet. Offenbar hatte er sich verirrt. Passiert mir auch ständig. Ob man per Navi oder per Sonar unterwegs ist – sich in London zurechtzufinden ist eben nicht einfach.

Ich stand an der Reling und hielt nach Walflossen Ausschau, während die Crew ihrer Arbeit nachging, bis Brian vorschlug, dass ich mir einen Overall überziehen und mit anpacken solle. Ich wollte nicht unhöflich sein – ohne Brian würde ich wohl nie einen Wal zu Gesicht bekommen. Eric erwähnte, dass die Männer die ganze Nacht über fischen würden, und das bereitete mir Kopfzerbrechen, weil Meere in der Nacht tendenziell unruhiger werden und weil ich auf eine Nacht auf einem Fischtrawler nicht vorbereitet war. Ich hatte angenommen, wir würden lediglich für ein paar Stunden rausfahren. Ich zog mir also einen Overall über. Er stank erbärmlich. Nicht nur nach Fisch – sondern nach verrottetem Fisch. Ich muss jetzt noch würgen, wenn ich nur daran denke, wie schlimm das roch! Eric schickte mich in den Köderraum, wo ich mithelfen sollte, Köder zu zerschnippeln, und endete mit einem Kraken. Ich hätte nicht gewusst, dass es sich dabei um einen Kraken handelte, hätte man es mir nicht gesagt. Weil Kraken keine Knochen haben, hatten sie ihn offenbar einfach so in eine Kühlbox gestopft und dabei so platt gedrückt, dass es sogar Houdini beeindruckt hätte. Sie schlugen den platten Tiefkühlkraken ein paarmal auf den Schiffsboden, um ihn aufzutauen und ein bisschen beweglicher zu machen. Wenn Roz dabei gewesen wäre, hätte sie garantiert gedacht, sie würden gerade die Vorspeise servieren.

Mein Job war, daraus Stücke von der Größe einer Kartoffel zu schneiden. Kraken sind wirklich schlau. Ich erzählte Eric gerade vom Kraken Paul, der bei der Fußball-WM 2010 die Spielergebnisse vorhergesagt hatte – auch wenn ich nicht gerade überwältigt gewesen war, als er schon vorher gewusst hatte, dass England verlieren würde. Aber das hätte wohl selbst ein Seestern gewusst – und Seesterne haben kein Gehirn. Ich schaffte es fünf Krakenarme lang, dann musste ich abbrechen. Das Rumpeln des Motors, der stinkende Overall und all der zerschnittene Fisch setzten mir kolossal zu, und ich wäre am liebsten hoch an Deck gelaufen und hätte ein bisschen frische Luft geschnappt. Allerdings ließen sie mich nicht gehen. Stattdessen hieß es: »Weiterschnippeln!« Ich arbeitete mich also weiter durch die unzähligen Arme. Vorwissen kann einem so eine Tätigkeit echt erschweren. Ricky hatte mir vor Urzeiten mal erzählt, dass die Hoden des Kraken in seinem Kopf säßen. »Na klar«, hatte ich erwidert, »wo denn sonst? Die bestehen doch eh nur aus einem Kopf mit Beinen.« Trotzdem hatte ich die Information abgespeichert, und als ich jetzt aufgefordert wurde, den Kopf in Stücke zu hacken, und schleimiges Zeug daraus hervorsickerte, war es endgültig um mich geschehen. Ich ließ alles stehen und liegen und kauerte mich an Deck und atmete ein paarmal tief durch.

Der Regisseur kam auf mich zu und wollte mit mir reden, aber er blieb nicht lange, weil der Gestank meines Overalls schon bald zu viel für ihn wurde und er kotzen gehen musste. Freddie, der Tontechniker, bot mir Tabletten an, die ich im Mund zergehen lassen sollte und die angeblich gegen Seekrankheit halfen, aber bei mir funktionierte es nicht. Daraufhin empfahl mir Richard, wieder hineinzugehen, aber diesmal in die angenehmere Ecke und nicht in den Köderraum. Wenn ich jetzt darüber nachdenke, nehme ich an, er wollte auch einfach nur noch von dort weg.

Ich versuchte, mich abzulenken, indem ich mir eine der DVDs ansah, die sie an Bord hatten. Ich entschied mich für *King Kong*, aber mir war so schlecht, dass ich es nicht einmal lange genug aushielt, um die DVD in den Rekorder zu schieben und den richtigen Kanal einzustellen. Ich wollte nur noch von diesem Boot runter – aber ich saß in der Falle. Überhaupt war dies das Allerschlimmste an der Fahrt: dass man hier nicht entkommen konnte. Ich kämpfte mich vor bis zum Bug des Trawlers, wo kaum Platz für andere Leute war, was mir ganz gelegen kam, und außerdem war man dort am weitesten entfernt von diesem Fischgeruch. Ich wollte einfach nur noch weg und allein sein. Ich saß da, hatte die Augen geschlossen und atmete angestrengt. Dann rief Brian, der Steuermann, er habe vor uns einen Pottwal im Wasser gesichtet, und ich riss die Augen auf. Ich sah gerade noch so, wie die Schwanzflosse wieder im Wasser verschwand. Ich dachte schon, wir würden noch ein Stück näher an ihn heranfahren. Falsch gedacht. Als ich mich wieder hinsetzte und die Augen zumachte, konnte ich das tiefe Seufzen des Wals hören. Angeblich ist das ihre Art zu kommunizieren, aber ich habe daran meine Zweifel; auch wenn sie sich angeblich vor mehr als fünfzig Millionen Jahren von Land- zu Meeressäugetieren entwickelt haben, haben sie sich womöglich immer noch nicht an die raue See gewöhnt und seufzen, weil sie seekrank sind.

Richard, der Regisseur, hatte sich hingelegt, um die Übelkeit einfach wegzuschlafen. Die Tablette half immer noch nicht, also probierte ich stattdessen eines der Fisherman's Friends aus, die ich mitgebracht hatte. Aber auch die machten es nicht besser. Warum diese Pastillen besonders beliebt bei Fischern sein sollen, obwohl sie nicht gegen Seekrankheit helfen, verstehe, wer will. Es ist noch nicht mal so, als wäre die Zielgruppe besonders groß. Da könnte man doch genauso gut Süßigkeiten nur für Schülerlotsen herstellen.

Inzwischen saß ich im Finstern. Es war eiskalt, aber zumindest ließen mich die anderen in Ruhe. Irgendwann kam Brian nach vorn und teilte mir mit, er fahre jetzt zurück und bringe uns an Land, nachdem ich ja obendrein jetzt einen Wal gesehen hätte, und das fand ich wirklich anständig von ihm. Ich glaube, auch der Rest des Teams war dankbar, nicht länger auf dem Wasser sein zu müssen. Gegen halb zwei Uhr nachts kamen wir im Hafen an – und ich war heilfroh, wieder festen Boden unter den Füßen zu haben.

Richard und ich waren am Verhungern, weil wir seit dem frühen Mittag nichts mehr gegessen hatten, und entschieden uns, dem 24-Stunden-McDonald's neben unserem Motel die Ehre zu geben. Ein Big Mac, Pommes und eine Apfeltasche war exakt das, was ich jetzt brauchte, allerdings war die Tür verschlossen, sodass wir hinüber zum Drive-Through-Schalter gingen.

DRIVE-THROUGH-SCHALTERKNABE: Sorry, das hier ist der Drive Through. Sie müssen mit dem Auto kommen.
KARL: Wir haben aber kein Auto.
DRIVE-THROUGH-SCHALTERKNABE: Sorry, so sind die Regeln. Wenn Sie nicht mit dem Auto kommen, darf ich Ihnen nichts verkaufen.
KARL: Aber wir sind am Verhungern.
DRIVE-THROUGH-SCHALTERKNABE: Sorry, Sir. Ich verliere meinen Job, wenn ich Sie trotzdem bediene.
KARL: Aber das kriegt doch niemand mit. Es ist zwei Uhr nachts. Wie soll Ihr Vorgesetzter das denn mitbekommen?
DRIVE-THROUGH-SCHALTERKNABE: Überwachungskameras, Sir. Hier wird alles auf Video aufgezeichnet.

Kein Wunder, dass die Gletscher schmelzen, wenn man gezwungen ist, Auto zu fahren, statt auf eigenen Beinen zu laufen.

KAPITEL 5

#16 Berggorillas in ihrem natürlichen Lebensraum begegnen

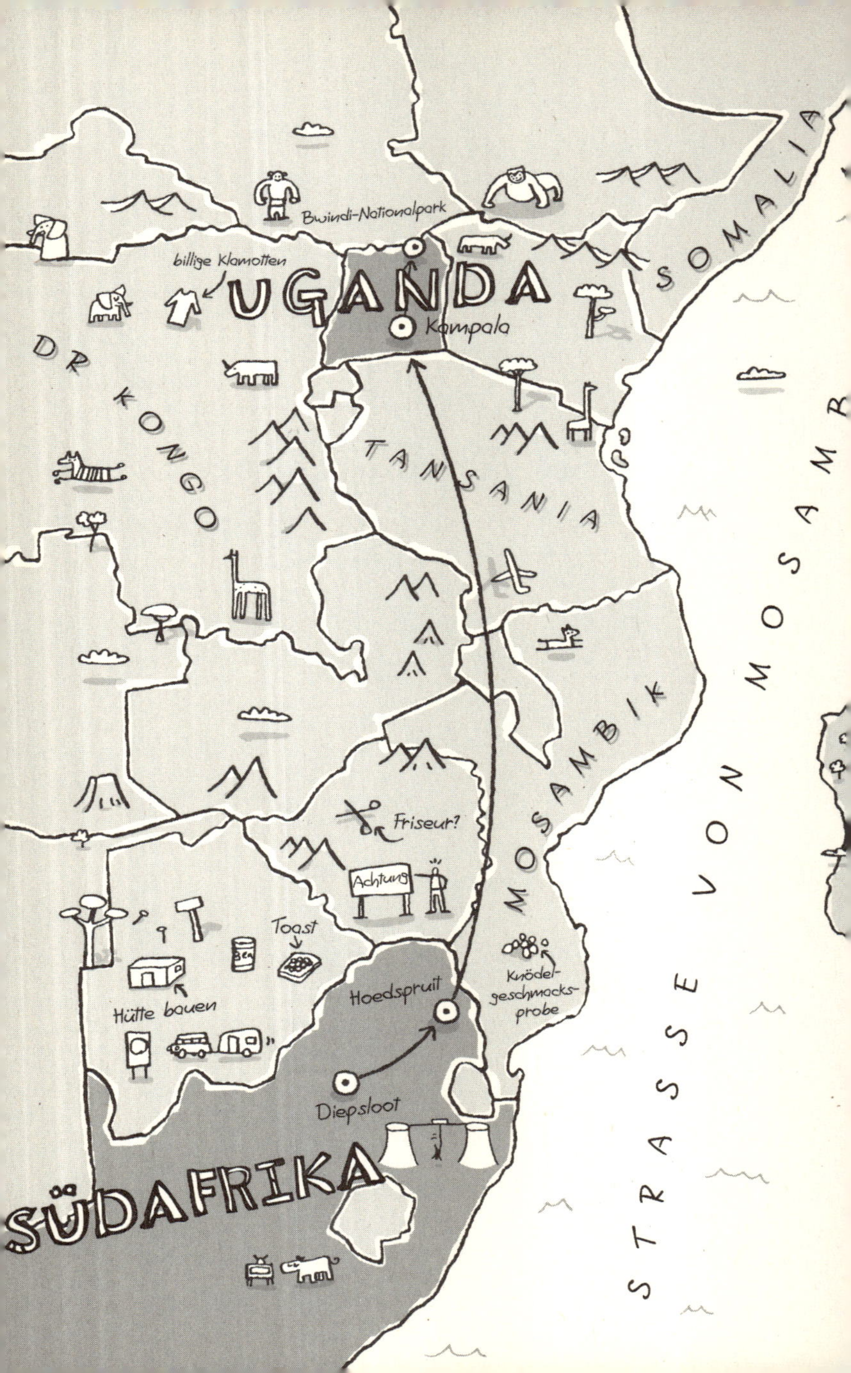

Bwindi-Nationalpark
billige Klamotten
UGANDA
Kampala
SOMALIA
DR KONGO
TANSANIA
MOSAMBIK
STRASSE VON MOSAMB
Friseur?
Achtung
Toast
Hütte bauen
Knödel-
geschmacks-
probe
Hoedspruit
Diepsloot
SÜDAFRIKA

RICKY: Guck mal – Berggorillas in ihrem natürlichen Lebensraum begegnen. Ein Privileg. Eine der bedrohtesten Tierarten der Welt und einer unserer nächsten Verwandten! Gorillagene stimmen zu 98 Prozent mit unseren überein.
STEPHEN: Das ist mehr als bei dir, würde ich sagen.
KARL: Sie sind mit uns verwandt, aber sie leben nicht nach den gleichen Regeln. Überall heißt es, sie seien zu 98 Prozent menschlich, aber wenn ich dort hinfahre und sie mir den Kopf abreißen, dann werden auf einmal keine menschlichen Maßstäbe mehr angelegt. Dann kommen sie damit davon.
RICKY: Na ja, sie sind ungefähr sechsmal so stark wie ein durchschnittlicher Mann …
KARL: Siehst du? Ich würde so einem Gorilla nicht von Angesicht zu Angesicht begegnen wollen. Allerdings hab ich schon mal einen im Zoo gesehen, und der hat mir tatsächlich imponiert.
RICKY: Und warum hat er dir imponiert?
KARL: Seine Augen sahen so menschlich aus. Ich hab ihn stundenlang beobachtet.
RICKY: Auge in Auge mit einem Berggorilla in seinem natürlichen Lebensraum – das wäre doch wie ein Gipfeltreffen. Und unter dem Blätterdach seid ihr beide nackt.
KARL: Ich soll schon wieder nackt sein, ist es das? Was hast du eigentlich immer mit diesem Nacktsein?
RICKY: Sie mögen keine Kleidung – und du hast am ganzen Körper Haare. Da stehen die Chancen doch umso besser, die Ähnlichkeiten zu erkennen.
KARL: Ich werde nicht nackt durch den Wald laufen und Affen suchen. Irgendwo hört so ein Wald doch auf – und dann steht auf einmal irgendein Affe vor mir, und ich nehme splitterfasernackt die Beine in die Hand.

»Warum hast du denn diesen Mist mitgebracht?«, hörte ich meinen Dad rufen, als ich dort zu Besuch war. So reagierte mein Vater immer, wenn Mum einkaufen war.

»Du hast doch gesagt, du brauchst ein schickes neues Adressbuch. Schicker als das da geht es doch wohl nicht – das trägt sogar Krawatte!«

»Ja, aber ich dachte eher an einen schlichten Ledereinband. Blödes Huhn!«

Meine Mum hatte das Adressbuch in einem Charity-Secondhandladen gefunden. Das sind die einzigen Läden, die sie heutzutage überhaupt noch betritt. Einmal pro Woche fährt Dad sie in die Stadt, und dann geht sie bei Oxfam, bei der Heart Foundation, beim Tierschutzbund und bei Barnardo's Plunder shoppen.

»Warum kannst du nicht wenigstens anständiges Zeug kaufen, das irgendwas wert ist«, fragte Dad, »wie diese Leute bei *Kunst & Krempel*? Wirf das weg!«

Sie hat mal gesagt, dass sie nach ihrem Tod mit all den Sachen, die sie im Lauf der Jahre gekauft hat, beerdigt werden will wie ein ägyptischer Pharao. Nur weiß ich nicht, ob mit so viel Gerümpel in der Grube noch von einem Grab oder schon von einer Mülldeponie die Rede sein könnte. Mein Dad denkt wahrscheinlich, dass er nicht genug für Wohltätigkeitsorganisationen tut, aber das stimmt nicht. Er ist schließlich derjenige, der Mum das Geld überweist, das sie bei Oxfam ausgibt, und der den ganzen Mist wieder dorthin zurückträgt, den Mum zuvor gekauft hat, damit er ein zweites Mal verkauft werden kann (manchmal sogar erneut an Mum). Er hält ganz allein einen riesigen Wohltätigkeitskreislauf aufrecht.

Ich erwähne das alles nur, weil Ricky und Stephen gern wollten, dass ich mich in Afrika diesbezüglich ein wenig engagieren sollte. Die Gorillas, die ich beobachten würde, lebten in Uganda, aber mein erster Aufenthalt sollte in Südafrika sein.

STEPHEN: Dinge zu tun, die man im Leben eben mal getan haben will, kann übrigens auch beinhalten, ausnahmsweise mal für andere da zu sein.
KARL: Moment mal, was soll das denn heißen – ausnahmsweise? Ich bin oft für andere da.
STEPHEN: Aha.
KARL: Wenn ich dir einen Kontoauszug zeigen würde, würdest du glatt denken, der wäre von Mutter Teresa.

Als ich vor Jahren noch an der Hauptstraße wohnte, hab ich auf ziemlich vielen Spendenlisten unterschrieben, weil dort eine Zeit lang so viele Spendensammler unterwegs waren, dass ich mir fast sicher bin, dass die Unfallquote dort rapide in die Höhe schnellte, weil alle schnell die viel befahrene Straße überqueren wollten, um diesen Sammlern aus dem Weg zu gehen. Ich hätte damals selbst Spenden sammeln sollen, und zwar für die dringend benötigten Zebrastreifen. Manchmal schlüpfte ich nur hinaus, um schnell einen Liter Milch einzukaufen, und kam 25 Minuten später mit der Milch und einer Quittung über eine Spende für irgendeinen humpelnden Schneeleoparden wieder. Ich glaube wirklich, das ist auch der Grund, warum es immer beliebter wird, sich sein Essen online zu bestellen und nach Hause liefern zu lassen. So kommt man um diese Leute mit den Klemmbrettern herum. Und wenn diese Organisationen erst mal deine Telefonnummer haben, wirst du sie nie mehr los. Wann immer irgendwo auf der Welt eine Katastrophe passiert, gehe ich für eine Weile nicht mehr ans Telefon, weil ich die erste Adresse für diese Leute zu sein scheine, die sie um Hilfe anbetteln. Wenn das Rote Kreuz je Kandidat bei *Wer wird Millionär?* würde, wäre ich der Telefonjoker.

#93 Durch den Ärmelkanal schwimmen

Früher ging man nach Primrose Hill oder Hampstead, wenn man Promis sehen wollte. Heutzutage hängen diese Promis samt und sonders im Ärmelkanal herum und sammeln Geld für wohltätige Zwecke. Man kann inzwischen nicht mal mehr die Lokalnachrichten einschalten, ohne dass von irgendeiner Fernsehgröße berichtet wird, die gerade den Ärmelkanal durchschwommen hat. Da wundert es einen nicht, dass die Zahl der Einwanderer steigt. Wenn mopsige TV-Sternchen mal eben so zum Spaß rüber zum Kontinent schwimmen, sieht man ja auf einen Blick, wie leicht es ist, aufs britische Festland zu kommen.

Problem dabei ist nur, dass man nicht so leicht erkennt, wem man sein Geld am besten geben soll. Ich hab mal irgendwo gelesen, dass Geld für einen Elefanten gesammelt wurde, der zwei Paar Pantoffeln für seine wunden Sohlen benötigte, und an anderer Stelle war von einem Mann aus den USA die Rede, der so dicke Eier hatte, dass er sie fast wie beim Fußballtraining mit kleinen Kicks in der Luft halten konnte, während er die Straße hinunterspazierte. Seine Eier waren so angeschwollen, dass sie an die 50 Kilo wogen, aber er konnte es sich einfach nicht leisten, sich behandeln zu lassen – und gleichzeitig gab es irgendwo einen Elefanten, der Pantoffeln trug!

#81 Ehrenamtlich tätig werden

Nachdem wir in Südafrika gelandet waren, fuhren wir zu einem Ort namens Diepsloot, eine der am dichtesten besiedelten und eine der ärmsten Townships von Johannesburg. Ich wartete am Straßenrand auf einen gewissen Sepo, der mich abholen sollte, und so weit das Auge reichte, standen um mich herum nur Hütten und noch mehr Hütten. Wie Lagerfeuer waren sie aus allen erdenklichen Materialien zusammengeschustert worden, die man hatte finden können, um sich ein Dach über dem Kopf zu bauen. Ich war von dem Anblick nicht wahnsinnig schockiert, weil wir so was immer und immer wieder im Fernsehen gezeigt bekommen, insofern war ich darauf vorbereitet. Aber im Gegensatz zu der TV-Berichterstattung über Orte wie diesen waren hier mitnichten alle krank oder sonst wie übel dran. Die Atmosphäre entsprach vielmehr der in jener Wohnsiedlung, in der ich selbst aufgewachsen war: wo die Leute wussten, dass sie nicht eben auf der Sonnenseite des Lebens standen, aber trotzdem einfach weitermachten. Die Stimmungslage war sogar verhältnismäßig optimistisch, und man konnte den Gemeinschaftssinn hier eher spüren als dort, wo ich inzwischen wohne.

Dann fuhr Sepo vor. Seine Mission ist es, die Aufmerksamkeit und Spendenbereitschaft für die Townships zu wecken. Er begrüßte mich mit Handschlag – mit einem so ausgiebigen und komplizierten Ritual, dass ich glaube, sogar schon bei *Let's Dance* einfachere Choreografien gesehen zu haben. Wenn die Leute sich hier immer auf diese Weise die Hand geben, wundert es mich nicht, dass es so lange dauert, bis hier irgendetwas erledigt wird.

Ich stieg auf den Beifahrersitz, und wir fuhren los.

KARL: Wie viele Leute leben hier eigentlich?
SEPO: Gut 600 000.
KARL: 600 000?!
SEPO: Ja, auch wenn die Statistik wahrscheinlich eher von 300 000 spricht. Aber wir konnten nachweisen, dass es keine 300 000 mehr sind. Wir sind viel unterwegs gewesen und haben eigene Zählungen durchgeführt. Es sind definitiv mehr als 300 000. Und trotzdem gibt es hier nur zwei Krankenhäuser.

All diese Hütten systematisch zu erfassen musste ein Albtraum gewesen sein. Hier steht alles so eng zusammen, dass es kein ordentliches Straßensystem gibt. Und Sepo erwähnte obendrein, dass immer längst schon wieder neue Leute zugezogen seien, sobald sie auch nur annahmen, dass sie ein bestimmtes Areal ausgezählt hätten. Ein unmögliches Unterfangen.

Zuerst wollte Sepo bei einer Schule anhalten, wo ich den Lehrer für die einheimischen Schüler spielen sollte. Die Vorstellung allein versetzte mich in Panik – was hatte ich ihnen denn schon zu bieten? Ich kenne mich auf keinem Gebiet wirklich gut aus, und in der Schule war ich ziemlich schlecht. Bei jeder Sonntagabend-Quizshow im Fernsehen hab ich mehr gelernt als in einer ganzen Schulwoche. Wissen muss spannend aufbereitet sein, wenn ich es mir merken soll. Ich glaube ja, dass die Kinder heutzutage zu viel lernen müssen, und dabei fallen grundlegende Dinge wie Mathe oder Rechtschreibung unter den Tisch. Ich hab das kleine Einmaleins nie wirklich durchdrungen, weil meine Lehrer damals mehr Wert darauf gelegt haben, Algebra und Venn-Diagramme durchzunehmen und uns beizubringen, wie man auf Französisch Fisch kauft. Völlig unnütz – ich esse nicht gern Fisch.

Eine bessere Matheübung war da schon, die Punkte für irgendeine Quizshow zusammenzuzählen. Wenn ich damals nicht so viel ferngesehen hätte, wüsste ich nicht, was aus mir geworden wäre. Es war wirklich nicht so, als hätte ich mir in der Schule keine Mühe gegeben, aber mein Hirn hat sich damals schlichtweg verweigert. Ich hatte keinen Spaß am Lernen, und so verlor ich irgendwann den Anschluss. Die Unterrichtsstunden brachte ich überwiegend damit zu, meine Fehler mit fläschchenweise Tipp-Ex zu korrigieren. Jahre später ist mir mal eines meiner Schulhefte in die Hände gefallen, und die Seiten waren von all dem Tipp-Ex ganz steif und bröselig wie Papadams. Die Lehrer begriffen manchmal gar nicht, wie schlecht ich in einigen Fächern tatsächlich war, weil ich meine Aufgaben hin und wieder von einem Mitschüler korrigieren ließ, mit dem ich mein Heft austauschte, während der Lehrer die korrekten Antworten vorlas. Wenn ich heute darüber nachdenke, kommt es mir fast wie bei einem Pubquiz vor.

Auf dem Weg zu dieser Schule überholten wir ein paar Kinder auf BMX-Rädern, und ich schlug vor, dass ich ihnen ein paar Tricks zeigen könne, die ich selbst damals auf meinem Rad eingeübt hatte – ich dachte natürlich eher an eine Sportstunde –, aber Sepo glaubte allen Ernstes, dass ich ihnen mehr als das zu bieten hätte. Da war ich mir nicht so sicher. Ben – ein Regisseur, der manchmal mit Luke zusammenarbeitet – machte den Vorschlag, ich solle den Kindern doch erzählen, was ich bei meinen Reisen rund um die Welt alles gelernt hätte. Allerdings würden die wenigsten von ihnen diese Gegend je verlassen. Insofern würden sie doch nützlicheres Wissen brauchen. Dort hineinzuspazieren und zu berichten, dass öffentliche Toiletten in China keine Türen haben, würde sie wahrscheinlich nicht einmal schockieren. Einige dieser Kinder hatten nicht einmal Türen an ihren Hütten.

Dann teilte Sepo mir mit, dass sich die Kinder bereits ein Thema für mich ausgesucht hätten. Sie wollten mit mir über das Thema »Risiko« sprechen. Keinen Schimmer, wo ich da hätte anfangen sollen. Ich hatte nicht die geringste Ahnung, welchen Risiken die

Kinder hier in dieser Gegend ausgesetzt waren, und ich bezweifelte, dass britische Straßenverkehrsregeln sie interessierten.

Im Klassenzimmer wartete ein knappes Dutzend Schüler auf mich – nicht gerade viel, wenn man bedenkt, dass mein Klassenzimmer damals bis auf den letzten Stuhl voll besetzt war. Ich glaube, ich war auf der einzigen Schule, die Stehplätze vergab.

Zu Beginn versuchte ich, superstreng aufzutreten, damit die Schüler gar nicht erst auf die Idee kämen, mir auf der Nase herumzutanzen.

KARL: Also gut. Da hinten ist jetzt sofort Ruhe! Okay, wer macht bitte schön die Tür zu? Die Tür offen stehen zu lassen ist nämlich ziemlich riskant, müsst ihr wissen. Okay, in Ordnung. Also, ihr wollt mehr über das Risiko erfahren. Ist jemand hier irgendwelchen Risiken im Leben ausgesetzt?

SCHULKIND: Darf ich?

KARL: Natürlich. Bitte.

SCHULKIND: Jugendliche können schwanger werden. Das ist ein Risiko.

KARL: Wie alt bist du denn, dass du dir darüber schon Gedanken machst?

SCHULKIND: Dreizehn.

KARL: Dreizehn! Ich hab mir mit dreizehn noch keine Gedanken gemacht, ob ich Kinder haben wollte. Mal ehrlich – ich hätte eigentlich gedacht, dass ich herkomme und wir uns über Humpty Dumpty unterhalten. Aber ihr wollt allen Ernstes über Risiken sprechen?

SEPO: Ja.

KARL: Beim Geschlechtsverkehr? Verstehe ich das richtig? Darüber sprechen wir hier gerade?

SCHULKINDER: Ja.

Ich versuchte, mich daran zu erinnern, wie mein Aufklärungsunterricht in der Schule ausgesehen hatte, aber ich wusste nur noch, dass die gesamte Klasse um einen kleinen tragbaren Fernseher herumgesessen und sich auf einer altersschwachen VHS-Kassette angesehen hatte, wie ein paar echt haarige Leute es miteinander trieben. Da hatten Risiken an sich nicht die geringste Rolle gespielt.

KARL: In Ordnung, dann wollen wir mal sehen. Wollt ihr denn alle Kinder haben, wenn ihr älter seid?
SCHULKINDER: Ja.
KARL: Ähm … Also, ich hab selbst keine Kinder, nur damit ihr Bescheid wisst. Ich bin jetzt 38, hab aber keine Kinder.
SCHULKIND: Warum hast du denn keine, wenn du doch schon so alt bist?
KARL: So alt bin ich doch noch gar nicht! Ich hab nur deshalb keine Kinder, weil Kinder anstrengend sind. Ich war ja selbst mal ein Kind. Und ich war ziemlich anstrengend. Man kann nicht einfach sagen: »Ach, ich krieg jetzt mal ein Kind« – so ein Kind ist ja nicht wie ein Hund, den man irgendwann vor die Tür setzt, wenn man die Nase voll von ihm hat. Um ein Kind muss man sich jahrelang kümmern.
SCHULKIND: Dann hast du also keine Frau.
KARL: Nein, also, doch, ich habe eine Freundin, aber wir sind nicht verheiratet. Sie ist meine Freundin, schon siebzehn Jahre.
SCHULKINDER (schnappen nach Luft)
SCHULKIND: Das ist zu jung!
KARL: Nein, nein, sie ist nicht siebzehn Jahre alt, sondern wir sind seit siebzehn Jahren zusammen!
SCHULKINDER: Aaaaah. (Gelächter)
KARL: Okay. Ich hab ihr gegenüber mal angedeutet, dass sie

meinetwegen gern ein Kind haben dürfe, wenn sie wolle, aber ich will damit nichts zu tun haben. In einer Beziehung muss es einen geben, der sich um das Kind kümmert, versteht ihr? Entweder der Vater oder die Mutter. Und ich muss immer viel arbeiten.

SCHULKIND: Was arbeitest du denn?

KARL: Schau mich an – ich bin in Afrika. Wenn ich jetzt ein Kind hätte, das daheim in London geblieben wäre, wer würde denn darauf aufpassen? Ein Kind muss gefüttert werden, es braucht Schuhe an den Füßen … Und ich muss arbeiten gehen. Das ist eben meine Aufgabe im Leben.

SCHULKIND: Aber du hast doch eine Frau, die mit dem Kind daheimbleiben kann.

KARL: Nein, ehrlich, ihr kennt sie nicht. Anfangs würde sie vielleicht behaupten, dass sie sich gern um das Kind kümmert, aber nach einem Jahr oder so würde sie sagen: »Kümmer du dich darum. Ich hab die Nase voll.« Genau so ist sie nämlich.

SCHULKIND: Sie könnte dich schlagen.

KARL: Schlagen?

SCHULKIND: Ja, wenn du ihr befiehlst, dass sie mit dem Baby daheimbleiben muss.

KARL: Sie würde sowieso nicht auf mich hören. Das alles ist leicht gesagt, aber ihr wisst nicht, wie sie ist – sie würde sagen: »Nein, nein, das ist auch deine Schuld. Ich gehe jetzt mit meinen Freundinnen aus, und du bleibst hier und kümmerst dich darum.« Und dann säße ich da mit einem Baby, das ich gar nicht gewollt habe. Und das ist doch nicht gut, oder? Und genau das wollte ich sagen: Lasst euch mit Kindern bloß Zeit! So ein Kind kann ganz schön viel Arbeit machen. Ein Baby großzuziehen ist eines der schwierigsten

Dinge im Leben. Der eine oder andere behauptet vielleicht, ein Umzug sei anstrengend, aber im Vergleich zu einem Baby ist das ein Spaziergang! Also, denkt erst mal darüber nach. Habt ihr alle Geschwister?

SCHULKINDER: Ja.

KARL: Die meisten Leute haben Geschwister. Und vor allem hier ist es ganz normal, eine große Familie zu haben. Wo ich herkomme, ist so was ziemlich teuer. Ein Haus mit zwei Schlafzimmern in London kostet so was wie eine halbe Million.

SCHULKIND: Aber du kannst doch auch in einem kleineren Haus wohnen.

KARL: Will ich aber nicht. Ich arbeite viel, und ich sehe nicht ein, warum ich in einem kleineren Haus wohnen sollte, nur um ein Kind zu haben.

SCHULKIND: Dann eben in einer Hütte. Da kann man auch gut wohnen. Die meisten Menschen wohnen in einer Hütte.

KARL: Ich weiß, aber wollt ihr es denn nicht auch mal besser haben? Oder seid ihr zufrieden damit, hier aufzuwachsen und für immer in einer Hütte in Diepsloot zu wohnen?

SCHULKIND: Nein, aber du könntest erst ein Kind kriegen und dir dann ein größeres Haus bauen.

KARL: Aber das ist doch die falsche Reihenfolge! Erst geht man arbeiten. Wisst ihr eigentlich schon, was ihr werden wollt, wenn ihr groß seid?

SCHULKINDER: Ja.

KARL: Ihr habt also alle schon eine Vorstellung? Dann denkt immer daran. Konzentriert euch darauf, Arbeit zu finden. Sucht euch diese Arbeit, lernt eine Frau kennen – oder einen Mann. Dann macht's euch eine Weile nett … aber Vorsicht, ihr müsst immer ein Kondom benutzen. Und wenn ihr dann irgendwann ein gemeinsames Haus habt und wenn ihr schon eine Weile zusammen gewesen seid und wisst, dass diese Person euer Partner fürs Leben ist, dann könnt ihr vielleicht das Kondom weglassen. Und ein Baby bekommen. Aber lasst euch damit bloß Zeit! Okay, das hätten wir also. Was wollt ihr noch von mir wissen? Was kann ich euch noch erzählen? Ach, eine Sache noch: Bevor ihr ein Baby bekommt, müsst ihr erst fahren lernen. Das ist sehr nützlich.

SCHULKIND: Wir kriegen Kinder, bevor wir fahren lernen.

KARL: Nein! Warum die Eile, ein Kind zu bekommen? Hast du mir nicht zugehört? Was ist denn los mit dir? Wie alt bist du überhaupt?

SCHULKIND: Dreizehn.

KARL: Mit dreizehn will man noch kein Kind bekommen, nicht bevor man einundzwanzig, zweiundzwanzig ist! So was hat wirklich keine Eile. Lass dir einfach Zeit.

SCHULKIND: Wer hat dir denn die Haare geschnitten? Du selbst?

KARL: Nein, die sind nicht geschnitten. Das ist keine Frisur. Mir sind einfach die Haare ausgefallen.

Ich merkte natürlich, dass sie sich allmählich langweilten, und fragte, ob sie stattdessen ein bisschen auf den BMX-Rädern herumfahren wollten, die ich auf dem Weg hierher gesehen hatte. Schlagartig waren sie wieder hellwach. Ich zeigte ihnen ein paar Tricks, die ich in ihrem Alter eingeübt hatte, und dachte insgeheim, dass ich ihnen ein paar gute Tipps mit auf den Weg gegeben hätte. Wenn zumindest ein oder zwei von ihnen mir zugehört hatten, dann war doch schon etwas gewonnen. Ein paar der BMX-Tricks, die ich in meinen Zwanzigern gekonnt hatte, klappten noch. Wenn das mal kein Beweis dafür war, dass ich durchaus Sachen im Gedächtnis behalten kann, die mir Spaß machen!

Laut Sepo war mein Einsatz allerdings noch nicht vorbei. Ich sollte einem Einheimischen beim Bau einer neuen Hütte helfen. Wir holten einen 500-Pfund-Unterstand ab, den Ricky und Stephen im Vorfeld bezahlt hatten, und jetzt sollte ich ihn aufbauen. Dafür fuhren wir tiefer in die Township hinein. Je länger wir fuhren, umso schmaler und unwegsamer wurden die Straßen und umso dichter gedrängt standen die Hütten beieinander. Der Mann, dessen Hütte ich aufstellen sollte, war krank, aber Sepo zufolge schon wieder auf dem Weg der Besserung. Zusammen mit seiner Frau und drei Kleinkindern lebte er in einem Verschlag, der aus einem einzigen Raum bestand, vielleicht zweieinhalb auf dreieinhalb Meter. Ihre wenigen Habseligkeiten hatten sie bereits vor die Tür gestellt – ein Bett, ein paar Kommoden, Decken und Geschirr –, sodass die drei Bauarbeiter, die ehrenamtlich dort arbeiten sollten, und ich sofort anfangen konnten, den alten Schuppen in Stücke zu schlagen, der nur mit dem einen oder anderen rostigen Nagel hier und da zusammengehalten wurde. Dabei war er noch nicht einmal vor allzu langer Zeit aufgebaut worden. Das weiß ich, weil ich darunter eine Ausgabe der *Sun* von 2008 gefunden habe – mit Cheryl Cole und ihren Problemen mit Ehemann Ashley auf der Titelseite. Schon komisch, wenn man sich vorstellt, dass diese Leute hier so etwas lesen. Der kranke Mann lag ein Stück abseits auf seiner Matratze, während wir das Wellblech der alten Hütte mit Hämmern bearbeiteten. Etwas Schlimmeres konnte ich mir kaum vorstellen. Krank zu sein ist an sich schon nicht besonders angenehm, aber dann auch noch mit ansehen zu müssen, wie irgendjemand dein altes Haus abreißt? Wenn man krank ist, will man doch einfach nur seine Ruhe haben. Wenn ich im Krankenhaus liege, will ich auch keinen Besuch haben. Es nervt, dass Bekannte einen umso häufiger besuchen, wenn es einem am schlechtesten geht.

Während wir die neue Hütte aufstellten, kamen ein paar Engländerinnen vorbei und schlugen ein paar Nägel ein, um uns zu helfen. Aber genau das verstand ich nicht. Ich weiß, sie wollten nur helfen, aber sie verbrauchten viel mehr Nägel, weil es ihnen nicht gelang, sie gerade einzuschlagen, und die Arbeit dauerte auf diese Weise nur umso länger. Vielleicht hatte deshalb auch die alte Hütte nicht lange gehalten. Ich fühlte mich an eine dieser Heimwerkersendungen erinnert, in der der Herr des Hauses ein Bein verloren und deshalb nie den Anbau für den Wintergarten fertiggestellt hat, doch dann taucht auf einmal ein Kamerateam auf, und Nachbarn, mit denen man nie zuvor etwas zu tun hatte, packen mit an, damit sie auch mal ins Fernsehen kommen. Die Bauarbeiten selbst sehen am Ende immer mittelmäßig aus, weil sie nun mal von Amateuren ausgeführt wurden.

Ich war mit unserem Ergebnis nicht wirklich zufrieden. Klar, es war eine blitzeblanke neue Hütte, aber sie stand an derselben Stelle wie die vorige, und direkt nebenan floss ein Bach aus Abwasser und Abfall vorbei.

Als wir abfuhren, fragte ich, was denn aus dem alten Baumaterial werde, das wir einfach an der Straße liegen gelassen hatten. Sepo antwortete, dass andere Leute, die sich eine Hütte bauen wollten, sich das Material holen würden. Das Problem war folglich nicht annähernd beseitigt. Wenn überhaupt, dann wurde es nur noch schlimmer. Ich glaube, dass meine Schulstunde – so sinnlos sie mir in jenem Augenblick auch vorgekommen war – mehr zur Verbesserung beigetragen hat als die neue Hütte.

Ich erzählte Sepo von meinen Bedenken, und er verkündete, er fahre mit mir nach Soweto, eine Township, in der sich die Zustände wesentlich verbessert hätten, seit ein bisschen Geld dorthin geflossen sei. Wellblechhütten waren dort gemauerten Häuschen gewichen, die sogar Gärten und eine Abwasserleitung aufwiesen. Ich weiß noch, dass ich kurz dachte: »Moment. Gemauert und Abwasserleitungen? Klingt gut. Aber ein Garten? Nicht mal ich hab einen Garten. Als Nächstes bekommen die dort auch noch Whirlpools!«

Sepo hielt neben zwei 90 Meter hohen Türmen eines Rückkühlwerks an, die über und über mit farbenfrohen Bildern bemalt worden waren, die Afrika darstellen sollten. Das war anlässlich der Fußball-WM 2010 geschehen – sieben ortsansässige Künstler hatten damals 75 Tage lang und mithilfe von 3500 Litern Farbe die Türme bemalt. Inzwischen, erzählte Sepo, wurde das Gelände als Veranstaltungslocation genutzt, was gar keine schlechte Idee war. Aus dem Fenster meines Kinderzimmers konnte ich früher eine Chemiefabrik sehen, und Kühltürme sind nun mal üblicherweise groß, grau und nicht sonderlich sehenswert. Als kleiner Junge saß ich oft am Fenster und wartete darauf, dass dort UFOs landeten, weil in meiner Vorstellung genau so ein Ort für Außerirdische bestimmt spannend zu erforschen gewesen wäre.

Ich stieg aus und wollte gerade fragen, welche Art Veranstaltungen dort denn ausgerichtet wurden, als ich einen Schrei hörte und nach oben sah. Irgendjemand hatte sich von einer Plattform zwischen den beiden Kühltürmen gestürzt. Schon wieder diese verfluchten Bungeespringer!

Ich stellte Sepo gegenüber klar, dass ich so etwas nicht machen würde, dass ich es in Neuseeland schon einmal versucht, aber keinen Geschmack daran gefunden hätte, aber er meinte nur, das Ganze sei Rickys Idee gewesen, und von dort oben hätte man einen grandiosen Blick über ganz Soweto. Wir stiegen in einen Käfig, der uns am Kühlturm hinaufbeförderte, und ich rief Ricky an und fragte, was in aller Welt in ihn gefahren sei, dass er mich schon wieder zu einem Bungeesprung schicken wolle.

RICKY: Und, wie läuft's?
KARL: Ich bin ziemlich sauer, weil ich schon wieder Bungeespringen soll.
RICKY: Tja, ich glaube wirklich, dass du dich echt gut fühlen würdest, wenn du es noch mal probieren und diesmal tatsächlich springen würdest.
KARL: Ich hab es dir schon mal gesagt, damals in Neuseeland, dass ich so etwas nicht machen will. Auf meiner Liste der hundert Dinge kommt das nicht vor.
RICKY: Ich weiß, aber ist es nicht komisch, dass du das nicht machen willst? Natürlich würdest du niemals zugeben, dass du Angst hast. Es ist schon in Ordnung, Angst zu haben, aber ich bin mir sicher, dass du tief im Innern gern gesprungen wärst. Es ist doch wie bei allen Ängsten und Phobien: Man wünscht sich, man könnte sie überwinden. Aber um das zu schaffen, muss man sich den Ängsten erst mal stellen. In meinem ganzen Leben bereue ich nur diejenigen Dinge, die ich nicht getan habe, wofür ich nicht alles gegeben habe. Ich glaube wirklich, du würdest dich super fühlen, wenn du springen würdest.
KARL: Aber als ich das letzte Mal nicht gesprungen bin, hab ich das auch nicht bereut, als ich dann wieder im Hotel war. So ticke ich einfach nicht. Du kennst mich – und zwar seit Jahren. Ich mag diese ganze Aufregung nicht, und genau darum scheint es doch zu gehen. Total sinnlos. Ich will so was einfach nicht machen. Ich sehe keinen Grund, warum ich so was machen sollte.
RICKY: In Ordnung. Aber was, wenn ich dir einen Grund geben würde? Ich spendiere eine weitere Hütte, wenn du springst. Wie viel kosten die gleich wieder?
KARL: 500 Pfund. Lieber würde ich die aus eigener Tasche zah-

len, als Bungee zu springen. Ich bin ganz ehrlich: Wenn es darum geht – wenn das der Grund ist … eine weitere Hütte …

RICKY: 500 Pfund, statt zu springen.

KARL: Definitiv. Lieber gebe ich 500 Pfund aus.

RICKY: Okay, dann leg ich noch was drauf. Zwei Hütten, wenn du springst.

KARL: Ich zahl den Tausender. Und jetzt Schluss damit. Zwei Hütten – diese Leute werden auf die Knie fallen! Aber damit ist auch wirklich Schluss.

RICKY: Nein. Drei. Drei Hütten.

KARL: Gottverdammt …

RICKY: Diese dritte Hütte würde irgendjemandes Leben so viel besser machen, wenn du nur springen würdest …

KARL: Und ich stehe da wie ein Vollidiot.

RICKY: Ach was.

KARL: Natürlich – weil ich das nicht tun will, dabei war ich schon bei diesen Hütten und hab geholfen, eine aufzubauen. Ich hab ein paar Kindern etwas über Sex und Bunny-Hops beigebracht und … Ich will das wirklich nicht machen.

RICKY: Lieber zahlst du die 1500 Pfund?

KARL: Ja.

RICKY: Damit du nicht springen musst?

KARL: Ja, wenn's dir darum geht – wenn es hier um die Kohle geht –, dann ja.

RICKY: Ich sag dir mal was, Kumpel. Mein letztes Angebot, okay? Fünf Hütten, wenn du springst. Dann hast du wirklich was geschafft – du hast dafür gesorgt, dass ich fünf Hütten finanziere. Im Grunde kaufst du ihnen so fünf Hütten – fünf Hütten für deine neuen Freunde. Und du wirst dich toll dabei fühlen. Und ich werde dabei aussehen wie ein Idiot. Denk mal darüber nach …

Ich dachte ernsthaft darüber nach. Und hatte das gleiche mulmige Gefühl wie damals am Rand der Plattform in Neuseeland. Nicht nur Luke, der Regisseur, wollte unbedingt, dass ich diesmal springe, sondern auch Sepo. Ich wäre bereit gewesen, die fünf Hütten aus eigener Tasche zu bezahlen, aber ich hatte Schiss, dass Ricky immer höher reizen würde, bis ich irgendwann keine andere Wahl mehr hätte, als zu springen. Während ich immer noch darüber nachdachte, bot Luke an, an meiner Stelle zu springen, weil wir schließlich schon dafür bezahlt hätten, dort hinaufzufahren, und dann eben genauso gut irgendjemand anders springen könne. Und in diesem Moment hatte ich eine Idee. Ich schlug vor, dass er meinen Hut aufsetzen solle, damit es für die Kamera so aussehe, als hätte ich den Sprung gemacht. Dann würde ich Ricky anrufen und zu ihm sagen: »Das war's. Ich hab's getan.« Und dann würde ich die fünf Hütten bezahlen, wenn ich wieder daheim wäre, und alles wäre erledigt.

Ich rief Ricky an.

RICKY: Und, wie war's?
KARL: Irrsinnig. Total irrsinnig.
RICKY: Du hast es wirklich getan? Du bist gesprungen?
KARL: Ja, musste ich ja, oder nicht?
RICKY: Wie tief war es denn?
KARL: Na ja, das ist komisch, also, wenn man da runterspringt, kann man das schlecht einschätzen. Keine Ahnung. Man schaltet sich einfach ab, und dann fühlt es sich an, als würde es eine Ewigkeit dauern. Aber es sind Kühltürme, und du weißt ja, wie hoch die sind. Allerdings fühlte es sich ein bisschen anders an … weil es schließlich für einen guten Zweck war. Das hat ein bisschen geholfen.
RICKY: Große Klasse. Gut gemacht.

KARL: Nie wieder!

RICKY: Gut gemacht. Nein, so was musst du nie wieder tun, jetzt hast du's ja einmal gemacht. Du weißt jetzt, wie es sich anfühlt. Fünf Hütten, hatten wir gesagt, nicht wahr? Was muss ich tun?

KARL: Das regeln wir, wenn ich wieder daheim bin.

RICKY: Okay. Wow, gut gemacht! Hattest du Angst? Jetzt kannst du es ja zugeben. Hattest du Angst?

KARL: Nein, nicht wirklich. Ich dachte bloß: »Okay, läuft die Kamera? Ich springe jetzt. Sprung. Aus. Ende. Fünf Hütten. Wir machen diese Menschen glücklich.«

RICKY: Spitzenmäßig. Also, ich bin echt stolz auf dich. Gut gemacht!

Ja, gut gemacht. Ricky war zufrieden, ich war zufrieden, und Sepo war zufrieden, weil er fünf Hütten spendiert bekommen würde. Natürlich war das Ganze eine Lüge gewesen, aber keine schlimme.

Zur Belohnung hatte Ricky für mich ein kleines Wohnmobil organisiert, mit dem ich weiter quer durch Afrika fahren würde. Es war winzig, aber in diesen Wohnmobilen wird jeder Millimeter echt gut genutzt. Als Kind hatten wir mal ein Wohnmobil, in dem unzählige Leute schlafen konnten, auch wenn genau genommen nur zwei Schlafplätze dort eingebaut waren. Die Sofas konnte man zu Einzelbetten umklappen, und den Tisch konnte man hinunterfahren und zu einem Doppelbett umbauen. Ich glaube, sie haben einem damals sogar den Herd als Schlafplatz für ein Baby oder einen Zwerg untergejubelt.

Nachdem Ricky und Stephen wollten, dass ich noch mehr ehrenamtliche Tätigkeiten übernahm, während ich in Afrika unterwegs war, packte ich die Gelegenheit beim Schopf und besuchte ein Ehepaar, das ein wildes Tier adoptiert hatte, das ihnen zugelaufen war. Als ich bei ihnen vorfuhr, stand dort ein Schild am Zaun, das Besucher vor dem Tier warnte, das sie bei sich aufgenommen hatten. Toni und Shirley kamen mir entgegen und führten mich sofort hinunter bis ans Ende ihres Gartens, wo sich gerade Jessica, das Flusspferd, im Fluss abkühlte. Ihre Ohren, Augen und die Nüstern waren die einzigen Hinweise darauf, dass sie überhaupt da war. Shirley rief sie auf Afrikaans zu uns herüber.

SHIRLEY: Sie ist hier nicht in Gefangenschaft.
TONI: Am 11. März 2000 haben wir sie als Waisenkind gefunden. Damals hatten wir hier ein ziemlich heftiges Hochwasser, und da ist sie mitgerissen worden, aber zum Glück hab ich sie vor dem Haus wiedergefunden – und zwar noch vor den Krokodilen. Wir haben hier eine Menge Krokodile. Die Behörden fragen mich seit Jahren: »Haben Sie sie aufgezogen?« Aber nein, ich hab sie nur gerettet.
KARL: Also wäre sie ohne dich jetzt tot?
SHIRLEY: Ein Krokodil hätte sie sich geschnappt, ja.
TONI: Die Krokodile haben sich hier schon dreizehn Hunde geholt.

Shirley kochte Tee für Jessica und fragte mich, ob ich auch einen haben wolle. Während ich üblicherweise normalen English-Breakfast-Tee trinke, bekam Jess irgendeinen schnieken Redwood-Tee aus einer Zwei-Liter-Plastikflasche. Da sieht man mal: Flusspferde haben einen erleseneren Geschmack als ich.

Während ich ihren Kopf tätschelte und ihr die Flasche gab, konnte ich mir kaum vorstellen, dass Flusspferde als eine der gefährlichsten Tierarten der Welt gelten. Jessica berührte mit ihrem Maul nicht mal die Flasche. Der Tee floss einfach so in ihre Gurgel, als würde Wasser in einen Gully laufen.

Jessica war inzwischen elf, aber Flusspferde können bis zu vierzig Jahre alt werden.

SHIRLEY: Ich bin ihre Mama.
KARL: So fühlst du dich?
SHIRLEY: Ich bin ihre Mama, definitiv. Nach meiner Fehlgeburt hatte ich lange das Gefühl, dass mir nichts Gutes mehr im Leben widerfahren würde, aber während ich noch schwanger war, hat Jessica mir allen Ernstes über den Bauch geleckt. Nach der Fehlgeburt war ich schwer traumatisiert, ich war sogar kurzzeitig tablettensüchtig und trank zu viel. Irgendwann übernachtete ich dann draußen bei ihr. Weil sie immer spürbarer in mein Leben trat und eben sogar meinen Bauch abgeschleckt und mich akzeptiert hatte, konnte ich allmählich die Sucht überwinden. Jessica hat mich in gewisser Weise geheilt.
KARL: Also hast du sie gerettet und sie dich.
SHIRLEY: Ganz genau.

Durch ein massives stählernes Sicherheitstor zwischen den Türpfosten gelangte man in ihr Haus, nur dass die Gitterstäbe nicht wie im Zoo dafür vorgesehen waren, ein Tier drinnen zu halten, sondern sie hielten Jessica davon ab, jederzeit nach Lust und Laune quer durchs Haus zu trampeln. Shirley rief nach ihr, und sie watete aus dem Fluss, den Rasen hinauf und hinein in die gute Stube. Erst da begriff ich, wie groß Jessica tatsächlich war. Es war ein schier unglaublicher Anblick – wie aus irgendeinem Comic oder aus einem Traum. Und ich hatte nur wenige Momente zuvor gefragt, ob ich mir die Schuhe ausziehen solle … Viel Schnickschnack stand nicht herum, andererseits schien mir dies auch nicht Tonis und Shirleys Wohnzimmer zu sein, sondern eher ein flusspferdfreundlicher Aufenthaltsraum. Ich bezweifle, dass irgendeine Versicherungsgesellschaft für die Schäden aufgekommen wäre, wenn im Schadensbericht stünde, dass ein Flusspferd die Ming-Vase umgestoßen habe. Aber das ist nun mal das Problem, wenn man sich so ein Haustier zulegt: Es spielt im Handumdrehen die zentrale Rolle. Dabei kann allein schon ein Hund oder eine Katze ein Problem darstellen, wenn man jemanden braucht, der sich im Urlaub darum kümmert.

Als ich ungefähr zwölf Jahre alt war, hatte ich eine Elster als Haustier, mit der ich zunächst auch viel Spaß hatte. Ich warf ihr kleine glitzernde Dinge zu – Coladosenringe oder Kügelchen aus Alufolie –, und sie fing sie auf. Ein paarmal kam sie auch durch mein Kinderzimmerfenster geflogen und hatte Schmuckstücke im Schnabel, die sie entweder irgendwo gefunden oder geklaut hatte, als sie durch andere offene Fenster geschlüpft war. Ich fuhr auf meinem Fahrrad durch die Siedlung, und Elsie (die Elster) saß auf dem Lenker oder auf meiner Schulter. Sie trieb sich in der Nähe meiner Schule herum, damit ich in den Pausen mit ihr spielen konnte. Nach einer Weile wurde sie allerdings verhältnismäßig aggressiv. Es ging so weit, dass ich irgendwann erst aus dem Fenster sah, um festzustellen, ob sie da war, bevor ich das Haus verließ. Meistens dachte ich, die Luft wäre rein, aber sie schien das Geräusch der zuschlagenden Haustür genau zu kennen, und dann schoss sie herab und pickte mir mit dem Schnabel auf den Kopf, wie in einer Szene aus Alfred Hitchcocks *Die Vögel*. Das Fass lief über, als sie eines Tages die Reifen meines superschnieken Raleigh-Grifter-Fahrrads kaputt machte. Ich fuhr mit ihr an einen See, und während sie versuchte, die Köder der dortigen Angler zu klauen, schlich ich mich davon. Ich hab sie nie wiedergesehen.

Shirley erzählte mir, dass Jessica oft ein Stück flussabwärts mit anderen Flusspferden herumhänge, aber früher oder später immer zurückkomme. Manchmal bringt sie dann Kumpels mit, aber die dürfen nicht mit ins Haus. Das erinnerte mich an einen Freund aus meiner Kindheit in der Siedlung. Seine Mum war besessen davon, die Wohnung picobello in Ordnung zu halten, und ließ mich nie herein, sodass ich immer vor seinem Kinderzimmerfenster stehen und er sich strecken musste, um mir den Joystick zu reichen, wenn wir zusammen ein Computerspiel spielen wollten. Nur gut, dass er im Erdgeschoss wohnte.

Shirley reichte mir eine Tüte mit grünen Bohnen, schob mich hinter den Küchentresen und rief dann Jessica zu uns. Sie riss ihr Maul ungefähr 160 Grad weit auf, und ich warf eine Handvoll Bohnen nach der anderen hinein. Sie hat nicht ein einziges Mal gekaut oder die Bohnen geschmeckt, sondern verschlang sie einfach, als wären es Liebesperlen, und klappte dann das Maul wie den Deckel eines Treteimers für die nächste Portion auf. Ich nehme an, sie ist ein ziemlich guter Resteverwerter.

Während wir Jessica gefüttert hatten, hatte Toni eine Matratze von der Veranda hereingeschleppt und sie vor einen großen Plasmafernseher gelegt, und dann verkündete Shirley, dass es Zeit für ihre Massage sei. Jessica legte ein aufwendiges Wendemanöver hin, um aus der Küche auf die Matratze zu kommen. Sowie sie sich darauf niedergelassen hatte, sah sie noch viel gigantischer aus. Es ist schon komisch – Suzanne will nicht, dass ich mir einen 50-Zoll-Fernseher zulege, weil der angeblich das ganze Zimmer vollstellt …

Shirley zückte eine Cremeflasche, und wir drei setzten uns um Jessica herum und fingen an, ihr den Rücken einzucremen. Sie war wirklich entspannt und nickte sogar ein, während wir sie massierten. Es fühlte sich an, als würde ich mein Auto polieren. Wachs drauf, Wachs wieder runter. Jessicas Haut fühlte sich an wie harter Gummi. Das ist sicher ein Vorteil, wenn man ein Flusspferd als Haustier hält. Auf dem Sofa bleiben nicht überall Haare zurück. Erst vor Kurzem hatte ich dabei geholfen, eine Hütte für eine fünfköpfige Familie zu bauen, und hier lag ein Flusspferd vor mir im Wohnzimmer eines Wohnhauses und schlummerte bei einer Rückenmassage vor dem Fernseher ein.

Später rief Stephen an und kündigte an, dass ich als Nächstes das Volk der Ndebele besuchen würde.

STEPHEN: Es sind nicht mehr sehr viele Ndebele am Leben – sie werden immer weniger, daher wollen sie ihre Traditionen gern an Menschen wie dich weitergeben. Du hast in deinem Wohnwagen eine kleine Küche. Ich dachte, vielleicht könntest du dort mal vorbeifahren und in deinem Wohnwagen für den König etwas kochen oder so. Du weißt schon: teilen, was du hast.

Ich koche nicht. Zum Glück kocht Suzanne gerne, und ich esse gerne, sodass wir diesbezüglich gut zusammenpassen. Wenn ich mich selbst versorgen muss, kommt in der Regel nichts Anständiges dabei heraus, höchstens etwas, womit ich meinen Hunger stillen kann. Suzanne kann ganz tolle, kreativ belegte Sandwiches machen – mit Tomaten, Gurken und Salat, was ich selbst zum Beispiel immer weglasse. Sobald der Käse auf dem Brot liegt, ist ein Sandwich für meine Begriffe fertig.

Ich hielt bei einem Spar an, um Dinge einzukaufen, die mit der Wohnmobilausrüstung einfach zuzubereiten wären. Daheim hätte ich wahrscheinlich erst mal herumfragen müssen, ob einer der Gäste an irgendeiner Lebensmittelallergie leidet. Aber in diesem Teil der Erde machen sich die Leute über derlei Dinge keine Gedanken, glaube ich. Zumindest hab ich nie gesehen, dass Lenny Henry für seine Wohltätigkeitsorganisation Comic Relief in einem ärmlichen Dorf in Afrika aufgetaucht wäre und irgendjemand gesagt hätte: »Danke für das Brot, aber ich hab eine Glutenunverträglichkeit.«

~~TOLLER~~ TOTER KRAKE
ES WAR WALSINNIG SPANNEND!

WAS SAGST DU DA?
DAS IST GAR NICHT JESSICA?
DIE HAB ICH UM DEN FINGER GEWICKELT.
SCHNELL, VERSTECKT SIE!
DER VERMIETER STEHT VOR DER TÜR!

SUZANNE, AUFWACHEN!

DER TAXIUNTERNEHMER WAR NICHT BEGEISTERT.

IN DIESEM MOMENT HATTE ICH SCHLIMME KOPFSCHMERZEN.

SCHAU SICH EINER DIESE ROTEN AUGEN AN. ES SOLLTE NICHT »GORILLAS IM NEBEL«, SONDERN »GORILLAS IN SAUFLAUNE« HEISSEN.

ROUTE

PURPLE PAIN

TANZEN UND FROHLOCKEN

TAXI!

DER 2011ER JAHRGANG PLUS IRGEND
SO EIN ALTER SACK.

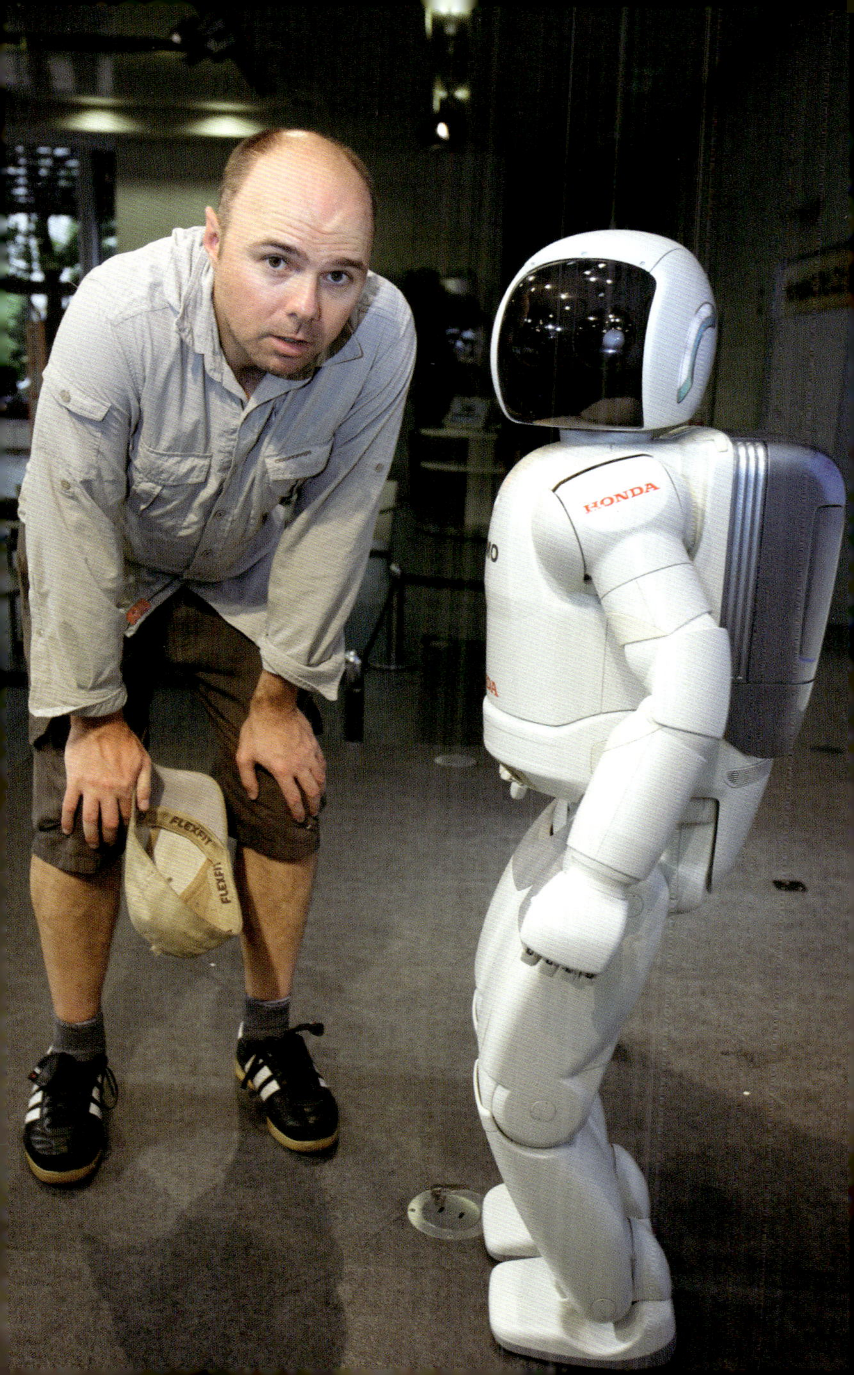
HONDA
FLEXFIT
FLEXFIT

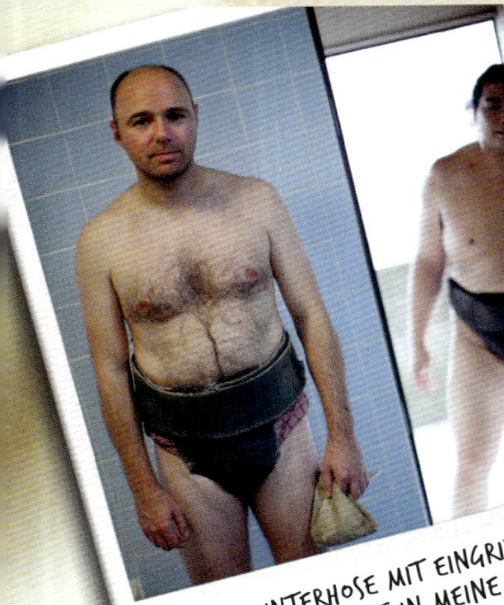

UNTERHOSE MIT EINGRIFF?
EHER EINGRIFF IN MEINE WÜRDE!

SUMOMILCH ALS ABWECHSLUNG
NACH ALL DEM SUSHI

GEDULDIG WARTETEN SIE, BIS SIE IN DER
WASCHSTRASSE AN DER REIHE WAREN.

PILKO-PUMP-HOSE™

#79 Mit Königin Elizabeth II. zu Mittag essen

Ich esse ganz gern mal eine Pastete und ein bisschen Brot und trinke dazu einen Becher Tee, aber ich kann mir nicht vorstellen, dass das nach dem Geschmack der Königin wäre. Außerdem würde sie doch sicher auch keine Zeit mit mir vertrödeln wollen. Sie hat nämlich einen ziemlich ätzenden Job. Ich bin ehrlich gestanden froh, dass ich nicht zur königlichen Familie gehöre. Da ist man nicht mehr Herr über sein eigenes Leben. Ich hatte mal einen Bekannten, der Schlachter werden musste, weil sein Dad wollte, dass er das Familienunternehmen weiterführt, und bei der Königin ist es ganz ähnlich. Ich besuche auch keine Hochzeiten, weil ich mich dort mit irgendwelchen lange verschollenen Cousins unterhalten müsste. Die Königin muss sogar mit wildfremden Leuten reden, die sie im Leben nie wiedersehen wird. Und immer im Mittelpunkt aller Aufmerksamkeit zu stehen muss für sie ebenfalls echt anstrengend sein. Nie wird man in Ruhe gelassen – das muss ähnlich sein, wie bei einer Kabarettvorführung in der ersten Reihe zu sitzen.

Ich kannte mal jemanden, der zu einem Mittagessen mit der Königin eingeladen war. Angeblich gibt es da einen sogenannten Obersthof- und Hausmarschall, der einem dann sagt, wie man mit ihr reden muss, und sie bekommt einen kurzen Lebenslauf ihres Besuchers vorgelegt, damit sie sich mit ihm unterhalten kann. Wenn ich je eingeladen werden sollte, kann ich nur hoffen, dass sie sich nicht auf Wikipedia schlaumachen. Irgendjemand hat mir mal erzählt, dass er dort gelesen habe, ich hätte mal eine alte Frau vom Fahrrad geschubst und sie sei gestorben, und gefragt, ob das denn stimme.

Ich kaufte ein paar Naschereien als Vorspeise ein – Chips, Kekse, zwei Äpfel und Gummiwürmer. Als Hauptgericht sollte es einen englischen Klassiker geben, Käsetoast mit Bohnen, und dann einen Schokokuchen mit Vanillesoße als Nachtisch.

Dann fuhr ich weiter ins Ndebele-Dorf. Die Ndebele sind bekannt für ihre schrillbunten Hütten, die von den Ndebele-Frauen frei Hand und ohne irgendwelche Gerätschaften oder Lineale bemalt werden. Die komplizierten Muster setzen sich aus Dreiecken, Mehrecken und Zickzacklinien zusammen, die sogar einem Chamäleon Kopfschmerzen bereiten würden. Unzählige Rot-, Gelb-, Blau- und Grünschattierungen mit fetten schwarzen Rändern zieren die bungalowartigen Hütten, sodass sie aussehen wie Tetris-Spielfelder.

Stephen ließ mich wissen, dass dies eine aussterbende Kunstrichtung sei. Diese Bilder würden nicht gemalt, um sie zu verkaufen, sondern seien lediglich eine Möglichkeit für die Frauen, sich durch ihre Farbauswahl und Lieblingsmuster selbst zu verwirklichen und sich von den Nachbarn abzuheben.

Ich lernte eine der bekannteren Malerinnen kennen, eine Frau namens Francina. Als ich ankam, saß sie gerade mit ein paar Freunden und mit ihrer Familie im Schatten auf der Erde. Ein paar von ihnen trugen Klamotten, die ganz genauso bunt waren wie die Wände, an denen sie lehnten. Francina hatte jede Menge Metallringe um den Hals.

KARL: Wie viele sind das denn? Ein, zwei, drei, vier, fünf, sechs, sieben, acht, neun, zehn, elf, *zwölf* Ringe sind das!
FRANCINA: Das sind die ursprünglichen.
KARL: Kannst du sie abnehmen?
FRANCINA: Man schläft mit ihnen, man badet mit ihnen, man arbeitet mit ihnen.

KARL: Das kann doch nicht bequem sein! Warum nimmst du sie nicht ab?
FRANCINA: Das ist unsere Tradition.
KARL: Ungefähr so wie ein Ehering?
DOLMETSCHER: Ganz genau.
FRANCINA: Entweder wartet man, bis der Ehemann stirbt, oder man stirbt selbst zuerst.

Angeblich symbolisieren diese Ringe die Treue der Frau zu ihrem Ehemann. Warum es allerdings gleich so viele sein müssen, weiß ich nicht. Ihr Hals sah aus wie eine Gardinenstange. Als Poloshirts damals in Mode kamen, konnte ich die nie leiden, weil ich davon Kopfschmerzen bekam. Mit diesen Ringen um den Hals käme ich überhaupt nicht klar. Mir fiel nur ein einziger Vorteil ein: nämlich dass so jemand niemals erwürgt werden konnte.

Eine jüngere Frau hatte etwas anderes um den Hals – nichts, was eng angelegen hätte oder aus Metall gewesen wäre. Es handelte sich um einen provisorischen Gummiring, der ein bisschen so aussah wie ein großer Dichtungsring aus einer Waschmaschine und der ihr ein wenig lockerer um den Hals hing als Francinas eng anliegende Ringe.

KARL (zeigt auf den weichen Gummiring um den Hals der zweiten Person): Wenn das also bedeutet, dass man verheiratet ist, was bedeutet dann dieser Ring?
FRANCINA: Ebenfalls verheiratet.
KARL: Sieht aber viel bequemer aus als die Blechdinger.
FRANCINA: Heutzutage kann man diese hier nirgends mehr kaufen.

KARL: Man kann die Metallringe nirgends mehr kaufen? Das liegt doch nur daran, dass ihr sie alle schon um den Hals habt! Du hast sogar welche um den Arm. Du musst ganz schön gut trainiert sein, um ständig dieses Gewicht mit dir rumzuschleppen. Kannst du den Arm denn überhaupt noch heben?

FRANCINA: Ja.

KARL: Sieht echt schwer aus! Mindestens mal so schwer wie ein Paket Zucker. Himmel – du hast ja sogar welche an den Beinen! Und was bedeuten die?

FRANCINA: Verheiratet.

KARL: Aber man sieht doch schon am Hals, dass sie verheiratet ist!

Die anderen hatten ebenfalls Plastikdinger an den Beinen, die allerdings eher so aussahen, als würden sie kaum etwas wiegen. Trotzdem hatten sie Schwierigkeiten, vom Boden aufzustehen, weil die Ringe ihnen um die Knie herum in die Quere kamen.

61 Sich ein Tattoo und/oder Piercing stechen lassen ✗

Ich verstehe so halbwegs, warum es Stämme gibt, die sich tätowieren: Es ist ihre Art, anderen Angehörigen des Volkes gegenüber die eigene Position in der Hierarchie zu demonstrieren. Wir haben zu diesem Zweck Visitenkarten, insofern halte ich Tattoos daheim für mehr oder weniger überflüssig.

Als ich noch jünger war, hing mein Onkel, den alle nur Tattoo-Stan nannten, öfter bei uns herum. Er benutzte seinen Körper, als wäre er ein Post-it-Zettel – er war über und über mit kleinen Kritzeleien bedeckt. Das Problem war nur, dass er sie alle selbst gemacht hatte, daher waren die Tätowierungen auf seinem linken Arm auch verhältnismäßig gut, während die rechten richtig scheiße aussahen, weil er nun mal Rechtshänder war.

Der König, für den ich kochen sollte, würde sich ein bisschen verspäten. Daher wollten ein paar von ihnen die Zeit nutzen, um mein Wohnmobil anzumalen. Ich erklärte ihnen, dass es mir nicht wirklich gehörte und nur ausgeliehen war, aber sie bestanden darauf und versicherten mir, dass die Farbe abwaschbar sei. Dann schlenderten sie darauf zu – mit einem Eimer, der aussah, als wäre darin Schlamm, aber es stellte sich heraus, dass es Kuhdung war. Ich stand wegen des Bungeesprungs ohnehin schon mit 2500 Pfund in der Kreide, und gleich würden auch noch Kosten für die Beseitigung von Vandalismusschäden auf mich zukommen! Wieder beteuerten sie, es sei schon alles in Ordnung, und Francina steckte die Hand in den Eimer und fing an, den Dung über die Karosse zu verteilen. Die Malerei an ihren Hütten hatte anders ausgesehen. Das hier wirkte eher wie eine Drecksdemonstration. Luke raunte mir zu, ich solle kein Aufhebens darum machen, immerhin sei gestreckter Kuhdung so etwas wie ihre traditionelle Fingerfarbe. Früher wurde er obendrein genutzt, um Insekten fernzuhalten. Wenn man außen an der Wand überall Scheiße verteilt, bleiben die Fliegen wohl wirklich aus der Küche weg.

Irgendwann steckte auch ich meine Hand in den Eimer und versuchte, Francinas Schlangenliniendreiecke nachzuahmen. Ich brauchte dafür wesentlich länger als sie. Mit den ganzen Ringen um ihren Hals konnte man guten Gewissens behaupten, dass sie den Dreh besser raushatte.

Der König war immer noch nicht aufgetaucht, was mir die Gelegenheit gab, den Kuhdung unter meinen Fingernägeln ordentlich wegzuschrubben. Anschließend drapierte ich ein paar Chips, Kekse, die Gummiwürmer und ein paar Apfelstücke auf einen Teller. Genau in diesem Augenblick kam er endlich, und ich stellte die Bohnen auf die Herdplatte.

Ich ging ihm entgegen, um ihn zu begrüßen, und streckte ihm die Hand entgegen, aber er nickte nur knapp und signalisierte mir, dass ich ihm nicht die Hand geben dürfe.

87 Dem Papst die Hand schütteln

Da ich nicht gläubig bin, würde mir das nicht viel bedeuten. Mehr Spaß hätte ich, glaube ich, beim Armdrücken.

Dieser König sah wirklich nicht nach 08/15-Adel aus. Er trug etwas, was ich für ein Gepardenfell hielt, und hatte einen mit einem Löwenfell bezogenen Schild in der Hand.

KARL: Anstrengenden Tag gehabt?
KÖNIG: Ja, viel zu tun.
KARL: So kann's gehen. Tja, ich weiß jetzt auch nicht, äh …
Ich koche uns gerade ein Abendessen.
KÖNIG: Ja.

KARL: Wie viele sollen denn mitessen?
KÖNIG: Ich denke mal, nur diese Gruppe.
KARL: Die ganze Gruppe?
KÖNIG: Ja.
(Vier Untertanen kommen auf den König zu und gehen in einer Reihe mit ihm wieder weg.)
KARL: Eins, zwei, drei, vier, fünf… Also sechs und der König?
UNTERTAN: (sagt etwas in seiner Sprache)
KARL: Okay.
UNTERTAN: (sagt etwas in seiner Sprache)
KARL: Okay. Geht ihr nur, und macht, was immer ihr vorhabt. Eins, zwei, drei, vier, fünf, sechs, sieben, acht.
UNTERTAN: (sagt etwas in seiner Sprache)
KARL: Luke, sie kommen alle. Sie kommen alle zum Essen. Insgesamt acht.
LUKE: Du musst ihnen nachlaufen. Das ist eine Tradition.

Ich lief also hinterher und tanzte mit ihnen, aber hatte nicht allzu viel Spaß dabei. Man sollte einfach nicht tanzen, wenn man schlecht drauf ist. Mit dem Pfeifen ist es das Gleiche. Dann fiel mir wieder ein, dass ich die Bohnen auf dem Herd stehen gelassen hatte, und machte eine Art Moonwalk zurück zum Wohnmobil.

Im selben Augenblick wurde mir bewusst, dass ich keinen Toaster hatte. Ich musste das Brot also direkt über der Gasflamme rösten. Ich probierte es erst mal aus, wie jeder Koch es tun sollte – ich konnte das Gas regelrecht schmecken, aber da diese Leute noch nie im Leben Toast gegessen hatten, dachte ich, das würde kein Problem darstellen. Wenn ich abgelaufenes Hummus essen würde, würde ich das ja auch nicht merken. Ich kämpfte mit der Käseverpackung, bis am Ende der Käse durch die Luft flog, die Bohnen gefährlich blubberten und der Toast verbrannte.

Ich bin einfach nicht gut darin, mehrere Dinge gleichzeitig zu erledigen. Multitasking heißt für mich, auf dem Klo zu sitzen und E-Mails zu verschicken.

Ich bat Luke, den Vorspeisenteller mit rüberzunehmen, aber er weigerte sich und sagte, dafür würde er sich schämen. »Du hast das zusammengestellt, also trägst du es besser selbst rüber.« Ich schnappte mir die Chips, Gummiwürmer, Kekse und die zwei Äpfel, und meine Gäste machten sich darüber her. Luke wollte, dass ich ihnen meine Vorspeise erläuterte, aber ich wies ihn zurecht, er solle sie in Ruhe essen lassen. Ich kann es auch nicht leiden, wenn der Koch an meinen Tisch kommt und mir erzählen will, wo das Hühnchen gelebt und wie es geheißen hat. Lasst mich einfach in Ruhe essen.

KÖNIG: Fleisch?
KARL: Fleisch?
KÖNIG: Ja. Rind.
KARL: Ich kann nicht kochen. Ich hab nicht die Ausstattung für Fleisch.
KÖNIG: Für Fleisch.
KARL: Warum? Esst ihr viel Fleisch?
KÖNIG: Ja, du musst das Fleisch aufsetzen. Männer müssen Fleisch essen.
KARL: Oh, okay …
KÖNIG: Wir sind groß und stark.
KARL: Es ist nur so, in England, wo ich herkomme …
KÖNIG: Ja.
KARL: … isst man so was wie das hier wirklich gerne.
KÖNIG: Ja.
KARL: Wir essen auch Fleisch, aber hauptsächlich sonntags. Außerdem gibt es auch noch Nachtisch.

Das Abendessen mit dem König rundete ich mit Schokokuchen und Soße ab.

Ich fand den ganzen Abend fürchterlich.

Außerdem war ich müde und wollte ins Bett, doch erst musste ich noch sämtliche Becher und Pfannen spülen, die ich benutzt hatte. Es jetzt gleich zu erledigen war mir lieber, als mich am nächsten Morgen darum kümmern zu müssen. Abgesehen davon schwirrten wegen der ganzen Scheiße am Wohnwagen unendlich viele Insekten darum herum, und ich wollte nicht, dass das dreckige Geschirr über Nacht von Ameisen überzogen wurde. Ameisen haben ein Talent, überall Reste von Süßigkeiten zu finden. Also spülte ich in der Dunkelheit noch schnell das Geschirr und benutzte dafür mein V05-Shampoo und Klopapier, um abzutrocknen.

#50 Eine Woche lang vegetarisch essen X

Eine Woche wäre für mich kein Problem, und ich hab das auch schon mal gemacht – als ich in China war und jemand mir versehentlich Hund vorsetzte. Für den gesamten Rest der Reise nahm ich nur noch Suppe und Reis zu mir. Nach meiner Rückkehr fühlte es sich so an, als würde ich ganz dringend Fleisch brauchen. Mein Körper macht so was manchmal: Er verlangt nach bestimmten Obstsorten, die er dann ganz offensichtlich braucht. Da sitze ich vor dem Fernseher, und auf einmal hab ich das unbändige Bedürfnis nach einer Pflaume, einer Orange oder einer Banane. In der Schule hatte ich einen Mitschüler, der immer die Tafelkreide verputzte. Ich nehme mal an, sein Körper brauchte dringend Kalzium.

#84 In Afrika an einer Safari teilnehmen

Tags darauf hörte ich eine Nachricht von Ricky ab. Ich sollte ein großes Tierschutzprojekt besuchen und mithelfen, ein Nashorn aus dem Wildreservat Entabeni umzusiedeln. Nashörner gehören zu den gefährdetsten Tieren der Welt. Die größte Gefahr für sie stellen Wilderer dar, die sie aufgrund der Hörner erlegen, was auf den ersten Blick einfach nur verschwenderisch erscheint, als würde man einen Menschen erlegen, nur um an seine Mandeln zu kommen. Die Liste gefährdeter Tierarten scheint tatsächlich immer länger zu werden.

Ich frage mich allerdings, wie viele dieser Tierarten immer noch nützlich für das Ökosystem sind, wenn schon nicht mehr allzu viele Exemplare davon herumlaufen. Vielleicht waren sie früher mal nützlich und hängen jetzt eben nur noch in der Gegend herum. Ein bisschen wie der Teletext.

In letzter Zeit gab es in den Nachrichten immer mehr Meldungen über Pandas. Ich weiß ehrlich gesagt nicht, was ich von ihnen halten soll. Sie scheinen im Großen und Ganzen ein bisschen hilflos zu sein. Man hört immer wieder, dass das Hauptproblem der Mensch sei, der den ganzen Bambus rodet, von dem der Panda sich hauptsächlich ernährt, sodass er nichts mehr zu fressen findet. Dabei müsste er sich doch einfach nur eine neue Nahrungsquelle suchen. Da scheint mir eine gehörige Portion Sturheit im Spiel zu sein – genau wie bei Suzannes Dad, der in Sachen Essensgewohnheiten keinen Fingerbreit von seinen Routinen abweicht. Er ist inzwischen über sechzig, hat aber in seinem ganzen Leben noch kein einziges Mal indisch oder chinesisch oder Nudeln gegessen. Genau wie wir unsere Lebensgewohnheiten ändern müssen, um die Erde zu retten, müssten sich also vielleicht auch die Pandas ein klein bisschen anpassen. Dachse beispielsweise haben diesen weißen Streifen über dem Rücken, und da man sie hauptsächlich überfahren auf der Straße herumliegen sieht, nehme ich an, dass sich dieser weiße Streifen entwickelt hat, damit sie sich besser in die Straßenmarkierungen einfügen. Zumindest könnte man sich das fragen, oder nicht?

Ein Thema, das immer wieder aufkommt, ist das Klonen und dass Wissenschaftler in ein paar Jahren in der Lage sein könnten, das Wollhaarmammut anhand von altem Genmaterial wiederauferstehen zu lassen. Ich glaube, dass das falsch wäre. Wenn es doch für die Mammuts schon beim ersten Mal schiefgegangen ist, warum sollte man es da noch einmal versuchen? Das wäre doch ein bisschen wie die Wiedervereinigung einer erfolglosen Boyband.

#7 Elefanten in freier Wildbahn beobachten

Elefanten gehören zu meinen Lieblingstieren. Am meisten bewundere ich sie für ihr Gedächtnis.
Manche Leute behaupten, ihr Gehirn funktioniere sogar noch besser als das des Menschen, und sie sind dafür bekannt, Verwandte selbst nach über zwanzigjähriger Trennung wiederzuerkennen.
Ich frage mich allerdings, ob das daran liegen könnte, dass sie sich nicht allzu sehr verändern. Menschen verändern sich ja durchaus eklatant.
Ich hab mal jemanden von einem Klassentreffen erzählen hören: »Hast du schon Barry gesehen? Der hat sich vielleicht verändert!«

»Ach, echt?«
»Ja… hat inzwischen wirklich tolle Titten.«
Ich erkenne die meisten Menschen wieder, weiß meist nur nicht, woher ich sie kenne. Einmal bin ich an der Piccadilly Station in Manchester beinahe auf jemanden zugerannt, den ich aus der Schule zu kennen glaubte, bis Suzanne mich darauf hinwies, dass ich das Gesicht nur deshalb kannte, weil es sich um David Beckham handelte.
Vielleicht ist aber das Langzeitgedächtnis neuerdings auch gar nicht mehr so nützlich wie früher – immerhin verändern sich die Dinge heutzutage viel schneller. Da ist es doch fast sinnlos, sich zu merken, wo im Supermarkt die Kekse liegen, weil sie sowieso regelmäßig die Regale umräumen. In dieser Hinsicht kann ein gutes Gedächtnis sogar ganz schön nerven, weil wir dann ständig nur von der guten alten Zeit sprechen, anstatt Veränderungen einfach hinzunehmen. Wer immer also Elefanten in freier Wildbahn sehen will: nur zu. Man sollte sich nur im Klaren darüber sein, dass sich die Elefanten vermutlich länger an die Begegnung erinnern werden als man selbst.

#98 Massai besuchen

X

Als ich später mit Suzanne auf Safari war und Löwen um unser Zelt herumstrichen, schlug ich vor, wir sollten eine halb volle Wasserflasche draußen vors Zelt legen. Meine Tante

Nora macht das auch, um die Nachbarkatzen aus ihrem Garten fernzuhalten. Angeblich hilft das.
Suzanne hielt das jedoch für eine Schnapsidee und erzählte stattdessen dem Manager des Camps, dass wir uns nicht sicher fühlten, woraufhin dieser zwei Massai als Wachen vorbeischickte. Die beiden Jungs sahen aus wie siebzehn. Ihr Outfit war allerdings wirklich interessant: Zöpfchen, jede Menge Perlen und Schnüre, die fest um ihre Waden gewickelt waren. Einer hatte sogar einen Gummiring um den Kopf. Leider weiß ich nicht, ob dieser Gummiring zu der traditionellen Kleidung gehörte oder ob er ihn einfach nur dort aufbewahrte, damit er nicht vergaß, wo er ihn hingepackt hatte. Fragen konnte ich ihn nicht, weil er kein Englisch verstand.
Sie befestigten Federn an den Zeltplanen. Suzanne verließ sich darauf, dass das funktionieren würde – schließlich waren sie die Spezialisten. Ich ärgerte mich darüber, dass sie daran glaubte, drei Federn würden uns vor den Löwen retten, aber auf die halb leere Wasserflasche hin bloß die Stirn gerunzelt hatte.

#99 Die Gnuwanderungen in der Masai Mara beobachten

Mehr als eine Million Gnus und eine halbe Million Zebras, Gazellen und Impalas legen Jahr für Jahr gigantische Strecken zurück. Spannend ist aber, dass es diese Wanderungen überhaupt erst seit den Sechzigerjahren gibt, seit der Gnubestand wieder wächst, nachdem Tierärzte ihre Ausrottung verhindert haben. Inzwischen gibt es so viele von ihnen, dass sie auf der Suche nach Nahrung und Wasser lange Wanderungen unternehmen müssen. Ich hab es ja immer gesagt: Ist erst mal ein Problem gelöst, entsteht prompt das nächste. Das prominenteste Beispiel ist diesbezüglich wohl die lautstarke Klage, dass Krankenhäuser immer zu wenig Betten hätten. Als ich einmal mit Nierensteinen im Krankenhaus landete, hatten sie dort mittlerweile zwar die Bettenmisere gelöst, aber noch nicht ausreichend Kopfkissen angeschafft. Irgendwann bekam ich schließlich eines, das sich allerdings noch lauwarm anfühlte, als hätte man es gerade erst unter einem frisch verstorbenen Kopf hervorgezogen. Aber ohne Kissen kann ich nun mal nicht schlafen. Ich nehme an, das wird der nächste Schritt in der Evolution sein. Menschen werden ein großes, ausladendes Stück am Hinterkopf entwickeln, und im Handumdrehen brauchen wir keine Kopfkissen mehr. Darüber sollte man wirklich mal nachdenken. Wo immer man Bilder von Außerirdischen sieht, haben sie auffallend voluminöse Hinterköpfe, und meiner Theorie zufolge sind sie uns in der Evolution und Entwicklung ganz einfach ein Stück voraus. Man muss nur »Roswell« googeln und sich diesen Außerirdischen auf der Pritsche ansehen. Kein Kissen weit und breit – und trotzdem sieht es so aus, als würde er superbequem daliegen. Und dann muss man bei YouTube nur noch »Gnuwanderung« eingeben.

Lee, ein Ranger, nahm mich in seinem Land Rover mit, und wir unterhielten uns über das Nashorn, bei dem ich mit anpacken sollte.

KARL: Warum muss es überhaupt umziehen?

LEE: Es handelt sich um ein Nashornmännchen. In seinem Territorium leben inzwischen zu viele Weibchen – viele davon Töchter –, insofern sind es rein züchterische Gesichtspunkte. Wenn man ein Reservat betreut, muss man auch den Tierbestand überwachen, und die Idee hinter dieser Umsiedelung ist, das Männchen in ein neues Territorium umzusiedeln, wo es noch nie war, und ein anderes Männchen von dort, mit dem wir das gleiche Problem haben, an seiner Stelle zurückzubringen.

KARL: Also ein bisschen wie bei *Frauentausch*?

LEE: Wenn du so willst, ja, klar. Na ja, in diesem Fall eher ein Männchentausch.

KARL: Was würde denn passieren, wenn dieses Männchen sich mit einer seiner Töchter paaren würde? Was käme denn dabei heraus?

LEE: Die erste Nachkommengeneration wäre unproblematisch, aber in der zweiten oder dritten Generation würden wahrscheinlich die ersten Probleme entstehen. Genetische Schwächen würden sich durchsetzen, und was den Tierbestand angeht, wollen wir nicht in eine Situation geraten, in der wir die Tiere nur mehr unter künstlichen Bedingungen kontrollieren. Diesbezüglich müssen wir frühzeitig eingreifen und die bestmögliche Wahl treffen, und je größer die genetische Vielfalt, umso gesünder werden letztlich die Tiere.

An einem Dunghaufen hielt er an. Erst dachte ich, er wollte ihn für die Ndebele einsammeln, damit sie damit ihr Wohnzimmer streichen konnten, aber er erklärte mir, dass er die Nashörner anhand alter Spurenlesertricks aufspürte, und dazu gehörte eben auch, ihre Hinterlassenschaften zu verkosten.

LEE: Auf diese Weise stelle ich fest, wie frisch der Dung ist. Das kann man allein am Geschmack erkennen. Bei Pflanzenfressern findet ein Fermentationsprozess statt. Je nachdem, wie viel Alkohol sich bereits gebildet hat, schmeckt der Dung eher bitter oder süßlich.
KARL: Ist das die einzige Möglichkeit, das herauszufinden?
LEE: Du willst ja nicht den falschen Spuren folgen, oder?
KARL: Und wie oft in der Woche probierst du Scheiße?
LEE: Es schmeckt wirklich nicht schlecht. Und es ist sehr trocken. Man braucht nur ganz kurz darüberzulecken – probier mal.
KARL: Und da sind wirklich keine Bakterien drin?
LEE: Nein, nein, wenn da irgendetwas drin wäre, würde ich es nicht machen. Dann wäre ich nicht mehr hier, um dir all das zu erzählen. (Bittet Sandro, den Fahrer, erneut anzuhalten.)

Am Straßenrand lag ein riesiger Dunghaufen – für Lee also quasi ein All-you-can-eat-Büfett. Ich hatte zwar verstanden, was er mit dem Geschmack meinte, aber ich bin mir ziemlich sicher, dass man ebenso gut darauf hätte herumdrücken können, um entscheidende Hinweise zu erhalten. So machen es die Leute im Supermarkt schließlich mit Melonen auch.

LEE: Komm, ich erklär dir, was wir hier vor uns haben. Wir haben hier eine ordentliche Ansammlung von Hinterlassenschaften, und das ist normalerweise ein Zeichen dafür, dass wir es mit einem männlichen Nashorn zu tun haben. Sie hinterlassen diese Riesenhaufen mit viel Gras darin. Einige davon sind allerdings schon ziemlich alt.

KARL: Ja, das sehe ich.

LEE: Aber dort drüben ist ein Haufen, von dem man klar sagen kann, dass er frisch ist. Und dann gibt es hier noch Kratzspuren eines Männchens. Siehst du diese kahlen Stellen dort am Boden? Es tritt nach hinten aus. Es kickt seinen Kot nach hinten weg und verteilt ihn so überall. In Ordnung, wir wissen jetzt also, dass wir es mit einem Männchen zu tun haben. Es ist das Nashorn, nach dem wir suchen.

KARL: Ich würde ja sagen, dass das hier allein vom Draufschauen frisch aussieht. Es sieht noch ganz feucht aus. Ja, und das ist es auch.

LEE: Probier es mal! Probier einfach, wie frisch es ist. Wenn es nicht mehr ganz so frisch ist, schmeckt es unverkennbar süß. Die Erfahrung eignet man sich über eine gewisse Zeit an. Wir finden noch was Frischeres, und dann wirst du merken, wie bitter das schmeckt. Willst du's mal versuchen? Nimm einfach ein bisschen auf die Fingerspitze und probier's. Es wird dir nicht schaden.

KARL: Weißt du, was komisch ist? Das hier ist schon das zweite Mal innerhalb von wenigen Tagen, dass ich voll in die Scheiße greife.

LEE: Steck einfach den Finger rein und versuch's mal. Koste es. Ich wette, du wirst sagen, es schmeckt leicht süßlich.

KARL: Dinge, die man im Leben unbedingt getan haben will: den Finger in einen Scheißhaufen stecken. (Steckt den Finger in den Scheißhaufen.)

LEE: Hast du's probiert?

KARL: Ja. Schmeckt ungefähr wie Vollkornmüsli.

LEE: Stimmt, und leicht süßlich.

KARL: Mhm. Jetzt komme ich mir vor wie bei einer Weinprobe.

LEE: Hast du auch daran gerochen?

KARL: Darum haben wir Nasen, oder? Wir wissen, dass etwas frisch ist, weil wir es riechen können. Und wir haben Geschmackspapillen.

LEE: Und die Kombination macht's. Man muss beide Sinne einsetzen.

KARL: Sagen wir mal, hier läge haufenweise Kacke herum, und ich würde dir eine Augenbinde anlegen, und du müsstest allein vom Geruch auf die Tierart schließen. Könntest du die Tierart erraten?

LEE: Ich könnte es zumindest probieren.

KARL: Nicht dass das eine Fähigkeit wäre, auf die man stolz sein müsste.

Wir machten uns auf die Suche nach frischerer Kacke und kamen unterwegs an einer Giraffe vorbei. Die Giraffe ist eines der beeindruckendsten Tiere, finde ich. Und das beste Beispiel für Evolution – weil sie einen so langen Hals entwickelt hat, um an Futter zu kommen. Vielleicht kriegen auch die Ndebele-Frauen irgendeines Tages längere Hälse – bei den ganzen Ringen, die sie sich anlegen! Dann könnten sie auf dem Dachboden nach dem Rechten sehen, ohne erst eine Leiter holen zu müssen.

Dann hieß es über Funk, dass irgendjemand aus dem Hubschrauber heraus das Nashorn gesichtet habe, und dass wir den ganzen Vormittag lang Nashornkacke gefuttert hatten, stellte sich schlagartig als total überflüssig heraus. Bis wir an der beschriebenen Stelle ankamen, hatte das Nashorn bereits eine Betäubung erhalten und wurde immer langsamer. Jetzt mussten wir es nur noch an eine Stelle manövrieren, von der aus wir es in einen riesigen Metallcontainer schieben und dann schnell umziehen konnten, bevor die Betäubung wieder nachließ.

Das Nashorn torkelte wie ein alter Mann, der sonntags von einem kleinen Kneipenausflug am Nachmittag wieder nach Hause wankte. Der Tierarzt, der ihm die Betäubung verpasst hatte, lenkte es vorsichtig in Richtung des Lieferwagens, wollte aber zuerst noch ein paar Blutproben nehmen. Er schaffte es tatsächlich, das Nashorn zu einem Baumstamm zu führen, wo es sich anlehnen konnte, ohne sich gleich hinlegen zu müssen. Der Nashornkopf verschmolz regelrecht mit dem Geäst. Dann legte der Tierarzt dem Nashorn ein Tuch über die Augen, damit es sich beruhigte. Ich packte die Gelegenheit beim Schopf und trat näher. Diese Tiere sehen wirklich komisch aus. Als hätten sie zu viel Haut über den Knochen.

Überall standen Leute herum, um zu helfen, was sehr praktisch war, nachdem es sage und schreibe fünfzehn von uns brauchte, um das Nashorn in Richtung Lieferwagen zu bugsieren. Irgendwann war es geschafft, und das Nashorn wurde in sein neues Gebiet gefahren. Als es wieder freigelassen wurde, sah es ein bisschen irritiert und groggy aus – wie ein Kind, das gerade vom Zahnarzt kommt und dort eine Narkose bekommen hat.

> Dinge, die man im Leben unbedingt getan haben will: den Finger in einen Scheißhaufen stecken.

Und dann endlich war es an der Zeit, die Berggorillas suchen zu gehen. Die Reise hin zu dem undurchdringlichen Regenwald über unbefestigte Straßen dauerte zwölf Stunden, die ich teils schlafend, teils mit dem Film *Gorillas im Nebel* verbrachte, um in Stimmung zu kommen. Sigourney Weaver spielt in dem Film Dian Fossey, die den Großteil ihres Lebens der Rettung der Gorillas vor Wilderern gewidmet und der Welt gezeigt hatte, dass Gorillas nicht annähernd so aggressiv sind, wie man es bis dato angenommen hatte.

Nach einer kurzen Nacht mit wenig Schlaf in einer Hütte am Rand des Regenwalds marschierten wir los, um die Gorillas aufzuspüren. Ich habe mir diesen Punkt von der Liste ausgesucht, weil meine Mum einmal erwähnt hat, dass sie so etwas gerne getan hätte, und deshalb dachte ich, dann übernehm ich das eben und erzähle ihr im Nachhinein, ob es wirklich so toll war. Abgesehen davon hab ich darüber nicht lange nachgedacht.

REGISSEUR: Weißt du schon, was du zu den Zuschauern sagen willst, wenn du bei den Gorillas angekommen bist? Wie du es ausdrücken wirst?
KARL: Nein, das wäre aber doch auch falsch, oder? Wenn ich es vorbereitet hätte, dann würde ich in diesem Moment doch gar nicht meine wahren Gefühle ausdrücken. Warten wir einfach ab, was passiert. Ich meine … Hat Attenborough seine Texte vorformuliert?
REGISSEUR: Nein, bekanntermaßen nicht. Er hat improvisiert.
KARL: Echt? Das behaupten sie aber auch von Armstrong und dieser »Kleiner Schritt«-Sache. Allerdings war er bis zum Mond eine ganze Weile unterwegs und hatte nichts weiter zu tun – es muss ihm also vorher schon mal durch den Kopf geschossen sein. Aber letztendlich geht es hier doch um den Gorilla, oder nicht? Film ihn einfach. Ich hab mal diese Schauspielerin gesehen – Joanna Lumley –, die hat das Gleiche gemacht, und da hieß es nur: »Oh Himmel. Schreck, lass nach, schaut euch diesen Kopf an!« So was halt. Ich weiß

nicht – sehen wir einfach, was passiert. Warum machst du dir überhaupt Gedanken? Mach einfach deinen Job, film ihn, bring ihn ins Fernsehen. Es erwartet doch sowieso niemand eine große Rede von mir, oder? Über Gorillas wurde bereits alles gesagt.

REGISSEUR: Warum machen wir das hier dann?

KARL: Ich wollte eben einen sehen … Na ja, genauer gesagt, meine Mutter wollte einen sehen …

Ich freute mich natürlich darauf, die Gorillas zu sehen, aber es wäre gelogen gewesen, wenn ich behauptet hätte, dass ich angesichts dieser Wanderung durch den Wald und der Begegnung nicht doch ein bisschen beunruhigt war. Diese Tiere sind immerhin riesig und könnten mir den Kopf abreißen. So wollte ich ehrlich gesagt nicht enden. Es wäre nicht gut gewesen, wenn Suzanne den Leuten so etwas hätte erzählen müssen.

»Oh, tut mir leid, das zu hören. Wie ist er denn gestorben?«

»Ein Gorilla hat ihn vermöbelt.«

Wir waren vielleicht vierzig Minuten lang unterwegs, als Dave, unser Anführer, auf einen Haufen Gorillakacke zeigte. Er wusste, dass es die Kacke eines Silberrückens war, weil die immer sechs, acht Zentimeter lang ist.

REGISSEUR: Muss man die jetzt probieren, um zu wissen, wie nah wir dran sind?

KARL: Nein, muss man nicht!

REGISSEUR: Erinner dich dran – so hat Lee das Nashorn aufgespürt.

KARL: Die hier ist frisch. Ich muss sie nicht erst probieren.

Man sieht doch, dass sie frisch ist. Die Blätter sind noch ganz feucht. Wie kommst du darauf, dass ich schon wieder meinen Finger da hineinstecken sollte? Das geht mir bei dir echt auf die Nerven. Du willst, dass ich mich wie Attenborough verhalte, so ganz auf die klassische Art, aber letztendlich sagst du dann doch nur: »Steck deinen Finger in einen Scheißhaufen.« Ich weiß ehrlich nicht mehr, was du von mir willst. Ich versuche hier, sachlich zu bleiben, und du sagst: »Greif in die Scheiße.«

Es dauerte nicht mehr lange, bis ich vollends aus der Puste war. Der Pfad hatte sich quasi in Wohlgefallen aufgelöst. Wir kletterten durch Gebüsch und mussten Bachläufe überqueren. Die Begeisterung, die zu Beginn der Wanderung noch geherrscht hatte, nahm zusehends ab. Kein Wunder, dass die Evolution diesen Gorillas keinen aufrechten Gang beschert hat. In dieser Umgebung wäre das auch schier unmöglich gewesen. Ich krabbelte die Hälfte der Zeit auf allen vieren vorwärts – und rutschte die andere Hälfte auf meinen vier Buchstaben.

Außerdem hatte es angefangen zu regnen. Meine Füße waren nass, ich war von Insektenstichen übersät, und ich spürte, dass ich gleich wieder Kopfschmerzen bekommen würde. Dave erwähnte, dass er diesen Marsch drei-, viermal pro Woche unternehme. Wenn ich jetzt im Nachhinein darüber nachdenke, hätte ich ihn fragen sollen, warum dieser Pfad dann nicht besser ausgetrampelt war.

Nach etwa drei Stunden teilte Dave uns mit, dass ein paar Fährtenleser ein Stück tiefer im Wald einige Gorillas entdeckt hätten und wir uns ihnen allmählich näherten. Ich hätte gerne eine kleine Vesperpause eingelegt, aber er erwiderte, wir müssten jetzt weitergehen, weil auch die Gorillas sich ständig weiterbewegten. Dieser Logik hatte ich leider nichts entgegenzusetzen – außer bei ein paar Gelegenheiten, als er anhielt und wieder auf frische Gorillakacke zeigte. »Nur noch fünf Minuten«, sagte er jedes Mal, und dann fünf Minuten später: »Wir sind nur noch sieben Minuten von ihnen entfernt.« In etwa, wie wenn man ein Taxi bestellt, und wenn es nicht ankommt, ruft man das Taxiunternehmen an, und die sagen dann auch immer: »Es kommt jetzt gleich um die Ecke.« Tut es aber nie.

Zwanzig Minuten später waren wir immer noch unterwegs. Und es wurde immer beschwerlicher. Es schüttete inzwischen nur so auf uns herab. In dem Film, den ich gesehen hatte, musste Sigourney Weaver nur durch den Nebel marschieren. Ich möchte wirklich gerne wissen, ob Dian Fossey so eifrig um die Rettung der Gorillas bemüht gewesen wäre, wenn es die ganze Zeit derart geschüttet hätte. Und meine Mum würde so was unter keinen Umständen mitmachen. Vielleicht wenn auf dem Weg irgendwelche Secondhandläden lägen, die man mal eben schnell heimsuchen konnte; aber grundsätzlich ist sie nicht gerne zu Fuß unterwegs. Sie bittet sogar immer mich oder meinen Dad, die Mülltonnen rauszuschieben.

Ich nehme an, das ist genau das Problem, wenn man eine vom Aussterben bedrohte Tierart aufstöbern will – die übrigen Tiere sind eben nicht ganz leicht zu finden. Es ist ein bisschen so, wie die goldene Eintrittskarte für Willy Wonkas Schokoladenfabrik zu finden.

Plötzlich hörten wir, wie Dave ein Stück weiter vorn begeistert irgendetwas ausrief, aber er war nur über einen weiteren Haufen Gorillakacke gestolpert. Sogar unser Regisseur, Ben, war inzwischen irritiert. Er machte sich Sorgen wegen des Tageslichts und dass wir womöglich in völliger Dunkelheit zurückmarschieren müssten. Vielleicht war das ja aber der Vorteil dieser ganzen Gorillakacke. Wir würden sie benutzen können, um den Rückweg zu finden. Wie Hänsel und Gretel.

Am Ende drehten wir einfach um. Dave war der Ansicht, dass

wir an ihnen vorbeispaziert sein mussten. Ich war alles andere als begeistert. Immerhin sind wir angeblich weiter entwickelt – und trotzdem hatten die Gorillas uns ausgetrickst. Wir wären wahrscheinlich besser dran gewesen, wenn wir einfach irgendwo stehen geblieben wären und darauf gewartet hätten, dass sie an uns vorbeikämen.

Wir waren bereits knapp fünf Stunden unterwegs, als Dave plötzlich um Ruhe bat. Auf einmal hatten wir sie doch eingeholt – und dann musste alles ganz schnell gehen. Ben wollte sich die Chance auf ein paar Aufnahmen nicht entgehen lassen und schob mich ins Bild. Dave unkte schon, dass uns vielleicht fünfundzwanzig Minuten Zeit blieben, bevor sie weiterziehen würden, und Ben rief mir zu, ich solle endlich sprechen und irgendwas Schlaues sagen, aber mir fiel beim besten Willen nichts ein. Mein Kopf war vollkommen leer. Meine Füße taten weh, mein Schädel obendrein, und allein der Gedanke, die ganze Strecke wieder zurückmarschieren zu müssen, verhinderte, dass ich an der Situation Gefallen fand. Außerdem bin ich noch nie gut darin gewesen, auf Zuruf etwas Schlaues zu sagen. Einmal fiel mir spontan in einer passenden Situation ein: »Übermut tut selten gut«, ein anderes Mal irgendein Zungenbrecher, aber schlau ist wohl beides nicht gewesen.

Der Regisseur maulte, dass ich jetzt fünf Stunden lang Zeit gehabt hätte, mir etwas Schlaues auszudenken. Dabei hatte Neil Armstrong sich sein Sätzchen mit dem »kleinen Schritt« auf dem Weg zum Mond ausdenken können, den er im Sitzen zurückgelegt hatte, während ich mich darauf hatte konzentrieren müssen, nicht auszurutschen, nicht mit dem Hintern in irgendeinem Bach zu landen oder irgendwelchen Wespennestern auszuweichen.

Stattdessen sah ich mir die Gorillas an. Die Mutter saß unter einem Baum und säugte ihr Junges. Der Silberrücken saß gut zehn Meter von der Mutter entfernt allein da, und zwei weitere waren auf Bäume geklettert. Ein junger Gorilla pflückte mit seinen Füßen Gras und stopfte es sich ins Maul.

KARL: Sie sind ganz geschickt mit den Füßen. Ich sage euch, wir haben uns zurückentwickelt. Mit unseren Zehen können wir rein gar nichts mehr anfangen. Das Einzige, was wir damit anfangen können, ist, damit gegen den Bettpfosten zu donnern. Ich denk ja immer: Man sollte sie ganz einfach loswerden. Zehen machen uns mehr Ärger, als sie uns nützen. Gorillas können mit ihren Zehen immerhin Sachen greifen und sie benutzen. Sie haben besser entwickelte Füße, aber die gleichen Hände. Und sie haben ziemlich kleine Ohren, aber die könnten wir genauso gut auch haben, weil einem die Leute doch sowieso nicht mehr zuhören, oder? Sie sind viel zu beschäftigt damit, selber zu reden. Diese kleinen Öhrchen sind echt ziemlich gut. Und lange Arme. Kurze Beine.

REGISSEUR: Ist das dein Redebeitrag? Du hast gerade lediglich ihre Körperteile beschrieben.

KARL: Ja, weiß ich, aber ich will doch nur sagen, schau sich einer an, wie sehr wir uns verändert haben. Wir haben längere Beine und kürzere Arme. Sie haben kürzere Beine und längere Arme. Warum ist das so?

REGISSEUR: Weil wir uns nicht von Baum zu Baum schwingen.

KARL: Aber schau dir doch mal unsere Supermarktregale an. Wenn du zum Beispiel bei Tesco bist, kommst du ganz oben gar nicht hin. Also bräuchten wir längere Arme. Hör mal, du kriegst keinen Beitrag von mir, ich hab doch schon festgestellt, dass in Sachen Gorillas längst alles gesagt wurde. Manchmal drückt man sich am besten aus, indem man gar nichts sagt – war das nicht ein Text von Ronan Keating? Siehst du.

REGISSEUR: Ist das jetzt dein Beitrag?

KARL: Das Leben ist eine Achterbahnfahrt – das hat er auch gesungen. Und dass man jeden Tag so leben muss, als wäre es der letzte.

REGISSEUR: Ich meine ja nur, das hier ist ein echt großer Augenblick, und du zitierst Ronan-Keating-Liedtexte …

KARL: Was soll ich denn sonst zitieren? Mir fällt nichts anderes ein.

REGISSEUR: Du sollst niemanden zitieren, du sollst deinen eigenen Text sprechen. Das sage ich dir doch schon die ganze Zeit.

KARL: Was würdest du denn an meiner Stelle sagen? Was geht dir denn durch den Kopf?

REGISSEUR: Wenn ich … Warte. Ich hab hier den Text, den David Attenborough gesprochen hat: »Es liegen mehr Bedeutung und gegenseitiges Verständnis im Blickkontakt mit einem Gorilla als bei jedem anderen Tier, das ich kenne. Ihr Blick, ihr Hör- und ihr Geruchssinn sind den unseren so ähnlich, dass sie die Welt weitgehend genauso auffassen, wie wir es tun. Ebenso wie sie gehen wir Menschen soziale Bindungen ein und halten überwiegend langfristige Familienbeziehungen aufrecht. Sie laufen über dieselbe Erde, über die wir Menschen laufen, und doch sind sie wesentlich mächtiger als wir. Wenn also je die Notwendigkeit bestünde, die menschliche Zivilisation hinter sich zu lassen und sich einer anderen Kreatur anzuschließen, wäre der Gorilla die beste Wahl.«

KARL: So was Ähnliches hab ich doch gesagt.

DAVE: Wir müssen jetzt aufbrechen.

REGISSEUR: Jetzt schon? Ein letzter Versuch, Karl!

KARL: Ich weiß aber nichts. Mir fällt nichts ein. Ich muss dich enttäuschen, aber ich dachte wirklich, diese Ronan-Keating-Liedzeile wäre gut gewesen. Wir müssen ja nicht dazusagen, dass sie von Ronan Keating ist.

KARLS ERKENNTNISSE

DAS WORT »GORILLA« HEISST EIGENTLICH »VOLK BEHAARTER FRAUEN«.

MAN DARF EINEN GORILLA NIE ANSTARREN ODER AUF IHN ZEIGEN.

DIE EINZIGEN NATÜRLICHEN FEINDE DER GORILLAS SIND KROKODILE, LEOPARDEN UND MENSCHEN.

GORILLAS RÜLPSEN, WENN SIE SICH WOHLFÜHLEN.

GORILLAS UND MENSCHEN HABEN FAST IDENTISCHE ERBANLAGEN. SIE KÖNNEN BIS ZU 55 JAHRE ALT WERDEN.

Für den Rückweg brauchten wir knapp fünf Stunden. Der Regen hatte inzwischen biblische Ausmaße angenommen. Schweigend legten wir die Strecke zurück. Das Flusspferd Jessica zu treffen war ehrlich gesagt die bessere Erfahrung gewesen. Es gibt einfach keine bessere Umgebung, einem wilden Tier zu begegnen, als in irgendjemandes Wohnzimmer. Dort konnte ich ganz nahe herangehen und gleichzeitig einen Becher Tee trinken und Kekse essen. Und Jessica war ebenfalls rundum zufrieden.

Als wir zurück waren, telefonierte ich mit Ricky.

KARL: Heute war diese Gorillasache dran. Es war der Wahnsinn.

RICKY: Oh, ja, natürlich. Habt ihr einen zu Gesicht bekommen?

KARL: Ja, eine ganze Familie sogar. Ich hätte irgendetwas Schlaues sagen sollen, meine Gefühle ausdrücken oder so, aber mir ist nichts eingefallen. Was hättest du in so einer Situation gesagt? Zwei Meter von dir entfernt sitzt ein Gorilla mit seinem Jungen, und jetzt schnell, Kamera läuft, wir müssen uns beeilen, er kann jeden Augenblick ausrasten … Was hättest du gesagt?

RICKY: Dies hier ist eins der größten Privilegien in meinem Leben.

KARL: Das ist alles?

RICKY: Na ja, sicher, was denn sonst? Was für ein riesiges Privileg, Karl! Meine Güte, du musst einer der glücklichsten Menschen der Welt sein.

KARL: Aber es war ein Albtraum, dorthin zu kommen. Das hast du nicht miterlebt. Im Fernsehen sieht man nicht, dass die Leute erst mal eine Wanderung machen müssen, und wenn man endlich ankommt, hat man echt keinen Bock mehr, ehrlich, und denkt nur noch: »Diese ganze Strecke muss ich jetzt wieder zurücklaufen.« Oh, mir ist gerade etwas eingefallen – das Wort »Gorilla« heißt, äh, »behaarte Frau«. Hab ich zumindest mal gehört.

RICKY: Es heißt was?

KARL: »Behaarte Frau«. Ich weiß nicht, in welcher Sprache, aber angeblich ist das die wörtliche Bedeutung von »Gorilla«.

RICKY: Das wusste ich nicht. Ist das wirklich wahr?

KARL: Ich glaube schon, ja. Also, da wäre zum einen das, und dann, äh, haben sie Daumen und all das und, äh, praktische Füße.

RICKY: Großartig. Du klingst fast wie Attenborough. »Sie haben Daumen und all das. Behaarte Frauen.«

KARL: Nein, aber wenn man unter Druck steht …

RICKY (lacht)

KARL: Sie kacken viel. Das ist noch ein Fakt. Und sie haben kleine Ohren.

RICKY: Okay, okay, übertreib es nicht. Man soll ja immer aufhören, wenn es am schönsten ist … (Lacht) Wir sollten nicht zu sehr ins Detail gehen. Nicht zu biologisch werden.

KARL: Ich weiß schon, bei dieser Reise drehte sich alles um die Gorillas, aber ich glaube wirklich, dass ich noch viel mehr bewirkt habe, seit ich hier angekommen bin. Ich hab Dinge verändert. Du hast diese Hüttenbau-Sache für mich organisiert, das hab ich für diese Leute getan …

RICKY: Sicher.

KARL: Ich hab Kindern das Radfahren beigebracht. Ich … Was hab ich noch gemacht? Ich hab für den König und seine Kumpels gekocht, ich hab dieses Nashorn umgesiedelt – das war noch eine wohltätige Handlung. Was hab ich noch gemacht?

RICKY: Du bist endlich Bungee gesprungen, was ich echt erstaunlich finde, erst recht, wenn man bedenkt, wie sehr du dich anfangs dagegen gesträubt hast.
KARL: Aber, ja, äh, hör mal … Ich will diese Reise abschließen und das Geld zurückbezahlen, sobald ich wieder daheim bin, und dann ist alles …
RICKY: Nein, nein!
KARL: Nein, es macht mir wirklich nichts aus. Ich will das so.
RICKY: Ich übernehm das.
KARL: Nein, lass mich, ehrlich, ich will das so.
RICKY: Ich hab dich dazu bringen wollen, und du hast es ausprobiert. Du hast es gemacht.
KARL: Nein, aber …
RICKY: Der Einsatz war … Der Deal war, ich zahle, wenn du springst. Du bist gesprungen, also zahle ich.
KARL: Ich weiß, aber ich finde nur, dass ich zahlen …
RICKY: Nein, denn sonst hätte ich ja etwas tun müssen. Du bist gesprungen, also muss ich zahlen.
KARL: Ich bin aber gar nicht gesprungen! Ich hab das nicht gemacht!
(Stille)
RICKY: Was meinst du damit – du bist nicht gesprungen?
KARL: Das war ich nicht.
RICKY: Du bist nicht Bungee gesprungen?
KARL: Mhm.
RICKY: Was – du hast mich belogen und einfach behauptet, du hast es getan?
KARL: Ja, weil du und Stephen damit nicht aufhören wolltet.
RICKY: Moment mal. Und wann genau wolltest du uns verraten, dass du es gar nicht getan hast?
KARL: Na ja, erst wollte ich es gar nicht sagen, weil …

RICKY: Aber ich hätte das Filmmaterial doch gesehen.
KARL: Klar, aber ich hab Luke meinen Hut geliehen, als er gesprungen ist, nur hat er den Hut verloren, und man sieht, dass er keine Glatze hat, insofern hat es nicht geklappt …
RICKY: Okay, du hast es also nicht gemacht. Du hast dir ein Stuntdouble gesucht. Du hast Luke an deiner Stelle springen lassen und geglaubt, ich würde es nicht merken?
KARL: Na ja, er ist eben kein Double, oder? Das war ja genau das Problem. Dass er den Hut verloren hat. Er hat einen Kopf voller Haare.
RICKY (lacht): Aber ihr habt das Ganze für die Sendung aufgezeichnet?
KARL: Es ist alles auf Film, aber es nützt ja nichts, weil er den Hut verloren hat. Also, meinen Hut.
RICKY: Du bist echt das Allerletzte – wie diese dümmsten Einbrecher der Welt. Ich kann dir noch nicht mal böse sein, weil du so hirnverbrannt bist.
KARL: Na ja, wir könnten uns ja vielleicht die Kosten teilen …
RICKY: Oh nein, du zahlst. Du bist nicht gesprungen. Das ist echt herrlich – du hast nicht nur einen kompletten Idioten aus dir gemacht, indem du allen bewiesen hast, was für ein Feigling und Lügner du bist. Jetzt stehst du auch noch mit 2500 Pfund in der Kreide. (Lacht.) Das ist echt großartig. Das ist der beste Tag meines Lebens. Aber, hör mal, die Gorillas hast du wirklich gesehen, ja? Nicht dass ich das Filmmaterial zurückkriege, und in Wahrheit sitzt da Luke in einem Pelzmantel?
KARL (lacht)
RICKY (lacht)

Als wir den Wald hinter uns gelassen hatten und wieder auf dem Heimweg waren, kamen wir an einem großen Gorilla vorbei, der gleich am Straßenrand unter einem Baum saß. Er saß da, als würde er auf den Bus warten. Typisch.

KAPITEL 6

#48 In einem Cadillac über die Route 66 fahren ✓

KANADA
Du *****!
Tragflächenspaziergang auf einem Doppeldecker
Colawürfel
Birnendrops
VEREINIGTE STAATEN VON AMERIKA
Mr. Leather
Chicago
Umarmung?
Wärmflasche
Amische
Glee Club
Peach Springs
Route 66
Owasso
iPod
Helendale
Victorville
Los Angeles
Superior
Phoenix
Erbsen
66
MOTEL
MEXIKO
PAZIFISCHER OZEAN

STEPHEN: Was würde dir noch gefallen, Karl?
KARL: Äh, die Route 66?
RICKY: Oh, die ist ein bisschen länger … zweieinhalbtausend Meilen durch acht Bundesstaaten. Von Chicago bis L. A. durchquerst du drei Zeitzonen – übrigens zwei der aufregendsten Städte der Welt!
KARL: Liegt es an den USA, dass das als eines der besten Dinge gilt?
RICKY: Wie meinst du das?
KARL: Ich glaube einfach, die Amis sind leicht zu begeistern. Es sind immer die Amis, die in großen Gruppen herumlaufen und johlen. Als ich einmal in Disneyland war, bin ich an einem Boot voller Obst und Gemüse vorbeigekommen, und da waren drei ältere Damen, die wegen einer Aubergine schier außer Rand und Band geraten sind. Da musste ich denken: Bin ich so negativ?
RICKY: Ja, klar, du bist verdammt negativ.
KARL: Aber ich bin außer Rand und Band bei Sachen, über die man außer Rand und Band geraten *sollte*. Ich johle doch nicht, wenn ich eine Aubergine sehe.
RICKY: Und worüber hast du zuletzt gejohlt?
KARL: Ich freu mich einfach innerlich. Ich muss nicht jedem zeigen, dass ich außer Rand und Band bin, okay? Aber das meine ich ja gerade: In den USA geht es immer nur um die Show. »Ach, schau dir den an, wie negativ der ist!« – »Oh, dein Kopf – der sieht aber komisch aus. Du solltest mal zum Schönheitschirurgen gehen.« Dort geht es immer nur um Äußerlichkeiten.
RICKY: Würdest du denn zum Schönheitschirurgen gehen?
KARL: Nein. Ich glaube, ich würde ausrasten, wenn ich in den Spiegel gucke und mich nicht mehr wiedererkenne.

RICKY: Wie wär's mit einer Haartransplantation?

KARL: Nein, das ist für mich kein Problem. Als ich noch Haare hatte, wollte ich keine. Meine Haare waren ätzend. Mein Friseur hat damals behauptet, dass ich Haare wie ein Chinese hätte. »Was wollen Sie denn damit sagen?«, hab ich ihn gefragt, und er hat geantwortet: »Genauso fusselig.«

RICKY: Keine Ahnung, was das heißen soll.

KARL: Dass man solche Haare nicht bändigen kann.

RICKY: Willst du damit sagen, dass kein Chinese sein Haar bändigen kann? Du warst doch selbst in China.

KARL: Ja, und sie sehen alle gleich aus. Sie machen nichts aus ihren Haaren. Topfschnitte, wo man hinsieht! Und genauso sahen meine Haare auch aus – bis sie mir irgendwann ausgefallen sind. Ich hätte sie nicht wiederhaben wollen.

STEPHEN: Also dann … Route 66. »Get your kicks on Route 66.« Schon mal gehört?

KARL: Ja, schon mal gehört.

STEPHEN: Da sieht man immer ein Cadillac-Cabrio vor sich, in dem man über den Highway cruist … Musik laut aufgedreht, ein schönes Mädchen auf dem Beifahrersitz, das Haar im Wind … Na ja.

KARL: Also, die Leute schwärmen davon, aber ich war schon mal dort und fand es nicht wahnsinnig aufregend. Ich war in L. A. und in New York, und das war grässlich.

RICKY: Was war an New York denn grässlich?

KARL: Der Lärm – man hat einfach nirgends seine Ruhe.

RICKY: Aber New York ist eine der tollsten Städte der Welt!

KARL: Gar nicht wahr! Es heißt doch immer, es sei die Stadt, die niemals schläft – und das hat seine Gründe. Dieses Getöse! Ich war in der Nähe des Times Square, und überall waren Sirenen zu hören. Und nach noch nicht mal einer

Minute hab ich einen Raubüberfall mitbekommen.
RICKY: Warum denn Times Square? Warum bist du denn den ganzen Touristen hinterhergelaufen? Du warst in den USA – und besuchst Disneyland und den Times Square?
KARL: Ja, aber das macht doch jeder.
RICKY: Geh nie dorthin, wo alle anderen hingehen.
STEPHEN: Der Vorteil an der Route 66 ist ja, dass sie an vielen kleineren Städten vorbeiführt, Städtchen, die man normalerweise nicht besichtigen würde. Die nicht auf der normalen Touristenlandkarte zu finden sind. Da sieht man das wahre Amerika.
KARL: Und was ist das wahre Amerika?
RICKY: Gute Frage.
STEPHEN: Das wirst du schon noch herausfinden …

Ich kann mir nicht vorstellen, dass irgendjemand je ein schönes Lied über eine Straße in Großbritannien singen würde, zumindest nicht so, wie sie es in den USA für die Route 66 getan haben. Die Amis scheinen eine sehr positive Einstellung zu Autofahrten zu haben und beweisen es durch Songs. Da wäre zum einen dieses Steppenwolf-Lied, »Born To Be Wild«. Ich bin noch nie in mein Auto gestiegen und hab nach neuen Abenteuern Ausschau gehalten. Ich halte Ausschau nach Radarfallen und Schlaglöchern. Die Stadtverwaltung von Westminster hat in die Londoner Straßen mehr Löcher buddeln lassen als jeder Archäologe in Ägypten.

Allerdings hab ich tatsächlich noch nicht immer so über das Fahren gedacht. Als Teenager war mir die Fahrprüfung wichtiger als jede Prüfung in der Schule, und ich dachte damals, wenn ich erst einmal meine Fahrprüfung bestanden hätte, stünde mir die Welt offen und ich wäre endlich Herr meines Schicksals. Vielleicht klingt das jetzt ein bisschen übertrieben, aber ich wusste zumindest, dass ich nie wieder mit der Verrückten Rita an der Haltestelle auf den 261er nach Manchester Piccadilly warten müsste. Rita war die durchgeknallteste Frau im Viertel. Immer bat sie einen um Hilfe mit ihrem Kinderwagen, wenn sie in den Bus einsteigen wollte. Der eine oder andere wird jetzt vielleicht denken: »Einer Frau mit Baby muss man ja auch helfen«, aber in dem Kinderwagen lag kein Baby, sondern ein Eimer, auf den sie ein Gesicht gemalt hatte. Aber die Verrückte Rita hieß schließlich nicht umsonst Verrückte Rita. Und auch die Stinkige Sandra hing dort normalerweise rum und besetzte drei Warteplätze mit ihren Müllsäcken voller Secondhandklamotten, außerdem noch John aus dem Pflegeheim, der im Bus immer in der letzten Reihe saß und seinen Schniedel allen zeigte, die ihn sehen wollten.

Ich bestand die Fahrprüfung vor zwanzig Jahren im zweiten Anlauf. Seither habe ich insgesamt sieben Autos besessen, drei Knöllchen für Falschparken kassiert, bin zweimal abgeschleppt worden, hab drei Punkte für das Überfahren einer roten Ampel auf meinem Konto und war in einen Auffahrunfall verwickelt (nicht meine Schuld). Ich glaube, dass ich ein einigermaßen guter Fahrer bin. Manchmal werde ich ungeduldig, wenn andere Fahrer nicht wissen, wo sie hinwollen, aber so ungeduldig wie mein Dad bin ich nie. Seine Hand liegt quasi dauerhaft auf der Hupe, wie bei einem Kandidaten von *Der Schwächste fliegt*, der die Hand am Buzzer hat, und ich hab schon diverse Meilen auf dem Beifahrersitz neben meinem Dad zugebracht, wenn er Zeitungen auslieferte oder als Kurier oder Taxifahrer unterwegs war. Ich saß immer auf einer leeren Bierkiste und kassierte das Trinkgeld. Aber natürlich gab es dabei auch eine Kehrseite. Wann immer er mich im Taxi irgendwo hinbrachte, nahm er unterwegs nicht selten Fahrgäste von der Strecke mit, die dann in die entgegengesetzte Richtung gefahren werden wollten, und da war es oft schneller, wenn ich zu Fuß ging. Was ihn immer am meisten aufregte, war, wenn irgendein Fahrgast irgendwo hingefahren werden wollte, und mein Dad wusste genau, wo das war und wie man dort hinkam – irgendwo sieben Meilen außerhalb der Stadt oder wo auch immer –, und unmittelbar bevor sie am Ziel ankamen, sagte der Fahrgast: »Hier die Nächste rechts, bitte.« Bei so was flippte er regelmäßig aus. »Ich weiß, wo wir lang müssen. Immerhin hab ich die Strecke bis hierher auch ohne Ihre Hilfe gefunden, oder etwa nicht?« Ich saß dann immer da und dachte insgeheim: »Okay, der gibt kein Trinkgeld.« Mein Dad ist wirklich stolz auf seine Kenntnis der britischen Verkehrswege. Manchmal verschwindet er auf dem Klo – nicht etwa mit einer Zeitung, wie es die meisten von uns tun, sondern mit einem Stadtplan unterm Arm. Dann lädt er sein inneres Navikacktionsgerät auf, sagen wir immer.

Als ich meinen Koffer für diese Reise über die Route 66 packte, war das Wichtigste mein iPod. Ich höre beim Fahren gern Musik. Wenn ich irgendwo abbiege, lautet meine Regel: Musik, Spiegel, Schulterblick, Blinker. Außerdem packte ich Birnendrops, Colawürfel und meine Wärmflasche ein (später mehr dazu), aber als ich schließlich in L. A. ankam, musste ich feststellen, dass ich ausgerechnet meinen Führerschein zu Hause liegen gelassen hatte. Aber zumindest hatte ich so ein bisschen Zeit, um die Stadt zu erkunden, während Suzanne ihn mir per FedEx nachschickte.

An Tag eins unternahm ich einen Strandspaziergang in Santa Monica. Meines Erachtens ist ein Strand ein Ort der Erholung, aber in L. A. sehen das die Leute offenbar anders. Frauen joggten an mir vorüber, Männer wuchteten Gewichte oder machten Liegestütze oder Sit-ups. Sogar die Tauben haben hier eine breitere Brust als daheim in London. Viele Leute sahen außerdem so aus, als hätten sie eine Schönheits-OP hinter sich. Irgendwie sieht das immer ein bisschen komisch aus. Wenn man fiese Narben hat, kann ich das ja noch verstehen, aber ich hab mal in eine Fernsehsendung reingezappt, in der eine Person mit einer Depersonalisationsstörung gezeigt wurde, die ihr eigenes Spiegelbild nicht wiedererkannte. Wenn jeder dieses Problem hätte, würde niemand je wieder einen anderen Menschen als hässlich bezeichnen oder ihn in anderer Form aufgrund von Äußerlichkeiten beleidigen, weil dieser Niemand selbst nicht wüsste, wie er in Wirklichkeit aussieht. Problem gelöst. Ich wüsste nicht, wann ich je genau hätte wissen müssen, wie ich selbst aussehe. Ich muss schließlich nicht nach mir suchen, weil ich mich immer bei mir habe.

Als ich dort am Strand unterwegs war, rief Ricky an und erzählte mir von einer Freizeitbeschäftigung, die unter den hiesigen Jugendlichen wohl gerade ziemlich angesagt war. Er nannte es Glee Club. Offenbar war das Ganze ein paar Jahre zuvor durch eine Fernsehsendung ins Rollen gekommen. In dieser Sendung ging es um ein paar Highschool-Schüler, die ein Dauerlächeln im Gesicht hatten und ein tolles Leben und die dann tanzten und darüber sangen, wie großartig doch alles war. Die Sendung war an Jugendliche gerichtet. Schwierige Themen wie Drogen oder Schwangerschaften wurden ausgeklammert. Es ging vielmehr darum, was man tun musste, wenn man eines Tages mit einem Pickel am Hals aufwachte. Die schiere Anzahl von Gesangssendungen im Fernsehen geht mir ganz schön auf den Wecker. Immer mehr Kinder wachsen mit dem Wunsch auf, Sänger zu werden, und keiner will mehr einen normalen Job. Ich hab schon lange kein Kind mehr sagen hören, dass es Maurer oder Elektriker oder Klempner werden will. Als ich kürzlich Probleme mit meinem Boiler hatte, musste ich sage und schreibe eine Woche auf den Installateur warten, weil es davon einfach nicht mehr genug gibt. Wenn ich jemanden gebraucht hätte, der in meinem Wohnzimmer eine kleine Tanzchoreografie einstudierte, wäre wahrscheinlich binnen einer Stunde jemand da gewesen.

Ich nehme mal an, Ricky hat mir diesen Vorschlag gemacht, weil er genau weiß, dass ich mich früher fürs Tanzen interessiert habe – allerdings hauptsächlich für Popping und Roboter-Moves. Ich bin sogar ein-, zweimal im Einkaufszentrum aufgetreten, aber überwiegend blieb ich damit daheim in meinem Kinderzimmer.

Inzwischen tanze ich nicht mehr allzu häufig. Es gibt einfach zu viele Maxi-Remixe, die zehn, zwölf Minuten dauern. Kein Wunder, dass in Clubs inzwischen so viele Aufputschmittel konsumiert werden. Allein schon um einen Song bis zum Ende durchzuhalten, brauche ich Vitamintabletten, von einer ganzen durchgetanzten Nacht ganz zu schweigen.

#68 Komparse in einem Film sein ✓

Haken dran, erledigt. Ich hab in Rickys Film *Lügen macht erfinderisch* mitgespielt. Um für zwei Sekunden auf dem Bildschirm zu erscheinen, musste ich endlos herumhängen, und am Ende ging er dann hin und schnitt meine Szene für die Endfassung heraus. In seinem anderen Film, *Cemetery Junction*, hab ich es immerhin bis in die finale Fassung geschafft. Zunächst war gar nicht vorgesehen, dass ich darin mitspielen sollte. Ricky hatte angerufen und mich gefragt, ob ich mit von der Partie sein wolle, und ich hatte Nein gesagt, aber dann erwähnte er, dass die Cateringfirma für den entsprechenden Tag Schweinekoteletts angekündigt habe, also sagte ich: »Meinetwegen, gib mir zwanzig Minuten.« Das ist das Beste daran, Komparse zu sein: Die Verpflegung ist immer richtig gut.

An der Schule bekam ich eine Tutorin namens Gail zugeordnet, die mächtig was auf dem Kasten hatte und superengagiert war. Damals, als ich noch zur Schule ging, wurde der Musikunterricht eher vernachlässigt; es war einfach kein Geld da für eine ordentliche Ausstattung. Vielleicht entstand ja genau so dieses Müllmusical, in dem sie Mülltonnendeckel als Instrumente verwenden. Ich bin mir sicher, dass es landesweit die einzige Schule war, an der wir im Pfeifen unterrichtet wurden, aber selbst das war nicht ganz leicht, weil so viele Schulkinder Zahnlücken hatten. Die Schönen Künste wurden an meiner Schule jedenfalls nicht allzu sehr gefördert, und die Bühne in der Turnhalle wurde nur einmal im Jahr zum Krippenspiel benutzt. Aber selbst das war ein Witz. Es gab nie ausreichend Rollen für alle, sodass die meisten Schüler nur hier und da mal einen Satz sagen durften. Es muss das einzige Krippenspiel weltweit mit Heiligen Sieben Königen gewesen sein.

In Santa Monica teilte Gail mir ein paar Liedzeilen aus einem der Songs zu, die sie gerade einstudierten. Es war »Jump« von Van Halen. Allein bei der Vorstellung wurde mir mulmig. Ich bilde mir wirklich nicht ein, dass ich singen kann. Pfeifen und Summen sind eher mein Ding. Ich kann auch nicht sonderlich gut Texte auswendig lernen. Genau drei Lieder hab ich mir im Leben merken können: zwei von Elvis – »If I Could Dream« und »In The Ghetto« – und »Ain't No Pleasing You« von Chas and Dave. Ich gab mir wirklich alle Mühe, mir meine Zeilen aus »Jump« einzuprägen, doch dann eröffnete Gail mir, dass ich mir dazu auch noch Tanzschritte würde merken müssen. So was hab ich noch nie gemacht. Das bisschen Breakdance als Kind im Einkaufszentrum war mehr oder weniger improvisiert. Damals ließ ich meinen Körper entscheiden, was er spontan tun wollte. Gail hingegen verlangte von mir, dass ich exakt das Gleiche machte, was die zwanzig anderen Schüler auf der Bühne machten. Ich verstehe wirklich nicht, wozu das gut sein soll. Wenn jeder das Gleiche macht, kann es doch genauso gut auch einer allein machen. Das Gleiche gilt auch für Synchronschwimmen. Wenn jeder macht, was er will, gibt's für das Publikum doch viel mehr zu sehen.

Ich studierte also eine Stunde lang alles ein, und Gail erinnerte mich wieder und wieder daran, dass ich dabei immer lächeln solle. Aber mein natürlicher Gesichtsausdruck sieht nun mal anders aus. Ich lächele bloß, wenn ich wirklich glücklich bin, und dann auch nur, weil mein Mund gerade genau das tun will. Ständig daran zu denken, ein falsches Lächeln aufzusetzen, fiel mir wirklich nicht leicht. Gail rief immer wieder: »Du hast Spaß! Zeig den Leuten, dass du Spaß hast!«, und in diesem Moment begriff ich, warum 90 Prozent der Schulkinder, die mit von der Partie waren, Zahnspangen trugen. Wenn man an einem Ort lebt, wo Lächeln dermaßen wichtig zu sein scheint, muss man wohl auch gerade Zähne haben.

Eine Stunde später stand ich am Rand der Bühne und wartete auf meinen Einsatz. Den ersten Teil der Choreografie bekam ich ganz anständig hin, glaube ich. Ich war zwar für den Bruchteil einer Sekunde hinter allen anderen, aber ich nahm an, das war schon in Ordnung. Wenn irgendjemand blinzeln müsste, würde er so zumindest nichts Wesentliches verpassen. Ich half den Leuten sozusagen, am Ball zu bleiben. Dann schlurfte ich von der Bühne und wartete auf meinen Gesangspart. Doch noch während ich an der Seite wartete, dämmerte es mir plötzlich, dass ich meine drei Liedzeilen vergessen hatte. Da war eine Frau mit Kopfhörern, die mit Gail in Funkverbindung stand, und der raunte ich zu, dass ich meinen Text vergessen hätte, aber sie war zu beschäftigt, als dass sie mir hätte helfen können. Mir brach vor Panik der Schweiß aus, und ich bat die Leute um mich herum verzweifelt um Hilfe, aber sie waren alle komplett in sich selbst versunken und bereiteten sich auf ihren nächsten Einsatz vor. Dann zog ein junges Mädchen mich wieder auf die Bühne und drückte mir ein Mikro in die Hand. Die Wörter, die aus meinem Mund kamen, waren definitiv in der falschen Reihenfolge, aber ich glaube, keiner hat's gemerkt. Anschließend stürmte ich, so schnell es ging, wieder von der Bühne.

Doch kaum war es vorbei, wollte mein Regisseur das Ganze noch einmal drehen – damit er am Ende, wenn er im Schneideraum saß, mehr Einstellungen für die Sendung zur Verfügung hatte. Begeistert war ich nicht. Ich war fix und fertig und hatte all meine Energie für diesen einen Auftritt verbraucht. Außerdem war ich mir nicht ganz sicher, ob er weitere Aufnahmen machen wollte, weil ich bei der ersten so irrsinnig gut oder so irrsinnig schlecht ausgesehen hatte. Ich ließ mich schließlich darauf ein, zu »Every Little Thing She Does Is Magic« von The Police zu tanzen – eine ausgesprochen schwierige Choreografie, die viel Herumgestikulieren erforderte. Die Schüler schienen es erstaunlich leicht hinzubekommen, während ich selbst eher so aussah, als wollte ich mit einem Hörgeschädigten kommunizieren.

Gail und die Jugendlichen beteuerten hinterher, ich hätte mich toll geschlagen, aber tief im Innern wusste ich, dass ich komplett versagt hatte. Ich kann so was ganz einfach nicht. Und diese falschen Lobeshymnen konnte ich nur schwer ertragen. Ich glaube auch nicht, dass das gesund ist – man muss den Menschen ehrlich sagen, wenn sie etwas nicht können, sonst wiegt man sie in einer falschen Sicherheit. Und niemand kann bei allem gut sein. Aber das scheint wohl die amerikanische Herangehensweise zu sein – hier kann jeder alles werden, egal wie es um sein Talent bestellt ist. Hier kann man seine Träume leben – was im Übrigen eine weitere Redensart ist, die ich ehrlich gesagt nie ganz verstanden habe. Wenn man seine Träume lebt, woher weiß man dann, ob man gerade wach ist oder schläft? Außerdem gilt diese Redensart komischerweise nur, wenn man von etwas Gutem träumt.

#96 Den Nationalfeiertag in den USA feiern

Ereignisse am immer gleichen Tag zu feiern finde ich ein bisschen anstrengend. Warum feiert man nicht, wenn man gerade in der Stimmung dazu ist? Das würde endlich auch diesen Kommerzgeschichten wie dem Valentinstag ein Ende setzen, an dem in Restaurants auf einmal doppelt so hohe Preise aufgerufen werden. Außerdem würde man auf diese Weise das ganze Jahr über Weihnachtsgeschenke bekommen, weil Freunde und Familie zu unterschiedlichen Daten Weihnachten feiern würden.

Ich war am Boden zerstört, als ich die Schule verließ und wir ein Motel an der Route 66 ansteuerten. Viele dieser Motels hier in den Vereinigten Staaten scheinen Designmottos oder -themen zu haben, und unseres hatte Beton-Wigwams als Dächer, was dazu beitrug, dass das Ganze aussah wie eine kleine Sozialsiedlung aus Tipis. Und es zeigte sich einmal mehr, dass runde Zimmer einfach nicht praktisch sind. Suzanne sagt immer, dass sie gern in einer Windmühle wohnen würde, aber runde Zimmer bringen schlicht und ergreifend Probleme mit sich: Nirgends eine Ecke, in die man den Fernseher stellen kann, und nicht einmal Bilder hängen ordentlich an der Wand. Zu tapezieren wäre in so einem Zimmer der Albtraum.

Tags darauf rief ich Ricky an und erzählte ihm von meinem Glee-Club-Erlebnis.

RICKY: Hast du gesungen und getanzt?
KARL: Ja, aber ich hab mich echt geärgert. Die Probe lief ganz gut, aber als es dann so weit war, stand ich nur noch panisch am Rand der Bühne und konnte mich nicht mehr an meinen Text erinnern, ich hab die Choreografie versaut und einfach alles durcheinandergebracht.
RICKY: Ich kann mir gar nicht vorstellen, dass du singen kannst. Ich glaube, ich hab dich überhaupt noch nie singen hören.
KARL: Na ja, pfeifen liegt mir eher ... Ich kann ganz gut pfeifen, und es ist nicht halb so anstrengend.
RICKY: Um ehrlich zu sein, kannst du nicht gut pfeifen, Karl – aber zumindest kann man beim Pfeifen seinen Text nicht vergessen. Aber du würdest wahrscheinlich sogar die Melodie und das ganze Prinzip des Pfeifens vergessen.
KARL: Nein, aber ...
RICKY: Nein, du kannst nicht pfeifen. Es klingt fürchterlich.
KARL: Also bitte. Das hier ist die Melodie von gestern Abend. (Pfeift »Jump« von Van Halen.)
RICKY: Oh. Okay.
KARL: Siehst du, du erkennst sofort, was es ist.
RICKY: Äh, ehrlich gesagt hab ich's nicht erkannt. Ich dachte, du würdest gerade eine Schubkarre mal schneller und mal langsamer vor dir herschieben. Die Melodie war total daneben.
KARL: In meinem ganzen Leben hab ich mich nie so geschämt. Du weißt doch, dass ich dir immer wieder sage, dass du mir Albträume bereitest – ich kriege Panik und so wegen all dieser Dinge, die du für mich organisierst. Dieses eine Mal, als ich geträumt habe, ich säße auf dem Klo und du würdest die Tür aufreißen und dahinter wäre ein riesiges

Publikum, das mir beim Scheißen zusieht – genau wie in diesem Traum hat es sich angefühlt! Ich wollte nur noch aufwachen und dass es vorbeigeht.

RICKY: Aber das Merkwürdige ist doch … Dieser Traum ist nicht besonders freudianisch oder symbolisch, verstehe ich das richtig? Weil ich ziemlich oft die Tür aufreiße, wenn du auf dem Klo sitzt, einfach nur, um dich zu ärgern.

KARL: Das stimmt allerdings.

RICKY: Um ehrlich zu sein, hab ich bereits geahnt, dass Glee nicht dein Ding sein würde.

KARL: Ich mag diesen ganzen Frohsinn nicht. Das ist mir dabei so was von klar geworden.

RICKY: Halt, Moment mal. Du behauptest jetzt, das sei dir dadurch klar geworden – dabei hättest du doch schon längst wissen müssen, dass diese Art von Spaß dir nicht behagt. Du bist überhaupt die spaßbefreiteste Person, die ich kenne. Ist dir klar, dass ich dich schon seit fast zehn Jahren kenne, und wenn du in der Zwischenzeit immer noch nicht weißt, dass du Spaß nicht magst, dann stimmt bei dir doch was nicht. Denn genau darum geht es mir doch in der Sendung. Ich stecke dich in Situationen, von denen ich weiß, dass sie dir nicht gefallen. Na ja, vielleicht gefallen sie dir ja sogar, aber jeder andere weiß längst, dass du Spaß nicht leiden kannst, insofern ist es schon komisch, dass du jetzt auf einmal behauptest, das sei eine neue Erkenntnis.

KARL: Klar, aber wenn du irgendwen anders in diese Situation stecken würdest, wäre der auch nicht glücklich. Ich bin 38. Ich stand auf einer Bühne mit Schülern, die im Durchschnitt vielleicht 14 waren. Es sah aus, als wäre da spontan irgendein zurückgebliebener alter Mann von der Straße zu ihnen gestoßen. Auf einmal tanzt da ein alter Sack mit Glatze und Bart

auf der Bühne herum und vergisst seinen Text. Ich meine, wenn ich der Vater eines dieser Kinder gewesen wäre, hätte ich gesagt: »Was geht bitte schön in dieser Schule vor? Was macht dieser Typ da? Das ist in *Fame* nicht passiert.«
RICKY: Oh Himmel …

Nach unserem Telefonat erhielt ich die Nachricht, dass mein Führerschein endlich angekommen war und an der Rezeption des Wigwam-Hotels bereitlag, sodass ich endlich losfahren konnte. Ich erwartete, dass ich einen amerikanischen Autoklassiker bekommen würde, nichts allzu Schickes, eben so eins wie all die anderen Autos auch, die ich hatte vorüberfahren sehen. Aber natürlich war es nicht so. Ricky und Stephen hatten einen Smart für mich gebucht. Sollte irgendjemand nicht wissen, was ein Smart ist: Ein Smart ist ungefähr so groß wie ein Kinderwagen, nur dass er einen Motor hat. Seit *Top Gear* (einer Fernsehserie, in der drei Männer mittleren Alters in hässlichen Hemden und stonewashed Jeans herumlaufen) ist ein Markenname wohl nie unpassender gewesen.

Im Leben wurde dieses Auto nicht für so eine Reise konzipiert. Dieses Auto ist gedacht für eine dieser schicken Mütter, die ihren Leonard-Maximilian zur Schule bringen und auf dem Heimweg schnell noch vor dem Delikatessengeschäft anhalten und Couscous kaufen.

#4 Einen Formel-1-Wagen fahren

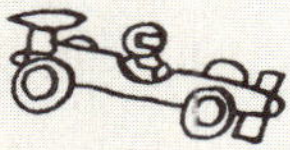

Eine vergleichbare Erfahrung hab ich schon mal gemacht – ich hab einmal in einem Formel-3-Wagen gesessen und ihn prompt zu Schrott gefahren. Insofern bin ich wohl nicht die geeignetste Person, um für so etwas Werbung zu machen. Die Fahrt damals war gratis – ich hatte sie gewonnen –, aber zu jener Zeit schob ich noch Nachtschichten und hatte diese Leute noch beim Einsteigen gewarnt, dass ich nicht mehr ganz fit sein würde, aber sie schienen nicht sonderlich besorgt zu sein. »Wird schon werden, übertreib es einfach nicht.« Aber das macht man dann automatisch, oder etwa nicht? Man fährt die Strecke ein paarmal und wird immer mutiger, also trat ich irgendwann das Gaspedal durch und touchierte den Rand, der Wagen fing an zu schlingern, und es endete damit, dass die Vorderachse gebrochen war. Die Begeisterung hielt sich in Grenzen. Ich war nicht mal versichert.

Als Kind hatte ich außerdem ein Gokart. Es hatte sogar einen kleinen Motor, aber man musste es erst anschubsen, damit es startete. Zum Glück wuchs der britische Sprinter Darren Campbell in derselben Siedlung auf wie ich. Oft fragte ich ihn, ob er mir einen Startschubser geben könne – ungefähr so wie beim Zweierbob. Ich stelle mir gern vor, dass ich in Teilen für seinen späteren Erfolg verantwortlich war. Mein Gokart anzuschieben war für den Jungen ein wirklich gutes Training.

Ich stöpselte meinen iPod ein, schraubte die Birnendropsdose auf und legte die Wärmflasche unter den Sitz. Ich bin immer mit einer Wärmflasche unterwegs für den Fall, dass ich mal pinkeln muss. Wir schreiben inzwischen das Jahr 2012, und es ist doch merkwürdig, dass die Automobilindustrie dieses Problem bis heute nicht gelöst hat. Zigarettenanzünder installieren sie immer noch, dabei haben die meisten Raucher garantiert ein Feuerzeug dabei, und Handschuhfächer – hallo? Handschuhfächer? Warum in aller Welt brauchen Handschuhe ein eigenes Fach? Die dienen doch nur Meuchelmördern, die keine Spuren hinterlassen wollen. Elektrische Fensterheber sind schön und gut, aber doch auch nicht wirklich nötig. Aber nie hat irgendjemand daran gedacht, dass ein Fahrer auch mal seine Blase leeren muss. Wenn man dafür immer an einer Raststätte anhält, verliert man jedes Mal mindestens zehn Minuten, und genau deshalb habe ich seit einiger Zeit immer eine Wärmflasche dabei. Ich kenne kaum noch jemanden, der sich eine Wärmflasche fürs Bett macht, aber zum Pinkeln sind sie echt praktisch. (Natürlich nicht in voller Fahrt – aber man muss eben nur kurz rechts ranfahren.) Außerdem ist der Hals so einer Wärmflasche verhältnismäßig weit, sodass man sich nicht allzu viele Gedanken zu machen braucht, ob man gekleckert hat. Man muss dann nur noch den Stopfen wieder gut verschließen und kann die Reise fortsetzen. Und sollte das Auto mal irgendwo liegen bleiben und der Fahrer darin übernachten müssen, ist das Pipi im Zweifel immer noch warm, und man kann die Wärmflasche für ihren ursprünglichen Zweck hernehmen. Genial, oder?

Als wir die Route 66 erreichten, hatte ich ehrlich gestanden nicht den Eindruck, dass sie sich wesentlich von all den anderen Straßen unterschied, die wir zuvor genommen hatten, aber es war gut zu wissen, dass der Grund für meine Reise in die USA nun endlich vor mir lag. Dort drüben Auto zu fahren macht viel mehr Spaß als in Großbritannien, zum einen weil kaum Verkehr herrscht, was insofern gut war, als mein Smart die Handvoll anderen Verkehrsteilnehmer, die dort unterwegs waren, ziemlich ausbremste. In der gesamten Zeit, die ich in den USA verbrachte, habe ich kein einziges Auto gesehen, das genauso klein war. Sie fahren dort einfach keine kleinen Autos. Allein dass Prince über eine »Little Red Corvette« gesungen hat, ist schon Beweis genug – Corvettes sind nämlich riesig. Und Prince war ziemlich klein. Wenn er schon eine Corvette als »klein« bezeichnete, was hätte er dann erst über meinen Smart gesagt? Im Leben wurde dieses Auto nicht für so eine Reise konzipiert. Dieses Auto ist gedacht für eine dieser schicken Mütter, die ihren Leonard-Maximilian zur Schule bringen und auf dem Heimweg schnell noch vor dem Delikatessengeschäft anhalten und Couscous kaufen, und nicht um damit 4000 Kilometer quer durch die USA zurückzulegen.

Zumindest hatte ich ein paar gute alte, typisch amerikanische Songs auf meinen iPod gespielt, um mich für die Route 66 in Stimmung zu bringen. Zuerst kam ein Countrysong von Kenny Rogers mit dem Titel »Ruby«. Ich mag Lieder mit guten Texten, und Countrysongs haben die besten Texte. Die sind wie Kurzfilme. »Ruby« handelt von einem Exsoldaten mit zerschmetterten Beinen und seiner Frau, die immerzu ausgeht und ihn allein daheim zurücklässt. Nicht gerade ein fröhliches Lied, aber trotzdem ziemlich gut.

#52 Jeden einzelnen US-Bundesstaat besuchen

Nur eines dieser Dinge, die man tut, um eine Liste abzuhaken. Ähnlich wie das Probiermenü in einem schicken Restaurant zu bestellen – es ist einfach zu viel des Guten, und wenn man die letzten Gänge nicht mag, verdirbt das einem im Nachhinein noch die Sachen, die man eigentlich gemocht hat. Meine Empfehlung: Man lasse die Vorspeise weg und bestelle sich ein anständiges Hauptgericht und Nachtisch. Das reicht vollkommen.

Ich war schon unterwegs, als Stephen eine SMS schickte und mir vorschlug, eine Einheimische an der Strecke zu besuchen, die als eine Art New-Age-Therapeutin arbeitete. Ihr Haus stand mitten im Nirgendwo – buchstäblich – an einem Ort, wie er auch in diesen UFO-Dokus hätte vorkommen können, wo Außerirdische bei irgendwelchen Leuten im Hinterhof landen. Sie hatte ein verhältnismäßig großes Haus, allerdings einstöckig, aber vermutlich ist Bauland hier nicht besonders teuer. Ich klopfte, Val machte mir die Tür auf, und ich streckte die Hand aus, um sie zu begrüßen. »Du bist ein Schüttler«, sagte sie daraufhin, »kein Umarmer? Willst du keine Umarmung?« Ich erklärte ihr, dass ich ihr ja gerade erst begegnet sei und ihr die Hand zu schütteln meines Erachtens völlig reiche, schönen Dank auch.

Sie führte mich durch ihr Haus, wo hier und da ein paar Männergrüppchen herumsaßen, bis wir es auf der Rückseite wieder verließen und am Rand einer steinigen Fläche stehen blieben, über die vertrockneter Steppenläufer wehte. Dieser Steppenläufer ist für mich etwas typisch Amerikanisches. Ich weiß noch, wie ich als

Kind einmal eine *Sesamstraßen*-Folge gesehen habe, in der ein kleines Filmchen gezeigt wurde über ein Steppenläuferbündel, das auf der Flucht vor ein paar Kindern und Hunden diverse Straßen entlangkullerte. Fast wäre es von Autos angefahren worden, und hier und da blieb es an Zäunen oder so hängen, ehe es sich wieder befreien und seine Reise fortsetzen konnte in eine Richtung, die der Wind ihm vorgab. Ich erinnere mich noch daran, dass ich dachte, so ein vertrocknetes Bündel Steppenläufer wäre ein ziemlich gutes Jagdobjekt. Aber so etwas gab es leider nicht in einer Sozialsiedlung im südlichen Manchester, und eine leere Chipstüte funktioniert leider nicht halb so gut. Ernsthaft. Ich hab's ausprobiert.

Val führte mich weiter zu einem großen, kuppelartigen Zelt, in dem überall Matratzen und Kissen lagen und ein paar brennende Kerzen herumstanden. Dann eröffnete sie mir, dass ich heute Abend an einer sogenannten Knuddelparty teilnehmen würde. Angeblich ist das eine Art Reiki, was wiederum eine japanische Art von Stressabbau bedeutet.

VAL: Knuddelpartys bauen auf den menschlichen Interaktions- und Abgrenzungsmethoden auf und dienen dazu, uns in Situationen stärker zu fühlen, in denen es um Berührungen und Intimität geht.
KARL: Halt mal, ich bin kaum angekommen und bin gerade an vier Männern und nur einer einzigen Frau vorbeigelaufen.
VAL: Ja?
KARL: Funktioniert das denn?
VAL: Es kommen noch mehr Frauen. Willst du denn keine Männer knuddeln?
KARL: Also, zumindest keine fremden Männer. Wie viel Zeit muss man denn mit ihnen verbringen, bevor man sie knuddeln muss?

VAL: Du musst weder Zeit mit ihnen verbringen noch knuddeln, wenn du nicht willst. Genau darum geht es in diesem Workshop ja: Nein sagen zu lernen. Sie zuerst zu fragen, was ihnen recht ist, und ihnen die Chance zu geben, Nein zu sagen oder eben Ja.
KARL: Und was soll dabei der tiefere Sinn sein?
VAL: Was wir bei dieser Begegnung tun, ist, uns auf Regeln zu einigen, die für den Rest des Abends gelten. Niemand wird dich berühren, wenn du das nicht willst.
KARL: Aber wenn ich jetzt beispielsweise sage: »Nein, ich will nicht, dass du mich berührst«, sagen die anderen doch: »Was machst du dann hier? Immerhin bist du zu einer Knuddelparty gekommen, oder nicht?«
VAL: Nein. Vielleicht bist du ja gekommen, um Nein sagen zu lernen, und nicht, um zu kuscheln.
KARL: Ich muss nicht Nein sagen lernen. Was läuft verkehrt mit Menschen, die nicht Nein sagen können?

In den USA sind Therapien, glaube ich, wesentlich weiter verbreitet als in Großbritannien. Ich persönlich kenne niemanden, der je in Therapie gewesen ist, oder aber die Leute reden einfach nicht darüber, während man überall lesen kann, dass die Amis wöchentlich zur Therapie gehen wie morgens in einen Coffeeshop. Ich frage mich, ob es vielleicht daran liegen könnte, dass in den USA alle immerzu lächeln. Da weiß doch niemand, ob man in Wahrheit nicht schlecht drauf ist und den ganzen Ärger immer mehr in sich hineinfrisst. Daheim läuft man durch die Gegend und sieht übellaunig aus, und dann fragt dich ein Kumpel: »Was ist denn los, du alter Miesepeter?« Dann bespricht man sein Problem, das sich daraufhin in Wohlgefallen auflöst, und man macht weiter wie bisher.

Ich sagte zu Val, dass man Umarmungen nicht verschwenden solle. Wenn Suzanne beispielsweise zur Arbeit geht, tätschele ich ihr nur den Kopf und frage sie: »Liegt Mittagessen im Kühlschrank?«, und sie antwortet: »Ja, Schinken und Käse und eine Tomate, die wegmuss«, und dann sage ich: »Alles klar. Bis heute Abend.« Ich tätschelte Val die Schulter, um ihr begreiflich zu machen, was ich meinte, aber sie schien nicht sonderlich begeistert zu sein. »Ich mag es nicht, getätschelt oder betatscht zu werden, und ich sag dir auch, warum: Ich fühle mich als Wasserkörper, und wenn du mich tätschelst, ist das, als würdest du mit der Hand auf die Wasseroberfläche klatschen, verstehst du? Und diese freigesetzte Energie überkommt mich ganz urplötzlich. Wenn du mich aber sanft berührst oder meine Hand nimmst oder sanft meinen Arm drückst, beruhigt mich das, und ich behalte mein Gleichgewicht bei. Oft ist es auch so, dass so ein Tätscheln, gerade wenn ich das Gefühl habe, dass ich meine Energie ausweiten kann, mich eher wieder runterbringt.«

Val gab mir eine Art Ganzkörperschlafanzug, den ich anziehen sollte. Meine Baseballkappe behielt ich an, damit ich nicht allzu entspannt rüberkam oder so, als wäre ich für alles offen. Dann schlüpfte ich wieder in das Zelt, in dem das Gruppenkuscheln stattfinden sollte. Val war bereits eingetreten und umarmte gerade eine Frau. Es dauerte eine Ewigkeit. Sie hingen aneinander wie zwei Koalabären.

Inzwischen waren tatsächlich noch mehr Frauen aufgetaucht, aber es waren trotzdem vor allem Männer da. Ich bin mir sicher, dass Val ihr Herz am rechten Fleck hat, aber viele dieser Männer sahen so aus, als wären sie nur wegen ein bisschen Getatsche vorbeigekommen. Als wir uns auf den Kissen verteilten, dankte Val allen dafür, dass sie sich eingefunden hatten.

»Willkommen in Soncco Wasi, Home of the Heart, Joshua Tree, wo wir das Leben der Liebe widmen. Mein Name ist Valerie Gill. Es ist mir eine Ehre und Freude, mit euch an diesem Ort zu sein und ihn zu einem gemeinsamen Ort zu machen, an dem wir angstfrei entdecken, uns angstfrei ausdrücken, angstfrei unsere Komfortzone verlassen und uns angstfrei fragen können, was unsere wahren Bedürfnisse sind – und auch angstfrei Nein sagen können zu allem, was uns nicht behagt.«

Ich sage wahrscheinlich zu mehr Dingen Nein als Ja und finde, dass es nicht wahnsinnig schwer ist, Nein zu sagen. Ja zu sagen verlangt einem viel mehr Engagement ab. Aber vielleicht bekommen sie hier in den USA einfach nicht so viele unerwünschte Callcenteranrufe oder werden auf der Straße nicht so häufig von Spendensammlern angequatscht wie wir.

VAL: Entsprechend möchte ich unsere Kuschelrunde mit einer Nein-Übung beginnen. Es funktioniert folgendermaßen: Ihr dreht euch zu der Person neben euch um und stellt ihr eine Frage, und die Frage lautet: »Darf ich dich küssen?« Also, Karl, darf ich dich küssen?
KARL: Äh, nein.
VAL: Bist du dir sicher, dass du mich nicht küssen willst?
KARL: Nah, schon okay, danke.
VAL: Sehr gut, dank dir. Und jetzt bist du an der Reihe. So funktioniert es: Ihr dreht euch zu eurem Nachbarn um, sei es links oder rechts, und fragt: »Darf ich dich küssen?« Ihr solltet ihm dabei in die Augen sehen und üben, Nein zu sagen, und dann das Gleiche andersherum einüben. Also, los geht's. Dreht euch zu eurem Nachbarn um, und fragt: »Darf ich dich küssen?«
KARL: Darf ich dich küssen?
VAL: Nein. Darf ich dich küssen?
KARL: Aber das ist doch sinnlos, weil …
VAL: Noch mal.

KARL: Darf ich dich jetzt küssen?
VAL: Nein. Darf ich dich küssen?
KARL: Nein.
VAL: Okay, und jetzt hebt die Hand: Wie viele von euch haben angenommen, dass es sich dabei um einen Kuss auf die Lippen handeln müsste? (Alle lachen.) Wie ihr sehen könnt, ziehen wir aus Fragen und Einladungen gewisse Schlüsse. Während wir von hier aus weitermachen und man euch Fragen stellt oder ihr Angebote bekommt, spürt nach, ob ihr euch dabei unwohl fühlt. Wenn ihr euch unwohl fühlt, könnte es daran liegen, dass ihr euch eine bestimmte Vorstellung von dem macht, was die Frage suggeriert. Dann fragt nach, um es klarzustellen: »Meinst du, auf die Lippen? Denn dich auf die Lippen küssen möchte ich nicht.« Und dann fangt an zu verhandeln: »Aber ein Kuss auf die Stirn würde mir gefallen. Wärst du bereit, mich auf die Stirn zu küssen?« Heute Abend habt ihr die Möglichkeit, all das auszuprobieren. Der Gedanke dahinter ist, sich absolut sicher zu fühlen, um dann vielleicht sogar ein paar unerhörte Dinge zu tun.

Ich saß da und futterte ein paar Gratistrauben und trank Kawa, die irgendjemand mitgebracht hatte, während Val Stifte und Papier verteilte. Dann sollten wir Liebesbriefe an uns selbst verfassen. Wir sollten aufschreiben, was wir gern von jemand anderem hören wollten – einen Brief, den wir wirklich gern bekommen würden. Val fragte mich, ob ich mich selbst gern hätte und ob es mir gefalle, ich zu sein. Darüber hatte ich noch nie nachgedacht. Ich habe in dieser Hinsicht ja auch nicht viel mitzusprechen. Ich bin ich, und damit muss ich eben leben. Ich hab auch nie verstanden, warum jemand behauptet, er oder sie sei stolz darauf, US-Amerikaner zu sein oder Brite – es ist doch schließlich nicht so, als könnten wir uns das aussuchen. Ich bin Engländer, weil sich die Hoden meines Dads eines gewissen Tages nun mal in England befunden haben. Wenn ich aus Ted Dansons Eiern entsprungen wäre, wäre ich Ami.

Anschließend fragte mich Val, ob ich mich wohlfühlte, aber auch das war schwer zu beantworten. Ich *denke*, dass ich mich wohlfühle. Aber bevor nicht irgendein Wissenschaftler daherkommt und es schafft, Gefühle von einer Person auf eine andere zu übertragen, wie soll ich da wissen, ob ich mich wirklich wohlfühle? Meines Erachtens fühle ich mich wohl. Aber wenn eine gesündere, fröhlichere Person in meinem Körper steckte, würde sie vielleicht sagen, sie fühlt sich scheiße.

Alle steckten ihre Briefchen in einen Teddybären mit einem Loch im Rücken. Dann ging dieser Teddy reihum, wir zogen je einen Brief heraus und lasen ihn laut vor. Ich zog einen, in dem Folgendes stand:

SÜSSES WILDES KIND DES HERRN, ICH LIEBE DICH. DU BIST EIN WUNDER. WENN DU WEINST, FÄLLT FEENSTAUB ZUR ERDE. WENN DU LACHST, FROHLOCKEN SÄMTLICHE TIERE UND PLANETEN. DU BIST ANMUT. DU BIST LIEBE. GOTT IST IN DIR UND ALLEM ANDEREN, UND SEINE LIEBE STRAHLT IN DEINEN AUGEN. MIT WILDER HEMMUNGSLOSIGKEIT. ICH LIEBE DICH.

Die Gruppe schien mächtig beeindruckt zu sein und reagierte begeistert, und hier und da war ein zustimmendes »Toll!« oder »Wunderschön« zu vernehmen. Diverse ähnlich klingende Briefe wurden verlesen, und dann war eine Frau dran, die meinen Brief erwischte:

OKAY. HOFFE, DIR GEHT'S GUT. HAB DIE ZEIT MIT DIR SEHR GENOSSEN UND SO. DEIN ESSEN WAR ECHT LECKER. WAR EIN SCHÖNER ABEND. PASS GUT AUF DICH AUF, UND SAG BESCHEID, OB DU NÄCHSTE WOCHE ZEIT HAST. DANKE.

Mein Brief war vielleicht nicht so poetisch wie die anderen, aber ich glaube, dass er direkter war, mehr auf den Punkt. Ich bin nach wie vor der Ansicht, dass ich lieber meinen Brief bekommen hätte als jeden der anderen. Ich persönlich gebe mir immer wirklich Mühe, wenn ich eine Geburtstagskarte für Suzanne schreibe oder für Mum oder Dad, und normalerweise mache ich dann auch noch eine kleine Zeichnung oder schreibe ein Gedicht mit drauf, das von ihnen handelt, aber die Briefe von der Knuddelparty hätten an jeden x-beliebigen Menschen gerichtet sein können, die hatten rein gar nichts Persönliches. Hier eine Karte, die ich Suzanne zum Geburtstag geschrieben habe. Suzanne hatte mir 20 Pence gegeben, als ich mir einmal eine heiße Schokolade kaufen wollte und nicht genug Geld dabeihatte.

AUF DEIN ALTER GEB ICH LIEBER
NICHT ACHT,
WEIL DIR DAS VIELLEICHT JA
NICHT BEHAGT.
ABER SEIT DICH DEINE MUM
HERVORGEBRACHT
HAT, SIND 14600 TAGE HINWEG-
GEJAGT,
5475 DAVON HAST DU MIT MIR
VERBRACHT,
UND DIE 20 PENCE LIEHST DU MIR
AM 9125. TAG.

XXX

Nach den Briefen war endlich der Knuddelteil des Abends dran, und Val erklärte uns die Regeln.

VAL: Die Freiheit, die wir hier empfinden, kann ein wenig verwirrend sein, insofern ist wichtig zu wissen, wo die Grenzen verlaufen. Die Grundregel ist letzten Endes: Es ist in Ordnung, die Leute auf einer Knuddelparty zu mögen. Es ist in Ordnung, sich zu ihnen hingezogen zu fühlen. Es ist sogar in Ordnung, eine gewisse Erregung zu verspüren. Aber diese Erregung darf nicht ausgelebt werden. Sprich: Wenn ihr gleich miteinander knuddelt und einer von euch Erregung verspüren sollte, ist das okay – so etwas zu fühlen ist sogar ganz wunderbar. Sprecht mit eurem Partner, entschuldigt euch vielleicht dafür, esst ein paar Trauben. Auch hier geht es wieder einzig und allein darum, eure Stimme einzusetzen und zu kommunizieren. Es ist schon in Ordnung, wenn einer von euch erregt ist, nur eben nicht hier – weil dies hier keine sexuelle Begegnung werden soll und auch nicht dem Zweck dient, sexuelle Energie freizusetzen. Genau da liegt nämlich der Unterschied. Ich werde immer wieder gefragt, ob jemand eine Erektion haben kann, und natürlich kommt so etwas hin und wieder vor – und auch Frauen werden sexuell erregt. Ihre Art der Erektion ist schlicht eine andere. Bei Männern ist es einfach viel offensichtlicher. Es besteht also die Gefahr, dass sich jemand unwohl fühlt, aber worum es uns hier tatsächlich geht, ist, sich damit wohlzufühlen. Einen Dialog zu führen. Darüber zu sprechen.

Daraufhin fingen die Leute an, aufeinander zuzugehen, und es dauerte nicht lange, bis sie alle miteinander auf der Erde herumkuschelten. Ich würde fast behaupten, ein paar von ihnen kuschelten derart heftig miteinander herum, dass ich nicht überrascht wäre, wenn sie inzwischen ein Kind bekommen hätten. Auf mich kam niemand zu. Ich fühlte mich wie das fette Kind, das in der

Schule darauf wartete, für die Fußballmannschaft ausgewählt zu werden. Insgeheim war mir das allerdings nur recht. Ich brauchte keine Umarmung, und wenn, hätte sie von jemandem kommen müssen, der mich kennt. Außerdem hatte ich mal Ringelflechte am Bein, und als ich zum Arzt ging, um mich behandeln zu lassen und um zu fragen, wie das überhaupt hatte entstehen können, antwortete er nur: »Indem man sich an fremden Leuten reibt.« Wrestler bekämen so was häufiger, erwähnte er noch.

Irgendwann tauchte Val neben mir auf und forderte mich auf, sie zu umarmen – wahrscheinlich hatte sie Mitleid mit mir –, aber ich sagte Nein. Dann fragte mich eine andere Frau, und auch zu ihr sagte ich Nein und erklärte ihr, dass mit einer Umarmung sämtliche Dämme brechen könnten und ich dann alle anderen ebenfalls umarmen oder aber erklären müsse, warum ich manche umarmen wollte, andere aber nicht, und das sei mir zu kompliziert.

Es war wirklich die seltsamste Party, die ich je besucht habe. Einige Leute saßen in einer Ecke, umarmten sich und weinten. Andere umarmten sich und lachten dabei hysterisch. Ich dachte immer, diese Tupperware-Partys aus den Achtzigern wären eigenartig gewesen: Leute trafen sich bei irgendwem zu Hause, um Sandwichboxen aus Plastik oder Messbecher oder so etwas zu kaufen. Aber das hier war noch mal was komplett anderes. Ich hatte genug, verkündete, dass ich mich wieder auf den Weg machen würde, weil ich nicht in den Stau geraten wolle – was aus der Rückschau betrachtet wahrscheinlich nicht gerade glaubwürdig klang, da draußen nur der Steppenläufer herumkullerte.

#60 In der Tornado Alley einem Tornado hinterherjagen X

Ich finde die Vorstellung, einen Tornado mit eigenen Augen zu sehen, durchaus faszinierend. Aus unerfindlichen Gründen träume ich sogar manchmal davon. Ich bin mir allerdings nicht sicher, ob ich gerne einem hinterherjagen würde. Allein der Ausdruck »jagen« impliziert ja, dass der Mensch selbst die Kontrolle hat, dabei stimmt das überhaupt nicht. Tornados bewegen sich aus freien Stücken. Sie fliehen vor niemandem. Wir Menschen behaupten immer gern, dass wir die Zügel in der Hand halten, selbst wenn das gar nicht der Wahrheit entspricht. Ein gutes Beispiel dafür ist ein Dirigent. Wüsste das Orchester wirklich nicht, was es tun sollte, wenn es diesen Typen nicht gäbe, der mit seinem Stäbchen herumfuchtelt? Wenn er beim Herumfuchteln wenigstens Rumbakugeln oder ein Tamburin in der Hand hielte – aber nein, nichts dergleichen. Wenn er auf dem Weg zum Konzert von einem Bus angefahren würde, würde dann die Veranstaltung abgesagt werden müssen, weil der Dirigent fehlte? Es gibt da eine Band namens Polyphonic Spree mit mehr als zwanzig Mitgliedern, und die haben auch keinen Dirigenten. Ein Dirigent ist genauso unnütz wie dieser Typ mit den weißen Handschuhen aus der Ziehung der Lottozahlen.

Mein Problem an der Route 66 war, dass ich permanent an das Ziel der Reise dachte, anstatt die Reise an sich zu genießen. Ich kam mir vor wie ein Teilnehmer des London-Marathons. Ich hab einmal erwähnt, dass ich an diese Reise ähnlich herangegangen bin wie an eine Orange. Bei Orangen bin ich immer derart darauf konzentriert, dass ich nicht mein T-Shirt bekleckere oder dass der Saft nicht meinen Arm hinabrinnt, dass ich am Ende nicht mehr weiß, ob das verdammte Ding überhaupt geschmeckt hat oder nicht. Der einzige Moment, wenn ich eine Orange wirklich genießen kann, ist, wenn ich in der Wanne liege, wobei ich das nicht allzu oft mache, weil der Boiler immer überhitzt, wenn ich mir ein Bad einlasse, und eine Orange unter der Dusche zu essen ist nicht halb so gut. Letztendlich nehme ich meistens Mandarinen, weil die leichter zu schälen sind. Andererseits muss ich zugeben, dass ich rückblickend die Fahrt durch meilenweites Nichts genossen habe. Sie gab mir die Gelegenheit, über diverse Dinge nachzudenken, ohne Angst haben zu müssen, irgendjemanden zu überfahren oder eine rote Ampel zu übersehen oder in einen Stau zu geraten, weil außer dem einen oder anderen Schuppen weit und breit nichts zu sehen war.

#66 Einen Marathon laufen

X

Einige Leute nehmen so einen Marathon sehr ernst; andere kommen in einem Pandakostüm. Ich hab mal einen gesehen, der aussah wie ein großer haariger Hoden. Eigentlich wollte er über Hodenkrebs aufklären, aber meine Mum dachte, er hätte sich als SpongeBob Schwammkopf verkleidet. Ein paar Jahre lang hab ich in der Londoner Werftengegend gewohnt und musste am Tag des Marathons umziehen, und die Leute applaudierten mir, als ich mit einer Stehlampe im Arm an ihnen vorbeiging, wahrscheinlich weil sie dachten, ich hätte damit auch irgendeine Mission.

Bei der einen oder anderen Touristenattraktion hielt ich an – hauptsächlich um mir die Beine zu vertreten, aber eine dieser Attraktionen ist mir dann doch im Gedächtnis geblieben: die Bottle Tree Ranch. Genau wie die Giraffen im Londoner Zoo konnte ich die Flaschen schon von Weitem erkennen, ohne überhaupt erst eintreten zu müssen. Aber erst als ich drin war, bekam ich wirklich ein Gefühl dafür, wie gruselig dieser Ort tatsächlich war. Ich rief Hallo, aber niemand antwortete, was echt schade war, weil man an so einem Ort echt einen Fremdenführer bräuchte.

Die Bäume bestanden aus Gerüststangen und angeschweißten Metallzweigen, und statt Laub waren überall Flaschen angebracht. Diese Flaschen hatten alle erdenklichen Farben und Formen – und es gab Tausende davon! Tatsächlich waren es sogar viel zu viele – Unmengen lagen einfach nur am Boden herum. Und es waren nicht nur Flaschen. Da lagen auch alte Einkaufswagen, kaputtes Spielzeug, eine Nähmaschine, ein Gokart, Straßenschilder, Bettgestelle, kaputte Uhren und Gießkannen. All diese anderen Dinge erregten in mir einen Verdacht. Lebte hier wirklich ein Künstler oder womöglich doch nur irgendein schlampiger Mensch? Vielleicht war er es einfach nur leid gewesen, auf die Müllabfuhr zu warten.

Wann immer der Wind auffrischte, wurde es laut. Metall schepperte, und die Flaschen pfiffen und klimperten. Kein Wunder, dass der Typ nicht zu Hause war. Wahrscheinlich war er gerade zur Apotheke gefahren, um sich eine Schachtel Aspirin gegen die Kopfschmerzen zu kaufen. Es ist schon bemerkenswert, dass manche Menschen gern Geräusche um sich haben. Obwohl er sich dafür entschieden hatte, mitten im Nirgendwo zu leben, wo weit und breit Ruhe und Frieden herrschten, hatte er sich den Lärm sozusagen hausgemacht. Meine Mum hat das Gleiche getan, als meine Eltern von Manchester nach Wales gezogen sind. Sie konnte die Stille nicht ertragen und kaufte sich ein Windspiel, das meinem Dad wiederum derart auf die Nerven ging, dass sie es irgendwann durch eins aus Plastik ersetzte. Ich weiß schon – keine Ahnung, wo sie diese Dinge immer herkriegt. Sie hat in ihrem Haus mehr Trödel, als dieser Typ in seinem Garten angesammelt hatte.

Aber war das nun Kunst? Vielleicht. Immerhin hatte ich angehalten und mich umgesehen, und es war durchaus interessant, dort herumzulaufen und altes Spielzeug zu entdecken, das ich als Kind ebenfalls gehabt hatte. Es war ein bisschen so, als wäre ich über einen Flohmarkt gelaufen – man ist beschäftigt, guckt sich Dinge an … Aber nichts davon hätte ich gern mit nach Hause genommen. Ich kam letztlich zu dem Schluss, dass dieser Typ damit ja keinen Schaden anrichtete. Es gibt schließlich nichts Merkwürdigeres als Leute, die Fingerhüte sammeln. Vielleicht war es einfach seine Art, Leute kennenzulernen – indem er dafür sorgte, dass sie anhielten und in seinem Garten herumliefen, sodass er mit ihnen ein Gespräch anknüpfen konnte. Ich kann nicht behaupten, dass ich in meiner Wohnung je etwas getan hätte, das mein Wesen ausgedrückt hätte, wie dieser Typ es mit seiner Bottle Ranch getan hat. Meine Einrichtung daheim ist eher schlicht gehalten, damit ich die Wohnung im Zweifel leichter wieder verkaufen kann. Aber dieser Kerl hier machte einfach, was er wollte. Er drückte seine Persönlichkeit aus, was ich an sich schon ganz in Ordnung finde – solange er nicht nach London in meine Nachbarwohnung zieht.

Ricky rief an und erzählte mir von einer Art Jahrmarkt ein Stück weiter an der Strecke. Dort würde ich für eine Weile ein etwas größeres Gefährt bekommen als den Smart. Der letzte Jahrmarkt, den ich besucht hatte, fand vor ein paar Jahren im Heaton Park in Manchester statt. Ich weiß noch, dass es an dem Tag echt heiß war und dass ich höllisch aufpassen musste, während ich meinen Marmeladendonut aß, weil sich ständig Wespen darauf niederließen. Das Highlight war ein Typ, der mit einem Mini auf dem Kopf über ein Feld wanderte. Die Zuschauer buhten, als sie erfuhren, dass der Motor zuvor herausgenommen worden war. Ungnädiges Pack.

Wie sich herausstellte, würde ich einen Monstertruck fahren, der einem Kerl namens Ronnie gehörte. Er sah aus wie ein beinharter Typ, hatte einen rasierten Schädel, Bartstoppeln und die Arme und Beine voller Tätowierungen. Ich hatte diese Monstertrucks im Fernsehen schon mal gesehen, aber ehrlich gesagt hatte ich ihren Sinn und Zweck nie recht verstanden. Warum diese gigantischen Reifen? Das Ganze erinnerte mich an die übergroßen Schuhe, die Elton John trug, als er »Pinball Wizard« sang. So große Reifen sind doch nicht praktisch. Wo bewahrt man denn da den Ersatzreifen auf? Man kann auch nicht eben mal kurz bei Kwik Fit vorbeifahren und sie wechseln lassen.

Ronnies Monstertruck hieß »Nasty Boy«, also »Böser Junge«. Ich kletterte hinauf, balancierte dabei vorsichtig über das Gestänge und hatte gerade beide Arme durch den Fensterrahmen gesteckt, hing aber immer noch außen dran und versuchte, mein Körpergewicht zu halten, als ich mit Entsetzen feststellte, dass sich darin nur ein einziger Sitz befand – und dass Ronnie schneller gewesen war als ich. Erklär mir bitte mal jemand, was daran sinnvoll sein soll. Ein riesiger Truck – und nur ein einziger Sitz? Ronnie ließ den Motor an. Der Krach war ohrenbetäubend. Und dann, als ich gerade wieder zurück auf den Boden springen wollte, gab Ronnie Gas. Ich hab mir beinahe in die Hose geschissen, weil ich vermutete, dass er eine Runde drehen und dann über eine Rampe fahren würde, während ich immer noch außen dranhing, und schrie ihn an, dass er anhalten solle, aber ich bin mir ziemlich sicher, dass er mich über den Motorenlärm hinweg nicht hören konnte. Dann ließ Ronnie den Truck einmal um die eigene Achse schlittern und hielt an, und ich sprang, so schnell ich konnte, wieder hinunter.

Ich glaube ja, dass er für diese dreißig Sekunden, die ich im Truckfenster hing, literweise Sprit verbraucht hat. Ein weiterer Grund, warum ich mir so ein Gefährt nie zulegen würde: Die Benzinkosten wären schlicht und einfach astronomisch. Ich sah mir die Show an und wie Ronnie ein paar andere Wagen demolierte, indem er mit Vollgas über eine Rampe raste, vielleicht sechs Meter weit flog und dann mit Karacho auf sie draufkrachte. Das Publikum war begeistert. Es heißt ja immer, dass die Amis nach England kommen, weil sie Antiquitäten lieben und weil sie selbst nichts Altes in ihrem eigenen Land haben, aber das liegt doch bloß daran, dass sie alles, was alt ist, demolieren oder in die Luft jagen.

#77 Unterm Sternenhimmel schlafen

Das hat jeder schon mal gemacht, oder? Wer schläft schon darüber?

Tags darauf lernte ich Joe kennen, der mich mitnehmen würde, um Gold zu schürfen, was großartig war, weil ich noch ein Mitbringsel für Suzanne brauchte. Normalerweise bringe ich ihr von meinen Reisen immer irgendein Andenken mit; sie mag zwar Halsketten und Ringe lieber, aber ich kaufe ihr kaum je Schmuck, weil ich den Sinn darin nicht erkennen kann. Das ist doch bloß Angeberei – und man verliert ihn leicht. Außerdem hat sie schon diverse Ringe, und zwar mehr als genug, wenn man die Zahl ihrer Finger in Betracht zieht. Insofern neige ich immer dazu, ihr praktischere Dinge zu schenken. Einmal hat sie zu Weihnachten eine Brotmaschine von mir bekommen, die meines Erachtens wesentlich nützlicher war und mehr brachte als so ein Stück Metall. Außerdem war die Brotmaschine günstiger. Aber wenn ich eigenhändig ein bisschen Gold finden würde, wäre das eine schöne Überraschung, und obendrein würde es mehr bedeuten, weil ich es selbst gefunden hätte. Außerdem wäre es kostenlos.

#65 Um Mitternacht nackt schwimmen gehen

Noch ein Punkt auf der Liste, der mich nicht überzeugt. Ich bin mir sicher, dass auf dieser Bucket List diverse Dinge stehen, die manch einer nur deshalb gerne tun will, weil er sie in irgendeinem Film gesehen hat. Was war gleich wieder Nummer 85? Mit einem Riesengorilla das Empire State Building emporklettern? Etwas ganz Ähnliches wie nackt schwimmen zu gehen hab ich in Japan machen müssen, wo ich mal ein paar heiße Quellen besichtigt habe, in denen die Leute nackt baden gehen. Aufgrund des Jetlags wachte ich gegen Viertel vor fünf am Morgen auf und beschloss, es einmal auszuprobieren, weil ich dachte, um diese Uhrzeit wäre unter Garantie sonst niemand da. Ich war buchstäblich gerade eben erst in das heiße Blubberwasser gestiegen, als ein alter Mann sich zu mir gesellte. Da waren überall massenhaft heiße Quellen – aber ausgerechnet in meine musste er steigen! Er hatte nicht das geringste Schamgefühl und stand vielleicht zehn Meter von mir entfernt mit dem Gesicht zu mir und tauchte seine baumelnden Eier wiederholt ins Wasser ein, als würde er einen Teebeutel in einen Becher voll heißem Wasser tunken. Bevor sein Gehänge auch nur das Wasser berührt hatte, war ich wieder weg.

Ich klopfte an Joes Trailer, und ein Riesenkerl mit Schnauzbart machte die Tür auf. Er hatte ein blütenweißes Unterhemd und schwarze Jeans an, Stiefel an den Füßen und ein Waffenholster um die Schultern. Joe sah aus, als wäre er gerade von den Dreharbeiten zu *Die Hard* heimgekehrt. Solange wir gemeinsam unterwegs waren, hatte er seine Knarre wie einen Kolostomiebeutel dauerhaft umgeschnallt. Ob ihm das nicht zu denken gab? Ich meine – wie oft musste er sie wohl einsetzen?

Doch Joe erklärte mir, weshalb er die Waffe trug. »Man weiß einfach nie – und deshalb hab ich sie immer bei mir. Auf mich wurde mal geschossen, als ich noch jünger war, und seitdem hab ich sie immer dabei. Ich brauche sie nicht, aber wenn irgendjemand anders seine Waffe zieht und auf mich zielt, bin ich zumindest vorbereitet und kann mich wehren.« Dann verschwand er in seinem Trailer, um eine zweite Waffe zu holen.

#85 ~~Mit einem Riesengorilla das Empire State Building emporklettern~~

Die Steinstatuen der Osterinsel besichtigen

Ich war zwar nie da, aber ich vermute mal, dass sie über und über mit Vogelschiss bekleckert sind. Das ist bei allen Statuen so. Ich weiß auch nicht, warum, aber Vögel scheinen sie für Zielübungen zu benutzen.

Was ich an den Steinstatuen auf der Osterinsel mag: dass niemand so recht weiß, warum es sie gibt oder wie sie überhaupt dorthin gekommen sind. Heutzutage wäre so etwas bei all den Überwachungskameras und Bürgerwehren nicht mehr möglich.

Ich bleibe gern stehen und sehe mir die meisten Statuen mit großem Vergnügen an. In London gibt es davon eine ganze

Menge. Ich denke dann immer, dass die Bildhauer erleichtert gewesen sein müssen, als Soldaten nicht mehr zu Pferde in den Krieg gezogen sind, weil es zuvor doch ein Albtraum gewesen sein muss, all diese Pferde zu gestalten. Es ist schon schwer genug, ein Pferd auf Papier zu bringen. Von einem, das erst aus einem Stein geschlagen werden soll, ganz zu schweigen.
Die neueste Mode ist wohl, dass man Statuen nicht mehr auf Sockel stellt, sondern auf Parkbänke setzt. Ich finde das echt ärgerlich – auch ohne diese ganzen Statuen gibt es nicht annähernd genügend Parkbänke für die Lebenden.

JOE: Was hältst du hiervon?
KARL: Au Backe …
JOE: Na ja, wenn man mit Gold zu tun hat, weiß man nie … Sicherheit ist wichtig. Das hier ist eine AK-47.
KARL: Ja, hab ich schon mal gehört.
JOE: Denk ich mir.
KARL: Verdammte Kacke, die brauchst du nicht wirklich, oder? Ich meine, vielleicht hast du ja tatsächlich einen schönen Batzen Gold in der Tasche – aber du gehst hier doch kein Risiko ein, oder?
JOE: Keine Ahnung. Eine Unze Gold kostet derzeit 1500 Dollar.

Bevor wir uns auf die Goldsuche machten, holte Joe noch eine Kiste aus dem Trailer, die all die Dinge enthielt, die er beim Schürfen gefunden hatte. In der Kiste lag verdammt viel Plunder, unter anderem eine Minenlampe aus dem neunzehnten Jahrhundert, eine kaputte Mundharmonika, Taschenuhren und alte Gewehrläufe.

JOE: Ich bin dort draußen mitten im Nirgendwo, hundert Meilen von der nächsten Straße entfernt, und dann liegt da auf einmal eine kaputte Mundharmonika im Busch.
KARL: Und was hast du damit vor? Warum hast du sie aufgehoben?
JOE: Mann, das ist ein Stück Geschichte! Schau mal, all dieses Zeug lag meilenweit entfernt von sämtlichen Straßen herum, und das heißt doch, dass dort draußen Cowboys unterwegs gewesen sind und Mundharmonika gespielt haben, und dann wurden sie von Indianern erschossen oder so. Zumindest haben sie die Mundharmonika dort draußen verloren.

Meine Mum hat sich immer einen Metalldetektor gewünscht, aber mein Dad hat sich dagegen gewehrt. Unter Garantie hat er geahnt, dass sie ein bisschen wie Joe gewesen wäre und überall wertloses Zeug aufgesammelt hätte. Sie findet schon genügend nutzlosen Krempel in all den Secondhandläden, die sie so gern besucht, auch ohne dass sie noch den Boden durchwühlt. Immer wenn ich sie besuchen fahre, hat sie wieder irgendetwas Neues angeschleppt, zum Beispiel einen Gartenzwerg, der pfeift, wenn man an ihm vorbeigeht, oder eine Bananendose (man schält die Banane, isst die Hälfte und legt den Rest dann in die Plastikdose), einen Klodeckelaufkleber mit großen Kieseln oder einen Zehennagelknipser mit einer angeschraubten Lupe.

Dann zeigte Joe mir einen Topf mit all den Goldstückchen, die er innerhalb der vergangenen Monate gefunden hatte und die einige Hundert Dollar wert waren. Sein Sohn Esra, der gerade aus dem Trailer kroch, suchte dort draußen ebenfalls Sachen.

KARLS ERKENNTNISSE

DIE ROUTE 66 FÜHRT VON CHICAGO, ILLINOIS, BIS NACH SANTA MONICA IN KALIFORNIEN.

DIE ROUTE 66 WURDE IN TEILEN NUR ANGELEGT, UM IN DEN USA KAMELE ALS SCHLEPPTIERE AUSZUTESTEN.

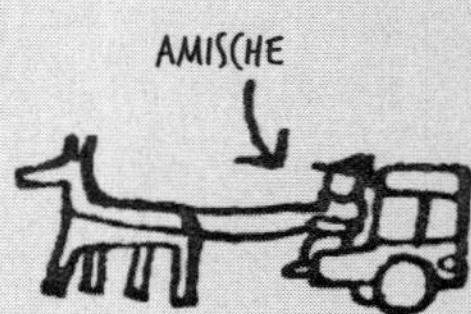

DIE ROUTE 66 IST 3939 KILOMETER LANG, DURCHQUERT ACHT BUNDESSTAATEN UND DREI ZEITZONEN.

ZU DEN VIELEN SEHENSWÜRDIGKEITEN ENTLANG DER ROUTE 66 ZÄHLEN TIPI-MOTELS, SOFTEISSTÄNDE, REPTILIENFARMEN UND DAS ERSTE DRIVE-THROUGH-SCHNELLRESTAURANT DER WELT.

IN DER INNENSTADT VON ALBUQUERQUE GIBT ES EINE STRASSENECKE, AN DER SICH DIE ROUTE 66 MIT SICH SELBER KREUZT. MAN STEHT ALSO AN DER ECKE ROUTE 66/ROUTE 66.

ESRA: Dad, kann ich ihm ein paar von meinen Steinen zeigen?
JOE: Klar, hol nur ein paar Steine.
KARL: Spielt er gern mit Steinen?
JOE: Oh ja, und er hat mehr davon, als du dir vorstellen kannst.
KARL: Aber das ist ja großartig. Die gehen nicht kaputt… und brauchen keine Batterien. Die meisten anderen Kinder wollen eine Xbox.
JOE: Ich kauf ihm doch kein Videospiel! Dann sitzt er ja den ganzen Tag nur rum und daddelt. Das dort ist übrigens sein Auto. (Zeigt darauf.)
KARL: Wie meinst du das – sein Auto?
JOE: Hab ich ihm geschenkt. Sein Bruder hat einen 71er Mark I gekriegt und er einen 88er GTHO. Die Karre macht allerdings 200 Meilen pro Stunde, deshalb baue ich wohl besser den Motor aus, wenn er ein bisschen älter ist. (Lacht.)
KARL: Wie alt ist er gleich wieder?
JOE: Er ist jetzt fünf. Aber er mag dieses Auto, also hab ich es ihm geschenkt. Ich verwöhne ihn ganz schön, ich weiß.
KARL: Ja, und fällst dabei von einem Extrem ins andere. Auf der einen Seite gibst du ihm Steine zum Spielen, auf der anderen Seite ein Auto.
JOE: Er hat alles, was er braucht.
KARL: Geht er auch zur Schule?
JOE: Ja, geht er – in die Vorschule, und zwar dienstags, mittwochs und donnerstags, und an den anderen Tagen hat er – wie heißt das gleich wieder? – T-Ball-Training und -Turniere. Aber ansonsten sind wir draußen in den Bergen oder gehen dem einen oder anderen Job nach.
KARL: Gibt es hier denn noch andere Kinder?

JOE: Nicht allzu viele, nein, aber er hat hier in der Gegend ein paar Freunde. Die meisten sind zwar älter als er und, du weißt schon, schubsen ihn ein bisschen rum, aber er kommt eigentlich ganz gut klar. Er kann auf sich selbst aufpassen.

Ein bisschen hat Joe mich an meinen Dad erinnert. Beide machen alle möglichen Dinge, um an Geld zu kommen und um die Familie zu ernähren. Ich kann mir beim besten Willen nicht vorstellen, dass Joe jemals die Gelben Seiten rausholt und die Nummer eines Klempners oder Elektrikers nachschlägt. Eher macht er das alles selbst. Solche Kerle gibt es heutzutage nicht mehr viele. Bestimmt wird deshalb auch die *Scrapheap Challenge* nicht mehr ausgestrahlt, eine Sendung, in der Mannschaften gegeneinander antraten und aus Schrott Maschinen bauen mussten, die irgendeinem bestimmten Zweck dienen sollten. Ich glaube aber, das liegt in Teilen auch daran, dass man die Garantie einbüßt, sobald man irgendeine Sache selbst auseinanderbaut und versucht zu reparieren. Daher probieren wir es gar nicht mehr erst aus.

Wir stiegen in Joes Ford Bronco ein, und er erwähnte noch, dass wir abseits der Straßen unterwegs sein würden, aber im selben Moment hatte er auch schon das Gaspedal durchgedrückt und fuhr über einen Abhang, sodass der Wagen einen Moment lang in der Luft hing. »Abseits der Straßen« hatte er tatsächlich wörtlich gemeint. Ich hatte mich auf den Rücksitz gesetzt, wurde hin und her geschleudert und rief ihm zu: »Gibt es wirklich keine Straße, die wir nehmen könnten?«, aber Joe gondelte einfach weiter und kaute auf Dörrfleischstreifen herum, die so zäh waren, dass er dafür sogar seine Weisheitszähne benutzen musste. Zwanzig Minuten später hielt er an, sprang aus dem Wagen, schnappte sich aus dem Kofferraum ein Gewehr und ein paar Stangen Dynamit und wollte mir zeigen, wie er Löcher in den Fels jagte, um Zugänge zu seinen Minen zu legen. Er legte eine Stange Dynamit auf einen Felsvorsprung, wo er den Zugang sprengen wollte, und dann zogen wir uns fünfzehn, zwanzig Meter zurück, Joe reichte mir die Flinte und forderte mich auf, auf die Lunte zu schießen, um sie zu entzünden. Ich würde behaupten, dass ich mit Gewehren ganz gut umgehen kann. Bei Ausflügen hab ich an Schießbuden noch immer was gewonnen – meistens Kokosnüsse. Ich weiß auch nicht, warum es so oft Kokosnüsse waren. In Supermärkten sehe ich nie welche, immer nur auf Jahrmärkten. Andererseits wäre ich ausgerechnet in diesem Augenblick mit einer Kokosnuss durchaus zufrieden gewesen. Nach all dem Fleisch, das es hier zu essen gab, wäre das eine nette Abwechslung gewesen.

Ich zielte. Feuerte. Und schoss daneben. Der Schuss fuhr mir durch Mark und Bein, weil er viel lauter gewesen war als sämtliche Schüsse, die ich je auf Jahrmärkten abgegeben hatte. An Schießbuden wird nur mit Luftgewehrkugeln geschossen, aber dieses Gewehr war scharf geladen. Ich probierte es noch einmal. Schoss wieder daneben. Beim dritten Mal hatte ich Glück. Das Dynamit ging in die Luft, schlug ein Loch in den Fels. Joe stopfte zusätzliches Dynamit hinein, wir zündeten abermals die Lunte und nahmen die Beine in die Hand. Das war wirklich eine neue Erfahrung für mich. Die einzige auch nur annähernd ähnliche Erfahrung hatte ich mal gemacht, als ich als Kind auf dem Campingplatz Steine auf die anderen Wohnwagen warf und dann schnell wegrannte, bevor die Besitzer herauskamen. Nicht halb so gefährlich, um der Wahrheit die Ehre zu geben.

Joe beschloss, dass wir nicht zu tief in das Loch hineinkriechen sollten, das wir gerade herausgesprengt hatten, weil es über uns kollabieren konnte – wie in dem Song von Jimmy Dean, »Big Bad John« (noch ein Lied, das ich auf dem iPod hatte). Anschließend machten wir uns auf den Weg zu dem Flüsschen, an dem wir das Gold waschen wollten. Joe reichte mir eine Waschpfanne – im Großen und Ganzen eine Plastikschüssel mit umlaufenden Rillen unter dem Rand, mit der man ein bisschen weichen Boden aufnimmt und dann das Flusswasser dazu nutzt, die Kiesel wegzuwaschen, bis dann schließlich ein Goldklümpchen in den Rillen liegen bleibt. Klingt kinderleicht, nicht wahr? Eine Stunde lang waren wir beschäftigt.

KARL: Was würdest du denn machen, wenn du ein großes Stück finden würdest?
JOE: Ein großes Nugget?
KARL: Ja.
JOE: Ich würd's behalten.
KARL: Warum?
JOE: Na ja, wenn es irgendwann kein Geld mehr geben sollte, glaub ich, dann hat Gold ja vielleicht trotzdem noch einen gewissen Wert. Ein richtig großes Nugget würde ich daher aufbewahren. Also, das größte würde ich aufbewahren, wie eine Art Trophäe, verstehst du?
KARL: Und das zweitgrößte?
JOE: Das zweitgrößte? Würd ich meinem Sohn geben, damit er auch etwas behalten kann.
KARL: Okay, dann das drittgrößte?
JOE: Verkaufen, wenn es dazu was taugt. Aber was ich wirklich gern mal machen würde: all die kleinen Stückchen nehmen und zu einem großen einschmelzen und es dann verkaufen – du weißt schon, die ganz kleinen Dinger wie diejenigen, die hier in unseren Pfannen liegen.

Ich glaube nicht, dass Joe mit seiner Goldsuche wirklich reich werden wollte. Die Suche an sich gefiel ihm – ein bisschen so, wie wenn Mum zu diesen ganzen Secondhand- und Oxfam-Läden geht, die ich schon mal erwähnt habe.

KARL: Kennst du die Route 66 gut?

JOE: Ich bin schon ein Stück gefahren, ja.

KARL: Und, gefällt sie dir?

JOE: Was mir besser gefällt, ist die Route 66 oder irgendeinen anderen Highway hier in Arizona runterzufahren und dann auf die Landstraßen abzubiegen, auf die Nebenstraßen, weil du dort die besten Plätze findest, um Gold zu waschen. Oder man stößt auf alte Autos, auf Wracks …

KARL: Aber wenn du mal einen Tag freihättest, mal ganz abgesehen von dem Gold …

JOE: Wenn ich einen Tag freihabe? Was ich dann mache? Dann fahr ich los und suche mir eine alte Geisterstadt oder irgendeinen Schrotthaufen oder so, und dann entspanne ich mich. Oder ich fahr runter zum Fluss und häng ein bisschen ab und werf die Angel für den Kleinen aus, lass ihn ein bisschen fischen …

KARL: Dann hast du also eigentlich ein ziemlich entspanntes Leben, oder?

JOE: Ja, schon, alles ziemlich gut.

Ich weiß genau, was er damit meinte: auf Nebenstraßen abzubiegen, um auf Neues zu stoßen. Ich hatte mit dieser Route 66 wirklich ein Problem, weil diese Reise so vorgezeichnet war.

Die Zeit mit Joe hat mir gefallen. Es war, als hätte ich Rubbellose von der Natur bekommen – jedes Mal wenn ich mit der Pfanne in den Boden schürfte, bestand die Chance auf einen Jackpot. Nur schade, dass ich nichts gefunden habe. So viel zum Thema Mitbringsel für Suzanne.

Tags darauf hörte ich von Stephen.

STEPHEN: Ich weiß ja, dass dich Leute mit anderen Einstellungen faszinieren, mit anderen Sichtweisen auf das Leben und anderen Lebensstilen. Stimmt doch, oder?
KARL: Öh, ja, das schau ich mir gerne mal an. Für den Fall, dass der andere Lebensstil mir besser gefällt als mein eigener.
STEPHEN: Na, dann ist das hier ja was für dich. Ich weiß nicht, ob wir schon mal darüber gesprochen haben, aber was genau weißt du über die Amischen?
KARL: Ich hab diesen Film mit Harrison Ford gesehen: *Der einzige Zeuge.*
STEPHEN: Den hast du gesehen, und den fandest du gut, oder?
KARL: Ja, der war ganz okay.
STEPHEN: Gut, dann glaube ich, dass wir einen kleinen Leckerbissen für dich in petto haben. Du wirst eine Weile bei einer amischen Familie leben und ihren Lebensstil kennenlernen. Was ist Lektion Nummer eins in Sachen Amische?
KARL: Die leben, also, ein eher schlichtes Leben. So wie vor vielen Jahren.
STEPHEN: Genau. Du stammst aus Manchester. Du bist das also gewohnt.
KARL: Jetzt mal halblang! Die leben ein viel, *viel* einfacheres Leben, oder nicht? Zumindest ist es das, was ich gesehen habe. Nur mit dem Allernötigsten zurechtkommen und so.
STEPHEN: Ganz richtig. Und überdies sind sie ziemlich fromm, also zeig ein bisschen Respekt. Du weißt ja, sie leben ein bisschen so, als wären wir immer noch im neunzehnten Jahrhundert.
KARL: Im neunzehnten Jahrhundert?!
STEPHEN: Ja, insofern, du weißt schon, haben sich die Lebens-

umstände für die Amischen nicht wesentlich weiterentwickelt. Klingt doch spannend, oder?
KARL: Dann bin ich also eine Art Mensch aus der Zukunft für sie, ja? Ich könnte ihnen Sachen beibringen.
STEPHEN: Genau, du bist der Mensch aus der Zukunft.
KARL: Meinetwegen. In Ordnung, klingt gut. Mach ich gern.

Weil die USA so riesig sind, bleiben manche Landstriche ganz einfach unberührt. Zumindest ist das meine Theorie. Ich war mit Joe unterwegs, der ein Leben wie ein alter Cowboy führte und überall querfeldein fuhr und Dynamit in die Berge Arizonas steckte, und jetzt sollte ich also ein paar Leute kennenlernen, die in einer Gegend lebten, wo jeder tat, als wären wir immer noch im neunzehnten Jahrhundert.

Das Haus der Familie war ein hübsches Einfamilienhaus aus Holz. Davor lagen überall Ackergerätschaften herum. Ich klopfte an. (Es gab keine Klingel – allerdings hab ich selbst auch keine. Klingeln sind eine verhältnismäßig sinnlose Erfindung, insofern kann es sein, dass es gar nichts damit zu tun hatte, dass sie Amische waren.) Ich nehme an, wenn man sich entscheidet, wie im neunzehnten Jahrhundert zu leben, gibt es eine ganze Reihe von Neuerungen, auf die man als Amischer keinen Wert legt – ziemlich viele Dinge, die bei mir daheim mein Leben zumüllen. Hatten sie einen Fernseher? Kaum anzunehmen. Man stelle sich vor, irgendjemand würde ihnen einen Mitschnitt aus *Kunst & Krempel* vorspielen – das wäre für sie ja wie *Projekt Zukunft*!

Ein freundlicher Mann mit einem typisch amischen Bart (also keinem Schnauzer) machte mir die Tür auf. Er stellte sich als Kenny vor und rief dann seine Frau Polly (die eine Haube trug) und die Kinder Joseph, Joanne, Loretta, Rosanna und Mini Marie dazu und schließlich auch noch seinen Vater Laverne. Ich spekulierte ein bisschen darauf, dass sie mich hineinbitten würden, weil es draußen ziemlich heiß war, doch Kenny meinte, ich sei für ein bisschen Gartenarbeit eingeteilt. Ich fragte sie, ob sie vielleicht Sonnencreme für mich hätten, aber da guckte Kenny nur verdutzt. Nein, hatten sie nicht. Kenny, Polly und sein Vater diskutierten kurz, ob sie mir Lavendelöl oder Essig geben sollten, boten mir dann aber stattdessen einen Hut an, den ich dankend annahm. Ich weiß nicht, ob sie keine Sonnencreme im Haus hatten, weil sie Amische waren, oder ob sie Sonnencreme schlicht für zu teuer hielten. Suzannes Mutter hat auch nie Sonnencreme mitgenommen, wenn wir gemeinsam Urlaub gemacht haben. Sie hat sie sich einfach von uns geklaut.

Nach dem genauen Grund wollte ich nicht fragen, weil ich schließlich gerade erst angekommen war und nicht unhöflich erscheinen wollte. (Außerdem lebe ich immerhin im einundzwanzigsten Jahrhundert und hatte damals dank Suzannes Mum auch keine Sonnencreme mehr.) Vielleicht war sie ihnen ja einfach gerade erst ausgegangen. Was den Essig anging, war ich allerdings ein bisschen skeptisch. Das klingt doch nicht gesund, oder doch? Als ich wieder daheim war, versuchte ich, übers Internet herauszufinden, warum sie den Essig erwähnt hatten, und siehe da, man kann mit Essig einen Sonnenbrand kurieren, indem man ihn sich in die Haut einklopft. Schon erstaunlich, wozu Essig alles gut ist. Man kann damit Flecken entfernen, Schlieren auf Glas beseitigen, Tinte von beschmierten Wänden waschen und sogar die Katze damit einreiben, wenn sie Flöhe hat. Man könnte also jeden einzelnen Tag im Jahr Essig anders einsetzen – und überdies schmeckt er auch noch gut auf Pommes. Essig ist eine der tollsten Erfindungen aller Zeiten.

Kenny nahm mich als Erstes mit zu den Ziegen, die ich melken sollte. Buchstäblich alles, was diese Amischen essen, produzieren sie selbst. Ich dachte eigentlich, dass ich zu ihnen fahren sollte, um ihnen zu erklären, wie ich im Vergleich zu ihnen in der Zukunft lebte, doch dann fiel mir auf, dass ich noch nie im Leben

Ziegenmilch getrunken hatte. Kenny und Laverne waren ehrlich überrascht und erklärten mir, dass Ziegenmilch für den Menschen wesentlich bekömmlicher sei als Kuhmilch. Ich will es nur noch mal betonen: Es heißt, sie leben in der Vergangenheit, aber sie wissen wesentlich mehr als ich. Mit meinem Selbstbewusstsein war es prompt nicht mehr allzu weit her.

Eines der Mädchen brachte mir bei, wie man eine Ziege melkt, aber es wollte mir nicht recht gelingen. Ich hatte Angst, dass ich zu fest zudrücken und der Ziege wehtun könnte, und überließ dem Mädchen das Feld. Die Kinder packten allesamt ordentlich mit an, machten aber einen ganz fröhlichen Eindruck. Zur Schule gingen sie nicht. Polly unterrichtete sie zu Hause. Ich nehme mal an, dass der Geschichtsunterricht für sie deutlich einfacher ausfällt, schlicht weil es weniger zu lernen gibt, wenn man im neunzehnten Jahrhundert lebt.

Dann zeigte Kenny mir seine selbst gezüchteten Tomaten, die Hühner, die ihnen die Eier lieferten, und den Schuppen, in dem er Käse herstellte. Ich verstehe nicht ganz, warum diese Amischen so umstritten sein sollen. Für mich waren Kenny und seine Leute einfach nur eine nette Bauernfamilie.

Wenn ich mehr Zeit hätte, würde ich auch wie die Amischen leben. Wär doch klasse, eigene Nahrungsmittel anzubauen, nur leider besitze ich kein Land. Immer heißt es, dass man fünf Stück Obst am Tag zu sich nehmen soll, aber da mich die Wartelisten für einen Schrebergarten derart abschrecken, bleibt mir nichts anderes übrig, als Obst zu kaufen.

Außerdem gefällt mir ihr Gemeinschaftssinn. Ich kenne beispielsweise nicht mal meine Nachbarn – vielleicht gerade noch die Namen, weil der Briefträger manchmal versehentlich Post für sie in unseren Briefkasten steckt. Unter Garantie liegt es daran, dass ich immer sofort argwöhne, aus einer freundschaftlichen Nachbarschaftsbeziehung könnte ruck, zuck eine Fehde entstehen. Trotzdem sollte ich mir zumindest die Mühe machen, sie kennenzulernen. Vielleicht drehen deshalb manche Kinder durch: weil heutzutage niemand mehr weiß, zu wem sie eigentlich gehören. Wenn wir es wüssten, könnten wir hingehen und sagen: »Ihr kleiner Tommy hat gerade die Bushaltestelle zertrümmert«, und dann würden die Eltern sich darum kümmern. Aber wenn man zu wildfremden Leuten gehen muss, um sich über ihre Kinder zu beschweren, ist die Reaktion immer total abweisend.

Das Einzige, was die Amischen nicht besaßen und was ich wirklich vermissen würde, war das Internet. Ohne einen Fernseher würde ich leicht zurechtkommen. Kenny erwähnte, dass er und seine Familie diesbezüglich nicht ganz so streng mit solchen Regeln seien wie andere hier aus der Gegend, die ich nicht einmal besuchen dürfte, weil sie in ihrer unmittelbaren Umgebung kein Kamerateam dulden würden. Ich wollte noch mehr Regeln lernen.

KARL: Was müsste ich tun, damit du mir sagen würdest: »Das solltest du besser nicht tun« oder: »Das erlauben wir dir nicht«? Und wo ist der Unterschied? Ich meine, ich weiß schon, wir haben uns gerade erst kennengelernt, also weißt du nicht allzu viel von mir, aber sagen wir mal, ich hätte eine Freundin – ich bin nicht verheiratet, aber wir sind schon seit siebzehn Jahren ein Paar. Wäre das in Ordnung? Wäre das für dich okay?

KENNY: Lass es mich so formulieren – für mich wäre das nicht okay. Aber ich werde dir ganz sicher nicht vorschreiben, was du zu tun oder zu lassen hast. Lieber zeige ich dir eine Stelle in der Heiligen Schrift, die erklärt, warum ich so fühle. Dann müsstest du selbst entscheiden, was richtig und was falsch für dich ist.

KARL: Aber was genau stört dich daran – nur damit ich es auch wirklich begreife.

KENNY: Was mich daran stört? In Ordnung. Jesus hat uns gelehrt, dass wir heiraten sollen, wenn wir uns zusammentun, und dass dies dann eine Einheit hervorbringt. Ich schätze, es ist so ähnlich, als würde man getauft. Die Taufe ist die Eheschließung mit der Kirche Christi, und auch hier wird eine Einheit erzeugt. Ich nehme an, dass diese Einheit ein Symbol ist für die Ehe und dass – wie soll ich es ausdrücken? – diese Ehe auch eine Art Verbindlichkeit mit sich bringt, ein Fundament, auf dem dann die Kinder folgen.

KARL: Aber ich hab gar keine Kinder.

KENNY: Oh.

KARL: Es gibt nur mich und Suzanne. Wir teilen uns die Lebenshaltungskosten. Wir gehen beide arbeiten und sind eigentlich auch ganz zufrieden damit. Ich meine, wir streiten uns auch mal, aber ihr müsst euch doch auch mal streiten?

KENNY: Ha, ha, natürlich, das kannst du dir doch vorstellen.

KARL: Und genau das meine ich damit – wir sind gar nicht so verschieden.

KENNY: Würdest du denn auf diese Weise eine Familie großziehen?

KARL: Keine Ahnung. Weißt du, bei euch funktioniert das alles anders, allein schon, wie ihr die Kinder aufzieht. Wenn diese Kinder in England leben würden, würden sie rufen: »Wo sind meine Sportschuhe? Ich will ein neues Paar Sneakers!« Deine Kinder haben nicht mal Schuhe an und sind trotzdem glücklich. Kinder in Großbritannien verlangen einfach mehr. Und sie bedeuten viel Arbeit, sie strengen ihre Eltern kolossal an und sind niemals zufrieden. Immer wollen sie noch was anderes. Während deine Kinder hier ganz fröhlich aussehen, wenn sie mit den Ziegen spielen oder im Gras herumtollen.

KENNY: Stimmt.
KARL: Ich glaube, dass es für euch einfacher ist, Kinder zu haben.
KENNY: Ich nehme an, dass es darauf ankommt, welche Rahmenbedingungen man den Kindern vorgibt.
KARL: Ja, aber es ist nicht leicht, diesen Rahmenbedingungen zu entkommen, oder?
KENNY: Natürlich ist das leicht. Ich meine, wenn die Zeit reif ist, weißt du, dass sie sich möglicherweise dagegen entscheiden … dass sie sich vielleicht doch lieber andere Rahmenbedingungen schaffen wollen. Ich habe Verwandte, die einen anderen Lebensstil pflegen, die also … Will sagen, wir haben Familientreffen, und da sehen sie auch Alternativen, aber …
KARL: Aber sie denken nie: »Oh, das will ich auch! Ich will auch eine PlayStation, ich will eine Spielkonsole, ich will eine Stereoanlage, ich will diese CD und jene Musik«?
KENNY: Na ja, schon, und wir versuchen, sie aktiv bei der Stange zu halten, weißt du, aber jeder hat eben seine Verpflichtungen. Wenn sie größer werden, bekommen sie ja auch andere Dinge. Nur so als Beispiel: Gestern Nacht ist meine Dritte, Loretta, zu mir gekommen und hat gesagt: »Daddy, ich will mehr Aufgaben.«

Während Kenny, Laverne und ich uns unterhielten, stand Polly drinnen am Herd und kochte. Manch einer mag jetzt sagen, dass das ein bisschen altmodisch ist, aber hier draußen ist es das nicht. Hier leben sie im neunzehnten Jahrhundert, und im Übrigen waren die Aufgaben bei Joe, dem Goldsucher, auch nicht anders verteilt. Ich weiß nicht, warum manche Leute sich darüber beklagen, dass die Frauen am Herd stehen, während die Männer arbeiten gehen. Suzanne kocht ja auch, und ich bin für die Reparaturen im Haus zuständig. Hin und wieder meckert sie und sagt, dass ich ihr helfen soll, aber wenn ich dann mit anpacke, sagt sie, dass ich zu nichts nütze bin. Ich lege versehentlich einen Waschmaschinen-Tab in die Spülmaschine, und sie meckert. Dabei ist das Ergebnis doch das gleiche. Und wenn sie es nicht zufällig gesehen hätte, hätte sie es am Ende gar nicht bemerkt.

Kenny bat mich, ihm beim Pflügen zu helfen. Bei der Arbeit unterhielten wir uns weiter. Ich wollte wissen, was Kenny in seiner Freizeit tat.

KARL: Wie sieht's mit Entspannung aus? Kennst du die James-Bond-Romane? *Dr. No* und diese Sachen? Würdest du je so was lesen, oder kannst du damit gar nichts anfangen?

KENNY: Womit?

KARL: James Bond. Du hast noch nie von James Bond gehört? Ist das dein Ernst?

KENNY: Nein. Ist das eine Krimifigur?

KARL: Nein, das ist ein britischer Geheimagent, und er geht undercover … Er löst Kriminalfälle, und … Es gibt ihn schon seit Jahren – seit Jahrzehnten …

KENNY: Sagt mir nichts.

KARL: Kino – welchen Film hast du zuletzt im Kino gesehen?

KENNY: Mein letzter Film? Also, mein letzter Kinofilm? Ich glaube, das war *Kevin – Allein zu Haus.*

KARL: Und hat er dir gefallen? Konntest du damit was anfangen, oder hast du dir gedacht: »Was treibt dieses Kind in diesem Haus? Es sollte lieber Kühe melken!«

KENNY: Ha, ha! Nein, ich fand ihn schon ganz unterhaltsam. Andererseits, so im Nachhinein, was hat er mir schon gebracht?

KARL: Aber das ist doch bloß eine Freizeitbeschäftigung.

KENNY: Ja, bloß eine Freizeitbeschäftigung.
KARL: Und das ist eben das Leben, oder? Irgendwie die Zeit rumkriegen, bis man stirbt.
KENNY: Aber im Nachhinein hab ich mich gefühlt, als wäre ich einfach nur irgendwie … faul gewesen.
KARL: Na ja, um ehrlich zu sein, ist der Film auch nicht besonders toll. Es gibt viel bessere Filme, die dir sicher besser gefallen hätten. Mach dir gar nicht erst die Mühe mit *Kevin – Allein in New York*.

Polly kam heraus, brachte selbst gemachte Zitronenlimo und Schokobrownies und nahm mich dann mit in den Keller, wo sie das selbst angebaute Essen lagerten. Dort standen Unmengen an Gläsern mit allen möglichen Gemüsesorten herum – mehr Gemüse, als ich in der ganzen Zeit gesehen hatte, seit ich in die USA gekommen war. Ich fragte sie, ob ich eines der Gläser als Geschenk für Suzanne mitnehmen dürfte, nachdem das mit dem Gold schon nicht geklappt hatte. Ich durfte mir ein Glas Gartenerbsen nehmen.

Ich glaube ehrlich gesagt, dass diese Amischen es ganz richtig machen. Ich war nur für kurze Zeit bei dieser Familie, aber ich finde, dieser Lebensstil wäre auch etwas für mich. Sie leben ein unbelastetes Leben – nicht so wie wir. Wir stopfen unsere Wohnungen mit Dingen voll, die uns fünf Minuten lang Freude bereiten, und dann landen sie in einem Schrank und werden durch neue Gegenstände ersetzt. Die Amischen tappen einfach nicht in diese Falle. Eigentlich ist es nur die Sache mit dem Bart, die mich stören würde, weil man ziemlich bescheuert aussieht mit einem Vollbart, wenn man gleichzeitig eine Glatze hat. Andererseits ist dieser Bart offenbar ein Zeichen dafür, dass man verheiratet ist, und da ich und Suzanne nicht verheiratet sind, würde ich mir wohl keinen Bart stehen lassen müssen. Wenn ich allerdings länger darüber nachdenke, würde Suzanne mit so einer Haube womöglich auch nicht gut aussehen. Ihr Kopf ist für so was einfach zu groß. Dann wiederum würde ich sie viel seltener zu Gesicht bekommen, weil sie ja ständig in der Küche stehen müsste. Insofern wäre diese Haubensache letztlich doch kein allzu großes Problem.

Stephen schickte mir eine SMS.

STEPHEN: Hi, Karl, ich hoffe, du hast Spaß auf der Route 66. Wenn wir es richtig verstanden haben, geht dir die Fahrerei inzwischen ein bisschen auf die Nerven, sodass wir dir einen Flug gebucht haben, damit du die letzte Etappe von oben sehen kannst. Viel Spaß!

Greg, den ich bei einem Flugzeughangar antraf, war also meine nächste Anlaufstelle. Noch ehe ich mich ihm überhaupt vorgestellt hatte, sah ich all diese winzigen Flieger in dem Gebäude, von denen die meisten so alt aussahen, dass sie sogar bei den Amischen fehl am Platz gewirkt hätten. Greg führte mich zu einem hinüber und fragte, ob ich Lust auf eine kleine Runde hätte. Ich erklärte ihm, dass ich nicht besonders gern fliegen würde und, auch wenn ich schon oft fürs Fernsehen hätte fliegen müssen, dafür keine allzu große Begeisterung aufbrächte. Es kam mir einfach unnatürlich vor. Das Flugzeug, in dem er mich mit nach oben nehmen wollte, hatte ein offenes Cockpit, was ich in dieser Form noch nie gesehen hatte. Aber das war noch nicht alles.

»Du wirst ohnehin nicht allzu lange auf deinem Sitz bleiben«, erklärte Greg, »weil du nämlich auf die Tragfläche hinauslaufen wirst. Von dort hast du die beste Aussicht.«

#14 Einen kleinen Tragflächenspaziergang auf einem Doppeldecker machen

Warum tut man so was? Fluglinien bieten aus gutem Grund keine Stehplätze an. Das ist einfach nicht sicher. British Airways sagt nie: »Sorry, sämtliche Sitzplätze sind bereits vergeben, aber es sind noch ein paar Stehplätze auf dem Dach verfügbar, wenn Sie daran interessiert sein sollten.« Das ist doch nur ein weiterer Beweis dafür, dass die Menschheit bekloppt ist.

Greg, der Pilot, erzählte mir, dass er so was schon seit zwanzig Jahren machen würde, aber das wollte ich überhaupt nicht hören. Es beunruhigt mich eher, wenn Leute etwas schon so lange machen, weil das doch nur bedeutet, dass sie unaufmerksam werden. Wenn er so gut ist, warum hat er dann nicht längst einen Job als anständiger Pilot bekommen? Oder – umso schlimmer – war er mal normaler Pilot und wurde dann geschasst, weil er einer Flugbegleiterin während eines Flugs einen kleinen Spaziergang nahegelegt hat?

Das Ganze war einfach lächerlich. Seit Tagen hatte ich mir nach all der Fahrerei nichts sehnlicher gewünscht, als ein bisschen spazieren zu gehen. Seit ich den Strand in L. A. hinter mir gelassen hatte, hatte ich nicht einmal mehr anständige Bürgersteige zu Gesicht bekommen, auf denen man hätte spazieren gehen können. Die USA sind für Autos gemacht, nicht für Fußgänger. Sie sind hierzulande sogar so fußgängerfeindlich, dass man inhaftiert werden kann, wenn man unachtsam eine Straße überquert. Wo ist da bitte schön der Sinn? Du kannst dafür ins Gefängnis kommen, wenn du zur falschen Zeit die Straße überquerst, aber auf einem Flugzeugflügel herumzuspazieren ist in Ordnung.

RICKY: Hallo?
KARL: Das mache ich nicht.
RICKY: Was meinst du?
KARL: Ich hab's euch gleich eingangs gesagt. Ich sagte, Route 66, dafür bin ich hier. Wir haben uns unterhalten, du hast von diesem Bungeesprung erzählt und von all diesen anderen bescheuerten Dingen, und ich hab gesagt, dass ich nichts davon tun werde. So was ist gefährlich.
RICKY: Nein, nein, alles in Ordnung. Bungee-Jumping, das ist wirklich gefährlich, aber diesmal wirst du festgeschnallt. Dann kletterst du dort hinauf, und es ist, als ... Ich meine, es sieht schlimmer aus, als es ist.
KARL: Du hast noch nicht einmal gesehen, was ich anhabe! Es sieht in der Tat schlimmer aus, als es ist. Ich sehe aus wie ein verdammter Schwachkopf! Und es ist noch nicht einmal ein neues Flugzeug, Ricky, sondern ein uraltes!
RICKY (seufzt): Ganz sicher, dass du es nicht machen willst? Worum machst du dir Sorgen? Um die Sicherheit?
KARL: Natürlich! Wenn das eines dieser Dinge sein soll, die man gemacht haben muss, bevor man stirbt, wo sind dann all die todkranken Leute? Warum stehen diese Leute hier nicht Schlange? Kein Mensch ist hier, kein Mensch will so was machen, und ich am allerwenigsten. Und ich hab dir gesagt, dass ich so was nicht machen will!
RICKY: Aber, Karl, das ist großartig – es wäre ein fantastisches Ende für die Sendung! Du dort oben auf einem Flugzeugflügel! Aaaah. Du pfeifst durch die Luft – und du kannst es! Wenn du das machst, bist du echt ein Held. Die Leute werden es lieben.
KARL: Nein, nein, weil es da einen entscheidenden Unterschied gibt: Als ich noch in England war, stand diese Sache

nicht einmal zur Debatte. Es ist nicht so, als wäre ich hierhergekommen und hätte mir erst hier überlegt, dass ich das nicht tun will. Noch bevor ich meinen Koffer gepackt habe, hab ich zu dir gesagt, dass ich keine Dummheiten machen werde. Ich hab nicht mal ein schlechtes Gewissen. Ich will das einfach nicht. Und du kannst mich nicht dazu zwingen. Das hab ich auch schon zu Stephen gesagt. Ich habe nicht das leiseste schlechte Gewissen …

RICKY: Nein, ich kann dich definitiv nicht dazu zwingen. Ich mache mir nur meine Gedanken über dich – und du wirst es morgen früh bereuen.

KARL: Ich fühle mich jetzt schon beschissen. Ich sehe aus wie Spiderman auf einer Beerdigung.

RICKY (lacht): Na gut, ich sag dir was: Wie gut, dass ich ein gewiefter Producer bin, weil ich schon geahnt habe, dass du kalte Füße kriegen würdest …

KARL: Ich hab keine kalten Füße gekriegt.

RICKY: Natürlich hast du.

KARL: Nein.

RICKY: Hör mal, Integrität ist eine persönliche Sache. Wenn du glücklich damit bist, mit anderen Leuten die Straße entlangzuspazieren und deine Zehen zu wärmen, dann ist das dein Bier. Ich will nur nicht, dass du für immer damit leben musst. Weil ich nämlich weiß, dass du dich großartig fühlen wirst, wenn du mitfliegst. Das ist auch schon alles. Aber ich dachte mir das mit den kalten Füßen ohnehin schon, daher hab ich auch schon was Neues für dich organisiert – was dir ein bisschen peinlich sein wird, weil jetzt die gesamte Crew weiß, was für ein Feigling du bist.

KARL: Ist mir nicht peinlich. Ist mir egal.

RICKY: Ehrlich?

KARL: Ist mir so was von egal.
RICKY: Okay, dann hab ich hier was anderes für dich, und das ist kein bisschen schlimmer, als mit Glee auf der Bühne zu stehen und zu tanzen, glaub mir. Also dann, okay, dann machst du das eben stattdessen, Kumpel. Aber denk dran, eins von beiden musst du machen. Wenn du nicht bei der einen Sache mitmachst und auf die Bühne gehst, dann musst du den Tragflächenspaziergang machen.
KARL: Okay, gut, und was ist das andere?
RICKY: Das Team hat sämtliche Details. Hör mal, ich bin wirklich enttäuscht, aber … (Lacht.)
KARL: Lach, so viel du willst. Mir doch egal. Bis später also.
RICKY: Bis dann!

Ich teilte dem Regisseur mit, dass ich die zweite Sache machen wolle, aber er erwiderte, ich solle lieber bei der Flugzeuggeschichte bleiben, weil ich die Alternative richtig scheiße finden würde. Ich erwiderte, dass ich das doch wohl besser beurteilen könne. Allerdings werde die Alternative nur umso mehr Fahrerei bedeuten, weil wir erst wieder irgendwo hinfahren müssten, und wenn ich mich dann doch für den Flug entscheiden würde, dann hieße es, den ganzen Weg wieder zurück, und genau so, meinte er, werde es kommen, weil mir die Alternative unter Garantie nicht behagen werde. Also gab ich schließlich klein bei.

Greg wies mich ein, erklärte, dass die schwierigste Sache daran wäre hinaufzuklettern, nachdem wir abgehoben hätten – und ich zitiere ihn jetzt wörtlich –, »weil es nicht sicher ist, beim Start schon auf der Tragfläche zu stehen«. Schönen Dank auch, Greg.

Während wir uns noch am Boden befanden, übte ich den Weg aus dem Cockpit auf den Flügel ein paarmal ein, und nicht mal da fiel es mir leicht, weil überall Kabel verliefen und ich genau darauf achten musste, wohin ich meine Füße setzte, da es auf diesen Tragflächen diverse Schwachstellen gab, an denen ich durch das hohle Fiberglas hätte krachen können. Und dann hoben wir ab.

Als wir in der Luft waren, ließ Greg das Flugzeug ein bisschen von links nach rechts kippeln, was mein Signal war, auf den Flügel zu steigen. Sowie ich meinen Kopf aus dem Cockpit streckte, schlug mir der Wind entgegen, und ich konnte kaum noch atmen. Es war genau wie damals, als ich als kleiner Junge manchmal den Kopf aus dem Schiebedach des Autos meines Vaters gestreckt hatte. Auf dem Weg hinauf legte ich mir einen genauen Plan zurecht. Ich wollte seelenruhig hinaufklettern, ohne mit der Wimper zu zucken, damit Ricky und Stephen nicht den geringsten Anlass zu Schadenfreude über meine Performance hätten. Also nahm ich mir alle Zeit der Welt und kletterte hinauf in Position, und ich war derart konzentriert darauf, mich an den richtigen Streben festzuhalten, dass ich nicht mal darüber nachdachte, in welcher Höhe wir unterwegs waren.

Als ich schließlich oben war und mein Gleichgewicht wiedergefunden hatte, gab es einen klitzekleinen Augenblick, in dem ich tatsächlich dachte: »Das hier ist großartig – tolle Aussicht, alles still und ganz friedlich.« Ich konnte sogar die Krümmung der Erdoberfläche sehen, so hoch oben in der Luft waren wir. Alles war in bester Ordnung – bis Greg die Flugzeugschnauze hochriss. Und zwar abrupt. Ich weiß noch, dass der Motor aufheulte und wir wahrscheinlich mit zweihundertfünfzig Sachen unterwegs waren. In diesem Augenblick kniff ich die Augen nur noch fest zusammen, aber ich spürte trotzdem, dass ich auf dem Kopf stand, weil mir das Blut in den Kopf schoss. Das letzte Mal, dass ich ein ähnliches Gefühl hatte, war zu Hause bei Uri Geller gewesen (dem Löffelverbieger), der mich kopfüber an einem Türstock aufhängte, weil so mein Kopfhaar zurückkommen werde, wie er behauptete. Allerdings hat es nicht funktioniert. Wenn Haare auf diese Weise wachsen würden, hätten sämtliche Männer ja echt haarige Eier.

Zurück auf der Tragfläche, schrie ich wie ein sterbendes Walross, und meine Zunge flatterte im Wind wie bei einem Hund, der in voller Fahrt seinen Kopf durchs Autofenster steckt. Ich bin mir allerdings nicht sicher, ob Greg mich hören konnte, weil er direkt noch ein paar Loopings und Sturz- und Steilflüge dranhängte. Insofern war es generell ziemlich schwierig, mit ihm zu kommunizieren. Er hatte mir beigebracht, dass ein nach unten gereckter Daumen ihm signalisiere, dass ich landen wolle, aber da ich nicht wusste, wo oben und wo unten war, war das ein bisschen kompliziert. Ich versuchte es einmal, aber das Ergebnis war ein weiterer Looping, und erst beim nächsten Versuch kippte Greg das Flugzeug ein paarmal hin und her als Zeichen dafür, dass ich wieder hinunter ins Cockpit klettern konnte.

Nach der Landung musste ich erst mal zwanzig Minuten lang auf dem Boden liegen bleiben. Und dann rastete ich gegenüber Jamie, unserem Regisseur, komplett aus. »Ich hätte dort oben einen verdammten Herzanfall bekommen können!« Da endlich beschloss Jamie, mir zu erzählen, dass die Person, die diese Tragflächenspaziergänge erfunden hatte, bei einem solchen Spaziergang ums Leben gekommen sei. So was nennt man doch nicht allen Ernstes Erfindung, oder? So was ist doch keine Kaffeemaschine oder ein Mixer oder $E=mc^2$. Jamie wollte überhaupt nicht verstehen, warum ich mich so aufregte, nachdem wir die Überschläge doch nur ein paar wenige Meilen vom Flugplatz entfernt gemacht hätten. Trotzdem wollte er alles darüber wissen.

»Was ging dir dort oben durch den Kopf?«

Meine Antwort lautete lediglich: »Meine Scheiße …«

Ich sag dazu nur eins: Wer immer ein Flugzeug besteigt und die Ansage hört: »Mein Name ist Greg, ich bin heute Ihr Kapitän«, sollte schleunigst wieder aussteigen.

#6 In einem Hubschrauber  über den Grand Canyon fliegen X

Dieser Punkt hat mich endgültig davon überzeugt, dass diese ganze Bucket-List-Sache Blödsinn ist. Ich würde den Grand Canyon ja tatsächlich ganz gern mal zu Gesicht bekommen, aber ich weiß, dass es dort vor Touristen nur so wimmelt. Überall würden Hubschrauber herumfliegen und einen Höllenlärm verursachen, und es wären Leute da, die nicht freiwillig dort wären, sondern entweder von irgendeinem Verkäufer im Hotel oder einem Familienmitglied überredet worden wären, und überall wären Stände, wo den Leuten aller mögliche Plunder angedreht würde. Unter Garantie gibt es Menschen, die so eine Bucket List tatsächlich abarbeiten, die andere Leute für sie erstellt haben, anstatt einfach nur ein paar derjenigen Dinge zu tun, die sie selbst gut finden. Diverse Punkte auf dieser Liste haben ihre Besonderheit ja überdies verloren, indem sie auf einmal als ganz furchtbar besonders gelten.

Als ich irgendwann wieder einen normalen Puls hatte und meine Beine nicht mehr zitterten, brachten Jamie und der Rest des Teams mich an den Ort, wo die Alternative stattgefunden hätte, von der Ricky gesprochen hatte. Es wäre der jährlich stattfindende Mr.-Leather-Wettbewerb in Chicago gewesen. Hätte ich mich dafür entschieden, hätte ich in Lederslip und Strapsen vor sechshundert ebenfalls halb nackten und teils in Leder gehüllten Männern auf einer Bühne zu irgendeiner nervtötenden Musik tanzen müssen.

Ich kann nur sagen: Ich bin wirklich froh, dass ich stattdessen den Tragflächenspaziergang gemacht habe.

KAPITEL 7

#76 Den Fuji besteigen ✓

RUSSLAND
Teezeremonie
JAPANISCHES MEER
Werde eins mit dem Mopp
Bonsai
uralter Fraß
HOTEL
JAPAN
Shinkansen
Fujiyoshida
Tokio
Bezirk Ukyo
Fuji
Klettverschluss nötig
Schoko
Hirschkäfer
SÜDKOREA
höherer IQ als ich
RAZZIE
Chips
PAZIFISCHER OZEA

STEPHEN: Okay, wie wär's mit einer Besteigung des Fuji in Japan?
RICKY: Ein Gratistrip nach Japan, um einen der höchsten und schönsten Berge der Welt zu besteigen. Clive James hat mal gesagt, es sei der bemerkenswerteste Ort der Erde.
KARL: Wirklich?
RICKY: Aber im Gegensatz zu dir war er nie in China. Du dachtest damals, das wäre das bemerkenswerteste Land der Erde, nicht wahr?
STEPHEN: Weißt du noch, als du nach China gereist bist und dachtest, du würdest nach Japan reisen, weil du angenommen hattest, du würdest an einen hochtechnologisierten Ort kommen, mit all dem neuesten Schnickschnack? Also: Das ist Japan. Erinnerst du dich noch an die Dinge, die du in China komisch fandst, und diese ganzen Körpergeräusche, die du dir ständig anhören musstest? Die Leute, die ständig husteten?
KARL: Und ausspuckten und rotzten.
STEPHEN: In Japan ist es das genaue Gegenteil. Dich in der Öffentlichkeit zu schnäuzen zeugt von schlechten Manieren. Sogar Geschenke in der Öffentlichkeit auszupacken zeugt in Japan von schlechten Manieren. Insofern dürfte dich das doch interessieren, oder?
KARL: Irgendwelche Geschenke? Allein schon sie aufzureißen ist verboten?
STEPHEN: Oder mit einer Chipstüte zu rascheln.
KARL: Was – wenn man irgendwo draußen unterwegs ist und eine Tüte Chips aufreißt, sagen die Leute: »Was in aller Welt macht der da? So was tut man doch nicht!« Ist es wirklich so schlimm?
STEPHEN: Na ja, die Sache ist die: Du reist ja nicht allein dort-

hin, um ihre Version von Höflichkeit kennenzulernen. Du besteigst den Fuji.

KARL: Und das ist ein normaler Berg, ja? Kein Gebirge?

STEPHEN UND RICKY (lachen)

STEPHEN: Es ist der heiligste Berg Japans.

KARL: Wenn er für Touristen gemacht wurde, kann das ja nicht so schlimm sein.

RICKY: Der wurde doch nicht *gemacht*!

KARL: Ich gehe gern ein bisschen spazieren. Ich bin ganz gern zu Fuß unterwegs, aber einmal bin ich dabei fast gestorben, als ich einen Berg hinunterlief und plötzlich nicht mehr anhalten konnte und mich auf den Hintern fallen lassen musste. Und dabei bin ich immer wieder auf die Beine gekommen … Das war echt nicht witzig. Ich bin fast gestorben! Hätte selber als Chips enden können, wenn ich in diese Schieferwand ganz unten gekracht wäre.

RICKY: Als Chips?

KARL: Ja, wenn ich da durchgekracht wäre. Dieser Schiefer hätte mich in lauter dünne Scheibchen schneiden können, wie Chips eben.

RICKY: Warum in aller Welt hätte der Schiefer dich in Chips geschnitten?

KARL: Weil die Spalten in dieser Wand nicht mit Zement aufgefüllt waren. Es war einfach nur eine per Hand aufgeschichtete Mauer. Wir waren nur deshalb dort, weil ich mit meinem Dad ein bisschen Schiefer einsammeln wollte.

STEPHEN: Ihr wart also klauen.

KARL: Nein, man kann die Natur nicht beklauen, oder? Aber ja, wenn du so willst, waren wir dort, um Schiefer zu klauen.

STEPHEN: Aber der Grund gehörte doch jemandem, oder nicht?

KARL: Nein, es war einfach nur ein Hügel. Wir brauchten den

Schiefer für unser Wohnmobil, wir wollten ihn aufs Dach packen.
RICKY: Ihr wolltet ein Wohnmobil mit Schieferdach?
KARL: Damit es bei Sturm nicht wegweht.
RICKY: Dann habt ihr also versucht, das Wohnmobil zu beschweren?
KARL: Ja, und es hat funktioniert. Es ging gut.
RICKY: Was für ein Wohnmobil wird denn bitte schön weggeweht?
KARL: Das kann schon mal passieren. Die sind immerhin verhältnismäßig leicht – zumindest die fest stehenden. Die schwanken ganz ordentlich, wenn's stürmt.
RICKY: Vertäut man die dann nicht normalerweise?
KARL: Klar, es gibt da Ketten, aber dann kann es sich immer noch bewegen.
RICKY: Was habt ihr also gemacht – fünfzehn Tonnen Schiefer draufgepackt, um es runterzudrücken?
KARL: Nein, nicht drauf – wir haben die Seiten damit verkleidet. Man zementiert sie einfach dran.
STEPHEN: Dann bist du also diesen Berg hinuntergerannt mit Schiefer in den Taschen und in den Händen?
RICKY: Wie oft musstet ihr denn wieder rauf?
KARL: Ich glaube, wir haben den Weg vielleicht fünfmal gemacht – hatten einen kleinen Anhänger dabei, luden ihn bis obenhin voll, und dann hielt ich ihn auf dem Weg nach unten fest, aber er wurde immer schneller, und ehe ich michs versah, rief mein Dad: »Nicht loslassen!«
RICKY: Dein Dad rief: »Nicht loslassen«?
STEPHEN: Tja, wär mir auch lieber gewesen, wenn du als Chips geendet hättest, als wenn du all diesen Naturschiefer losgelassen hättest.

KARL: Der Kumpel meines Vaters, Sid, musste mir nachspringen und mich an den Beinen festhalten. Ich hab mir das Gesicht aufgeschlagen und überhaupt.
RICKY: Dann wird das hier ein Leichtes für dich. Auf dieser Liste ist nichts, was auch nur annähernd so gefährlich wäre wie du, während du einen Berg hinunterrennst. Schiefer zu schleppen und dabei das Risiko einzugehen, zu Chips zerschnippelt zu werden, hätte Sid dich nicht an den Beinen festgehalten … In Ordnung, dann mal los mit dir. Viel Spaß!

Früher wurde ich oft gehänselt, weil ich Sportschuhe mit Klettverschluss statt Schnürsenkeln anhatte. Immer wieder hört man, Klettverschlüsse wären für Kinder, aber ich halte das für verkehrt, weil Kinder doch viel mehr Zeit haben als Erwachsene, ihre Schuhe zuzubinden. Ich verstehe auch nicht, warum Soldaten diese Riesenstiefel mit Schnürsenkeln tragen, die doch aufgehen könnten, und dann stolpert man an der Front darüber. Da sind Klettverschlüsse doch viel praktischer. Sitzt so ein Klettverschluss erst einmal fest, geht er so schnell nicht wieder auf. Der Klettverschluss ist wirklich eine der besten Erfindungen des zwanzigsten Jahrhunderts. Japan ist für mich ja ohnehin die Heimat der Erfindungen, aber komischerweise sieht man dort kaum Sportschuhe mit Klettverschlüssen, dabei bräuchten sie die dort mehr als überall sonst auf der Welt, weil man sich in Japan andauernd die Schuhe ausziehen muss – wenn man ein Restaurant betritt, eine Wohnung oder einen Tempel, den man besichtigen will. Wenn man in Japan bei den Stadtwerken arbeitet, muss man sich beim Ablesen der Gaszähler wahrscheinlich mehrere Hundert Mal am Tag die Schuhe aus- und wieder anziehen. Da wären Klettverschlüsse doch sicher von Vorteil.

Wenn man hier irgendeinen Ort besucht, bekommt man meist

eine große Auswahl an Pantoffeln angeboten, in die man schlüpfen kann. An besonders hochfrequentierten Orten sind diese Pantoffeln in aller Regel von den Füßen desjenigen noch warm, der kurz zuvor noch daringesteckt hat. Dieses Gefühl, jemandes anderen Körperwärme zu spüren, kann ich partout nicht ausstehen. Sitzplätze in Bussen sind da aber noch viel schlimmer. Diese Pantoffeln hier waren nämlich im Grunde gar nicht so schlecht. Und während der ganzen Zeit, die ich in Japan verbrachte, hab ich nie auch nur ein einziges Paar dieser Scherzartikelpuschen gesehen, die es daheim in Großbritannien gibt: mit riesigen Schweineköpfen oder Elefantenfüßen oder aufgedruckten *Simpsons*-Figuren. In der Regel waren sie schlicht beigefarben und hatten irgendeine dezente Blumenstickerei. Außer dass man damit den Boden schonte, glaube ich überdies, dass in diese Pantoffeln zu schlüpfen mich innerlich ruhiger und entspannter machte.

Der Fuji ist heilig und Japans höchster Berg obendrein. Oft scheinen es ja gut betuchte Leute mit zu viel Freizeit zu sein, die Berge besteigen. Ein Indiz dafür, dass Bergsteigen das Hobby reicher Leute ist, war dieses zurückgelassene Klavier, das man mal auf dem Ben Nevis in Schottland gefunden hat. Normale Menschen besitzen kein Klavier. Klaviere sind Instrumente für Bewohner großer Häuser. Ein Klavier auf den Ben Nevis mitzunehmen und es dann dort stehen zu lassen zeigt doch nur, dass derjenige, der das getan hat, zu viel Geld gehabt haben muss.

2 Auf die Sydney Harbour Bridge klettern

Heutzutage muss man offenbar auf alles draufklettern. Liegt es daran, dass in den meisten Städten der Handyempfang so schlecht und es die einzige Möglichkeit ist, ein Netz zu haben?
Ich hab ein bisschen im Internet recherchiert, ob das überhaupt erlaubt ist, und tatsächlich, man darf auf die Sydney Harbour Bridge klettern. Dort oben werden sogar Picknicks veranstaltet. Und auch andere Bauwerke und Türme locken zu derlei extremen Freizeitaktivitäten. Ich bin mir sicher, dass ich irgendwo einmal gelesen habe, dass man inzwischen sogar gegen Geld das Dach des Millennium Dome besteigen kann, wenn man will.
Woolworth wäre vermutlich nicht pleitegegangen, wenn sie daran gedacht hätten, oben auf dem Dach Süßigkeiten zu verkaufen. Die Kundschaft hätte so etwas garantiert begeistert angenommen.

Außerdem ist merkwürdig, wie viel Begeisterung Bergsteigern entgegenschlägt. Sie werden gefeiert wie Helden, dabei bin ich mir ziemlich sicher, dass viele Leute so was könnten, dass sie nur nicht ausreichend Freizeit haben, weil sie für ihren Lebensunterhalt arbeiten gehen müssen. Nebenbei hört man von mehr Leuten, die beim Bergsteigen ums Leben kommen, als von Leuten, die heil wieder zurückkehren. In den Nachrichten sagt dann immer ein Angehöriger: »Wenigstens ist er bei einer Sache gestorben, die er geliebt hat.« Ich finde, das macht den Tod nicht wesentlich besser. Einmal bin ich beinahe an meinen Lieblingskeksen erstickt, hab aber zu keiner Sekunde gedacht: »Ach, zumindest sterbe ich jetzt an einer Sache, die ich gern esse.«

Ich bin noch nie auf einen echten Berg gestiegen. Ich war zwar schon im Lake Distrikt wandern, manchmal sogar länger, als es nötig gewesen wäre, weil ich mich verlaufen hatte, und zu den meisten Orten gehe ich lieber zu Fuß, statt dorthin zu fahren oder die Bahn zu nehmen. Ich kann gehen und gehen und gehen, sofern die Strecke flach ist, und würde sogar am London-Marathon teilnehmen, wenn ich die Strecke gehen dürfte. Aber einen Berg zu besteigen ist wesentlich härter als so ein Marathon, weil es noch lange nicht vorbei ist, wenn man oben angekommen ist. Wenn man am London-Marathon teilnimmt und irgendwann schwere Beine bekommt, springt man einfach in einen Bus oder nimmt die U-Bahn. Aber auf dem Fuji hab ich nur meine Beine zur Verfügung. Ich hab dafür auch nicht trainiert, weil ich nicht davon ausgegangen war, dass das nötig sein würde. Es ist ja immerhin nur Gehen, und wie das funktioniert, weiß ich schließlich. Was ich allerdings dringend brauche, sind kleine Belohnungen, die mich wieder aufheitern, wenn ich erschöpft bin. Daher hatte ich auch ein paar Tütchen Frazzles-Chips mit Bacon-Geschmack und eine große Tafel Cadbury's-Nussschokolade mitgenommen.

Ich hatte den Flughafen von Tokio noch nicht einmal verlassen, da spürte ich erste Vibrationen unter den Füßen und ein tiefes, dumpfes, lang anhaltendes Grollen, das durch die Ankunftshalle dröhnte, und das Gebäude wackelte leicht. Ich fragte eine Mitarbeiterin am Sicherheitsschalter, was das denn gerade gewesen sei, und sie sagte nur: »Gar kein Problem. Kleines Erdbeben.« Und es sollte nicht das einzige Erdbeben bleiben, das ich während meines Japanaufenthalts mitbekam. Angeblich haben sie dort rund 1500 Erdbeben im Jahr. Ich lebe seit 38 Jahren in Großbritannien und habe dort im Lauf der Zeit ein einziges Erdbeben mitbekommen, und selbst das war mickrig: 1985, als wir gerade in Wales im Urlaub waren. Als es passierte, haben wir es nicht einmal bemerkt, aber in den Lokalnachrichten kam eine Meldung darüber. Der einzige Hinweis darauf, dass es überhaupt stattgefunden hatte, war eine Verzierung, die vom Kaminsims abgefallen war.

Wir gingen einen Kaffee trinken, um meinen Jetlag zu bekämpfen. Kaum waren wir eingetreten und in die obligatorischen Puschen geschlüpft, als eine der Angestellten auf mich zustürzte, weil ich die Tür hatte offen stehen lassen. »Nein, nein, nein«, sagte sie und drückte die Tür wieder zu. Dann wies sie mich an, mir die Hände zu waschen, ehe ich zum Bestellbereich weitergehen durfte. Der Regisseur erklärte mir, dass wir in einem Katzencafé gelandet waren. In Tokio gibt es davon ungefähr vierzig. Für rund fünfzehn Pfund darf man hier eine halbe Stunde lang dasitzen, Kaffee trinken und ein paar Katzen streicheln. Diese Cafés existieren hauptsächlich, weil die meisten Leute in ihren Wohnungen weder Katzen noch Hunde halten dürfen.

Als wäre es heutzutage nicht schwierig genug, einen Kaffee zu bestellen. »Einen großen Caffè Latte mit zuckerfreiem Vanillesirup und eine große rote Mieze, bitte.« Zum Glück konnte man nicht auch noch zwischen den Katzen auswählen. Sie schlichen vielmehr bereits durch den Raum wie Animiermädchen in irgendeiner schummrigen Bar. Darum war die Dame auch so erpicht darauf gewesen, dass ich die Tür beim Hereinkommen sofort hinter mir zumachte. Sie hatte verhindern wollen, dass die Katzen ausbüxten.

Das Ganze war gar keine schlechte Idee – nur eben wie die Animiermädchen in einem Striplokal waren auch die Katzen nicht sonderlich versessen darauf, angefasst zu werden, und nahmen Reißaus, sobald ich mich ihnen näherte. Sie sprangen auf hohe Regale oder flitzten in Kisten und Tunnel, die ihnen zum Spielen zur Verfügung standen. Ich weiß ehrlich gesagt nicht, an welchem Punkt unsere halbe Stunde losging – als wir den Kaffee serviert bekamen oder als wir die erste Katze streichelten. Ich versuchte, mir eine fette Katze mit rotem Fell zu schnappen. Die roten sind immer die fettesten, als wären sie mit ihrer Fellfarbe unglücklich und versuchten, sich mit Futter darüber hinwegzutrösten. Es gelang mir, sie ein paarmal zu streicheln, aber sie blieb nicht lange bei mir. Es ist nicht so, als könnte ich mit Katzen nicht umgehen. Als ich noch klein war, hatten wir immer eine Menge Katzen daheim. Meine Mum mag Katzen sehr. Im Augenblick hat sie keine, aber regelmäßig kommen ein paar Streuner bei ihr vorbei, und eine davon ist so rotzfrech, dass sie sich sogar Essen klaut. Mein Dad hatte irgendwann derart die Schnauze voll, als sie ihm einen frischen Marmeladendonut vom Teller stibitzte, dass er sie in sein Auto warf und etwa vier Meilen weit fuhr, ausstieg, die Katze dort rausschmiss und wieder zurückfuhr. Meine Mum ist ausgerastet. »Ich wusste, dass sie ausrasten würde«, sagte er hinterher zu mir. »Als ich das mal mit dir versucht habe, war es genau das Gleiche.« Ein paar Tage später tauchte die Katze wieder auf. Dad war so beeindruckt von ihrem Orientierungssinn, dass er sie seither toleriert. Aber er passt inzwischen besser auf seine Donuts auf.

Ich rief Ricky an und sagte Bescheid, dass ich angekommen war.

RICKY: Hi, und, was macht ihr gerade?
KARL: Sitzen in einem Café mit Katzen.
RICKY: Mit Katzen?
KARL: Ja, es ist ein Katzencafé. Hier kommt man her, wenn man Lust hat auf einen Kaffee und eine Katze.
RICKY: Und das ist gut, oder? Klingt nett.
KARL: Geht so. Fünfzehn Mäuse kostet so was für eine halbe Stunde. Und sie sind nicht gerade zutraulich.
RICKY: Aber so was tut gut. Eine Katze zu streicheln senkt den Blutdruck. Und ist gut gegen Angstzustände. Du bist doch immer so gestresst und krittelst an allem herum – da hilft dir das doch sicher, na ja, zu entspannen.

KARL: Also, wenn ich ehrlich sein soll, bin ich im Augenblick nicht sonderlich entspannt. Ich bin fix und fertig.
RICKY: Genau das meine ich.
KARL: Ja klar, aber es hilft ja nicht! Und sie sind wie gesagt auch nicht besonders zutraulich. Sie kommen nicht in meine Nähe. Deine Katze ist zutraulicher, und du weißt genau, wie die mir auf die Nerven gehen kann.
RICKY: Ja, aber das liegt nur daran, dass du selbst auch nicht gerade zutraulich bist. Ich meine, du gibst dir nicht besonders viel Mühe, oder? Du gehst an die Dinge mit einer gewissen Einstellung heran. Du bist gestresst, du meckerst rum, und darum bist du auch immer so fertig – du machst keinen Sport, du entspannst dich nicht, du bist aufbrausend …
KARL: Ich würde deine Katze hier gern mal erleben. Sie würde sofort vermöbelt werden, so wie du sie immer verwöhnst. Ehrlich, das wäre doch, als würde so ein stinkreiches Kind an eine echte Pöbelschule kommen.
RICKY (lacht): Ich weiß wirklich nicht, was du gegen meine Katze hast.
KARL: Es ist doch nur, wie du sie verwöhnst. Du massierst sie die ganze Zeit!
RICKY: Wir verwöhnen sie kein bisschen mehr als jede andere Katze.
KARL: Natürlich verwöhnst du sie.
RICKY: Sie kriegt zweimal am Tag Futter, und ansonsten läuft sie herum.
KARL: Ich hab dich doch gesehen – du machst einen Riesenaufstand, wenn du heimkommst, und massierst ihr den Rücken. »Ooooh, bist du gestresst? Komm hierher, Olli.« Zu mir kommt sie gar nicht erst.
RICKY: Ja, weil du ein weinerlicher Arsch bist, und das weiß

jeder Mensch und jedes Tier auf dieser Erde. Ich meine, hör dich doch an! Du bist in Japan, du bist der privilegierteste Mensch der Welt, aber du jammerst in einem fort. Weil du keinen Sport treibst. Und das zieht dich runter und macht dich krank… Und genau deshalb hab ich ein bisschen Sport für dich organisiert. Danach wirst du dich besser fühlen, okay? Es ist Sumo. Du bist in der Heimat des Sumoringens, und deshalb solltest du es auch mal ausprobieren. Diese Leute sind dort Superstars. Es gibt nichts Besseres und Ehrenvolleres, als ein Sumoturnier zu gewinnen.

#22 Ein Sumoturnier besuchen ✓

Ich brachte nicht die Kraft auf zu diskutieren, und ehrlich gesagt fand ich es auch nicht weiter schlimm, ein bisschen Sumo machen zu müssen. Ich habe immer gedacht, dass Sumo ein Sport für Dicke wäre, insofern würde ich einigermaßen mithalten können. Nur gut, dass es so was gibt, weil es für Dicke sonst viel zu leicht wäre zu behaupten, dass es keine Sportart für sie gäbe.

Ich machte mich also auf den Weg zu der Sporthalle, in der das Sumotraining stattfinden sollte. Sie lag am Rand eines Wohngebiets. Ich musste einfach nur den dumpfen Aufschlägen und dem Ächzen nachgehen. Als ich durch die Tür spähte, sah ich vor mir zwei Riesenkerle, die ineinanderkrachten wie zwei kämpfende Nashörner, und drumherum Publikum.

Vielleicht war es ja doch kein Erdbeben gewesen, das ich zuvor gespürt hatte. Vielleicht war es einer dieser Pfundskerle, der auf seinem Hintern gelandet war. Diese Typen waren riesig und trugen die traditionelle Sumofrisur, die sich Chonmage nennt. Ich kenne keinen anderen Sport, der eine eigene Frisur hat.

Sumoringer müssen wirklich die ungesündesten aller Topsportler sein. Nirgends auch nur ein Hauch Muskulatur, und das einzige Sixpack, das diese Männer zu sehen bekamen, war wahrscheinlich die Mars-Familienpackung. Nachdem ich ihnen eine Weile zugesehen hatte, zeigte der Leiter des Ganzen in Richtung Umkleide. Ich erklärte ihm, dass ich überhaupt nichts dagegen hätte, an so einem Ringkampf teilzunehmen, aber in diese Windeln, die die anderen anhatten, würde ich unter keinen Umständen schlüpfen. Er sprach leider nur Japanisch, aber ich konnte hören, dass er seine Anweisungen noch einmal wiederholte, diesmal allerdings in einem schärferen Tonfall.

Zwei Sumoringer folgten mir in den Umkleideraum. Ich rief dem Regisseur zu, dass ich mit diesem Lendenschurz nicht glücklich sei, auch wenn sie es anders nannten: Mawashi. Die Sache ist doch die: Kein Mensch sieht in Windeln gut aus. Nicht einmal Babys. Kleidung ist dazu da, dass man sich gut darin fühlt und etwas für sein Selbstvertrauen tut. Sei es der Anzug eines Geschäftsmanns oder die Uniform eines Polizisten: Kleidung verleiht einem ein Gefühl von Macht. Eine Windel verleiht einem dieses Gefühl nicht. Deshalb hat es auch noch nie einen Superhelden gegeben, der in einer Windel herumgeflogen ist.

Ich hatte angenommen, dass ich aus der Windelnummer herauskommen würde, weil ich nicht glauben konnte, dass sie eine dahatten, die mir passte. Aber es ist wohl so eine Art »One Size Fits All«-Design – ein langes Tuch, das einem um die Hüfte und dann untenrum gewickelt wird. Wie bereits erwähnt, trage ich nicht wahnsinnig gern benutzte, warme Pantoffeln, aber das hier war noch viel schlimmer. Ich ließ sie gewähren, allerdings nur unter der Bedingung, dass ich meine Unterhose darunter anbehalten durfte. Die Kerle hielten dagegen, ihr Boss erlaube so etwas nicht.

Diese gebrauchten, rauen Segeltuchwindeln, sagte ich zu meinem Regisseur, würde ich unter keinen Umständen ohne einen Schutz über dem Arsch tragen. Wenn ich jetzt darüber nachdenke, war es schon ein merkwürdiger Streit, den wir da führten. Irgendwann lenkte der Boss dann doch ein und ließ mich meine Unterhose drunter behalten.

Ich ging zurück in den Raum, wo sich der Ring befand. Der Ring ist mit feiner, dunkler Erde bedeckt. Ich nehme an, dass man so mit nackten Füßen besser Halt findet. Wir machten ein paar Stretchübungen. Erstaunlich, wie biegsam diese Sumoringer waren! Ich komme mit den Fingern nicht an die Zehen ran, aber diese Kerle hatten damit überhaupt keine Probleme. Je näher ich ihnen kam, umso größer sahen sie aus. Und dann war der Moment gekommen zu kämpfen.

Der Grundgedanke beim Sumo ist, dass man seinen Gegner entweder aus dem Ring schiebt oder ihn umwirft, sodass irgendein Körperteil außer den Füßen den Boden berührt. Ich rannte auf meinen Gegner zu und rammte voll Karacho gegen ihn. Er rührte sich keinen Millimeter. Er stand einfach nur wie ein Fels da, während ich versuchte, ihn umzuschubsen. Es war, als würde ich versuchen, einen Kleiderschrank zu verschieben, ohne zuvor die Kleider herausgenommen zu haben. Dann schob er mich über den Boden, und meine Füße rutschten einfach so darüber. Ruck, zuck stand ich außerhalb des Rings. 1:0 für Sumo.

In der nächsten Runde nahm ich mir vor, meine Kraft zu nutzen, um ihn zu schlagen. Ich kann ziemlich schnell rennen und behände herumwirbeln, und so tänzelte ich im Ring herum und plante einen Überraschungsangriff, aber er stand einfach nur ganz ruhig da. Dann legte ich los. Diesmal fühlte es sich an, als würde ich eine Matratze einen engen Treppenaufgang emporschieben. Ich erstickte beinahe, weil mein Gesicht zwischen seinen Brüsten regelrecht versank. Schweiß lief mir in die Augen, und was noch schlimmer war: Es war nicht mein eigener Schweiß. Es brannte, und ich konnte kaum die Augen aufhalten. In diesem Augenblick hob er mich hoch, benutzte die Windel als Haltegriff und stemmte mich in die Luft. Es muss ausgesehen haben wie die klassische Szene aus einer dieser Naturdokus, in der ein Orca ein Robbenbaby in die Luft schleudert. Ich war fix und alle. Ich weiß ja, dass ich nicht besonders fit bin, das war ich noch nie, und ich hab auch nie im Leben ernsthaft Sport getrieben. Sogar Twistball spiele ich im Sitzen.

Ich gab auf. Sie waren wesentlich fitter, als sie ausgesehen hatten. Während ich mich an den Rand setzte, schoben sie einander weiter hin und her wie Mistkäfer. Was ich allerdings immer noch nicht weiß, ist, warum sie dabei diese Windeln tragen müssen. Was kommt als Nächstes? Karate im Strampler?

Nachdem alle mit dem Training fertig waren, luden sie mich zum Mittagessen ein. Anscheinend waren ein paar jüngere Sumoringer zum Kochen eingeteilt, während die älteren sich entspannen durften. Der Typ, der mich zuvor wie eine Handtasche unter den Arm geklemmt hatte, führte mich überall herum. Wenn ich es richtig verstanden habe, leben sie über der Trainingshalle in einer Gemeinschaftsunterkunft, die sie »Stallungen« nennen. Einer der Ringer bekam gerade von einem Friseur (Tokoyama), der ebenfalls dort wohnte und auf den Chonmage spezialisiert war, das Haar eingeölt. Wie viele Sportarten haben ihren eigenen Friseur, bitte schön? Und für den muss es doch stinklangweilig sein, jedem die gleiche Frisur zu verpassen.

Als wir wieder hinuntergingen, war bereits aufgetischt. Bei den Mengen, die dort auf dem Tisch standen, hätte man glatt denken können, der Kühlschrank wäre kaputtgegangen, und nun müsste alles aufgegessen werden, bevor es schlecht würde. Aber das Essen war wohl genauso Teil des Sumo wie das Training. Deshalb sind diese Männer auch so massig. Selbst beim Essen musste ich mich ihnen geschlagen geben. Nach dem fünften Gang zog ich mich zurück und ließ sie allein fertig essen.

Endlich checkten wir in unserem Hotel ein. Ich freute mich schon auf eine ausgiebige Dusche, weil ich nach dem Schweiß fremder Männer stank. Ich trat an den Empfangstresen, schlüpfte in das zweite Paar Pantoffeln an diesem Tag, und der Rezeptionist begleitete mich zu meinem Zimmer. Nur dass es kein Zimmer war. Es war eine Kapsel. Wir waren in einem Kapselhotel gelandet. Kleine Kisten säumten den Flur: zehn nebeneinander und je drei übereinander. Ich kam mir vor wie in einer Leichenhalle. Man konnte die Kapsel an einem Ende aufziehen, und sie enthielt eine Matratze, einen Fernseher, ein Radio, Bettwäsche und ein Kopfkissen, und den Bewohner trennte nur eine Jalousie vom Hotelflur. Die Klos und Duschen musste man sich teilen. Diese Hotels werden hauptsächlich von Geschäftsleuten genutzt. Sie arbeiten eine halbe Ewigkeit, gehen nach Feierabend noch einen trinken, statt wieder nach Hause zu fahren, und übernachten dann einfach in der Stadt in ihrer Kapsel. Ich kletterte hinein und fühlte mich wie ein Hamster in einer Klorolle.

Mit Fernsehen versuchte ich, mich abzulenken. Vielleicht gab es ja Untertitel. Ich bin es gewohnt, die Untertitel mitzulesen. Wenn ich bei meinen Eltern zu Besuch bin, hört meine Mum nie auf zu reden. Wahrscheinlich sind Untertitel gar nicht für Hörgeschädigte erfunden worden, sondern für Leute mit Verwandten, die den Rand nicht halten können.

In der Kapsel wurde es allmählich heiß, und es ging kein Lüftchen. Ich dachte schon, ich könnte den Schweiß all der anderen riechen, aber es war nur der Sumoringerschweiß, der immer noch um mich herum waberte. Am Ende schlief ich mit aus der Öffnung heraushängendem Kopf, um überhaupt Luft zu bekommen. Ich muss ausgesehen haben wie der Gehilfe eines Zauberkünstlers, der in diese Kiste gelegt worden war, in die der Zauberer gleich sein Schwert stecken würde.

Ich konnte sehen, wie sich die Kapseln nach und nach füllten, als die Geschäftsleute von ihren Abendterminen eintrudelten. Obwohl sie samt und sonders sicherlich ein paar Gläschen intus hatten, waren sie allesamt wahnsinnig rücksichtsvoll. In dieser Nacht gab es zwei weitere Erdbeben.

Tags darauf sprach ich mit Ricky, der noch mehr sportliche Betätigungen für mich vorgesehen hatte. Allerdings würde es diesmal nicht ganz so anstrengend wie das Sumoringen werden. Nach meinen gestrigen Aktivitäten sei es ein Kinderspiel, meinte er. Wir fuhren also zum Ort des Geschehens: zu einer Baustelle. Ich kämpfte mich nach oben, wo all die Bauarbeiter sich bereits versammelt hatten. Es mussten an die 1500 sein: Maurer, Elektriker, Installateure, die sich alle in Reihen aufstellten. Ich stellte mich daneben. Dann kam Musik aus einem Lautsprecher, und plötzlich bekam ich etwas wirklich Merkwürdiges zu sehen: Sie alle fingen an, Rumpfbeugen und Stretchübungen zu machen, die ihnen der Vorarbeiter vormachte. Nach zwanzig Minuten Gymnastik massierte der Hintermann einem den Nacken, ehe der Vorarbeiter die Aufgaben für den Tag verteilte.

Diese Gymnastikstunde wird Raijo taisō (»Radioübungen«) genannt und in den meisten Firmen, Arbeitsstätten und Schulen angeboten. Eine ganz gute Idee, nehme ich an. So wird man allmählich wach und ist bereit für den Tag. Andererseits wäre das Letzte, was wir daheim bräuchten, ein weiterer Grund für Handwerker, die Arbeit zusätzlich hinauszuzögern. Ich koche schon genug Tee für sie, auch ohne dass sie mir mit neuen Gründen kommen, warum sie gerade mal wieder »eine kleine Erfrischung« brauchen. Man sollte nicht meinen, dass das Lösen von Kreuzworträtseln derart durstig macht. Wann immer mich ein Handwerker anruft und mir mitteilt, es gebe Probleme, denke ich immer, dass gleich kommt: »Weißt du das vielleicht? Obstbrei mit drei Buchstaben?«

Obwohl ich nach Japan gekommen war, um auf den Fuji zu steigen, freute ich mich am meisten darauf, ein paar technische Innovationen kennenzulernen. Für mich war Japan schon immer das Land der Zukunft gewesen. Früher sah ich mir gern *Tomorrow's*

World im Fernsehen an. Maggie Philbin, die Moderatorin, präsentierte den Zuschauern in der Sendung technologische Zukunftsvisionen, und damals schien einfach alles aus Japan zu stammen: Raketenrucksäcke, Staubsaugerroboter und CDs, die irgendwann die Vinylschallplatten ersetzen würden und unkaputtbar wären. Unsere erste technologische Errungenschaft war ein Fernseher mit Fernbedienung. Genau genommen war es keine echte Fernbedienung, weil sie mit dem Fernsehgerät verkabelt war, und das Kabel reichte nicht bis zum Sofa, sodass wir nach wie vor aufstehen, aber zumindest nicht mehr ganz so weit gehen mussten. Ich glaube, im selben Augenblick, als richtige, kabellose Fernbedienungen erfunden wurden, begannen auch die Abende, an denen man sich nicht mehr eine einzige Sendung vollständig ansah, weil man endlich den ganzen Abend lang von Sender zu Sender zappen konnte. Der erste Fernseher, an den ich mich erinnern kann, hatte lediglich fünf Senderknöpfe: BBC1, BBC2, ITV und zwei leere Knöpfe, die nur für den unwahrscheinlichen Fall angebracht worden waren, dass irgendjemand eines Tages zwei weitere Fernsehsender ins Leben rufen würde. Fünfundzwanzig Jahre später gibt es weit über zweihundert Kanäle, sprich: Wir verballern mit der Fernbedienung Batterien, als gäbe es kein Morgen.

Ich besuchte den Roboter ASIMO (»Advanced Step in Innovative Mobility«), den berühmtesten humanoiden Roboter der Welt. Ich hatte ehrlich gesagt zuvor noch nie von ihm gehört; wenn es nach mir gegangen wäre, hätte ich am liebsten Metal Mickey kennengelernt, dann R2D2 und C3PO. Sogar Nummer 5 hätte ich lieber getroffen als ASIMO, aber diese Begegnung entsprach zumindest eher den Erwartungen, die ich an Japan hatte.

ASIMO tritt ein paarmal am Tag in einem Autosalon vor Publikum auf. Ich war ein bisschen zu früh dran und vertrieb mir die Zeit damit, dass ich mir die Autos ansah. Wenn man sich normalerweise in einem Ausstellungsraum herumtreibt, kleben in null Komma nichts die Verkäufer an einem wie Fliegen an einem

Scheißhaufen, aber offensichtlich waren sie es dort gewöhnt, dass die Leute nur wegen ASIMO kamen.

Dann signalisierte Musik aus Lautsprechern den Beginn der Vorführung. Ein kleiner Schrank öffnete sich, und heraus stapfte der millionenschwere ASIMO und legte mit seiner Show los, die eine Art Fifties-Tanz enthielt, das Balancieren auf einem Bein und einen kurzen Sprint von einem Ende der Bühne zum anderen, ehe er wieder in seinem Schrank verschwand, wo er für die nächste Vorführung aufgeladen wurde.

Ich war mir nicht sicher, was ich davon halten sollte. Ich meine – klar war er der beste Roboter, den ich je gesehen hatte. Zu Hause gibt es einfach nichts Vergleichbares. Am nächsten kommen ihm vielleicht Henry und Hetty, unsere Staubsauger, die vorn Gesichter aufgedruckt haben. Sie unterscheiden sich lediglich darin, dass Henry der Staubsaugermann und Hetty die Staubsaugerfrau ist (sie ist pink und hat Wimpern). Ich fragte eine der Angestellten, ob ASIMO auch Roboter-Moves beherrsche, aber sie sagte Nein. Was für ein Käse! Ein Roboter, der nicht wie ein Roboter tanzen kann? Wahrscheinlich ist ein Roboter, der rennen kann, eine Riesensache, aber ich will keinen Roboter rennen sehen. Ich will, dass sie den Eindruck erwecken, dass sie Herr der Lage wären. Ein Roboter sollte nicht dem Bus nachlaufen müssen – er sollte perfekt programmiert sein, sodass Herumrennen gar nicht erst nötig wäre! Und wie bereits erwähnt, gibt es schon genügend Tänzer auf der Welt. Wir brauchen nicht auch noch Tanzroboter. Ich weiß noch, dass vor Jahren in der Automobilindustrie Roboter massenhaft Arbeitsplätze vernichteten, weil sie schneller und günstiger waren als Arbeiter aus Fleisch und Blut, aber inzwischen sieht es ganz so aus, als wollten diese Roboter keine manuelle Arbeit mehr verrichten und hätten sich stattdessen der Unterhaltungsindustrie zugewandt. Vielleicht haben sie deshalb ja auch rennen gelernt – weil sie zu spät zu ihrer Schicht in der Autofabrik kommen, nachdem sie unbedingt vorher noch zum *X-Factor*-Casting mussten.

Die Japaner wollen ihre Roboter immer weiterentwickeln, weil sie eines Tages die Betreuung von allein lebenden alten Menschen übernehmen sollen. Eine alternde Bevölkerung braucht nun mal Hilfe, und auf menschliche Unterstützung können sie da nicht setzen. Daher arbeiten sie an Robotern, die im Haushalt helfen und die billiger sind als eine private Pflegekraft. Mir behagt diese Vorstellung nicht. Ich finde, sie sollten lieber an Roboterarmen weiterforschen, die man am Menschen anbringen kann. Dann würden sich die Alten nicht mehr so schwach und nutzlos fühlen. Wir leben in einer Welt, in der wir ständig mehrere Dinge gleichzeitig erledigen müssen, insofern wäre das doch ideal. Um genau zu sein, wären diese Arme nicht allein für ältere Menschen gedacht, sondern für alle, die viel beschäftigt sind. Dann braucht man letzten Endes auch keine Handyfreisprechanlagen mehr. Apropos handyfrei. Ich würde diese Roboterhilfe »Händefrei« nennen. Händefrei zum Spielen. Händefrei zum Arbeiten. Händefrei zum Helfen. Das wären meine Werbeslogans. Solche Ideen hab ich oft, und während ich in Japan war, beschloss ich, mal auszuprobieren, ob ich nicht irgendetwas Nützliches erfinden konnte. Es muss toll sein, eine Erfindung zu machen, die noch lange nach dem Tod des Erfinders weiterlebt, die sozusagen in die Geschichte eingeht. Immerhin ist man selbst ja viel länger tot als am Leben.

#62 Irgendwas erfinden ✓

Ich rief Ricky an und erzählte ihm von meinem Plan, etwas zu erfinden, während ich mich im Land der Erfinder aufhielt.

KARL: Schau dir zum Beispiel Dyson an. Er hat eigentlich nur einen Staubsauger erfunden, und trotzdem steht er auf einer Stufe mit Einstein. Ich wette, ich kann etwas Besseres erfinden als das.
RICKY: Gut, dann ist die Zukunft der Menschheit ja gesichert. Da kann ich ja beruhigt sein. Ich meine, ich nehme jetzt nicht an, dass du ein Heilmittel gegen Krebs oder so was in der Art finden willst?
KARL: Nein, dabei würde man ja der Natur in die Quere kommen. Ich will etwas erfinden, was im Alltag nützlich ist, was einen ein bisschen aufheitert, irgendetwas Brauchbares eben.
RICKY: Na ja, ich finde ja, ein Heilmittel gegen Krebs wäre durchaus brauchbar und würde auch den einen oder anderen aufheitern, aber du denkst dabei eher an etwas, was man im Haus hat, oder?
KARL: Ja. Erinnere dich an diesen pfeifenden Gartenzwerg, den meine Mum gekauft hat. Wer hätte gedacht, dass jemand mit so etwas herauskommen und dass es dann auch noch Leute geben würde, die das kaufen? Bei all den Menschen auf der Welt und dem ganzen Onlineshopping bringt jemand einen Gartenzwerg heraus, der pfeift, wenn man daran vorbeigeht. Und es muss ja nur ein Prozent der Bevölkerung diesen Gartenzwerg kaufen, und man hat ausgesorgt.
RICKY: Halt mal, du hast dieses Gespräch angefangen und gesagt, du willst eine Art Erbe hinterlassen, irgendetwas Nützliches, was die Welt verändert, und nicht einen Markt von Vollidioten bedienen, die fünf Pfund für irgendeinen Müll ausgeben. Versuch nicht, mit noch mehr Schrott zu kommen. Ein pfeifender Gartenzwerg? Das ist keine Erfindung. Das ist nur ein pfeifender Gartenzwerg.
KARL: Lass das mal meine Sorge sein.

Ich ging auf Shoppingtour, um zu sehen, ob ich irgendeinen technischen Schnickschnack finden würde, der mich inspirieren konnte, und stellte fest, dass sie an Fußgängerampeln Vogelgezwitscher statt einen Piepton benutzten, was viel besser klingt. Trotzdem kam ich nicht umhin, darüber nachzudenken, wie viele Blinde wohl schon überfahren worden waren, weil gerade irgendein tief fliegender Buchfink vorbeigekommen war.

Ehe ich auf mich auf die Jagd machte, suchte ich noch eine öffentliche Toilette auf. Es war die am weitesten entwickelte Toilette, auf der ich je gesessen habe, und definitiv die am besten gepflegte. Daheim kann man schon froh sein, wenn man dort eine Klobrille und Klopapier vorfindet. Neben der Toilette war eine Steuerleiste mit Bildchen angebracht, die ich allerdings nicht deuten konnte, weil ich keines dieser Bildchen je zuvor gesehen hatte. Da brauchte man allen Ernstes die Programmiererfähigkeiten von Bill Gates, um sein Geschäft zu verrichten! Eine englische Gebrauchsanleitung wäre echt hilfreich gewesen. Wahrscheinlich wäre das dann auch die einzige Gebrauchsanleitung, die ich je lesen würde, weil ich auf dem Klo ja ganz gerne lese. Die Steuerleiste war sogar für Blinde in Braille beschriftet. Ich finde, statt Fremdsprachen sollte in den Schulen Braille unterrichtet werden. Schließlich leben wir in einer Welt, in der sich alles darum dreht, Energie zu sparen, und Bücher in Braille könnte man sogar im Dunkeln lesen, was wiederum Energie einsparen würde. In letzter Zeit sehe ich an immer mehr Stellen Hinweise in Braille: in Aufzügen, auf Konservendosen, auf Tastaturen. Das Einzige, was ich nicht verstehe, ist, wie die Blinden wissen können, dass da überhaupt etwas in Braille für sie steht.

Ich ließ mich auf der Toilette nieder und stellte als Erstes fest, dass der Sitz warm war. Wie ich bereits erwähnt habe, mag ich es nicht, wenn Pantoffeln warm sind, weil sie gerade noch von jemand anderem getragen wurden, und ein warmer Toilettensitz ist da keinen Deut besser. Allerdings stammte die Wärme nicht von der Kehrseite meines Vorgängers, sondern von einer eingebauten Heizung. So was brauchen wir bei uns daheim ganz sicher nicht, weil ich so lange auf der Schüssel verbringe, dass sie kaum je kalt werden kann.

Ich drückte auf den ersten Knopf, und eine Stimme kam aus einem Lautsprecher. Ich dachte erst, dass es ein nicht ganz sauber eingestelltes Radio wäre, fand aber später heraus, dass es das Rauschen der Klospülung imitieren sollte. Damit wird jegliches peinliche Geräusch übertönt, das einem entfleuchen könnte. Allerdings klang es nicht wirklich nach einer Klospülung, eher nach applaudierenden Zuschauern. Peinliche Klogeräusche scheinen in Japan ein größeres Problem zu sein, weil die meisten Wände lediglich aus mit Papier bespannten Holzrahmen bestehen – selbst hier bei dieser Toilette. Man sollte meinen, dass so eine Papierwand zu Kritzeleien verleitet, aber während meiner Japanreise hab ich nirgends auch nur ein einziges Graffiti gesehen. In den Toiletten daheim kann man keine einzige Kabine betreten, ohne dass da irgendwo steht: »Sharon ist eine Schlampe« oder »Pimmelaction unter dieser Nummer!«. Wahrscheinlich sind die Japaner derart beschäftigt damit, Klos zu programmieren, dass sie für Kritzeleien ganz einfach keine Zeit haben.

Ich drückte auf einen weiteren Knopf, und mein Hintern wurde nass gespritzt. Ich stand auf, um zu sehen, wo das Wasser hergekommen war, und schon schoss es meinen Rücken empor. Es war ein eingebautes Bidet mit einem eingebauten Föhn. Wie eine Autowaschanlage für den Arsch. Ich fragte mich, ob es allen Ernstes Leute gab, die nur diese Funktion benutzten, ohne aufs Klo gehen zu müssen. Bidets haben sich in Großbritannien nie wirklich durchgesetzt. Mein erstes überhaupt hab ich im Urlaub auf Teneriffa gesehen. Ich dachte damals, dort wären die Klos einfach nach Geschlechtern getrennt. Inzwischen benutze ich Bidets im Urlaub nur noch, um Sand von meinen Flipflops zu spülen.

Noch mehr Knöpfe wollte ich nicht mehr drücken, weil ich befürchtete, dass dieses Klo derart weit entwickelt sein könnte, dass es früher oder später eine Pizzabestellung aufgab. Ich bin inzwischen ganz ordentlich in der Welt herumgekommen, und normalerweise waren die Klos überall ziemlich schlicht bis hin zu dem buchstäblichen Loch im Boden. Hier in Japan haben die Toiletten einen höheren IQ als ich.

Was mir allerdings echt gut gefiel, war die Zisterne unter dem Waschbecken, in der das Wasser vom Händewaschen aufgefangen und fürs nächste Abspülen gesammelt wurde. Eine gute Idee und ziemlich umweltfreundlich, außer natürlich dass an anderer Stelle Energie fürs Beheizen der Klobrille verschwendet wurde. Insofern vielleicht doch nicht so wahnsinnig umweltfreundlich.

Ich verließ die Toilette und machte mich auf den Weg in ein großes Einkaufszentrum, um nach Inspirationen für meine Erfindung zu suchen. Ich stieß auf Plastikboxen, in denen man seine Krawatte transportieren konnte, was ich ein wenig abseitig fand, und einen kleinen, leichten, tragbaren Arschputzer. Die Japaner scheinen besessen zu sein von sauberen Kehrseiten. In welcher Situation bitte schön kommt es so sehr darauf an, einen wirklich sauberen Hintern zu haben? Das klingt jetzt vielleicht, als wäre meiner nicht sauber, natürlich ist er das, und zwar lupenrein, obwohl ich keinen tragbaren Arschputzer besitze. Ich kann mir auch nicht vorstellen, an der Wohnungstür zu stehen und meine Taschen zu überprüfen: »Okay, Geldbeutel. Handy, Schlüssel … Arschputzer. Alles klar, alles da.«

Ein paar gewitzte Spielereien hab ich allerdings gefunden, unter anderem einen Chipshalter. Damit kann man Chips futtern, ohne dass die Hände fettig werden, was ziemlich praktisch ist, wenn man gleichzeitig auf seinem iPad spielt oder so. Außerdem hab ich ein Paar Schuhe und Fäustlinge gekauft, die man Babys anzieht, die damit den Boden schrubben, während sie herumkrabbeln. Vor Jahren hatte ich so etwas mal in einem Buch gesehen, allerdings waren die damals für Katzen designt. Die Schuhe und Fäustlinge wollte ich einem Freund mitbringen, der vor Kurzem Vater geworden war. Ich finde, das ist wirklich eine gute Idee, weil sich Kinder ansonsten jahrelang nicht im Haushalt nützlich machen, aber mit diesen Moppschuhen ist das anders. Ich hab mir auch unkaputtbare Ohrstöpsel gekauft, die mir gut gefielen, aber die habe ich leider verloren.

Es gab auch einen Gang mit Kleintieren für Leute, denen der Sinn nach mehr als einer Viertelstunde Café-Katzenkraulen stand. Dort wurden Urzeitkrebse verkauft, die so klein sind, dass ich echt nicht verstehe, wie man sie überhaupt noch als Haustiere bezeichnen kann. Ich starrte das Glasgefäß bestimmt fünf Minuten lang an, bevor ich den kleinen Kerl überhaupt entdeckte. Da kauft man sich doch besser einen Apfel, lässt ihn vergammeln und züchtet Fruchtfliegen.

Allerdings hab ich mir dort ein anderes Haustier gekauft: einen Hirschkäfer. Das sind wirklich merkwürdige Kreaturen. Mit ihren riesigen »Geweihen« sehen sie fast wie Dinosaurier aus. Kinder mögen sie sehr gern, und zwar so gern, dass sie sie hier nicht nur in Läden, sondern sogar in Münzautomaten verkaufen. Dem tragbaren Arschputzer nicht ganz unähnlich. Warum in aller Welt verkauft man Käfer in Automaten? Warum können die Leute nicht warten, bis die Geschäfte aufmachen? Wie kann es sein, dass man so dringend einen Käfer kaufen muss? Er hat 500 Yen gekostet, das sind knapp vier Euro. Ob das ein guter Preis war, kann ich nicht sagen, weil ich noch nie zuvor im Leben ein Insekt gekauft habe. Ich dachte mir, ich würde vielleicht ein bisschen mit ihm spielen und ihn dann in die Freiheit entlassen, sobald ich Tokio verließ.

Am Ende meines Shoppingausflugs hatte ich folgende Ideen für Erfindungen:

1. EIN GRÖSSERER KOPFKISSENBEZUG, IN DEN ZWEI KISSEN HINEINPASSEN, STATT ZWEI KISSEN ÜBEREINANDERZUPACKEN. SO WÜRDEN SIE TATSÄCHLICH AUFEINANDERBLEIBEN, STATT IN DER NACHT AUSEINANDERZURUTSCHEN.
2. EINE SOLARBETRIEBENE FERNBEDIENUNG. WÄHREND DER ARBEITSZEIT LEGT MAN SIE EINFACH AUF DIE FENSTERBANK, UM SIE AUFZULADEN.
3. OHRSTÖPSEL MIT EINGEBAUTEM VERLIER-ALARM

Ich denke weiter darüber nach.

Es war an der Zeit, den Shinkansen zu besteigen und in Richtung Fuji zu fahren. Der Shinkansen ist ein Hochgeschwindigkeitszug und auf die Sekunde pünktlich. Er ist groß, geräumig, und man fühlt sich darin eher wie in einem Flugzeug, während Getränke und Essen aus einem Wägelchen serviert werden. Ich fand nichts daran auszusetzen. Daheim beschweren wir uns genauso gern über die Züge wie übers Wetter, aber diese Reise war wirklich entspannt, weil jeder den anderen respektierte und keinen Krach machte. Allein dass zu Hause Ruhewagen existieren müssen, sagt eigentlich alles. Ich machte die letzte Tüte Frazzles auf und aß sie mithilfe meines neuen Chipshalters. Es funktionierte einwandfrei.

Man sollte glauben, dass ich nach all den Reisen in den vergangenen Jahren unempfindlicher geworden wäre, was Essen angeht. In der Tat bin ich inzwischen ein wenig besser darin, neue Dinge auszuprobieren. Trotzdem war das Essen in Japan eine echte Herausforderung, vor allem für jemanden, der nicht besonders gerne Fisch isst. Also für mich. Irgendwann begann ich, die Strepsils aus meiner Reiseapotheke zu lutschen, die eigentlich Halsschmerzen lindern sollen bzw. den Hals betäuben, aber ich hatte herausgefunden, dass sie auch meine Geschmackspapillen so weit ausschalteten, dass ich eine durchschnittliche Mahlzeit unbeschadet überstehen konnte, wenn ich zehn Minuten vorher draufloslutschte. Nicht gerade der gängigste Aperitif, nicht wahr?

> Ich bin inzwischen ganz ordentlich in der Welt herumgekommen, und normalerweise waren die Klos überall ziemlich schlicht. Hier in Japan haben die Toiletten einen höheren IQ als ich.

In Japan bekommt man Fisch zum Frühstück, zum Mittagessen und zum Abendessen. Ich glaube, dass sogar Pinguine einen abwechslungsreicheren Speiseplan haben. Ich weiß nicht, was mir tagtäglich mehr Kopfzerbrechen bereitete: dass ich von einem Erdbeben aufwachte oder dass ich hinunter in den Frühstückssaal gehen musste. Auf dem Tablett lag jedes Mal so viel Fisch, dass man hätte annehmen können, ich würde zumindest eine Sorte davon mögen. Aber irgendwie war es nicht so. Eine Fadenschnecke vorgesetzt zu bekommen ist zu keiner Tageszeit einfach, aber gleich als Erstes in der Früh – da würde es wahrscheinlich sogar Bear Grylls mulmig werden. Auf dieser Reise nahm ich folglich nicht allzu viel zu mir. Die anderen leerten eine Bento-Box nach der anderen – das sind kleine, in sich unterteilte Schachteln mit Einzelfächern für die verschiedenen Fischteile, die angerichtet werden, als wären es kleine Kunstwerke, wie eine teure Schachtel Pralinen, nur dass statt Kaffeecreme in Zartbitter Krakenhoden in Fischarsch kredenzt wurden. Das ist doch kein Essen. Das ist Köder zum Angeln.

Aber Funasushi sollte ich dann doch unbedingt probieren. Angeblich ist das eine Delikatesse, aber wann immer jemand so etwas behauptet, erwarte ich etwas vollkommen Hirnverbranntes. Einzig und allein die Tradition hält diese bescheuerten Dinge am Leben. In einem Restaurant wurde ich einem Mann namens Shin vorgestellt, der diese sogenannte Delikatesse in einer Holzkiste anschleppte. Ich nahm den Deckel ab. Das Ganze sah überraschend essbar aus. Seit ich in Japan angekommen war, war ich schon mit viel schlimmeren Dingen konfrontiert worden. Angesichts des Deckels auf der Kiste hatte ich fast schon vermutet, dass der Inhalt noch leben würde. Im Internet hatte ich gesehen, dass sie in Japan lebenden Oktopus servieren. Da fragt man sich doch: Warum? Es sieht nicht nur brutal aus. Warum sollte man überdies dafür in einem Restaurant Geld bezahlen? Der Koch hat dafür schließlich keinen Finger krumm gemacht.

Shin erklärte mir, dass Funasushi eine alte Art der Sushizubereitung sei, bei der ein Fisch eingesalzen und dann bis zu sechs Jahre lang fermentiert wurde. Sechs Jahre war er also bereits tot – und ich hatte befürchtet, dass er vielleicht sogar noch leben würde! Ich vermute, dass selbst die Urururenkel dieses Fisches inzwischen verspeist waren, während dieser hier immer noch darauf wartete, verkostet zu werden. Genauso gut hätte er bei *Kunst & Krempel* von den Antiquitätenexperten geschätzt werden können.

Ich steckte mir ein Stück in den Mund. Zuerst schien es, als wäre der Geschmack erträglich, bis ich draufbiss und der *echte* Geschmack freigesetzt wurde – und dieser Geschmack hätte niemals freigesetzt werden dürfen! Ich kann nicht glauben, dass irgendjemand so was mag. Dieses Gericht gibt es nur noch, weil die Japaner zu höflich sind, um zuzugeben, dass es scheiße schmeckt. Ich weiß, es heißt immer, die Fischbestände schrumpfen, aber wenn die einzige Lösung darin besteht, verrotteten, alten, toten Fisch zu essen, würde ich lieber gar keinen mehr essen. Es fühlte sich an, als wären meine Geschmackspapillen gerade einem Raubüberfall zum Opfer gefallen. Innerhalb von dreißig Sekunden machte der Bissen wieder kehrt, und ich musste in den japanischen Garten hinausrennen, wo ich einen Bonsai ankotzte.

Zurück im Hotel, rief ich Stephen an.

STEPHEN: Was geht?
KARL: Japan eben.
STEPHEN: Du hängst in Japan herum, ja, und wie gefällt es dir dort?
KARL: Es ist eine Herausforderung. Eine echte Herausforderung.
STEPHEN: Ich dachte immer, du weißt schon, Japan wäre die Zukunft, und sie würden dort dauerhaft im Weltraumzeitalter leben.
KARL: Tun sie auch. Nur das Essen kommt aus der Steinzeit. Ich musste etwas essen, was sechs Jahre alt war. Neueste Technologien, aber uralter Gammelfraß.
STEPHEN: Sieh einer an.
KARL: Es gibt hier nur krank aussehenden Fisch, nur komische Sachen, die sie zwar hübsch herrichten, und dann kommt es auf 'nen edlen Teller, liegt da wie ein Kunstwerk, und das alles nur, um zu verschleiern, dass es grässlich schmeckt.
STEPHEN: Was ist mit diesem ganzen Sushi dort drüben?
KARL: Ja, ganz genau, damit hab ich meine Probleme. Meine Geschmackspapillen sagen die ganze Zeit: »Warum in aller Welt isst du das?« Damit kommen sie einfach nicht klar.
STEPHEN: Hast du vorher noch nie Sushi gegessen?
KARL: Nein. Suzanne will das immer essen, aber ich find das ziemlich teuer. Drei Pfund für ein Stückchen Lachs – das will ich nicht ausgeben. Und dann ist da noch eine andere Sache, die mir Kopfzerbrechen bereitet – und die würde dir auch Kopfzerbrechen bereiten. Was hast du für eine Schuhgröße?
STEPHEN: 50.
KARL: Siehst du. Wenn du hier wärst, würdest du in kein einziges Restaurant kommen.
STEPHEN: Wie bitte?

KARL: Weil du überall deine Schuhe ausziehen und diese Puschen überziehen müsstest, die sie dir geben. Allein ich hab da schon ein Problem – und ich hab bloß Schuhgröße 44 –, weil die Japaner alle so klein sind. Ich glaube kaum, dass sie Pantoffeln in deiner Größe hätten.
STEPHEN: Ja, aber das ist auch hierzulande ein Problem. Wow, ich sag dir was, Kumpel. Du hast all diese Länder schon oft in einem neuen Licht gezeigt, aber diesmal hast du mir echt eine neue Erkenntnis verschafft. Normalerweise denkst du Dinge nicht fertig und erzählst eine Menge Schwachsinn, aber das hier ist echt wissenswert. Eine Sache, die ich dich gerne machen lassen wollte, weil ich genau weiß, dass Japan ziemlich stressig sein kann. Es ist ein hektisches Land, und man muss schon in der richtigen Gemütslage sein, um an einen derart spirituellen und beruhigenden und meditativen Ort zu gehen wie zum Fuji. Deshalb hab ich dir auch ein Treffen mit einem zenbuddhistischen Mönch namens Matsuama organisiert. Ist dir Zenbuddhismus ein Begriff?
KARL: Äh, nicht wirklich.
STEPHEN: Na ja, die Idee dahinter ist in etwa, die Bedeutung des Lebens unmittelbar zu erfassen, ohne dabei in Logik oder rationalen Gedankengängen oder intellektuellen oder philosophischen Vorstellungen stecken zu bleiben … Ich weiß, dass all das dich nicht juckt. Du denkst sowieso nicht logisch, nicht rational oder philosophisch, und du bist auch kein Intellektueller … Das könnte perfekt für dich sein.
KARL: Ja, klingt so.
STEPHEN: Cool. Also, dann hoffe ich mal, dass es dich in die richtige Stimmung für den Fuji versetzt.

Ich hatte nichts dagegen, einen Zenbuddhisten kennenzulernen.

KARLS ERKENNTNISSE

DER FUJI IST 3776 METER HOCH. VOM GIPFEL KANN MAN AN KLAREN TAGEN TOKIO SEHEN.

IM JAHR 663 BESTIEG EIN MÖNCH ALS ERSTER MENSCH DEN FUJI. FRAUEN WAREN BIS INS SPÄTE NEUNZEHNTE JAHRHUNDERT ZUM GIPFEL NICHT ZUGELASSEN.

JAPAN LIEGT AUF DEM PAZIFISCHEN FEUERRING UND HAT 108 AKTIVE VULKANE.

IM JAHR 2011 HABEN MEHR JAPANER KARAOKE GESUNGEN, ALS AN TEEZEREMONIEN TEILGENOMMEN ODER BLUMENGESTECKE ARRANGIERT.

EINEM JAPANISCHEN SPRICHWORT ZUFOLGE IST MAN EIN NARR, DEN FUJI NICHT ZU BESTEIGEN, UND EIN NARR, WENN MAN ES ZWEIMAL MACHT.

#36 Den Dalai Lama treffen

Dieser Punkt ist merkwürdig. Wenn er mich auch treffen wollte, würde ich mitmachen, aber wenn er es einfach nur aus Höflichkeit täte, würde ich darin keinen Sinn sehen, und es muss ihm doch auf den Senkel gehen, ständig wildfremde Leute zu treffen. Das wäre ja, als würde man in einem Einkaufszentrum als Weihnachtsmann arbeiten, nur eben das ganze Jahr über. Man hört immer wieder, dass Leute dem Dalai Lama gerne Fragen stellen würden, aber dafür haben wir schließlich die Auskunft. Trotzdem scheint man an ihn leichter heranzukommen als an meinen Bankberater.

Bei meiner Recherche darüber, warum die Menschen den Dalai Lama so gern treffen wollen, bin ich auch über die Info gestolpert, dass er im Alter von zwei Jahren von tibetischen Mönchen gefunden wurde. Diese Mönche unterzogen ihn einer Reihe von Tests, um zu überprüfen, ob er tatsächlich die Inkarnation des 13. Dalai Lama war. Er bestand die Tests und hatte all die äußerlichen Merkmale, die die Mönche sehen wollten: unter anderem Leberflecke an bestimmten Stellen und lange Ohren. War wohl ein leichtes Bewerbungsverfahren. Selbst als Schülerlotse braucht man bessere Qualifikationen. Ich hab noch nie jemanden sagen hören, dass er einen Job bekommen habe, weil er so schön lange Ohren hat. Was hat er noch tun müssen – einen gläsernen Schuh anprobieren? Im Alter von vier bestieg er den Thron, und mit sechs wurde er Mönch. In dem Alter war ich gerade in den Desperate-Dan-Fanclub eingetreten, während er sich auf den Weg zur Erleuchtung machte.

Ich glaube ja, dass hauptsächlich andere Mönche zu ihm aufschauen und ihm Fragen stellen wie: »Was ist der Sinn des Lebens?« oder: »Warum sind wir hier?«, weil sie das Internet nicht benutzen dürfen. Insofern ist er eine Art Google mit langen Ohren. Die Sache ist nur: Wenn ich im Alter von sechs Jahren weggesperrt und dieser ganze Alltagsmist von mir ferngehalten worden wäre, den das Leben einem eben so beschert, würde ich vielleicht auch Antworten auf solche Fragen haben. Er kann das nur, weil er wahrscheinlich noch kein einziges Mal von seinem Internetprovider in die Warteschleife gekegelt wurde und weil er noch nie mit seiner Autoversicherung streiten musste oder versucht hat, mit dem neuen Mobile-Parking-System einen Parkschein zu kaufen.

Den Zenbuddhisten traf ich in seinem Tempel. Ich schlüpfte in ein Paar Pantoffeln und lernte Matsuama kennen, der mir ein paar buddhistische Klamotten reichte, die ich überziehen sollte. Ich hab mich selbst immer gern als eine Art Buddhist bezeichnet: Ich versuche, niemandem auf den Schlips zu treten und niemanden zu töten, ich rette im Urlaub Insekten aus Swimmingpools, ich mag Ruhe und Frieden … und ich hab einen kahlen Kopf. Und auch die Kleidung sagte mir zu: grau, weit und luftig, mit großen Taschen. Im Grunde wie ein Schlafanzug. Mitsamt Puschen an den Füßen hätte man daheim schon im Krankenhaus gelandet sein müssen, um mit so einem Outfit davonzukommen. Ich bekam eine kurze Tempelführung. Cooler Ort mit einer sehr entspannten Atmosphäre. Papieraufsteller, die große Räume unterteilten. Blitzblanker Holzboden – und überall Glöckchen. Alles porentief rein und ziemlich minimalistisch eingerichtet. Wenn Matsuama hier jemals ausziehen würde, bräuchte er wahrscheinlich nicht mehr als eine Einkaufstüte für seine Habseligkeiten.

Ich war erst wenige Minuten vor Ort und wusste bereits, dass diese Religion mir sehr sympathisch war. Es heißt ja immer, dass man bei der Häusersuche irgendwann ein Haus betritt, und das ist es dann. Man weiß es einfach. Allerdings musste ich meine Einschätzung schon bald revidieren. Ich hatte mit einem entspannten Vormittag gerechnet, vielleicht mit einer Meditationssession, aber das war leider nicht der Fall. Stattdessen durfte ich, zehn Minuten nachdem wir uns kennengelernt hatten, den Holzboden schrubben. Ich hatte mich bereits lange genug in Japan aufgehalten, um genau zu wissen: Hier musste kein einziger Boden wirklich geschrubbt werden. Diese Böden berührt schließlich kein einziger schmutziger Schuh. Sogar wenn sie kurz rausgehen, um einzukaufen, und nur flugs wieder hineinschlüpfen, weil sie ihre Einkaufstasche vergessen haben, ziehen diese Leute ihre Schuhe aus.

Trotzdem drückte der Mönch mir einen nassen Lappen aus einem Eimer in die Hand und zeigte mir, wie ich den Lappen halten und damit eine gerade Linie über den Boden ziehen solle, als würde ich ein kleines nasses Gokart vor mir herschieben.

MATSUAMA: Schrubben und sauber machen ist die wichtigste Übung in diesem Tempel.
KARL: Ich dachte, wir würden uns irgendwie entspannen, meditieren oder so.
MATSUAMA: Oh.
KARL: Ich bin gerade erst angekommen, und schon sagst du: Hopp, hopp, Boden schrubben.
MATSUAMA: Tut mir leid, aber der oberste Zweck ist nun mal das Saubermachen.
KARL: Okay. Wann wurde hier zuletzt sauber gemacht?
MATSUAMA: Äh, heute Morgen.
KARL: Warum machen wir es dann schon wieder? Wo ist denn

da der Sinn, wenn es doch längst erledigt worden ist? Wir schrubben unseren Küchenboden alle zwei Wochen, und ich bin dort in Straßenschuhen unterwegs.

MATSUYAMA: Ein sauberer Boden ist wichtig. Aber das Saubermachen an sich ist für uns noch wichtiger. Sieh es als eine Art Übung an.

KARL: Und was geht dir dabei durch den Kopf?

MATSUYAMA: Nichts. Ich werde eins mit dem Mopp.

KARL: Wie das denn?

MATSUYAMA: Du musst dir vorstellen, dass du selbst über den Boden schrubbst. Du läufst und schrubbst.

KARL: In Ordnung. Dann werde ich jetzt der Mopp.

MATSUYAMA: Du bist der Mopp.

KARL: Ich glaube, meine Mum hatte Besseres für mich im Sinn.

MATSUYAMA: Dann, äh, stell dir vor, sagen wir mal, du wärst Fußballspieler. Dass du richtig gut darin bist. Wie Rooney.

KARL: Rooney. Okay.

MATSUYAMA: Damit er den Ball mit beiden Füßen schießen kann, trainiert er jeden Tag. So ähnlich ist das hier auch.

KARL: Ich würde das ja verstehen, wenn man eine Reinigungskraft wäre. Dann wäre man mit dieser Übung irgendwann perfekt.

MATSUYAMA: Genau.

KARL: Und Rooney ist nur deshalb so gut, weil er eben Fußballer ist. Ich versuche immer noch zu begreifen, was mir das hier bringen soll. Wenn ich diesen Boden schrubbe, was soll ich dann denken?

MATSUYAMA: Nichts.

KARL: Gar nichts?

MATSUYAMA: Nichts.

Buddhisten glauben an die Wiedergeburt. Ich ahne, als was Matsuama wiedergeboren werden will. Ich sehe schon ein, dass wir bestimmte Dinge in unserem Leben ausgemerzt haben, die uns Zeit verschafft hätten nachzudenken – abwaschen beispielsweise oder bügeln. Allerdings keine Hemden. Die sind zu schwierig. Geschirrtücher sind ideal. Und auch den Boden zu schrubben gibt einem Zeit zum Nachdenken – aber nicht wenn man es mit einem Lappen machen muss. Ich war irgendwann schweißgebadet. Weder bekam ich meinen Kopf frei, noch konnte ich an nichts denken, weil ich mich die ganze Zeit fragte: Warum nimmt er nicht einfach einen richtigen Mopp? Wir befinden uns im Land der Roboter, aber es findet sich kein Mopp weit und breit? Und wollten diese Buddhisten nicht eigentlich Tibet befreien? Wenn sie sich ein paar anständige Mopps zulegten, hätten sie mehr Zeit, um sich darauf zu konzentrieren.

Nach einer Stunde Bodenschrubben ließ er mich seinen Steingarten harken. Anfangs dachte ich, das wäre leicht, aber er wollte, dass ich perfekte, schnurgerade Linien zog, und bearbeitete die Fläche prompt nach, die ich zuvor geharkt hatte. Dem Himmel sei Dank, dass er eine Glatze hatte. Ansonsten hätte er wohl auch den halben Tag damit zugebracht, seinen Scheitel gerade zu ziehen.

Dann stellte Matsuama mir eine buddhistische Denkaufgabe.

MATSUAMA: Ich möchte dir ein paar buddhistische Ideen beibringen. Sag mir bitte, wie viele Sterne am Himmel stehen.

KARL: Viele.

MATSUAMA: Viele?

KARL: Ja.

MATSUAMA: Es gibt nur eine Zenantwort auf diese Frage. Denk noch mal darüber nach. Im Zen ist »viele« nicht die richtige Antwort.

KARL: Öh, so viele man eben mit bloßem Auge erkennen kann?
MATSUAMA: Schon besser.
KARL: Wie viele Sterne am Himmel … Moment mal. Tagsüber oder nachts?
MATSUAMA: Natürlich nachts.
KARL: Und ich dachte schon, das wäre eine Scherzfrage. Also, lass mich mal überlegen. Ich mag solche Rätsel. Ist die Antwort eine Zahl? Ist es eine Zahl? Willst du das von mir hören?
MATSUAMA: Ja, eine Zahl. Nenn mir die Zahl. Wie viele sind es?
KARL: Ich hab's mal irgendwo gelesen, aber ich kann mich nicht mehr daran erinnern. Es waren Millionen, oder waren es Trillionen? Ziemlich viele jedenfalls. Los, sag schon, wie lautet die Antwort?
MATSUAMA: Die wissenschaftliche Antwort ist, wie du schon gesagt hast, Trillionen. Oder Billionen. Die Zenlösung ist allerdings: Zähl sie einfach. Eins, zwei, drei, vier, fünf und so weiter.
KARL: Was soll das heißen?
MATSUAMA: Der Zweck der Frage ist, es zu tun. Anzufangen zu zählen. Okay?
KARL: Verstehe ich nicht.
MATSUAMA: Okay. Klar, es stehen viele Sterne am Himmel. Aber wenn du nicht anfängst, sie zu zählen, wirst du nie wissen, wie viele es sind. Also zähle sie. Es ist wesentlich, damit anzufangen.
KARL: Aber man hat doch nur ein Leben … Wer will denn so was machen? Sagen wir mal, ich hätte mein Leben dem Zählen der Sterne gewidmet, und dann wird es Tag. Woher weiß

ich dann, wo ich später weitermachen soll? Das ist doch unmöglich.

MATSUAMA: Genau, wie du selbst sagst, es ist höchstwahrscheinlich unmöglich. Aber das ist auch nur ein Bildnis, nur ein Beispiel. Die Sterne sind nur ein Beispiel. In deinem Alltag hast du andere Probleme. Du denkst, sie wären unmöglich zu lösen oder indiskutabel, und …

KARL: Willst du mir damit sagen, wenn man ein Problem hat, dann muss man es angehen und einfach lösen?

MATSUAMA: Ja, leg einfach los. Das ist genau der Punkt.

KARL: Mal ehrlich, wenn du einfach gesagt hättest, geh deine Probleme an, dann hätte ich das verstanden. Aber diese Sternensache …

MATSUAMA: Manchmal fürchten wir, dass ein Problem nicht zu bewältigen ist oder dass die Arbeit uns über den Kopf wächst. In dieser Hinsicht war es ganz einfach nur ein Beispiel. Wenn man einen wichtigen Auftrag oder eine Arbeit vor sich hat, gibt man manchmal auf, noch ehe man den ersten Schritt getan hat, oder nicht? Das wollte ich damit sagen.

KARL: Kapiert. Man kann etwas, aber man versucht es gar nicht erst. Man gibt von vornherein auf. Ist es das, was du mir sagen willst?

MATSUAMA: Ja. Versuch es einfach.

Persönlich ziehe ich Multiple-Choice-Fragen vor. Wenigstens hat man so eine kleine Chance, die richtige Antwort zu geben. Ich hab mal einen Mensa-Test gemacht und 83 Prozent erreicht – die meisten Fragen hatte ich dabei aus dem Bauch heraus beantwortet. Mein Bauch ist manchmal klüger als mein Gehirn. Ein weiteres Indiz dafür ist, dass mein Gehirn es für eine gute Idee hielt, mir ein Stück Funasushi in den Mund zu stecken, während mein Bauch die Annahme verweigerte.

Ich stellte Matsuama im Gegenzug ein anderes Rätsel: »Was wird nass, während es trocknet?« Er wusste es nicht, versprach aber, darüber nachzudenken.

Schließlich wendeten wir uns dem eigentlichen Zweck meines Besuches zu: der Meditation. Er erklärte mir die Regeln. Ich nahm an, dass es Matsuama ebenfalls guttun würde zu meditieren und den Kopf freizubekommen. Vielleicht würde es ja dazu führen, dass er nicht schon wieder vergessen würde, dass er den Boden bereits gewischt hatte.

MATSUAMA: Wir setzen uns in den Lotussitz – genau so. Zweck dieser Meditation ist es, den Geist zu reinigen. Wenn dieser Raum beispielsweise vollstehen würde mit Säulen, wäre das zwar hilfreich beim nächsten Erdbeben, aber wenn überall Säulen wären, käme man nicht mehr in den Raum hinein. Wenn du in einem Raum nicht meditieren kannst, dann kannst du darin auch nichts anderes tun. Die Leere, die Vakanz ist also wesentlich für diesen Raum. Jedes Zimmer sollte ausreichend Raum bieten. Mit unseren Herzen ist es das Gleiche: Wenn du großen Ärger hast oder ein großes Problem und dich mit Freunden zum Essen triffst und das Essen fantastisch schmeckt, kannst du es trotzdem nicht genießen und die Unterhaltung mit den Freunden wertschätzen, weil der Ärger und die Sorge dich blockieren.

KARL: Da würde ich aber doch gar nicht erst ausgehen.

MATSUAMA: Ach, wirklich?

KARL: Na klar. Wenn ich so niedergeschlagen wäre, dann wüsste ich schließlich, dass ich den anderen die Laune verderben würde. Ich würde ihnen zu verstehen geben: »Ich bin nicht in Stimmung, habt ohne mich Spaß. Und bringt mir einen kleinen Nachtisch mit.« Ist das jetzt die Zen-Art zu denken?

MATSUYAMA (lacht): Ja, aber das war auch nur ein Beispiel. Also, wenn du etwas wirklich wertschätzen willst, musst du erst dein Herz leeren, okay? Das ist ein ganz wesentliches Ziel der Meditation – Platz im Herzen zu schaffen, es leer zu machen.

Dann erklärte er mir, dass die Haltung, die ich einnehmen sollte, und die richtige Atmung ebenfalls sehr wichtig seien. Ich sollte gerade sitzen und pro Minute nicht mehr als zwei-, dreimal tief einatmen. Den Blick sollte ich geradeaus richten, dann meinen Kopf freimachen und ganz langsam zählen. Ich war drauf und dran, mich einzustimmen, als er mir einen langen Stock zeigte, mit dem der Meister den Buddhisten auf den Rücken schlägt, wenn sie wackeln oder einnicken.

»Wenn ich also gleich die Meditation einleite«, erklärte er, »schlage ich erst mit diesem Stock einmal auf und dann viermal auf diese Glocke. Sobald die Glocke ertönt, darfst du unter keinen Umständen mehr sprechen, okay? Selbst wenn eine Mücke um dich herumschwirrt, jemand weint oder es draußen donnert. Bleib bitte ganz still.«

Es tut wirklich gut, den Kopf freizubekommen. Außerdem war mein Kopf der letzte Körperteil, der noch der Leerung bedurfte, nachdem das Funasushi bereits meinen Magen und die Strepsils sämtliche Nebenhöhlen freigeräumt hatten. Mir geht einfach ständig viel zu viel durch den Kopf, und das muss dann wieder in Ordnung gebracht werden. Weil ich immer wieder Sachen vergesse, nehme ich fast an, dass er allmählich an die Grenzen seiner Kapazitäten stößt. Allerdings gilt das heutzutage wahrscheinlich für die meisten Leute. Früher pinnte man einfach Zettelchen an den Kühlschrank, um sich an gewisse Dinge zu erinnern. Aber man sehe sich nur an, wie groß Kühlschränke heutzutage sind – riesig! Und der Grund dafür ist nicht, dass man darin immer mehr Lebensmittel verstauen muss, sondern dass man mehr Zettel daran befestigen kann. Die schiere Anzahl von PIN- und Kontonummern, die an unserem Kühlschrank hängen, erinnert mich immer an *A Beautiful Mind* mit Russell Crowe in der Hauptrolle.

Die Sache mit meinem Gedächtnis ist die: Ein Teil davon weiß, dass ich irgendetwas vergessen habe, aber ich kann mich nicht daran erinnern, was es war. Ich wünschte mir, es würde einfach die ganze Sache vergessen, damit ich nicht noch mehr vergesse, während ich immer länger darüber nachdenke, was es war, das ich vergessen habe.

Es gelang mir ganz gut, still und leise zu sein. Allerdings wurde mir das Zählen irgendwann langweilig, und ich fragte mich, ob Matsuama je darüber nachgedacht hatte, als lebende Statue zu arbeiten. So könnte er gleichzeitig meditieren und Geld an Touristen verdienen. Ich weiß wirklich nicht, warum es diese lebenden Statuen gibt. Die Straßen sind doch ohnehin schon voll genug, auch ohne dass überall jemand im Weg herumsteht. Und ich hab mich auch schon immer darüber gewundert, warum Touristen Fotos von diesen Statuen machen. Auf Fotos steht doch jeder still.

Zu meditieren half mir allerdings mit meinen Erfindungen, weil ich just in diesem Augenblick den Geistesblitz hatte. Seit ich in Japan war, hatte ich auf harten Böden sitzen müssen, was eine Zeit lang ganz okay ist, aber wenn man beispielsweise essen geht, sitzt man schon mal eine ganze Stunde da, und ich frage mich, ob die Japaner deswegen so umtriebig sind. Mangels Komfort sitzen sie nicht annähernd so lange auf ihren vier Buchstaben wie wir. Sie stehen auf und erfinden stattdessen Dinge. Ich erfand eine Hose mit einem gepolsterten Hintern. Daheim ist so etwas nicht ganz so dringend nötig, weil wir da Stühle haben, aber ich glaube trotzdem, dass so eine Hose gut angenommen würde. Zum Beispiel bei Leuten, die in Kirchen auf harten Bänken sitzen müssen – oder bei Festivalbesuchern, die ansonsten auf der nassen Wiese sitzen müssten. Die Polsterung würde ein bisschen Abstand zwischen Boden und Po schaffen. Arbeiter bei der Mittagspause, Spaziergänger, die im nassen Gras eine kleine Picknickpause einlegen wollen … Mir wäre noch mehr eingefallen, wenn mich nicht eine Ameise auf meinem Knöchel aus meinen Gedanken gerissen hätte, woraufhin ich kurz zusammenzuckte. Matsuama sprang auf, griff nach dem Stock und zog mir damit zweimal über den Rücken. Es tat höllisch weh, aber ich gab keinen Mucks von mir, weil ich befürchtete, dass dies nur zu mehr Schlägen führen würde. Dabei hatte ich gedacht, wir wollten unsere Köpfe freibekommen! Wenn er so weitermachte, konnte er schon froh sein, wenn er jemals wieder aus dem Gefängnis freikäme, nachdem er des Totschlags angeklagt werden würde.

Eine Viertelstunde später schlug er auf die Glocke, und die Sitzung war vorbei. Und während er sich wahrscheinlich die ganze Zeit vorgestellt hatte, ein Mopp zu sein, hatte ich meinen Geistesblitz gehabt. Bingo.

90 An einer japanischen Teezeremonie teilnehmen ✓

Matsuama fragte mich, ob ich eine Tasse Tee haben wolle. Das sei toll, antwortete ich. Ich mag Tee. Bei besonderen Gelegenheiten ist es schön, eine ganze Kanne vor sich zu haben, ein bisschen Toast oder Teekuchen, aber ich bin ein wenig eigen, was die Zubereitung angeht. Wenn jemand mir einen Tee anbietet, schaue ich mich immer im Zimmer um und suche nach einem Gegenstand, der den gleichen Braunton hat, den ich mir für meinen Tee wünsche, was immer schwieriger wird, weil Braun schon länger keine Modefarbe mehr zu sein scheint. In den Siebzigern hätte ich wohl in jedem x-beliebigen Haushalt die komplette Palette an Braunschattierungen vorgefunden. Als wir uns auf den Weg machten, liefen uns fünf Frauen nach, die sich zu uns gesellen würden. »Ist das nicht irre?«, raunte ich Matsuama zu. »Wo waren die eigentlich, als der Boden geschrubbt werden musste?«

Um Tee zu trinken, mussten wir einen speziellen Raum betreten. Als ich über die Schwelle trat, sollte ich niederknien und mich verbeugen und dann zum hinteren Ende weitergehen. Auch hier kein Stuhl weit und breit. (Notiz an mich selber: Teilnehmer an Teezeremonien zur Liste potenzieller Kunden für die gepolsterte Hose hinzufügen.) Ich ließ mich neben Matsuama nieder, während eine der älteren Frauen sich vor ein paar Teekessel und andere Utensilien hockte, wovon eines aussah wie ein Rasierpinsel. Wir saßen mucksmäuschenstill da und sahen ihr dabei zu, wie sie sich den Tee zurechtlegte und vermischte. Jede ihrer Bewegungen war irre kontrolliert und ruhig, als würde sie mit einem neugeborenen Baby hantieren. Ich bin durchaus ein großer Freund davon, beim Teekochen nicht zu pfuschen – es gibt nichts Schlimmeres als Tee, der nicht lange genug gezogen hat –, aber diese Prozedur zog sich über geschlagene zwanzig Minuten hin. Bei diesem Arbeitstempo hätte sie im Leben kein Café betreiben können, weil sich im Handumdrehen eine Schlange bis hinaus auf die Straße gebildet hätte. Vielleicht gibt es hier deshalb diese Katzencafés. Dort kann man Katzen streicheln, um den Stress abzubauen, der sich zuvor aufgestaut hat, während man auf seinen Becher Tee warten musste.

Ich konnte mir ein Schnaufen nicht verkneifen, woraufhin Matsuama mir erklärte, dass diese Frau den Prozess des Teekochens in fünfundzwanzig Jahren vervollkommnet habe. Allmählich fühlte es sich an, als hätte ich ihr einen Gutteil dieser Zeit dabei Gesellschaft geleistet. Ich war drauf und dran, ihr vorzuschlagen, dass sie vielleicht besser von Teeblättern auf Teebeutel umschwenken solle. Das wäre deutlich schneller gegangen.

In dem Zimmer gab es nichts, was ich als Hinweis für den richtigen Braunton hätte hernehmen können, was am Ende aber ohnehin egal war, denn als sie meine Tasse füllte, war der Tee grün. Ich bin kein großer Fan von grünem Tee, aber ich wollte nicht noch einmal fünfundzwanzig Minuten warten, bis sie eine zweite Kanne gekocht hatte. Bevor sie uns die Tassen in die Hand drückte, reichte sie noch ein paar Süßigkeiten herum. Daraufhin mussten wir uns verbeugen.

Dann machte Matsuama ein paar Dinge, an die ich mich nicht mehr genau erinnern kann, aber ich weiß noch, dass er seine Tasse drei-, viermal im Uhrzeigersinn schwenkte und dann noch ein paarmal zurück. Es sah aus, als wollte er einen Safe knacken. Anschließend nimmt man sich Zeit und bewundert die Bilder auf den Tassen, aus denen man gleich seinen Tee trinken wird. Und dann wird endlich getrunken. Der Tee schmeckte verhältnismäßig bitter, aber die Süßigkeit, die man dazu aß, machte das Ganze einigermaßen erträglich. Nachdem wir unsere Tassen ausgetrunken hatten, saßen wir noch ein bisschen beisammen und unterhielten uns über die Teesorten, die ich normalerweise gerne trank. Lipton's, PG Tips und – mein Favorit – Twinings English Breakfast. Und Typhoo. Davon hab ich immer eine Familienpackung daheim, für Handwerker, weil die jedes Mal literweise Tee trinken. Irgendwann erinnerte ich Matsuama daran, dass er mein Rätsel immer noch nicht gelöst hatte: »Was wird nass, während es trocknet?« Er wusste es immer noch nicht. Ich fragte die Ladys von der Teezeremonie, aber auch von denen wusste es keine. Ich löste es auf: ein Geschirrtuch. Eigentlich lautet die Antwort »Handtuch«, aber ich dachte, ich sollte vielleicht beim Motto unserer kleinen Party bleiben. Es schien ihnen zu gefallen.

Den Abend mit einem Tässchen Tee zu verbringen war wirklich

angenehm. Ich glaube, für mich war das sogar entspannender als die Meditation. Zu Hause haben wir es immer eilig, und manchmal bin ich so sehr mit anderen Dingen beschäftigt, dass ich ganz vergesse, meinen Tee auszutrinken, aber hier drehte sich alles einzig und allein darum. Es gefiel mir auch, dass wir zwar unterschiedliche Sprachen sprachen und von verschiedenen Kontinenten stammten, dass der Tee uns jedoch zusammengebracht hatte.

Ich machte mich auf den Weg, bevor sie mit dem Geschirrspülen begannen. Weiß der Himmel, wie lange sie dafür gebraucht hätten.

Dann war der Tag der Fuji-Besteigung gekommen. Ich hatte nicht sonderlich gut geschlafen, da es nachts in meinem Zimmer irrsinnig warm gewesen war, weil es mir nicht gelungen war, die Klobrillenheizung runterzudrehen. Wahrscheinlich war sie falsch programmiert gewesen, denn keiner der Schalter schien zu funktionieren. Sie war so heiß, dass ich meine Socken darauf hätte trocknen können. Ich lag stundenlang wach und zerbrach mir den Schädel darüber, dass ich nicht einschlafen konnte und dass ich am Tag, an dem ich den Fuji besteigen würde, unter Garantie einen dicken Kopf haben würde. An der Wand hing ein Dekoteller mit dem Bild des Fuji-Gipfels, der durch die Wolkendecke brach. Vielleicht war es aber auch gar keine Deko, sondern ein Geschirrhalter, der das bisschen Platz ausnutzte, das in dem Hotelzimmer zur Verfügung stand. Ich glaube, dass genau dieses Raumproblem der Grund ist, warum die Japaner so versessen auf Nanotechnologie sind. Allerdings gibt es ein Problem bei diesen winzigen Elektrogeräten: Sie werden wahnsinnig leicht geklaut. Heutzutage kann doch ein Einbrecher in deine Wohnung spazieren und die gesamte Stereoanlage in der Hosentasche hinaustragen. Wir haben es Dieben wirklich einfach gemacht. Groß und schwer war da doch wesentlich besser. Nur deshalb ist über all die Jahre Stonehenge nie geklaut worden.

13 Den Sonnenuntergang am Ayers Rock erleben  X

Ich mag schöne Sonnenuntergänge oder Sonnenaufgänge, aber ich würde nicht unbedingt den ganzen Weg nach Australien zurücklegen, um einen zu sehen. Es ist immerhin ein und dieselbe Sonne, wo immer man sich befindet. Ich nehme mal an, einige Leute machen so was aus romantischen Beweggründen, aber meines Erachtens ist das eine ziemlich kitschige und noch dazu vorhersehbare Angelegenheit. In Kent bei strömendem Regen in einem Auto zu sitzen, aufs Meer zu schauen und dabei ein paar Chicken McNuggets zu essen kann doch genauso romantisch sein. Ich wette, die haben nicht mal einen McDonald's am Ayers Rock.

Gegen vier Uhr früh stand ich auf und setzte mich an den Prototyp meiner Erfindung. Im Nähset aus dem Hotelbadezimmer fand ich ein Stück Baumwollstoff und Faden und nähte das aufblasbare Schlafhörnchen, das ich normalerweise auf Flügen benutze, an meinen Hosenhintern. Es war nicht perfekt, aber als ich mich hinsetzte, fühlte es sich definitiv bequemer an.

Ein voller Erfolg.

Ich machte draußen einen kleinen Spaziergang und setzte mich neben einem Bonsai ins nasse Gras, um die Hose zu testen, und ließ auch gleich den Hirschkäfer frei, den ich mir in Tokio gekauft hatte. Bonsais sind winzige Bäume, die echt schwer zu züchten sind. Man muss sich tagaus, tagein um sie kümmern und sie pflegen – ich nehme an, ein Bonsai ist eine Art Tamagotchi für die ältere Generation. Ich weiß allerdings nicht, wozu sie nütze sein sollten. Zur Papierherstellung garantiert nicht. Es bräuchte ja einen ganzen Regenwald aus Bonsaibäumen, um eine einzige Rolle Klopapier herzustellen. Als der Hirschkäfer seine Kiste verlassen hatte, sah ich ihm auf seinem Weg zu neuen Abenteuern ein bisschen nach und fragte mich, wie er wohl in seinem neuen Leben zurechtkommen würde. Keine Ahnung, ob ich das Richtige getan hatte. Ich verpflanze gern einmal Insekten von A nach B und denke, ich würde ihnen damit helfen. Als ich zuletzt im Urlaub war, fischte ich ein paar Käfer aus dem Pool, weil ich dachte, dass sie dort sonst ertrinken würden, aber der Poolaufseher meinte daraufhin nur, dass es sich um Riesenwasserwanzen gehandelt habe, die im Wasser auf Futtersuche seien und sich dort deutlich wohler fühlten als an Land. Ich hatte bereits fünf oder sechs dieser zehn Zentimeter großen Viecher umgesiedelt, ehe der Typ mich aufklärte, und eines davon hatte mich ganz ordentlich gekniffen. Ich sollte mich diesbezüglich also vielleicht lieber nicht mehr so viel einmischen.

#82 An einer Full Moon Party teilnehmen

Auf den ersten Blick ein merkwürdiger Anlass für eine Party, aber dann wiederum gibt es auch einen Pfannkuchentag, insofern ist der Vollmond vielleicht nicht ganz so abwegig. So etwas würden sie in China niemals feiern. Dort ist die Luftverschmutzung so heftig, dass sie den Mond überhaupt nie zu Gesicht bekommen, ganz zu schweigen von einem Vollmond. Ich glaube, in China geht auch keiner Drachenfliegen, weil sie aufgrund des ganzen Drecks in der Luft sowieso nichts sehen könnten. Ich weiß, in Großbritannien wird darüber gejammert, dass wir nichts mehr produzieren und dass all unsere Fabriken schließen mussten und dass die meisten Produkte inzwischen aus Fernost kommen, aber mal ehrlich: Lieber hab ich ein bisschen blauen Himmel und importiere Waren, als ständig in diesem deprimierenden Grau leben zu müssen wie die Chinesen.

#29 Die höchsten Achterbahnen der Welt fahren

Ricky hatte mir eine Nachricht hinterlassen und mir vorgeschlagen, dass ich in der Nähe des Fuji mit einer Achterbahn fahren solle, von der aus ich gut würde sehen können, was mir bevorstand. Ich fuhr also Achterbahn, fand die Fahrt ganz fürchterlich und sah überdies auch nicht allzu viel vom Fuji, weil ich die ganze Zeit über meine Augen zugekniffen hatte. Wahrscheinlich bereiten sich die Profis ein bisschen anders darauf vor, wenn sie einen Berg besteigen wollen.

Über meine Bergtour gibt es nicht sonderlich viel zu berichten. Ich war ein bisschen beunruhigt, als wir losliefen, weil ein alter Japaner mir unterwegs zuraunte: »Mit dem Fuji ist nicht zu spaßen.« War das ein weiteres japanisches Sprichwort? Sollte ich seine Worte ernst nehmen? Wusste dieser weise alte Japaner etwas, was mir nicht klar war, oder hatte er den Spruch einfach auf irgendeinem Touri-T-Shirt gelesen? Es gibt einen Spruch des englischen Bergsteigers George Mallory, der auf die Frage, warum er den Mount Everest bestiegen habe (Nummer 9 auf meiner Hundert-Dinge-Liste), geantwortet haben soll: »Weil er eben da ist.« Ich weiß schon, was er damit meint, weil ich es ganz ähnlich halte, wenn Kekse im Haus sind. Wenn ich weiß, dass wir welche daheim haben, esse ich sie. Wenn nicht, schaffe ich es auch ohne sie.

Das erste Teilstück auf dem Weg zum Gipfel war verhältnismäßig einfach, es gab einen Schotterweg, der nicht mal besonders steil war, aber nach etwa zwei Stunden sah das Ganze schon wieder anders aus. Der Aufstieg wurde härter und rauer, insbesondere weil wir in der Dunkelheit unterwegs waren. Unterwegs gab es ein paar Imbissbuden, und ich deckte mich mit ein paar überteuerten Snickers ein, die mich hinaufbringen sollten. Es war das erste Mal, dass meine rastlosen Beine von Nutzen waren, weil sie einfach weiterliefen, während meine obere Körperhälfte quasi ein Nickerchen machte.

Die Aussicht war gigantisch, auch wenn ich nicht recht wusste, was ich dort vor mir sah. So etwas ist dann doch spannender, wenn man die Gegend kennt und nach dem eigenen Haus oder irgendeinem Wahrzeichen Ausschau halten kann. Ich konnte den Weg auch nicht besonders genießen, weil ich bei jedem Schritt hinauf wusste, dass ich den gleichen Schritt auf dem Rückweg erneut würde machen müssen – ein weiterer Grund, warum mir der London-Marathon sympathischer ist. Wenn man erst mal die Ziellinie erreicht, ist Schluss. Einen Berg zu besteigen und den Gipfel zu erreichen ist erst die halbe Miete.

#9 Den Mount Everest besteigen

Das Hauptproblem mit dem Bergsteigen ist ja, dass es noch lange nicht vorbei ist, wenn man den Gipfel erreicht. Man muss auch wieder runterkommen. Das nimmt dem Ganzen ein bisschen den Reiz, finde ich. Es ist ein wenig so, wie sonntags groß zu kochen, aber immer schon den Berg Geschirr vor Augen zu haben, den man anschließend abspülen muss. Ich hab mal gelesen, dass die meisten Menschen, die am Mount Everest ihr Leben lassen, beim Abstieg sterben. Dagegen würde helfen, wenn sie eine dieser Röhren an den Berg montieren würden, die es in Spaßbädern gibt.

#15 Den Kilimandscharo besteigen

Auf dieser Liste stehen verdammt viele Berge. Ich hab mal gelesen, dass Menschen Berge mögen, weil sie gern Orte besuchen, an denen noch nicht viele andere vor ihnen waren, und weil eine Art Entdeckergen in ihnen steckt. Der Mensch ist zum Mond geflogen. Während ich dies hier aufschreibe, heißt es gerade im Radio, dass wir kurz davorstehen, das sogenannte Gottesteilchen zu finden. Der Wissenschaftler, der dazu befragt wurde, erklärte, dass der Mensch hart arbeiten und auf alles eine Antwort fordern werde und dass bald keine Fragen mehr offenblieben, was mir komisch vorkommt, weil ich gerade eben erst ein Telefonat beendet habe, in dem ich herausfinden wollte, wann genau die Vorhänge, die wir bestellt haben, geliefert werden, und keiner konnte mir eine Auskunft erteilen. So was regt mich auf.

Ich testete meine Erfindung am Gipfel des Fuji, indem ich mich auf einen großen, kalten Felsen setzte. Es funktionierte großartig. Mein Hintern wurde kein bisschen kalt. Ich entschied mich für den Namen Pilko-Pump-Hose – und jetzt kann ich sogar Bergsteiger auf die Liste meiner potenziellen Kunden setzen.

Achtzehn Stunden nach Abmarsch, nach einer Stunde Pause auf dem Gipfel und sieben Snickers später war ich wieder dort, wo ich losgestiefelt war. Meine Füße brachten mich schier um, weil meine Zehen die ganze Zeit vorn gegen die Schuhspitze gedrückt hatten und ich Blutblasen unter den Zehennägeln hatte, die erst jetzt – sechs Monate später – endlich abgeheilt sind. Mir war schlecht vor Müdigkeit. Oder von den sieben Snickers.

Zurück in Großbritannien, ließ ich fünfzehn Pilko-Pump-Hosen schneidern und machte einen kleinen Ausflug in das Studio eines Shoppingkanals, wo ich sie samt und sonders verkaufte. Das machte mich stolzer, als den Fuji bestiegen zu haben.

Fazit

Ich werde oft gefragt, was mir bei all meinen Reisen am wichtigsten gewesen ist, und in der Regel sage ich dann immer: Gesundheit und Sicherheit. Früher hab ich mir nie auch nur ein einziges Mal die Mühe gemacht, die Brandschutzbestimmungen auf der Rückseite der Hoteltür zu studieren, aber nachdem ich an ein paar echt düsteren Orten übernachtet habe, will ich inzwischen ganz gerne wissen, was ich tun muss, wenn es zum Äußersten kommt.

Nachdem meine Bucket-List-Reisen abgeschlossen waren, wünschte sich Suzanne von mir, in Afrika mit ihr auf Safari zu gehen. Wir übernachteten mitten im Nirgendwo in einem großen Zelt, das keinen anständigen Reißverschluss am Eingang hatte, sprich: Es hätte leicht ein Löwe hereinspazieren können. Unser Reiseleiter meinte zwar, dass die Chance, dass so etwas passierte, überaus gering sei, aber für mich hieß das nur, dass es nicht völlig ausgeschlossen war, und daher legte ich mir nur für den Fall der Fälle einen Plan zurecht. Teil dieses Plans war, dass Suzanne in das kleine Schränkchen im hinteren Teil des Zelts schlüpfen sollte. Sie musste es mehrmals einüben, damit sie es auch wirklich schnellstmöglich hinbekam, sobald unversehens ein Löwe auftauchte. Sie war nicht gerade begeistert, dass ich die erste halbe Stunde unseres Urlaubs darauf verschwendete, sie mehrmals in dieses Schränkchen zu scheuchen wie die Assistentin eines Zauberkünstlers, aber immerhin war sie damit auf den Ernstfall vorbereitet. Ich trainierte, mich unterm Bett zu verkriechen, weil der Löwe dort nur schlecht hingekommen wäre.

Am Ende kam kein Löwe, sondern nur eine Horde Schmeißfliegen ins Zelt, die uns ein totes Flusspferd draußen vor dem Zelt beschert hatte. Aber dann – wir waren schon ein paar Tage im Camp – hörten wir eines Nachts ein Grollen von draußen. Ich schlüpfte hinaus – und stand einem acht-, neunköpfigen Rudel Löwen gegenüber. Normalerweise hat man im Urlaub Probleme mit Mücken im Zimmer, aber jetzt standen wir direkt vor der versammelten Crew aus *Der König der Löwen*. Ich funkte über Walkie-Talkie den Campleiter an, und der kam eine Viertelstunde später mit ein paar Massai im Schlepptau, die für den Rest des Urlaubs bei uns blieben und flaschenweise Cola aus unserem kleinen Kühlschrank tranken – was mir nicht viel ausmachte. In einem leeren Kühlschrank kann man sich leichter verstecken.

Als Suzanne und ich aus Afrika zurückkamen, war Ricky drauf und dran, mich schon wieder irgendwo hinzuschicken, allerdings sollte ich diesmal in Begleitung reisen. Hand aufs Herz: Wenn man auf eine Weltreise geschickt wird, wen nimmt man da wohl mit? Einen engen Freund, der einen gut kennt? Vielleicht irgendeinen Bekannten, der über eine besondere Fähigkeit verfügt, die einen einigermaßen über die Reise rettet? Tja. Ricky hatte sich für Warwick Davis entschieden, den kleinwüchsigen Darsteller aus *Star Wars*. Nicht so schlecht, oder? Edmund Hillary hatte Tenzing Norgay dabei und Ben Fogle seinen Kumpel James Cracknell. Ich hatte einen Ewok an meiner Seite. Außerdem bescherte mir das die Gelegenheit, zwei weitere Punkte von der Hundert-Dinge-Liste abzuhaken.

#78 In einer Gondel durch Venedig schippern

Da wir auf Marco Polos Spuren reisen sollten, starteten Warwick und ich in Venedig. Warwick wollte unbedingt Gondel fahren, ich nicht ganz so dringend, aber am Ende sind wir trotzdem eingestiegen, weil es die einzige Möglichkeit ist, dort herumzukommen. Dass dort überall Wasser ist, ist wirklich ein bisschen lästig. Ich frage mich, ob sie das Problem nicht los wären, wenn sie einfach mal die Kanalisation reinigen würden. In Venedig müssen Kleinkinder erst schwimmen lernen, bevor sie laufen. Als Nixe lebt es sich dort allerdings bestimmt ganz gut.

In den Nebenstraßen ist nicht ganz so viel los, dafür stinkt es dort gewaltig, weil das Wasser beinahe steht. Venedig hat kein ordentliches Kanalisationssystem. Haushaltsmüll dümpelt durch die Kanäle und wird zweimal am Tag mit der Ebbe hinaus aufs Meer gespült.

#38 Heißluftballon fahren

Das haben Warwick und ich am Rand der Dolomiten in Italien gemacht. Ich war ziemlich nervös, weil dieses Ding von einem Typen nur mithilfe einer gigantischen Gasflamme in der Luft gehalten wurde. Was Gasboiler angeht, bin ich ein gebranntes Kind, und mir war nicht wohl bei dem Gedanken, so weit oben und nur von einer einzigen großen Zündflamme abhängig zu sein.

Aber es ist eine nette Art des Reisens, sofern man in die Richtung unterwegs ist, in die der Wind bläst. Der gibt nun mal die Reiseroute vor.

Warwick war ganz angetan, aber ich weiß ehrlich gestanden nicht, warum, weil er nicht einmal über den Rand des Korbs sehen konnte. Diesbezüglich hätte er genauso gut in einem Fresskorb bei Harrod's hocken können.

Eine weitere Art des Transports, die wir dank Ricky ausprobieren durften, war das Fahrrad, und natürlich musste ich die ganze Zeit strampeln, weil Warwick nicht an die Pedale herankam und daher einfach in einem Fahrradkorb am Lenker saß. ET hat wenigstens ein bisschen mitgeholfen, indem er dafür sorgte, dass das Fahrrad fliegen konnte. Aber Warwick saß einfach nur in seinem Korb. Er mag zwar klein sein, aber ich sage euch, er ist verdammt schwer.

#25 Irgendein Land per Fahrrad durchqueren

Klingt nach einer ganz netten Sache, aber heutzutage ist es allein schon ein Problem, dass man sein Fahrrad immer und überall anketten muss. Allerdings sind Treppengeländer und Straßenlaternen verboten; da lassen die Gemeindeverwaltungen die Fahrradschlösser einfach zersägen. Außerdem machen es einem die Fahrradhersteller nicht eben leichter, indem sämtliche Teile heutzutage per Schnellspanner abmontierbar sind, sodass man Räder und den Sitz ohne Werkzeug ganz einfach abnehmen kann – was sie wiederum zu schnellem Diebesgut macht. Überdies sind Fahrräder mittlerweile verhältnismäßig leicht, und wenn man sie da nicht irgendwo anschließt, könnte ein Zehnjähriger sie problemlos wegtragen. Aber das ist ja die Schwierigkeit mit allem, was immer kleiner und leichter wird: Die Einzigen, denen so etwas das Leben wirklich erleichtert, sind Diebe, Umzugshelfer und Gerichtsvollzieher.

#42 Eine Etappe der Tour de France bewältigen

Die Tour de France hab ich mir niemals angesehen, weil sie in meinen Augen viel zu lange dauert und jedes Jahr länger zu werden scheint. Inzwischen sind es im Schnitt 3500 Kilometer. Ich weiß auch nicht, warum es wirklich so weit sein muss. 3500 Kilometer? Die sollten nebenbei als Kurierfahrer arbeiten! Viele Sportarten werden immer mehr in die Länge gezogen. Ich führe das darauf zurück, dass die Fernsehsender inzwischen so viel Geld für die Übertragungsrechte hinlegen müssen, dass sie die Sportereignisse auswalzen, um mehr Werbeeinnahmen zu generieren. Ein Tennisturnier beispielsweise dauert eine Ewigkeit, und die Formel 1 nimmt auch kein Ende. Aber Cricket ist das Allerschlimmste. Ein Match dauert so lange, dass sie zwischendurch eine Pause machen und zu Mittag essen und Tee trinken. Das ist doch lachhaft.

Es ging nicht immer glatt, aber am Ende war die Reise mit Warwick doch ganz okay. Es war gut, jemanden dabeizuhaben, dem man etwas vorjammern und mit dem man seine bescheuerten Erlebnisse teilen konnte, auch wenn wir nicht immer einer Meinung waren, was wir uns als Nächstes ansehen oder was wir unternehmen sollten. Hier und da hat Warwick mir auch eine andere Sichtweise beschert. Ich frage mich ehrlich, ob ich die sieben Weltwunder womöglich mehr zu schätzen gewusst hätte, wenn er dabei gewesen wäre.

#54 Die sieben Weltwunder besichtigen

Haken dran, ist erledigt. Und um ehrlich zu sein, waren sie alle halbwegs enttäuschend. Ich weiß noch, dass ich Suzanne aus China anrief, bevor ich tags darauf die Chinesische Mauer besichtigen sollte, und ihr erzählte, dass ich auf diese Wunder liebend gern verzichtet hätte. Sie erwiderte nur, dass die doch das Sahnehäubchen seien – nur dass ich leider keine Sahne mag. Oft kratze ich sie sogar vom Kuchen und lasse sie auf dem Teller liegen. So ein Sahnehäubchen ist doch nur dazu da, um das Ganze leckerer aussehen zu lassen, aber ich würde nicht behaupten, dass es das Beste an einem Kuchen ist. Und ganz ähnlich dachte ich auch über die Wunder – sie waren zwar der Hauptgrund, warum ich 2010 sechs Monate lang auf Reisen war, aber sie waren mitnichten die Highlights.

#11 Auf einem Kamel zu den Pyramiden reiten

Die Cheopspyramide in Giseh ist die größte Pyramide, die je gebaut wurde. Ich glaube, was diesen Job leichter gemacht hat, ist die Tatsache, dass man für den Zement, den man verbaut, Sand braucht, und davon liegt rund um die Pyramiden mehr als genug herum. Ich hab sie besichtigt, und sie waren in keinem besonders guten Zustand. Der Verputz war weitestgehend abgeplatzt. Tja, das passiert eben, wenn man zu viel Sand untermischt.

Der Architekt wollte am Ende auch nicht genannt werden, weil er genau wusste, dass die Arbeiten nicht besonders gut gelungen waren, und schob das Ganze letztlich irgendwelchen Chaoten in die Schuhe. Diese Cheops- hätte insofern wohl besser Chaospyramide heißen sollen.

Auf einem Kamel bin ich auch geritten. Ich will nicht ins Detail gehen, aber so etwas mache ich nie wieder.

#63 Auf etwas reiten, was größer ist als ein Pferd

Wer hat das denn bitte schön auf die Liste gesetzt? Ich hab in Indien mal einen Kerl gesehen, der auf einem Elefanten saß, und ich konnte daran ehrlich gestanden keinen Vorteil erkennen. Wahrscheinlich kommt auf einem Elefant zu reiten in etwa der Erfahrung gleich, einen großen Allradwagen zu fahren: Es kostet ein Vermögen, und man findet nirgends einen Parkplatz.

#57 24 Stunden im Dschungel überleben

Ich hab vier Tage lang im peruanischen Regenwald überlebt, und es waren die längsten Tage meines Lebens. Wenn man von seinem Arzt eine schlimme Diagnose kriegt, zum Beispiel dass man nur noch eine Woche leben wird, sollte man nach Peru in den Dschungel reisen, weil es sich dort anfühlt, als würde die Zeit nie vergehen. Nachts schlief ich nur etwa zwei Stunden, weil es so heiß war und weil die Tiere dort draußen so einen Krach machten. Ich bin nicht überrascht, dass es im Dschungel so viele nachtaktive Tiere und Kreaturen gibt. Bei dem Höllenlärm haben sie gar keine andere Wahl, als wach zu bleiben. Ich weiß noch, dass ich eines Abends gegen elf von Bauchkrämpfen aufwachte. Früher am Tag hatte ich erzählt bekommen, dass ich mein Zelt besser nicht verlassen sollte, selbst wenn ich aufs Klo musste, weil ich dort draußen von irgendeinem Vieh wie einer Schlange oder einer Spinne gebissen werden konnte, und daher musste ich am Ende in eine eigentlich wiederverwendbare Einkaufstasche kacken. Ich würde behaupten, an diesem Punkt in meinem Leben war ich ganz unten angelangt. Wenn man im Dschungel campen geht, muss die Nachhaltigkeit eben mal zurückstehen.

#71 Auf dem Nil paddeln gehen

Ich würde nirgends paddeln gehen wollen. Diese Boote kentern einfach viel zu leicht. Man stelle sich nur mal vor, Noah hätte ein riesiges Kanu gebaut, um all diese Tiere zu retten: Ein winziges Zucken von einem der Biber, und sämtliche Spezies der Erde wären mit einem Schlag ausgelöscht gewesen.

Es überrascht mich immer wieder, dass jedes Mal, wenn in den Fernsehnachrichten ein Bericht über eine Überschwemmung gezeigt wird, im Hintergrund irgendein glatzköpfiger und tätowierter Anwohner in einem Kanu unterwegs ist, um sich unten an der Ecke Zigaretten zu kaufen. Ich nehme mal an, dass sie all diese Kanus bei der Tombola gewonnen haben.

#75 Den Inka-Pfad hinauf nach Machu Picchu wandern

Was ich noch vom Inka-Pfad weiß? Ehrlich? Dass es heiß war, dass mir speiübel war und dass ich fix und alle war.

Ich kann mich auch noch daran erinnern, dass das Hotel, in dem wir übernachteten, in derart großer Höhe stand, dass es Sauerstofftanks in den Zimmern gab, die man gegen Gebühr anzapfen konnte. Normalerweise versuche ich es zu vermeiden, mich aus Hotelzimmern oder Minibars zu bedienen, weil die Sachen immer heillos überteuert sind, aber mit den Sauerstofftanks haben sie einen dort echt erwischt. Ich musste erst das Siegel brechen und eine Runde Sauerstoff tanken, um zu begreifen, wie das Ganze funktionierte, für den Fall, dass ich irgendeines Nachts aufwachen und nach Luft schnappen würde. Ich weiß schon, dass der Machu Picchu einem angeblich den Atem verschlagen soll, aber doch nicht so!

Die Wanderung selbst war ein hartes Stück Arbeit. Ich war gerade erst eine halbe Stunde unterwegs, da war ich auch schon am Ende meiner Kräfte. Es heißt, dort oben ist dreißig Prozent weniger Sauerstoff in der Luft – kein Wunder! Ich glaube ja, das liegt an all den Touristen, die diesen Berg hinauflaufen. Mehr Menschen, die außer Atem sind = mehr Atmen = weniger Sauerstoff. Ganz einfach.

#80 Die Chinesische Mauer ablaufen

Das Bohei um die Chinesische Mauer verstehe ich nicht so ganz. Was mich am meisten überraschte, als ich sie 2010 besichtigte, war, wie neu sie teilweise aussah. Meinem Reiseführer zufolge wurde sie in den Fünfzigern und dann in den Achtzigern noch mal umfassend restauriert, aber wenn sie doch nicht mehr im Originalzustand ist, kann sie doch nicht länger als eines der Weltwunder gelten? Wenn ich das Tadsch Mahal in Indien hätte besichtigen wollen und stattdessen ein neues Gebäude mit Doppelgarage und gekiester Auffahrt vorgefunden hätte, würde das doch auch nicht mehr als Tadsch Mahal durchgehen. Warum also kommt die Chinesische Mauer damit davon? Ich hab damals schon gesagt, dass diese Mauer, die auf Englisch »The Great Wall«, also »großartige Mauer« genannt wird, in Wahrheit eigentlich bloß eine »mittelprächtige Mauer« ist.

#91 Im Toten Meer schwimmen

Das Tote Meer war ziemlich trübe und sah gar nicht nach einem Meer aus, sondern eher wie ein See. Ich wäre gern hineingesprungen, weil ich einen Ausschlag am Bein hatte, und angeblich sind dieser ganze Schlamm und das Salz gut für die Haut. Flusspferde wälzen sich auch die ganze Zeit im Schlamm, und ich hab noch nie eines mit Ausschlag gesehen, insofern muss da doch was Wahres dran sein. Also watete ich in dieses schlammige, schlickige Wasser. Ich konnte kaum stehen, weil dieser dunkelgrüne Schmadder einen regelrecht hinabsaugt. Und das Salzwasser fing augenblicklich an, in den Kratzern an Handgelenken und Knien zu brennen, die ich mir auf der Reise zugezogen hatte. Ich hatte bis dahin überhaupt nicht gewusst, dass ich so viele Kratzer abbekommen hatte. Man kriegt aber ja manchmal auch erst mit, dass man sich an einem Blatt Papier geschnitten hat, wenn man anfängt, Essigchips zu futtern.

Ich schien die jüngste Person dort am Toten Meer zu sein. Alle anderen sahen aus, als wären sie bereits über siebzig. Vielleicht heißt es ja deshalb Totes Meer – weil die Besucher ihrem Tod schon ziemlich nahe sind.

#100 Mit Stammesangehörigen jagen gehen ✓

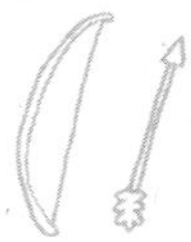

Vor Jahren im Rahmen meiner ersten Idioten-Reisen bin ich mit peruanischen Ureinwohnern jagen gegangen, und um ehrlich zu sein, war es kein überwältigendes Erlebnis. Ich weiß noch, dass eine der Frauen mir das Hemd vom Leib riss und mich über und über mit roten Punkten bemalte, damit ich aussah wie ein Panther, und mich anschließend in ein Baströckchen steckte. Die Männer nahmen mich mit in den Regenwald und brachten mir bei, mit Pfeil und Bogen zu schießen.

An diesem Abend lehnte ich das Angebot der Ureinwohner ab, das zerhackte Krokodil zu essen, das sie erlegt hatten, und aß stattdessen eine Packung »Gefleckten Richard«, den die Kameracrew mitgebracht hatte.

Ich behaupte ja, das Problem mit dem Jagen ist grundsätzlich, dass man auf die Pirsch gehen muss, noch ehe man Hunger hat, weil man sonst nicht ausreichend Energie dafür aufbringt. Andererseits ist es auch nicht angenehm, mit vollem Bauch auf Jagd zu gehen, weil man sich dann so aufgebläht fühlt. Wenn ich mit vollem Bauch einkaufen gehe, kommt auch nur Mist dabei heraus. Wenn Suzanne mich fragt, was ich zum Abendessen will, nachdem ich gerade ein üppiges Frühstück verdrückt habe, will ich nicht einmal darüber nachdenken und überlasse ihr die Entscheidung.

Bleibt nur noch ein Punkt von der Hundert-Dinge-Liste.

#73 Einen Roman schreiben

Ich hab mich noch mal rückversichert. Dieses Buch zählt nicht als Roman.

Um ehrlich zu sein, weiß ich nicht, ob ich als Romanschriftsteller tauge. Als Schüler hab ich ein paar Kurzgeschichten verfasst, aber sie endeten allesamt mit dem Satz: »Und dann klingelte der Wecker – es war alles nur ein Traum gewesen.« Und wer würde für so etwas schon Geld bezahlen?